全国高职高专建筑类专业规划教材

工程建设监理概论

（第2版）

主　编　李念国　陈健玲　王廷栋
副主编　张　炜　冯红生　章春宁
　　　　孙玉龙　范建伟　周　钊
　　　　乔守江　王胜群　胡明文
主　审　郑　睿　包永刚

黄河水利出版社
·郑州·

内容提要

本书是全国高职高专建筑类专业规划教材，是根据教育部对高职高专教育的教学基本要求及中国水利教育协会职业技术教育分会高等职业教育教学研究会组织制定的工程建设监理概论课程标准编写完成的。本书按照我国工程建设法律法规以及《建设工程监理规范》(GB/T 50319—2013)编写而成，系统地阐述了工程建设监理的基本概念和工程建设监理的组织管理。本书共分14个模块，主要内容包括工程建设监理制度、工程建设监理法律法规、监理工程师、工程监理企业、工程建设目标控制、工程建设监理组织、工程建设监理文件、工程建设合同管理、工程建设安全监理、工程建设风险管理、工程建设信息管理、工程建设监理的组织协调、国外工程项目管理简介、工程建设监理案例分析等。本书采用了最新标准和规范，内容新颖，层次清晰，结构合理，注重理论与实际相结合，持续与发展相适应，突出实用性、可操作性和时代特征。

本书可供高职高专建筑工程技术专业、工程监理专业、土木工程检测技术专业、工程管理专业及建设类其他专业作为教材使用，也可作为岗位培训教材或供土建工程管理人员参考使用。

图书在版编目(CIP)数据

工程建设监理概论/李念国，陈健玲，王廷栋主编. —2版. —郑州：黄河水利出版社，2015. 7

全国高职高专建筑类专业规划教材

ISBN 978-7-5509-0706-5

Ⅰ. ①工… Ⅱ. ①李… ②陈… ③王… Ⅲ. ①建筑工程-监理工作-高等职业教育-教材 Ⅳ. ①TU712

中国版本图书馆CIP数据核字(2015)第161644号

组稿编辑：王路平　电话：0371-66022212　E-mail：hhslwlp@163. com

简　群　66026749　w_jq001@163. com

出 版 社：黄河水利出版社

地址：河南省郑州市顺河路黄委会综合楼14层　邮政编码：450003

发行单位：黄河水利出版社

发行部电话：0371-66026940、66020550、66028024、66022620(传真)

E-mail：hhslcbs@126. com

承印单位：河南承创印务有限公司

开本：787 mm×1 092 mm　1/16

印张：22. 25

字数：510千字　印数：1—4 100

版次：2010年8月第1版　印次：2015年7月第1次印刷

2015年7月第2版

定价：45. 00元

再版前言

本书是贯彻落实《国家中长期教育改革和发展规划纲要(2010～2020年)》、《国务院关于加快发展现代职业教育的决定》(国发〔2014〕19号)、《现代职业教育体系建设规划(2014～2020年)》等文件精神,在中国水利教育协会指导下,由中国水利教育协会职业技术教育分会高等职业教育教学研究会组织编写的第二轮建筑类专业规划教材。本套教材力争实现项目化、模块化教学模式,突出现代职业教育理念,以学生能力培养为主线,体现出实用性、实践性、创新性的教材特色,是一套理论联系实际、教学面向生产的高职教育精品规划教材。

本书第1版自2010年8月出版以来,因其通俗易懂、全面系统、应用性知识突出、可操作性强等特点,受到全国高职高专院校土建类专业师生及广大建筑从业人员的喜爱。随着我国建设理论水平的不断发展,为进一步满足教学需要,应广大读者的要求,编者现对《工程建设监理概论》第1版内容进行修订、补充和完善。

本次再版,根据本课程的培养目标和当前监理理论的发展状况,力求拓宽专业面,扩大知识面,反映先进的理论水平,以适合发展的需要;力求综合运用基本理论和知识,以解决工程实际问题;力求理论联系实际,以应用为主,内容上尽量符合实际需要。

本书修订补充后,具有以下特点:

(1)语言表述规范、清晰,深入浅出,知识内容易于理解。

(2)遵循"理论满足必需、够用"的原则,讲清概念,强化应用,注重实用。

(3)紧密结合新颁布实施的《建设工程监理规范》(GB/T 50319—2013)及相关法律法规,淘汰部分陈旧知识,同时吸收了工程建设监理行业的一些最新研究成果和实践做法。

(4)重点突出,内容更新,充分体现本书的科学性、先进性、实用性,突出理论与实践有机结合。

(5)采用项目化编写,体现教学组织的科学性和灵活性,以及教学内容的先进性和前瞻性。

本书修订补充后共分14个模块,主要内容包括工程建设监理制度、工程建设监理法律法规、监理工程师、工程监理企业、工程建设目标控制、工程建设监理组织、工程建设监理文件、工程建设合同管理、工程建设安全监理、工程建设风险管理、工程建设信息管理、工程建设监理的组织协调、国外工程项目管理简介、工程建设监理案例分析等。本课程实践性强、综合性大、社会性广,必须结合工程实际情况,综合运用有关基本理论和知识,解决生产监理实践问题。

本书编写人员及编写分工如下:模块1、模块14由山东水利职业学院李念国编写;模块2由山东水利职业学院胡明文编写;模块3、模块12由河南水利与环境职业学院范建伟编写;模块4由黄河水利职业技术学院孙玉龙编写;模块5由浙江同济科技职业学院张炜编写；模块6由湖南水利水电职业技术学院陈健玲编写；模块7由重庆工贸职业技术学院王胜群编写；模块8由辽宁水利职业学院王廷栋编写；模块9、附录由内蒙古机电职业技术学院冯红生编写；模块10由安徽水利水电职业技术学院乔守江编写；模块11由重庆水利电力职业技术学院周钏编写；模块13由福建水利电力职业技术学院章春宁编写。本书由李念国、陈健玲、王廷栋担任主编，李念国负责全书整理并统稿；由张炜、冯红生、章春宁、孙玉龙、范建伟、周钏、乔守江、王胜群、胡明文担任副主编；由长江工程职业技术学院郑睿、河南水利与环境职业学院包永刚担任主审，他们认真审阅了书稿，对本书提出了许多宝贵的修订意见，在此表示衷心感谢！

本书在修订过程中，引用了大量的规范、专业文献和工程案例，在书中未一一注明出处，在此向有关专业人士深表谢意，同时也向支持和帮助本书修订的其他高职高专院校土木工程专业老师表示谢意！

由于编者的理论水平和实践经验所限，这次修订补充仍难免有不妥、不周、不够准确之处，热情期待大家批评和指正。希望读者在使用本书过程中，进一步提出宝贵意见和建议，并将意见和建议及时反馈给我们（意见和建议请发往：sdqfling@163.com），以便再次修订时使本书更臻完善。

编　者

2015年4月

目 录

模块1　工程建设监理制度

【知识要点】 项目、建设项目、建设单位、承建单位的基本概念；工程建设监理的概念、性质和作用；工程建设监理的范围、任务和监理依据；建设程序与工程建设管理制度，建设程序和工程建设监理的关系；工程建设监理与政府质量监督的区别；我国工程建设监理的特点。

【教学目标】 掌握工程建设监理的概念、性质和作用，工程建设监理的范围、任务和工程监理的依据；熟悉我国建设程序和工程建设管理制度，工程建设程序和工程建设监理的关系；了解工程建设监理与政府质量监督的区别，我国工程建设监理的现状、特点及发展趋势。

课题1.1　工程建设监理的基本概念

1　项目与建设项目

1.1　项目

项目是指在一定的约束条件下，具有特定的明确目标的一次性事业（或活动）。

项目的概念有广义和狭义之分。就广义的项目概念而言，凡是符合上述定义的一次性事业都可以看作项目，如技术更新改造项目、新产品开发项目和科研项目等。狭义的项目概念，在工程领域，一般专指工程建设项目，如修建一座水电站、一栋大楼、一条公路等具有质量、工期和造价目标要求的一次性工程建设任务。工程建设项目要求在限定的工期、造价和质量标准下，实现建设工程最终目标。

项目的特性主要体现在以下四个方面：

（1）项目的一次性。所谓一次性，是指项目过程的一次性。一个项目完成后，不会再安排实施与之具有完全相同开发目的、条件和最终成果的项目。

（2）项目的单件性。项目作为一次性事业，其成果具有明显的单件性。它不同于现代化工业的大批量生产。

（3）项目的目标性。任何一个项目，不论是大型项目、中型项目，还是小型项目，都必须有明确的特定目标。项目目标一般包括成果性目标和约束性目标，在项目立项时就明确规定下来。成果性目标是指工程建设项目的功能要求，即项目提供或增加一定的生产能力，或形成具有特定使用价值的固定资产。约束性目标是指明确规定的建设工期、造价和工程质量标准等。

（4）项目的整体性。一个项目是一个整体，在按其需要配置生产要素时，必须进行统筹考虑，合理安排，保证总目标的实现。

1.2 建设项目

建设项目是指有独立计划和总体设计文件，并能按总体设计要求组织施工，工程完工后可以形成独立生产能力或使用功能的工程项目。建设工程项目由建筑工程项目和设备安装工程项目组成。

1.2.1 建筑工程项目

建筑工程项目是指以基础建筑材料（水泥、钢材、木材、砖石材料等）为主要原材料，设计和建造具有特定功能的建筑物的一次性生产活动，如桥梁、水坝、公路、隧道、楼房、厂房等。

1.2.2 设备安装工程项目

设备安装工程项目是指安装于建筑物上，可形成生产能力的机器、仪器、装置、生产线等成套设备，或单元设备的设计、制造、储运和安装调试等过程，以及信息系统工程的重要硬件及相配套的应用软件的形成过程。

2 建设单位与承建单位

2.1 建设单位

建设单位又称业主、甲方、项目法人，是工程项目的买方。业主可以是个人或组织，他们往往既是投资者，又是投资使用者、投资偿还者和投资受益者，集责、权、利于一身。工程项目建设实行的是业主负责制，业主要对工程项目的策划、资金筹措、建设实施、生产经营、债务偿还和资产的保值、增值等方面全面负责。

2.2 承建单位

承建单位又称承包商、承包人、乙方、承包单位，是工程项目的卖方。他们负责按照与业主签订的工程承包合同完成工程项目建设，并从中获得收益。国外的承包商多指工程项目的施工方，我国的承包商概念中则包括设计单位在内。

3 工程建设监理

3.1 工程建设监理的概念

工程建设监理是指工程监理企业受建设单位委托，根据法律法规、工程建设标准、勘察设计文件及合同，在施工阶段对建设工程质量、造价、进度进行控制，对合同、信息进行管理，对工程建设相关方的关系进行协调，并履行建设工程安全生产管理法定职责的服务活动。

3.2 工程建设监理的概念要点

工程建设监理的概念要点包括以下五项：

(1)工程建设监理是针对工程项目建设所实施的监督和管理活动。工程建设监理的对象是工程建设项目，包括新建、改建和扩建的各种工程项目。工程建设监理是围绕着工程建设项目来开展的，离开了工程建设项目，就谈不上工程建设监理活动。工程建设项目也是界定工程建设监理范围的重要依据。

(2)工程建设监理的行为主体是监理企业。实施工程建设监理的行为主体是监理企业，只有监理企业才能按照独立、自主的原则，以“公正的第三方”的身份开展工程建设监理活动，其他如业主、承包商、政府部门等对工程项目建设开展的活动均不属于工程建设监理的范畴。

(3)工程建设监理实施的前提是业主的委托和授权。《中华人民共和国建筑法》明确规定，实施监理的建设工程，由建设单位委托具有相应资质条件的工程监理企业实施监理，建设单位与工程监理企业签订委托监理合同。也就是说，工程监理企业只有在取得建设单位的委托和授权后，才能在监理合同规定的范围内开展监理活动。

业主的委托决定了业主与监理企业的关系是委托与被委托、授权与被授权的关系，是合同关系。这种委托和授权方式说明，在实施建设工程监理的过程中，监理工程师的权利是由业主的授权而转移过来的。

(4)工程建设监理是有明确依据的工程建设管理行为。工程建设监理的实施过程本身就是合同履行的过程，工程建设监理必须严格依据有关法规、合同规定和相关的建设文件来实施。

(5)工程建设监理是微观监督管理活动。工程建设监理是针对具体工程项目开展的，不同于政府进行的行政监督管理。在社会主义市场经济体制下，政府对工程项目进行宏观管理，其主要功能是通过强制性立法、执法来规范建筑市场。工程建设监理注重具体工程项目的实际效益，对工程项目的投资活动和生产活动进行微观监督管理。

课题1.2　工程建设监理的范围、任务与依据

1　工程建设监理的范围

工程建设监理的范围可以分为监理的工程范围和监理的阶段范围。

1.1　工程范围

为了加强建筑工程管理，提高工程建设水平，加大推行建筑工程监理制度的力度，《中华人民共和国建筑法》和《建设工程质量管理条例》对实行监理的工程范围做了强制性的规定，建设部颁布的《建设工程监理范围和规模标准规定》中明确规定了必须实行监理的建设工程。

(1)国家重点建设工程。依据《国家重点建设项目管理办法》所确定的对国民经济和社会发展有重大影响的骨干项目。

(2)大中型公用事业工程。项目总投资额在3 000万元以上的工程项目，具体包括：①供水、供电、供气、供热等市政工程项目；②科技、教育、文化等项目；③体育、旅游、商业等项目；④卫生、社会福利等项目；⑤其他公用事业项目等。

(3)成片开发建设的住宅小区工程。建筑面积在5万m^2以上的住宅建设工程必须实行监理；5万m^2以下的住宅建设工程由省、自治区、直辖市人民政府建设行政主管部门规定。此外，对高层住宅及地基、结构复杂的多层住宅应当实行监理。

(4)利用外国政府或国际组织贷款、援助资金的工程。包括：①使用世界银行、亚洲开发银行等国际组织贷款资金的项目；②使用国外政府及其机构贷款资金的项目；③使用国际组织或者国外政府援助资金的项目等。

（5）国家规定必须实行监理的其他工程。项目总投资额在3 000万元以上关系社会公共利益、公众安全的基础设施项目，具体包括：①煤炭、石油、化工、天然气、电力、新能源等项目；②铁路、公路、管道、水运、民航以及其他交通运输业等项目；③邮政、电信、枢纽、通信、信息网络等项目；④防洪、灌溉、排涝、发电、引（供）水、滩涂治理、水资源保护、水土保持等水利建设项目；⑤道路、桥梁、地铁和轻轨交通、污水排放及处理、垃圾处理、地下管道、公共停车场等城市基础建设等项目；⑥生态环境保护项目；⑦其他基础设施项目。此外，还包括学校、影剧院、体育场馆等项目。

1.2 阶段范围

工程建设监理可以用于工程建设投资决策阶段和实施阶段，但目前主要是工程建设施工阶段。

在工程建设施工阶段，建设单位、勘察单位、设计单位、施工单位和工程监理企业等工程建设的各类行为主体均出现在工程建设当中，形成了一个完整的工程建设组织体系。在这个阶段，建筑市场的发包体系、承包体系、管理服务体系的各主体在工程建设中会合，由建设单位、勘察单位、设计单位、施工单位和工程监理企业各自承担工程建设的责任和义务，最终将建设工程建成投入使用。在施工阶段委托监理，其目的是更有效地发挥监理的规划、控制、协调作用，为在计划目标内建成工程提供最好的管理。

2 工程建设监理的任务

工程建设监理的主要任务是对建设项目进行工程造价控制、工程质量控制、工程进度控制、合同管理、信息管理、安全管理、组织协调等，简称“三控制、三管理、一协调”。

2.1 工程造价控制

工程造价控制包括以下内容：①审核施工单位编制的工程项目各阶段及各年、季、月度资金使用计划，并控制其执行；②熟悉设计图纸、招标文件、合同价，分析合同价构成因素，明确工程造价控制重点；③预测工程风险及可能发生的索赔，制定防范性对策，一旦索赔事项发生，公正地进行处理；④严格执行付款审核签证制度，严格计量与支付程序，及时审核签发付款证书。

2.2 工程质量控制

工程质量控制包括以下内容：①审查施工单位现场的质量管理组织机构、管理制度及专职管理人员和特种作业人员的资格；②审查施工单位报审的施工方案；③严格执行“四不准”原则，即人力、材料、机械设备不足不准开工，未经检查认可的材料不准使用，未经批准的施工工艺在施工中不准采用，前一道工序或分项工程部位未经监理人员验收合格，下一道工序或另一分项工程不准施工；④未经验收或验收不合格的工程不予计量支付。只有经质量检查合格的分项工程，才能够给予计量，从而给予支付工程款。

2.3 工程进度控制

项目监理机构应审查施工单位报审的施工总进度计划和阶段性施工进度计划，提出审查意见，并应由总监理工程师审核后报建设单位。

施工进度计划审查应包括下列基本内容：①施工进度计划应符合施工合同中工期的约定；②施工进度计划中主要工程项目无遗漏，应满足分批投入试运、分批动用的需要，阶段性施工进度计划应满足总进度控制目标的要求;③施工顺序的安排应符合施工工艺要求;④施工人员、工程材料、施工机械等资源供应计划应满足施工进度计划的需要;⑤施工进度计划应符合建设单位提供的资金、施工图纸、施工场地、物资等施工条件。

2.4 合同管理

合同管理是监理工作的重要内容。狭义的合同管理是指合同文件管理、会议管理、支付、合同变更、违约、索赔及风险分担、合同争议协调等。广义的合同管理是指监理单位受项目法人的委托,协助项目法人组织工程项目建设合同的签订,并在合同实施过程中管理合同。

2.5 信息管理

信息管理是对信息的收集、整理、处理、储存、传递与应用等一系列工作的总称,信息管理是实现项目目标的重要手段。在工程建设中,只有及时、准确地掌握项目建设中的信息,严格、有序地管理各种文件、图纸、记录、指令、报告和有关技术资料,完善信息资料的接收、签发、归档和查询等制度,才能使信息及时、准确、可靠地为建设监理提供工作依据,以便及时采取措施,有效完成监理任务。

2.6 安全管理

安全管理是指在项目实施过程中组织安全生产的全部管理活动。通过项目实施安全状态的管理,减少或消除不安全的行为和状态,使项目工期、质量和投资等目标的实现得到充分的保障。

2.7 组织协调

在工程项目实施过程中,存在大量的组织协调工作,项目法人和承包商之间由于各自的经济利益和对问题的不同理解,就会产生各种矛盾和冲突。在项目建设过程中,多部门、多单位以不同的方式为项目建设服务,难免发生各种冲突。因此,监理工程师及时、准确地做好协调工作,是建设项目顺利进行的重要保证。

3 工程建设监理的依据

工程建设监理的依据包括法律法规及工程建设标准、建设工程勘察设计文件、建设工程监理合同及其他合同文件等。

3.1 政府主管部门批准的工程建设文件

政府主管部门批准的工程建设文件包括批准的可行性研究报告、建设项目选址意见书、建设用地规划许可证、建设工程规划许可证、批准的施工图设计文件、施工许可证等。

3.2 国家和部门颁布的法律、法规和规章

国家和部门颁布的法律、法规和规章包括《中华人民共和国建筑法》、《中华人民共和国合同法》、《中华人民共和国招标投标法》、《建设工程质量管理条例》等法律法规,《工程建设监理规定》等部门规章,以及地方性法规等。

3.3 技术标准、规范、规程

技术标准、规范、规程包括国家有关部门颁发的设计规范、技术标准、质量标准和各种施工规范、验收规程等。如《建设工程监理规范》(GB/T 50319—2013)、《建筑工程施工质量验收统一标准》(GB 50300—2013)、《混凝土结构工程施工质量验收规范》(GB

50204—2011）、《水工建筑物岩石基础开挖工程施工技术规范》（DL/T 5389—2007）等。

3.4 工程建设委托监理合同和有关的工程建设合同

工程监理企业应该根据两类合同，即工程监理企业与建设单位签订的工程建设委托监理合同和建设单位与承建单位签订的有关工程建设合同进行监理。

工程监理企业应根据哪些有关的工程建设合同进行监理，视委托监理合同的范围来决定。全过程监理应当包括咨询合同、勘察合同、设计合同、施工合同以及物资设备采购合同等，决策阶段监理主要是咨询合同，设计阶段监理主要是设计合同，施工阶段监理主要是施工合同。监理单位应根据委托监理合同规定的阶段、范围进行监理工作。

课题1.3 工程建设监理的性质和作用

1 工程建设监理的性质

工程建设监理是对工程建设所实施的监督管理活动，是一种高智能有偿技术服务。工程建设监理具有服务性、公正性、科学性和独立性等性质。

1.1 服务性

工程建设监理具有服务性，是由其业务性质决定的。工程建设监理既不同于承建商的直接生产活动，也不同于业主的直接投资活动，不需要投入大量资金、材料、设备、劳动力等。在工程建设过程中，工程监理企业利用自己在工程建设方面的知识、技能和经验、信息以及必要的试验、检测手段等，为工程项目业主提供高智能监督管理服务，以满足业主对工程建设监督管理的需要，但不能完全取代建设单位的项目管理活动。监理单位在监理过程中，按其付出智力服务所花费的劳动量和生产的效益向业主收取合理的酬金。

工程建设监理的服务对象是建设单位。监理人员在为建设单位服务的过程中，必须严格按照委托监理合同和其他有关工程建设合同的规定进行，在维护业主利益的同时，必须严格遵守国家有关建设标准和规范，维护国家利益和公众利益。

1.2 公正性

公正性是监理行业的必然要求，它是社会公认的职业准则，也是监理单位和监理工程师的基本职业道德准则。监理单位在开展监理业务时，应排除各种干扰，客观、公正地对待建设单位和承建单位，积极维护双方的合法权益。当双方发生利益冲突时，应站在"公正的第三方"的立场上，以事实为依据，以有关法律法规和有关合同为准绳，独立、公正地解决和处理问题，行使自己的权利。例如，在处理工程索赔和工程延期，进行工程款支付控制以及竣工结算时，监理单位应当尽量客观公正地对待建设单位和施工单位。

1.3 科学性

监理单位是智力密集型企业，以协助建设单位实现投资效益与环境、社会效益的综合效益最大化为己任，因此必须具有发现和解决工程设计问题和处理施工中存在的技术问题和管理问题的能力，能够为建设单位提供高水平的专业服务。在工程建设中，承担设计、施工、材料和设备供应的都是社会化、专业化的单位，他们在技术、管理方面都已经达到一定的水平，要监理他们，应采取科学的思想、理论、方法和手段，这就要求监理单位使用组织管理能力强、工程建设经验丰富的人员担任领导，要有足够数量的、业务素质优良的监理工程师，有一套科学的管理制度，掌握先进的监理理论、方法和手段，积累足够的技术、经济资料和数据，有科学的工作态度和严谨的工作作风，实事求是、创造性地开展工作。

1.4 独立性

监理单位按照监理合同为项目业主服务，但不隶属于项目业主领导；监理单位监督管理承包商，但不领导承包商。业主、监理、承包商构成三元主体，彼此之间的关系是平等的、横向的。《中华人民共和国建筑法》规定，工程监理单位与被监理工程的承包单位，以及建筑材料、建筑构配件和设备供应单位不得有隶属关系或者其他利害关系。这就要求监理单位在法律地位、人际关系、经济关系和业务关系上必须独立，工程建设监理单位和个人不得同参与项目建设的有关任何一方发生利益关系。监理单位所承担的任务，是与建设单位按平等协商一致的原则确立在监理委托合同中，并在建设单位与设计、施工承包单位签订的工程承包合同有关条款中明确规定的，建设单位不得超出合同之外随意增减任务。当委托监理合同确定后，建设单位不得干涉监理单位的正常工作，监理单位应依法独立地以自己的名义成立自己的组织，并按照监理工作准则，根据自己的判断，独立行使工程承包合同和委托监理合同中所确认的职权，并承担相应的职业道德责任和法律责任。

2 工程建设监理的作用

建设单位的工程项目实行专业化、社会化管理在国外已有100多年的历史，现在越来越显现出强劲的生命力，在提高投资的经济效益方面发挥了重要作用。我国实施工程建设监理的时间虽然不长，但已经发挥出明显的作用，为政府和社会所承认。工程建设监理的作用主要表现在以下几个方面。

2.1 有利于提高建设工程投资决策的科学化水平

在建设单位委托工程监理企业实施全方位全过程监理的条件下，在建设单位有了初步的项目投资意向之后，工程监理企业可协助建设单位选择适当的工程咨询机构，管理工程咨询合同的实施，并对咨询结果(如项目建议书、可行性研究报告)进行评估，提出有价值的修改意见和建议，或者直接从事工程咨询工作，为建设单位提供建设方案。监理实施不仅可使项目投资符合国家经济发展规划、产业政策、投资方向，而且可使项目投资更加符合市场需求。工程监理企业参与或承担项目决策阶段的监理工作，有利于提高项目投资决策的科学化水平，避免项目投资决策失误，也为实现建设工程投资综合效益最大化打下良好的基础。

2.2 有利于规范工程建设参与各方的建设行为

工程建设参与各方的建设行为都应当符合法律、法规、规章和市场准则。要做到这一点，仅仅依靠自律机制是远远不够的，还需要建立有效的约束机制。为此，首先需要政府对工程建设参与各方的建设行为进行全面的监督管理，这是最基本的约束，也是政府的主要职能之一。但是，由于客观条件所限，政府的监督管理不可能深入到每一项建设工程的实施过程中，因而还需要建立另一种约束机制，能在建设工程实施过程中对工程建设参与各方的建设行为进行约束。工程建设监理制就是这样一种约束机制。

在建设工程实施过程中，工程监理企业可依据委托监理合同和有关的建设工程合同对承建单位的建设行为进行监督管理。一方面，由于这种约束机制贯穿于工程建设的全过程，采用事前、事中和事后控制相结合的方式，因此可以有效地规范各承建单位的建设行为，最大限度地避免不当建设行为的发生。即使出现不当建设行为，也可以及时加以制止，最大限度地减少其不良后果。应当说，这是约束机制的根本目的。另一方面，由于建设单位不了解建设工程有关的法律、法规、规章、管理程序和市场行为准则，也可能发生不当建设行为，在这种情况下，工程监理单位可以向建设单位提出适当的建议，从而避免发生建设单位的不当建设行为，这对规范建设单位的建设行为也可以起到一定的约束作用。

当然，要发挥上述约束作用，工程监理企业首先必须规范自身的行为，并接受政府的监督管理。

2.3 有利于促使承建单位保证建设工程质量和使用安全

建设工程是一种特殊的产品，不仅价值大、使用寿命长，而且关系到人民的生命财产安全、健康和环境，因此保证建设工程质量和使用安全就显得尤为重要，在这方面不允许有丝毫的懈怠和疏忽。

工程监理企业对承建单位建设行为的监督管理，实际上是从产品需求者的角度对建设工程生产过程的管理，这与产品生产者自身的管理有很大的不同。而工程监理企业又不同于建设工程的实际需求者，其监理人员都是既懂工程技术又懂经济管理的专业人士，他们有能力及时发现建设工程实施过程中出现的问题，发现工程材料、设备以及阶段产品存在的问题，从而避免留下工程质量隐患。因此，实行建设工程监理制之后，在加强承建单位自身对工程质量管理的基础上，由于工程监理企业介入建设工程生产过程的管理，对保证建设工程质量和使用安全有着重要作用。

2.4 有利于实现建设工程投资效益最大化

在建设工程全过程中引入建设工程监理，也就是由专家参与决策和实施过程，通过监理工程师的科学管理，就可能实现投资效益最大化的目标。建设工程投资效益最大化目标有三种不同的表现：①在满足建设工程预定功能和质量标准的前提下，建设投资额最少；②在满足建设工程预定功能和质量标准的前提下，建设工程寿命周期费用（或全寿命费用）最少；③建设工程本身的投资效益与环境、社会效益的综合效益最大化，从而大大提高我国全社会的投资效益，促进我国国民经济的健康持续发展。

3 工程建设监理与政府工程质量监督的区别

工程建设监理与政府工程质量监督都属于工程建设领域的监督管理活动，但是两者在性质、任务、工作范围、工作依据、工作深度和广度、工作权限，以及工作方法和工作手段等方面都存在着明显的差异。

3.1 性质不同

工程建设监理是一种社会的、民间的行为，是发生在工程建设项目组织系统范围之内的平等经济主体之间的横向监督管理，是一种微观性质的、委托性的服务活动。政府工程质量监督则是一种行政行为，是工程建设项目组织系统各经济主体之外的监督管理主体对工程建设项目系统之内的各工程建设的主体进行的一种纵向的监督管理行为，是一种宏观性质的、强制性的政府监督行为。

3.2 实施者不同

工程建设监理的实施者是社会化、专业化的工程建设监理单位及其监理工程师，而政府工程质量监督是政府工程建设行政主管部门中的专业执行机构——工程质量监督机构。

3.3 工作性质不同

工程建设监理是工程建设监理单位在接受项目业主的委托和授权之后，为项目业主提供的一种高智力工程技术服务工作，而政府工程质量监督则是政府的工程质量监督机构代表政府行使的对工程质量的监督职能。

3.4 工作范围不同

工程建设监理的工作范围伸缩性较大，因项目业主委托的范围大小而变化，如果是全过程、全方位的工程建设监理，则其工作范围远远大于政府工程质量监督的范围。此时，工程建设监理包括整个工程建设项目的目标规划、动态控制、组织协调、合同管理、信息管理等一系列活动。政府工程质量监督则只限于施工阶段的工程质量监督，且工作范围变化较小，相对稳定。

3.5 工作依据不同

政府工程质量监督以国家、地方颁发的有关法律和工程质量条例、规定、规范等法规为基本依据，维护法规的严肃性。工程建设监理不仅以法律、法规为依据，还要以工程建设合同为依据；不仅要维护法律、法规的严肃性，还要维护合同的严肃性。

3.6 工作深度和广度不同

工程建设监理质量控制包括对工程建设项目质量目标详细规划，实施一系列主动控制措施，在控制过程中既要做到全面控制，又要做到事前、事中、事后控制，需要连续性地持续在整个工程建设项目过程中。政府工程质量监督主要体现在工程建设项目的施工阶段，对工程质量进行阶段性的监督、检查、确认。

3.7 工作权限不同

二者具有不同的工作权限。政府工程质量监督拥有最终确认工程质量等级的权力，工程建设监理则无权确认。

3.8 工作方法和手段不同

工程建设监理主要采取组织管理的方法，从多方面采取措施进行工程建设项目质量控制。政府工程质量监督则侧重于行政管理的方法和手段。

课题1.4 建设程序和工程建设管理制度

1 工程建设程序及工程建设各阶段的主要工作

1.1 建设程序

建设程序是指建设项目从设想、选择、评估、决策、设计、施工到竣工验收、投入生产或交付使用的整个过程中，应当遵循的内在规律。

按照建设项目的内在规律，一项工程的建设一般经过两大阶段，即项目决策阶段和项目实施阶段。项目决策阶段是指工程项目从有投资意向开始到选择、评估、决策的过程，项目实施阶段是指工程项目从设计准备、设计、招标投标、施工、竣工验收到保修期结束的过程。每个发展时期又可分为若干个阶段，这些阶段有严格的先后次序，不能任意颠倒及违反它的发展规律。科学的建设程序应当在坚持“先勘察、后设计、再施工”的原则基础上，突出优化决策、竞争择优、委托监理的原则。

1.2　工程建设各阶段主要工作

按照现行规定，我国大中型及限额以上的建设项目可分为以下几个阶段：项目建议书阶段、可行性研究阶段、勘察设计阶段、施工准备阶段、施工阶段、生产准备阶段、竣工验收阶段、项目后评估阶段等。

1.2.1　项目建议书阶段

项目建议书是项目法人向国家有关部门提出建设某个项目的建议性文件，是对拟建项目的初步设想。

项目建议书的主要作用是项目法人根据国家国民经济和社会发展的长远规划，结合现有资源及生产力的布局状况，在经过广泛调查，收集资料，踏勘地址，基本弄清项目建设的设计、经济条件后，通过项目建议书的形式，论述拟建项目的必要性、可行性以及获益的可能性，并向国家推荐建设项目，供国家有关部门选择及确定是否进行下一步工作。

项目建议书是确定建设项目和建设方案（包括建设规模、建设依据、建设布局、建设进度、建设费用等）的主要文件，也是编制设计文件的依据。其主要内容有：①拟建项目的必要性和依据；②产品方案、建设规模、建设地点的初步设想；③建设条件的初步分析；④投资估算和资金筹措的设想；⑤项目进度的初步安排；⑥效益估算等。

项目建议书应根据拟建项目规模报送有关部门审批。大中型及限额以上项目建议应先报行业归口主管部门，同时抄送国家发展和改革委员会。行业归口主管部门根据国家中长期规划，着重从建设布局、资源合理运用、经济合理性、技术政策等方面，对项目建议书进行初审，提出意见报国家发展和改革委员会审批。国家发展和改革委员会从建设总规模、生产力总布局、资源优化配置、资金供应可能、外部协作条件等方面进行综合平衡后审核，重大项目由国家发展和改革委员会报国务院审批。小型和限额以下项目的项目建议书，按项目隶属关系由行业归口主管部门或地方发展和改革委员会审批。

项目建议书批准后，即可进行下一步的可行性研究工作。

1.2.2　可行性研究阶段

可行性研究是指在做出投资决策之前，通过调查、研究、分析与项目有关的技术、经济、社会等方面的条件和情况，研究项目在技术上是否可行、在经济上是否合理、对社会和环境的影响是否积极，据此确定项目是否应该投资建设。通过研究分析，如果项目是可行的，还要经过多种方案的比较，选择其中最佳的方案。

可行性研究的主要作用是为建设项目投资决策提供依据，同时也为建设项目设计、银行贷款、申请开工建设、建设实施、项目评估、科学实验、设备制造等提供依据。

可行性研究报告是在可行性研究的基础上编制的一个文件。其主要内容有：①项目情况总论；②需求预测和拟建规模；③资源、原材料、燃料及公用设施情况；④拟建项目条件;⑤设计方案;⑥环境评价;⑦财务评价;⑧安全评价;⑨社会评价;⑩结论等。

可行性研究报告是项目决策和进行初步设计的重要文件,因此应有相当的深度和准确性。可行性研究报告要报相关部门审批。中央投资、中央和地方合资的大中型和限额以上项目的可行性研究报告要报国家发展和改革委员会审批,国家发展和改革委员会在审批过程中要征求行业归口主管部门和国家专业投资公司的意见,同时要委托有资质的工程咨询公司进行评估。总投资在2亿元以下的项目,由地方发展和改革委员会审批。

可行性研究报告经批准后,该建设项目即可立项并进行勘察设计工作。

1.2.3 勘察设计阶段

勘察设计是对拟建项目在技术和经济上进行的全面安排,是工程建设计划的具体化,是组织施工的依据,直接关系到工程的质量和使用效果,是建设工程的决定性环节。经批准立项的建设项目,一般应通过招标投标的方式,委托勘察设计单位按照批准的可行性研究报告的内容和要求进行勘察设计,编制勘察设计文件。

一般工程设计分为两个阶段,即初步设计阶段和施工图设计阶段。对于重大项目和复杂项目,还可以在初步设计阶段和施工图设计阶段之间增加技术设计阶段。

(1)初步设计阶段。初步设计阶段是根据批准的可行性研究报告和必要的、准确的设计基础资料,对设计对象进行系统研究、概略计算和总体安排,在指定的时间、空间、造价控制额等限制下,做出技术上可行、经济上合理的设计方案,并编制工程总概算。

初步设计不得随意改变批准的可行性研究报告所确定的建设规模、产品方案、工程标准、建设地址和总投资等基本条件。如果初步设计所做的工程总概算超过可行性研究报告总投资估算的10%,或其他主要指标变更,应重新向原审批单位报批。

经过批准的初步设计和工程总概算是编制施工图文件与技术文件、确定建设项目总投资、编制基本建设投资计划、签订工程施工合同和贷款总合同、控制工程拨款(或贷款)、组织主要设备订货、进行施工准备、推行经济责任的依据。

(2)技术设计阶段。技术设计是针对初步设计中的重大技术问题,如工艺流程、建筑结构、设备选型等进一步开展的设计工作。是在进行科学研究、设备试制并取得可靠数据和资料的基础上,具体确定初步设计中所采用的工艺、土建结构等方面的主要技术问题,同时编制修正工程总概算。

(3)施工图设计阶段。施工图设计是按照初步设计或技术设计所确定的设计原则、结构方案和控制尺寸,根据建筑安装工作的需要,分期分批编制工程施工详图的设计。在施工详图设计中,还要编制施工图预算。

建设单位应将施工图设计文件报县级以上人民政府建设行政主管部门或其他有关部门审查。施工图设计文件未经审查批准的,不得使用。

1.2.4 施工准备阶段

工程开工建设前,应当切实做好各项施工准备工作。其主要内容包括:①组建项目法人;②征地、拆迁和场地平整;③完成施工用水、电、路、通信等工程;④组织设备、材料订货;⑤建设工程报建;⑥委托社会监理单位;⑦组织施工招标投标;⑧办理施工许可证等。

准备工作基本就绪后,由建设单位向上级主管部门提交开工报告,经批准后进入建设实施阶段。

1.2.5 施工阶段

施工阶段主要是以工程项目的施工和安装工作为中心，通过项目的施工，在规定的造价、工期和质量的要求范围内，按照设计文件的要求实现项目目标，将项目从蓝图变成工程实体。

按照相关规定，工程项目正式开工时间是指建设工程设计文件中的任何一项永久工程第一次正式破土开槽的开始日期，不需破土开槽的工程，以正式打桩的开始日期作为正式开工时间。铁路、公路、水利等需要进行大量土石方工程施工的建设项目，以开始进行土石方工程的日期作为正式开工时间。工程地质的勘察、场地的平整、旧建筑物的拆除、临时建筑或设施的施工不算正式开工。

建筑工程开工前，建设单位应当按照国家有关规定向工程所在地县级以上人民政府建设行政主管部门申请领取施工许可证，但是国务院建设行政主管部门确定的限额以下的小型工程除外。按照国务院规定的权限和程序批准开工报告的建筑工程，不再领取施工许可证。

施工开始前，应做好施工图的会审工作，设计单位要向施工单位进行技术交底，施工单位要建立并落实技术管理、质量管理体系和质量保证体系，严格按照设计图进行施工，发现问题必须提出修改建议，经过一定的组织手续，才能变动。监理单位要严格把关，控制好工程的质量、进度和造价。

1.2.6 生产准备阶段

生产准备阶段是由施工阶段转入生产经营阶段的重要衔接阶段，建设单位应根据建设项目或主要单项工程生产技术的特点，做好相关工作的计划、组织、指挥、协调和控制工作。

生产准备阶段的主要工作有：①组建生产管理机构，成立领导班子；②招聘和培训生产管理人员，参与设备的安装、调试、验收；③做好生产组织准备，制定各项制度，收集相关的技术资料；④做好生产物资准备，落实好原材料、器具、备品、备件等的制造和订货；⑤进行试生产，对设计性能进行考核。

1.2.7 竣工验收阶段

建设项目按照设计文件的规定全部完成并清理退场后，建设单位即可组织设计、施工、监理等有关单位进行竣工验收。

建设工程竣工验收是检验项目管理好坏和项目目标实现程度的关键，也是项目从实施到投产动用的衔接转换阶段。建设单位组织竣工验收时，应达到以下条件：①完成建设工程设计和合同约定的各项内容；②有完整的技术档案和施工管理资料；③有工程使用的主要建筑材料、建筑构配件和设备的进场试验报告；④有勘察、设计、施工、监理等单位分别签署的质量合格文件；⑤有施工单位签署的工程保修书。

建设单位应按照国家有关档案管理的规定，及时收集、整理建设项目各环节的文件资料，建立、健全建设项目档案，并在建设工程竣工验收后，及时向建设行政主管部门或其他有关部门移交建设项目档案。

1.2.8 项目后评估阶段

在项目建成投产并达到设计生产能力后，一般为项目建成后 1 ~ 3 年，通过对项目前期工作、项目实施、项目运营情况的综合研究、衡量和分析项目的实际情况及其与预测情况的差距，确定有关项目预测和判断是否正确并分析其原因，从项目完成过程中汲取经验教训，为今后改进项目准备、决策、管理、监督等工作创造条件，并为提高项目投资效益提出切实可行的对策措施。

项目后评估的主要内容有：①影响评估——项目投产后对各方面影响的评价；②经济效益评估——对项目投资、国民经济效益、财产效益、技术进步和规模效益、可行性研究深度进行评价；③过程评估——对项目的立项、设计施工、建设管理、竣工投产、生产运营等全过程进行评价；④持续运营评估——对项目持续运营的预期效果进行评价。

项目后评估一般按三个层次组织实施，即项目法人的自我评价、项目行业的评价、计划部门或主要投资方的评价。

2　建设程序与工程建设监理的关系

2.1　建设程序为工程建设监理提出了规范化的建设行为标准

工程建设监理要根据行为准则对工程建设行为进行监督管理。建设程序对各建设行为主体和监督管理主体在每个阶段应当做什么、如何做、何时做、由谁做等一系列问题都给予了一定的解答。工程监理企业和监理人员应当根据建设程序的有关规定进行监理。

2.2　建设程序为工程建设监理提出了监理的任务和内容

建设程序要求建设工程的前期应当做好科学决策的工作。工程建设监理决策阶段的主要任务就是协助委托单位正确地做好投资决策，避免决策失误，力求决策优化。具体的工作就是协助委托单位择优选定咨询单位，做好咨询合同管理，对咨询成果进行评价。

建设程序要求按照先勘察、后设计、再施工的基本顺序做好相应的工作。工程建设监理在此阶段的任务就是协助建设单位做好择优选择勘察、设计、施工单位，对他们的建设活动进行监督管理，做好造价、进度、质量控制以及合同管理和组织协调工作。

2.3　建设程序明确了工程监理企业在工程建设中的重要地位

根据有关法律、法规的规定，在工程建设中应当实行工程建设监理制，现行的建设程序体现了这一要求，这就为工程监理企业确立了工程建设中的应有地位。随着我国经济体制改革的深入，工程监理企业在工程建设中的地位将越来越重要。在一些发达国家建设程序中，都非常强调这一点。例如，英国土木工程师学会在它的《土木工程程序》中强调，在土木工程程序中的所有阶段，监理工程师“起着重要作用”。

2.4　坚持建设程序是监理人员的基本职业准则

坚持建设程序，严格按照建设程序办事，是所有工程建设人员的行为准则。对于监理人员而言，更应率先垂范。掌握和运用建设程序，既是监理人员业务素质的要求，也是职业准则的要求。

2.5　严格执行我国建设程序是结合中国国情推行工程建设监理制的具体体现

任何国家的建设程序都能反映这个国家的工程建设方针、政策、法律、法规的要求，反映建设工程的管理体制，反映工程建设的实际水平，而且建设程序总是随着时代的变化、环境和需求的变化，不断地调整和完善。这种动态的调整总是与国情相适应的。

我国推行工程建设监理应当遵循两条基本原则：一是参照国际惯例，二是结合中国国情。工程监理企业在开展工程建设监理的过程中，应严格按照我国建设程序的要求做好监理的各项工作。

3 工程建设主要管理制度

随着市场经济体制改革的不断深入，我国的建设程序发生了一系列变化，出现了许多新的内容，规定了很多相互关联、相互支持的新型管理制度。这些制度是：项目决策评估制度、项目法人责任制度、建设工程施工许可制度、从业资格与资质许可制度、建设工程招标投标制度、工程建设监理制度、合同管理制度、安全生产责任制度、工程质量保修制度、工程竣工验收制度、工程质量备案制度、设计审查制度等。其中，主要的管理制度有项目法人责任制度、工程招标投标制度、建设工程监理制度、合同管理制度。

3.1 项目法人责任制度

为了建立投资约束机制、规范建设单位的行为，建设项目应当按照政企分开的原则组建项目法人，实行项目法人责任制，即由项目法人对项目的策划、资金筹措、建设实施、生产经营、债务偿还和资产的保值增值等，实行全过程负责的制度。

我国建设项目管理体制中，要求国有单位经营性大中型建设项目必须在建设阶段组建项目法人，项目法人可按《中华人民共和国公司法》的规定设立有限责任公司、股份有限公司等。需要说明的是，项目法人不等同于建设单位，建设单位只是代表项目法人对工程建设进行管理的机构。

实行项目法人责任制度，一是明确了由项目法人承担投资风险，因而强化了项目法人的自我约束机制，对控制工程造价、工程质量和工程进度起到了积极的作用。二是项目法人对工程建设及建成后的经营和还贷实行一条龙管理，较好地克服了花钱的不管还贷的，建设与生产经营相互脱节的弊端。三是促进了招标工作、建设监理工作等其他基本建设管理制度的健康发展，提高了投资效益。

3.2 工程招标投标制度

招标投标制度是市场经济下买卖双方的一种主要竞争性交易方式。在建设领域实行招标投标制度，实现了公开、公正、公平和诚实信用的原则，可以择优选择设计、施工、材料设备供应单位，确保建设工程质量、工期、造价目标的实现，提高了投资效益。

在建设领域实行招标投标制，应按照有关规定执行。下列建设工程包括工程的勘察、设计、施工、监理以及与工程建设有关的重要设备、材料等的采购达到相应规模标准的，必须进行招标。具体包括：①大型基础设施、公用事业等关系到社会公共利益、公共安全的项目；②全部或部分使用国有资金投资或者国家融资的项目；③使用国际组织或者外国政府贷款、援助资金的项目；④法律或者国务院规定的其他项目。

任何单位和个人不得将依法必须进行招标的项目化整为零或者以其他任何方式规避招标。各级发改委、建设、铁道、交通、水利、信息产业、民航等部门，对工程施工招标活动实施监督，依法查处工程施工招标投标活动中的违法行为。

3.3 建设工程监理制度

建设工程监理制度的实行，使我国的建设项目管理体制由传统的自筹、自建、自管的小生产规模，开始向社会化、专业化、现代化的管理模式转变。在项目法人与承包商之间引入建设监理单位作为中介服务的第三方，以经济合同为纽带，以提高工程建设水平为目的，初步形成了相互制约、相互协作、相互促进的现代项目管理体制。通过具有丰富理论知识和实践经验的监理工作，能够较好地实现三大目标（对质量、进度、造价的控制），同时能够公正、独立、自主地协调处理好建设各方的关系。

3.4 合同管理制度

在计划经济体制下，工程建设各方的工作是依靠政府部门的行政命令进行管理协调的。在市场经济体制下，政府对建设各方的行政命令大大减少，现行的各种法律法规、部门规章等不可能用于具体指导某一项目相互协调地工作，这就需要针对该项目的特点制定合适的、用于约束建设各方行为的具体条款，明确建设各方的责、权、利，以保证建设活动的顺利进行。

建设各方为同一目标制定约束条款的行为就是签订合同。建设项目的勘察、设计、施工、监理、材料设备采购等单位，应依照《中华人民共和国合同法》的规定签订合同，在合同中要有明确的质量要求、履约担保和违约处罚条款。一旦某方违约，就要承担相应的违约责任，这样就能促使建设各方认真按合同要求工作，从而减少了纠纷，提高了工作效率。

课题1.5 我国工程建设监理的现状及发展趋势

1 工程建设监理在我国的形成背景

自新中国成立至改革开放前，我国社会主义建设过程中曾实行多种管理模式。

在我国国民经济三年恢复时期，工程建设实行的是企业自营的管理模式，这种模式的主要特点是设计、施工及生产一体化，由生产企业集中统一领导和管理。这是靠行政命令为调制手段，以隶属关系为联系纽带，责、权、利主要集中在建设单位的单一模式的统一领导的管理方式。建筑生产被认为是“来料加工”活动，是“吃”国家投资和建筑材料的单纯消费行为，否定其物资生产和商品交易的属性，形成了一种自然经济色彩浓厚的工程建设管理格局。在这种格局中，建设单位和设计单位只是被动的任务执行者，是行政部门的附属物。

“一五”期间，由于大规模经济建设展开，一些重点工程项目聚集了相当大规模的施工队伍，当时又受苏联联合企业管理模式的影响，逐渐形成了在企业内部统一领导和管理下的建设单位、施工单位、设计单位“三单位分工”的管理模式。由建设单位、施工单位、设计单位向现场派驻质量监督人员，三方面在一个企业领导下而又保持相对独立的条件下，以合同为纽带将三方面联系起来。由于同在一个企业领导下，行政手段干预多，再加之强调独立和分工，三方对工程质量验收标准不一致，常常出现摩擦和矛盾，甚至造成工程中断。

1955年起，我国实行的是建设单位、施工单位、设计单位合而为一，形成了由施工单位全面负责的工程建设投资大包干的管理模式。这种模式虽有一定的优点，如可以尽快地把工程搞上去，但由于工程质量监督工作在同一行政领导下，当工期和质量要求发生矛盾时，往往牺牲质量，致使不能有效地开展工程监督工作。另外，施工单位不是工程的受益单位，所以责任心差，工程质量下降严重，工程受益者无法尽建设责任，设计者也无法把关，从而造成既不能有效地控制造价，又不能保证工程质量的现象大量发生。

1961 年以后，由于国民经济处于调整阶段，建筑工业加强了工程质量监督工作的领导，要求建筑安装企业必须建立独立的技术监督机构，加强了对施工全过程的技术监督工作。提出了谁施工谁负责质量，要求对每一工序实行自检、互检、交接检验制度，尽量把不合格的工程消灭在施工过程中。“文化大革命”期间，将一切规章、制度、办法等，统统当作“管、卡、压”彻底进行批判，致使房屋倒塌、大坝冲毁、管线断裂现象时有发生，形成了工程质量滑坡的高潮时期。

直至 20 世纪 80 年代初，我国的固定资产投资仍然是由国家拨付，施工任务由行政部门向施工单位直接下达。这在我国当时经济基础薄弱、资金和物质相对匮乏的情况下，对国家集中有限的人力、物力、财力进行经济建设，迅速建立国民经济体系和工业体系起到了不可估量的作用。但是，对于一些重大工程建设，却是从与该工程相关的单位临时抽调人员组成工程建设指挥部，由指挥部统一进行管理，相当一部分人员不具备建设工程管理的知识和经验，他们只能在工作实践中摸索，而一旦工程完工，指挥部也随之撤销。这种体系使工程建设没有长期稳定的专业管理机构，管理人员的素质难以稳定提高，相当数量的管理人员只有一次教训，没有二次经验，因而难以保证工程质量。而工程预算和开支一再追加，致使工程造价严重失控，工期一再延长，“胡子”工程一大片。在工程建设过程中，工程质量保证主要依靠施工单位自觉的自我管理，其弊端引起了政府的高度重视，新型的管理模式呼之欲出。

我国的工程建设监理是通过世界银行贷款项目的实施引入的。鲁布革水电站位于云南省罗平县与贵州省义县交界处，其中引水系统工程是利用世界银行贷款的工程项目。1982 年国际上共有 8 家大承包商进行投标，标底为 14 958 万元，最后日本大成公司以 8 463万元中标，比标底低 43%，这与我国参加投标的中国水利水电第十四工程局有限公司（水电十四局）形成了相当大的反差。该项工程于 1984 年开工，1986 年 7 月竣工。在此项目中，日本大成公司用了 30 人组成鲁布革工程事务所进行管理。按照贷款的要求，该工程在建设单位——鲁布革工程管理局内划出了一个专司建设监理职能的工程师机构，该工程师机构由工程师代表、驻地工程师和若干检查员组成，按国际合同管理方式对该合同工程进行现场综合管理。日本大成公司仅用 11 个月就打通了我国石灰岩地区断面最大的导流隧洞，创造了大型水电工程当年准备、当年截流的国内新纪录，而施工单位仍是我国的中国水利水电第十四工程局有限公司。在 4 年多的时间里创造了著名的“鲁布革效应”，此项目无论是在质量上，还是在速度上都为我国建筑企业做出了非常好的示范作用。鲁布革经验给我们建筑业带来了深思，并引起了国务院高度重视。当时国务院指示国家发展与计划委员会总结鲁布革经验，改变当时建筑施工企业体制中不适应生产力发展的局面，提出要借鉴国外先进经验对中国施工管理体制进行改革。这一工程实例震动了我国建筑界，对我国传统的政府专业监督体制造成了冲击，在这以后，我国许多利用外资、外贷建筑的工程项目，都按照这一国际惯例组织建设，多数由外国监理单位承担监理。云南漫滩电站与广西龙滩、湖北隔河岩等一批中央和地方合资的大型水电站，也组建了专司建设监理职能的工程师机构，以工程施工承包合同为依据，按 FIDIC 模式对合同工程项目进行以工程进度、施工质量和工程费用控制为目标的现场施工监督和建设项目管理。

2 我国工程建设监理的发展历程

2.1 工程建设监理的试点阶段(1988～1992年)

建设部1988年7月颁布了《关于开展监理工作的通知》,1988年11月颁布《关于开展监理试点工作的若干意见》,确定了北京、上海、天津、南京、宁波、沈阳、哈尔滨、深圳8市和能源部、交通部两部的水电和公路系统作为全国开展建设监理工作的试点单位。1989年7月建设部又颁布了《建设监理试点规定》,随后又颁布了一系列建设监理行政文件,推进了我国工程项目建设利用领域改革的过程。一些勘测设计院凭借自身技术密集和人才优势,纷纷申报成立建设监理公司。与此同时,一些实力强劲、技术力量雄厚的大型施工企业以及一些大专院校、科研机构也申报及组建了工程建设监理公司参与工程建设监理市场的竞争。

推行建设监理制初期,由于长期受计划经济思维模式影响,一些建设单位仍习惯于靠行政手段来管理工程建设,一些施工企业则抱怨实行建设监理制多此一举,一些监理机构则片面认为建设监理主要是加强工程施工质量的管理。国务院有关部委针对上述错误思想,大力开展建设监理培训工作,依靠大专院校和管理机构,举办了建设监理培训班、FIDIC培训班、项目经理培训班等,还聘请国外咨询专家来华举办讲座,及时培训了一大批既通晓国际模式,又熟悉建设监理特色的监理骨干和基本队伍。

2.2 工程建设监理的稳步发展阶段(1993～1995年)

经过几年的建设监理试点工作,建设部于1993年在天津召开了第五次全国建设监理工作会议,决定在全国结束建设监理制度的试点工作,工程建设监理转入稳步发展阶段。

2.3 工程建设监理的全面推行阶段(1996年至今)

1995年12月15日,建设部、国家计划委员会共同颁布了《工程建设监理规定》,至此,初步建立了我国的工程建设监理制度。但因为工程建设监理制度在我国起步较晚,有些部门和单位对实行工程建设监理认识不足,一些应当实行工程建设监理的项目没有实行建设监理;有些监理单位行为不规范,没有完全发挥建设监理应起到的作用。为了完善和规范工程建设监理制度,1997年12月全国人民代表大会通过了《中华人民共和国建筑法》,2000年1月10日国务院第25次常务会议通过了《建设工程质量管理条例》,明确了工程建设监理的法律地位。2001年1月17日建设部制定了《建设工程监理范围和规模标准规定》,要求在规定的范围内必须强制性地实行建设监理。2006年4月1日开始实行的《注册监理工程师管理规定》,对促进我国建设工程项目管理健康发展,规范建设工程监理人员的行为具有重要意义。

随着我国监理体制改革,监理企业得到了迅速发展,监理人员素质得到了明显提高。监理工作覆盖了房屋建筑、市政工程、冶炼、石油化工、水利水电、电力、公路等工程项目。

3 现阶段我国工程建设监理的特点

我国工程建设监理无论在管理理论和方法上,还是在业务内容和工作程序上,与国外的建设项目管理没有什么不同。但是在现阶段,由于发展时间和条件不尽相同,特别是需求方对监理的认知度较低，市场发育不成熟，我国的工程建设监理与发达国家相比还有一些差距，呈现出以下特点。

3.1 建设工程的服务对象和服务内容具有单一性

在国际上，建设项目管理按服务对象主要可分为：为建设单位服务的项目管理和为承建单位服务的项目管理。而我国的工程建设监理制规定，工程监理企业只接受建设单位的委托，即只为建设单位服务，而不能接受承建单位的委托为其提供管理服务。从这个意义上看，可以认为我国的工程建设监理就是为建设单位服务的项目管理。目前，我国的监理企业大部分停留在施工阶段的管理服务上，且侧重质量管理，离全方位、全过程服务还有较大的距离。

3.2 工程建设监理制属于强制推行的监理制度

国外的建设项目管理是适应建筑市场中建设单位需求的产物，其发展过程也是整个建筑市场发展的一个方面，没有来自政府部门的行政指导或干预。而我国的工程建设监理从一开始就是作为计划经济条件下所形成的建设工程管理体制改革的一项新制度提出来的，也是依靠行政手段和法律手段在全国范围推行的。为此，不仅在各级政府部门中设立了主管建设工程监理有关工作的专门机构，而且制定了有关的法律、法规、规章，明确提出国家推行工程建设监理制度，并明确规定了必须实行工程建设监理的工程范围。其结果是在较短的时间内促进了工程建设监理在我国的发展，形成了一批专业化、社会化的工程监理企业和监理工程师队伍，缩小了与发达国家建设项目管理的差距，但是要达到真正的市场化和完善还有很长的路要走。

3.3 工程建设监理具有监督功能

我国的工程建设监理企业有一定的特殊地位，它与建设单位构成委托与被委托关系，与承建单位虽然无任何经济关系，但根据建设单位授权，有权对其不当建设行为进行监督，或者预先防范，或者指令其及时改正，或者向有关部门反映，请求纠正。不仅如此，在我国的工程建设监理中还强调对承建单位的施工过程和施工工序的监督、检查和验收，而且在实践中又进一步提出了旁站监理的规定。我国监理工程师在质量控制方面的工作所达到的深度和细度，应当说远远超过国际上建设项目管理人员工作的深度和细度，这对保证工程质量起到了很好的作用。

3.4 市场准入的双重控制

在建设项目管理方面，一些发达国家只对专业人员的执业资格提出要求，却没有对企业的资质管理作出规定，而我国对工程建设监理的市场准入采取了人员资格和单位资质的双重控制。我国要求专业监理工程师以上的监理人员要取得监理工程师资格证书，不同资质等级的工程监理企业至少要有一定数量取得监理工程师资格证书并经注册的人员。应当说，这种市场准入的双重控制，对于保证我国工程建设监理队伍的基本素质，规范我国工程建设监理市场起到了积极的作用。

4 我国工程建设监理的发展趋势

4.1 加强法制建设，走法制化的道路

目前，我国颁布的法律法规中有关工程建设监理的条款不少，部门规章和地方性法规

的数量更多,这充分反映了工程建设监理的法律地位。但是,我国在法制建设方面还比较薄弱,突出表现在市场规则和市场机制方面,而且合同管理意识不强,无法可依,或有法不依。监理工程师合同管理的水平还比较低,监理行为也经常不规范,还不能适应发展的需要。应当在总结经验的基础上,借鉴国际上通行的做法,逐步建立和健全起来。只有这样,才能使我国的工程建设监理走上有法可依、有法必依的轨道,才能使建设工程监理向规范化和法制化方向发展。

4.2　以市场需求为导向,向全方位、全过程监理发展

我国实行工程建设监理时间短,目前仍然以施工阶段监理为主。造成这种状况既有体制上、认识上的原因,也有建设单位需求和监理企业素质及能力等原因。但是应当看到,随着项目法人责任制的不断完善,以及民营企业和私人投资项目的大量增多,建设单位将对工程投资效益愈加重视,工程前期决策阶段的监理将日益增多。从发展趋势看,代表建设单位进行全方位、全过程的工程项目管理,将是我国工程监理行业发展的方向。当前,应当按照市场需求多样化的规律,积极扩展监理服务内容。要从现阶段以施工阶段为主,向全过程、全方位监理发展,即不仅要进行施工阶段质量、造价和进度控制,做好合同管理、安全管理、信息管理和组织协调工作,而且要进行决策阶段和设计阶段的监理。只有实施全方位、全过程监理,才能更好地发挥工程建设监理的作用。

4.3　适应市场需求,优化工程监理企业结构

在市场经济条件下,任何企业的发展都必须与市场需求相适应,工程监理企业的发展也不例外。建设单位对工程建设监理的需求是多种多样的,工程监理企业所能提供的监理服务也应当是多种多样的。前面所述工程建设监理应当向全方位、全过程监理发展,是从建设工程监理整个行业而言,并不意味着所有的工程监理企业都朝着这个方向发展。因此,应当通过市场机制和必要的行业政策引导,在工程监理行业逐步建立起综合性监理企业与专业性监理企业相结合、大中小型监理企业相结合的合理的企业结构。按工作内容分,建立起能承担全过程、全方位监理任务的综合性监理企业与能承担某一专业监理任务(如招标代理、工程造价咨询)的监理企业相结合的企业结构。按工作阶段分,建立起能承担工程建设全过程监理的大型监理企业与能承担某一阶段工程监理任务的中型监理企业和只提供旁站监理劳务的小型监理企业相结合的企业结构。这样,既能满足建设单位的各种需求,又能使各类监理企业各得其所,都能有合理的生存和发展空间。一般来说,大型、综合素质较高的监理企业应当向综合监理方向发展,而中小型监理企业则应当逐渐形成自己的专业特色。

4.4　加强培训工作,不断提高从业人员素质

从全方位、全过程监理的要求来看,我国建设工程监理从业人员的素质还不能与之相适应,迫切需要加以提高。另外,工程建设领域的新技术、新工艺、新材料层出不穷,工程技术标准、规范、规程也时有更新,信息技术日新月异,都要求建设工程监理从业人员与时俱进,不断提高自身的业务素质和职业道德素质,这样才能为建设单位提供优质服务。从业人员的素质是整个工程监理行业发展的基础。只有培养和造就出大批高素质的监理人员,才可能形成相当数量的高素质的工程监理企业,才能形成一批公信力强、有品牌效应的工程监理企业,才能提高我国建设工程监理的总体水平及其效果,才能推动建设工程监

理事业更好更快地发展。

4.5 与国际惯例接轨，走向世界

我国已加入WTO，建设工程监理领域要向国际市场开放，同时我国的工程监理企业也要走向世界市场，与国外同行公平竞争。要在竞争中取胜，除有实力、业绩、信誉外，不掌握国际上通行的规则是不行的。我国的监理工程师和工程监理企业应当做好充分准备，不仅要迎接国外同行进入我国后的竞争挑战，而且要把握进入国际市场的机遇，敢于到国际市场与国外同行竞争。

小　　结

工程建设监理是指具有相应资质的监理企业，接受建设单位的委托，依据建设行政法规和技术标准，综合运用法律、经济和技术手段控制工程建设的造价、工期和质量，代表建设单位对承建单位的建设行为进行专业化监督和管理的服务活动。工程建设监理是针对工程项目建设所实施的监督管理活动，工程建设监理的行为主体是监理企业，工程建设监理实施的前提是业主的委托和授权，工程建设监理是有明确依据的工程建设管理行为，工程建设监理是微观监督管理活动。

工程建设监理的范围可以分为监理的工程范围和监理的建设阶段范围。工程建设监理的主要任务是“三控制、三管理、一协调”，即对工程建设项目进行工程造价控制、工程质量控制、工程进度控制、合同管理、信息管理、安全管理、组织协调等。工程建设监理的依据包括工程建设文件、有关的法律法规规章和标准规范、工程建设委托监理合同和有关的工程建设合同。

工程建设监理是对工程建设所实施的监督管理活动，是一种高智能有偿技术服务，具有服务性、公正性、科学性和独立性等性质。工程建设监理的实施有利于提高建设工程投资决策的科学化水平，有利于规范工程建设参与各方的建设行为，有利于促使承建单位保证建设工程质量和使用安全，有利于实现建设工程造价效益的最大化。

建设程序是指建设项目从设想、选择、评估、决策、设计、施工到竣工验收、投入生产或交付使用的整个过程中，应当遵循的内在规律。我国大中型及限额以上的建设项目一般可分为以下几个阶段：项目建议书阶段、可行性研究阶段、勘察设计阶段、施工准备阶段、施工阶段、生产准备阶段、竣工验收阶段、项目后评估阶段等。建设程序为工程建设监理提出了规范化的建设行为标准，为工程建设监理提出了监理的任务和内容，明确了工程监理企业在工程建设中的重要地位，坚持建设程序是监理人员的基本职业准则，严格执行我国建设程序是结合中国国情推行工程建设监理制的具体体现。

建设工程主要管理体制有项目法人责任制度、工程招标投标制度、建设工程监理制度和合同管理制度。

现阶段我国工程建设监理服务对象和服务内容具有单一性，工程建设监理属于强制推行的监理制度，工程建设监理具有监督功能，工程建设监理实行市场准入的双重控制。我国工程建设监理的发展必须加强法制建设，走法制化的道路，以市场需求为导向，向全方位、全过程监理发展。为了适应市场需求，优化工程监理企业结构，必须加强培训工作，

不断提高从业人员素质，与国际惯例接轨，走向世界。

习　题

一、名词解释

①建设项目；②建设单位；③承建单位；④工程建设监理；⑤建设程序；⑥项目法人责任制；⑦工程建设监理制；⑧工程质量控制；⑨合同管理；⑩可行性研究。

二、单项选择题

1. 工程建设监理的基本目的是(　　)。

A. 控制工程项目目标　　B. 对工程项目进行规划、控制、协调

C. 做好信息管理、合同管理　　D. 协助业主在计划目标内建成工程项目

2. 实行监理的建筑工程，应有建设单位委托(　　)的工程监理单位监理。

A. 具有相应资质条件　　B. 信誉卓著

C. 具有法人资格　　D. 专业化、社会化

3. 建设工程监理的行为主体是(　　)。

A. 建设单位　　B. 工程监理单位

C. 建设主管部门　　D. 质量监督机构

4. 下列关于建设工程监理特点的说法中，不正确的是(　　)。

A. 服务对象具有单一性　　B. 具有监督功能

C. 市场准入实行双重控制　　D. 有利于实现建设工程效益最大化

5. 根据项目法人责任制的规定，项目法人应当在(　　)批准后成立。

A. 项目建议书　　B. 项目可行性研究报告

C. 初步设计文件　　D. 施工图设计文件

三、多项选择题

1. 在实行监理的工程中，项目监理机构要对(　　)进行约束和协调，以使建设主体各尽其责。

A. 政府建设主管部门　　B. 建设单位　　C. 勘察单位

D. 施工单位　　E. 设计单位

2. 项目的特性主要体现在(　　)。

A. 项目的一次性　　B. 项目的二次性　　C. 项目的单件性

D. 项目的目标性　　E. 项目的整体性

3. 下列说法正确的是(　　)。

A. 监理的行为主体是监理企业　　B. 监理实施的前提是业主的委托和授权

C. 监理是微观监督管理活动　　D. 监理具有政府监督行为

E. 监理是针对工程项目建设所实施的监督和管理活动

4. 工程建设监理的主要任务是(　　)。
   A. 工程造价控制　　B. 工程质量控制　　C. 工程进度控制
   D. 合同管理、信息管理　　E. 组织协调

5. 工程建设监理的依据是(　　)。
   A. 工程建设文件　　B. 法律、法规、规章　　C. 技术标准和规范
   D. 工程建设委托监理合同　　E. 其他有关的工程建设合同

四、简答题

1. 工程建设强制监理的范围有哪些?
2. 工程建设监理的任务有哪些?
3. 工程建设监理的依据有哪些?
4. 工程建设监理具有哪些性质? 其含义是什么?
5. 工程建设监理有哪些作用?
6. 工程建设监理与政府工程质量监督有何区别?
7. 什么是建设程序? 我国现行建设程序内容有哪些?
8. 建设程序与工程建设监理的关系是什么?
9. 工程建设领域主要管理制度有哪些?
10. 现阶段我国工程建设监理有哪些特点?
11. 我国工程建设监理的发展趋势有哪些方面?

模块2　工程建设监理法律法规

【知识要点】 工程建设法律法规体系;《中华人民共和国建筑法》建筑工程监理的规定;《建设工程质量管理条例》监理单位的质量责任和义务;《建设工程安全生产管理条例》监理单位的安全责任。

【教学目标】 掌握《中华人民共和国建筑法》《建设工程质量管理条例》《建设工程安全生产管理条例》中与监理工作相关的条款内容;熟悉《中华人民共和国建筑法》《建设工程质量管理条例》《建设工程安全生产管理条例》立法的目的、调整对象、适用范围、基本内容;了解与工程建设监理有关的建设工程法律、法规和规章。

课题2.1　工程建设法律法规体系

工程建设法律法规体系是指根据《中华人民共和国立法法》的规定,制定和公布施行的有关建设工程的各项法律、行政法规、地方性法规、自治条例、单行条例、部门规章和地方政府规章的总称。

1　工程建设法律、法规、规章的制定机关和法律效力

工程建设法律是指由全国人民代表大会及其常务委员会通过的规范工程建设活动的法律规范,由国家主席签署主席令予以公布。

工程建设行政法规是指由国务院根据宪法和法律制定的规范工程建设活动的各项法规,由总理签署国务院令予以公布。

工程建设部门规章是指建设部按照国务院规定的职权范围,独立或同国务院有关部门联合,根据法律和国务院的行政法规、决定、命令,制定的规范工程建设活动的各项规章。属于建设部制定的,由部长签署建设部令予以公布。

法律的效力高于行政法规,行政法规的效力高于部门规章。

2　与工程建设监理有关的工程建设法律、行政法规和规章

2.1　法律

与工程建设监理有关的法律有《中华人民共和国建筑法》《中华人民共和国招标投标法》《中华人民共和国合同法》《中华人民共和国土地管理法》《中华人民共和国城市规划法》《中华人民共和国城市房地产管理法》《中华人民共和国环境保护法》《中华人民共和国环境影响评价法》等。

2.2　行政法规

与工程建设监理有关的行政法规有《建设工程质量管理条例》《建设工程勘察设计管理条例》《中华人民共和国土地管理法实施条例》《建设工程安全生产管理条例》等。

2.3 部门规章

与工程建设监理有关的部门规章有《建设工程监理范围和规模标准规定》《注册监理工程师管理规定》《工程监理企业资质管理规定》《建设工程设计招标投标管理办法》《房屋建筑和市政基础设施工程施工招标投标办法》《评标委员会和评标方法暂行规定》《建筑工程施工发包与承包计价管理办法》《建筑工程施工许可管理办法》《实施工程建设强制性标准监督规定》《房屋建筑工程质量保修办法》《房屋建筑和市政基础设施工程竣工验收备案管理暂行办法》《建设工程施工现场管理规定》《建筑安全生产监督管理规定》《工程建设重大事故报告和调查程序规定》《城市建设档案管理暂行规定》等。

课题 2.2　中华人民共和国建筑法

《中华人民共和国建筑法》(简称《建筑法》)是我国工程建设领域的一部大法。整部法律分 8 章共计 85 条,是以建筑市场管理为中心,以建筑工程质量与安全为重点,以建筑活动监督管理为主线形成的。建筑活动是指各类房屋及其附属设施的建造和与其配套的线路、管道、设备的安装活动。

1　总则

总则是对整部法律的纲领性规定。内容包括:

(1)立法的目的是加强对建筑活动的监督管理,维护建筑市场秩序,保证建筑工程的质量和安全,促进建筑业健康发展。

(2)调整对象是从事建筑活动的单位和个人以及监督管理的主体,适用范围是在中华人民共和国境内。

(3)基本要求是建筑活动应当确保建筑工程质量和安全,符合国家的建筑工程安全标准。

(4)国家对建筑业的基本政策是扶持建筑业的发展,支持建筑科学技术研究,提高房屋建筑设计水平,鼓励节约能源和保护环境,提倡采用先进技术、先进设备、先进工艺、新型建筑材料和现代管理方式。

(5)建筑活动当事人的基本权利和义务是任何单位及个人从事建筑活动应当遵守法律、法规,不得损害社会公共利益和他人的合法权益。

(6)建筑活动的监督管理主体是国务院建设行政主管部门。

2　建筑许可

(1)建筑工程施工许可制度。建筑工程施工许可制度是建设行政主管部门根据建设单位的申请,依法对建筑工程所应具备的施工条件进行审查,符合规定条件的,准许该建筑工程开始施工,并颁发施工许可证的一种制度。具体内容包括:①建筑工程施工许可的法律规定。《建筑法》第七条规定:“建筑工程开工前,建设单位应当按照国家有关规定向工程所在地县级以上人民政府建设行政主管部门申请领取施工许可证;但是,国务院建设行政主管部门确定的限额以下的小型工程除外。按照国务院规定的权限和程序批准开工报告的建筑工程，不再领取施工许可证。”②申请建筑工程施工许可证的条件及法律后果。

（2）建筑工程从业者资格管理规定：①从事建筑活动的建筑施工企业、勘察单位、设计单位和工程监理单位应当具有符合国家规定的注册资本，有与其从事的建筑活动相适应的具有法定执业资格的专业技术人员，有从事相关建筑活动所应有的技术装备，以及法律、行政法规规定的其他条件。②建设行政主管部门依据从事建筑活动单位的条件划分为不同的资质等级，经资质审查合格，取得相应等级的资质证书后，方可在其资质等级许可的范围内从事建筑活动。③从事建筑活动的专业技术人员，应当依法取得相应的执业资格证书，并在执业资格证书许可的范围内从事建筑活动。

3　建筑工程发包与承包

（1）一般规定。包括发包单位与承包单位应当依法订立书面合同，并应全面履行合同约定的义务；招标投标活动应当遵循的原则，择优选择承包单位；发包单位和承包单位及其工作人员行为约束；建筑工程造价等方面的规定。

（2）关于建筑工程发包。包括建筑工程发包方式；公开招标程序和要求；建筑工程招标的行为主体和监督主体；发包单位应将工程发包给依法中标或具有相应资质条件的承包单位；政府部门不得滥用权力限定承包单位；禁止将建筑工程肢解发包；发包单位在承包单位采购方面的行为限制等规定。

（3）关于建筑工程承包。包括承包单位资质管理，关于联合承包方式，禁止转包，以及有关分包等规定。

4　建筑工程监理

（1）《建筑法》第三十条规定：“国家推行建筑工程监理制度。国务院可以规定实行强制监理的建筑工程的范围。”

（2）《建筑法》第三十一条规定：“实行监理的建筑工程，由建设单位委托具有相应资质条件的工程监理单位监理。建设单位与其委托的工程监理单位应当订立书面委托监理合同。”

（3）《建筑法》第三十二条规定：“建筑工程监理应当依照法律、行政法规及有关的技术标准、设计文件和建筑工程承包合同，对承包单位在施工质量、建设工期和建设资金使用等方面，代表建设单位实施监督。工程监理人员认为工程施工不符合工程设计要求、施工技术标准和合同约定的，有权要求建筑施工企业改正。工程监理人员发现工程设计不符合建筑工程质量标准或者合同约定的质量要求的，应当报告建设单位要求设计单位改正。”

（4）《建筑法》第三十三条规定：“实施建筑工程监理前，建设单位应当将委托的工程监理单位、监理的内容及监理权限，书面通知被监理的建筑施工企业。”

（5）《建筑法》第三十四条规定：“工程监理单位应当在其资质等级许可的监理范围内，承担工程监理业务。工程监理单位应当根据建设单位的委托，客观、公正地执行监理任务。工程监理单位与被监理工程的承包单位以及建筑材料、建筑构配件和设备供应单位不得有隶属关系或者其他利害关系。工程监理单位不得转让工程监理业务。”

(6)《建筑法》第三十五条规定:“工程监理单位不按照委托监理合同的约定履行监理义务,对应当监督检查的项目不检查或者不按照规定检查,给建设单位造成损失的,应当承担相应的赔偿责任。工程监理单位与承包单位串通,为承包单位谋取非法利益,给建设单位造成损失的,应当与承包单位承担连带赔偿责任。”

5 建筑安全生产管理

(1)建筑工程安全生产管理的方针和制度。

(2)建筑工程设计应当保证工程的安全性能。

(3)建筑施工企业:①在编制施工组织设计时应制定和采取安全技术措施;②在施工现场应当采取安全防护措施;③应采取保护施工现场环境的措施;④安全生产管理和安全生产责任制的规定;⑤对施工现场的安全负责;⑥应建立健全劳动安全生产教育培训制度;⑦对安全生产的义务,并应为从事危险作业的职工办理意外伤害保险。

(4)建设单位:①应保护施工现场地下管线的义务;②应办理施工现场特殊作业申请批准手续。

(5)建设行政主管部门对建筑安全生产的职责;劳动行政主管部门监察。

(6)作业人员在有关安全生产方面的义务和权利。

(7)涉及建筑主体和承重结构变动的装修工程设计、施工规定。

(8)拆除房屋有关安全生产的规定。

(9)施工中发生事故应采取紧急措施和报告制度的规定。

6 建筑工程质量管理

(1)建筑工程勘察、设计、施工质量必须符合国家有关建筑工程安全标准。

(2)国家对从事建筑活动的单位推行质量体系认证制度。

(3)建设单位不得以任何理由要求设计单位和施工企业降低工程质量。

(4)建筑工程总承包单位和分包单位的工程质量责任。

(5)建筑工程勘察、设计单位对其勘察、设计的质量负责。

(6)设计单位对设计文件选用的建筑材料、构配件和设备,不得指定生产厂、供应商。

(7)建筑施工企业对工程的施工质量负责。

(8)建筑施工企业对进场材料、构配件和设备进行检验,不合格的不得使用。

(9)建筑物在合理使用寿命内和工程竣工时的工程质量要求。

(10)建筑工程竣工验收。

(11)建筑工程实行质量保修制度。

(12)任何单位和个人对建筑工程质量事故、缺陷有权进行检举、控告、投诉。

7 法律责任

《建筑法》第六十九条规定:“工程监理单位与建设单位或者建筑施工企业串通,弄虚作假、降低工程质量的,责令改正,处以罚款,降低资质等级或者吊销资质证书;有违法所得的，予以没收；造成损失的，承担连带赔偿责任；构成犯罪的，依法追究刑事责任。工程监理单位转让监理业务的，责令改正，没收违法所得，可以责令停业整顿，降低资质等级；情节严重的，吊销资质证书。”

另外，《建筑法》对下述行为规定了法律责任：

（1）未取得施工许可证或者开工报告未经批准擅自施工的。

（2）将工程发包给不具备相应资质条件的承包单位或者将工程肢解发包的；未取得资质证书或者超越资质等级承揽工程的；以欺骗手段取得资质证书的。

（3）建筑施工企业转让、出借资质证书或者以其他方式允许他人以本企业的名义承揽工程的。

（4）承包单位将承包的工程转包的，或者违反法律规定进行分包的。

（5）在工程发包与承包中索贿、受贿、行贿的。

（6）涉及建筑主体或者承重结构变动的装修工程，违反法律规定，擅自施工的。

（7）建筑施工企业违反法律规定，对建筑安全事故隐患不采取措施予以消除的；管理人员违章指挥、强令职工冒险作业，因发生重大伤亡事故或者造成其他严重后果的。

（8）建设单位要求设计单位或者施工企业违反工程质量、安全标准，降低工程质量的。

（9）建筑设计单位不按照工程质量、安全标准进行设计的。

（10）建筑施工企业在施工中偷工减料，使用不合格的建筑材料、建筑构配件和设备的，或者有其他不按照工程设计图纸或者施工技术标准施工的行为的。

（11）建筑施工企业违反法律规定，不履行保修义务或者拖延履行保修义务的。

（12）违反法律规定，对不具备相应资质等级条件的单位颁发该等级资质证书的。

（13）政府及其所属部门的工作人员违反法律规定，限定发包单位将招标发包的工程发包给指定的施工单位的。

（14）有关部门及其工作人员对不符合施工条件的建筑工程颁发施工许可证的，对不合格的建筑工程出具质量合格文件或者按合格工程验收的。

（15）在建筑物的合理使用寿命内，因建筑工程质量不合格受到损害的，有权向责任者要求赔偿。

课题2.3 建设工程质量管理条例

《建设工程质量管理条例》（简称《质量管理条例》），以建设工程质量责任主体为基线，规定了建设单位、勘察单位、设计单位、施工单位和工程监理单位的质量责任和义务，明确了工程质量保修制度、工程质量监督制度等内容，并对各种违法违规行为的处罚作了原则规定。

1 总则

（1）制定的目的和依据：为了加强对建设工程质量的管理，保证建设工程质量，保护人民生命和财产安全，根据《中华人民共和国建筑法》制定本条例。

(2)调整对象和适用范围：凡在中华人民共和国境内从事建设工程的新建、扩建、改建等有关活动及实施对建设工程质量监督管理的；建设工程指土木工程、建筑工程、线路管道和设备安装工程及装修工程。

(3)建设工程质量责任主体：建设单位、勘察单位、设计单位、施工单位、工程监理单位。

(4)建设工程质量监督管理主体：县级以上人民政府建设行政主管部门和其他有关部门。

(5)从事建设工程活动，必须严格执行基本建设程序，坚持先勘察、后设计、再施工的原则。县级以上人民政府及其有关部门不得超越权限审批建设项目或者擅自简化基本建设程序。

(6)基本政策：国家鼓励采用先进的科学技术和管理方法，提高建设工程质量。

2　建设单位的质量责任和义务

(1)建设单位应当将工程发包给具有相应资质等级的单位。

(2)建设单位应当依法对工程建设项目的勘察、设计、施工、监理以及与工程建设有关的重要设备、材料等的采购进行招标。

(3)建设单位必须向有关的勘察、设计、施工、工程监理等单位提供与建设工程有关的原始资料。

(4)建设工程发包单位，不得迫使承包方以低于成本的价格竞标，不得任意压缩合理工期。

(5)建设单位应当将施工图设计文件报县级以上人民政府建设行政主管部门或者其他有关部门审查。施工图设计文件审查的具体办法，由国务院建设行政主管部门会同国务院其他有关部门制定。

(6)实行监理的建设工程，建设单位应当委托具有相应资质等级的工程监理单位进行监理，也可以委托具有工程监理相应资质等级并与被监理工程的施工承包单位没有隶属关系或者其他利害关系的该工程的设计单位进行监理。

必须实行监理的工程包括：①国家重点建设工程；②大中型公用事业工程；③成片开发建设的住宅小区工程；④利用外国政府或者国际组织贷款、援助资金的工程；⑤国家规定必须实行监理的其他工程。

(7)建设单位在领取施工许可证或者开工报告前，应当按照国家有关规定办理工程质量监督手续。

(8)按照合同约定，由建设单位采购建筑材料、建筑构配件和设备的，建设单位应当保证建筑材料、建筑构配件与设备符合设计文件和合同要求。

(9)涉及建筑主体和承重结构变动的装修工程，建设单位应当在施工前委托原设计单位或者具有相应资质等级的设计单位提出设计方案；没有设计方案的，不得施工。

(10)建设单位收到建设工程竣工报告后，应当组织设计、施工、工程监理等有关单位进行竣工验收。

建设工程竣工验收应当具备下列条件：①完成建设工程设计和合同约定的各项内容；

②有完整的技术档案和施工管理资料；③有工程使用的主要建筑材料、建筑构配件和设备的进场试验报告；④有勘察、设计、施工、工程监理等单位分别签署的质量合格文件；⑤有施工单位签署的工程保修书；⑥建设单位应当严格按照国家有关档案管理的规定，及时收集、整理建设项目各环节的文件资料，建立、健全建设项目档案，并在建设工程竣工验收后，及时向建设行政主管部门或者其他有关部门移交建设项目档案。

3　勘察、设计单位的质量责任和义务

（1）从事建设工程勘察、设计的单位应当依法取得相应等级的资质证书，并在其资质等级许可的范围内承揽工程。

（2）勘察、设计单位必须按照工程建设强制性标准进行勘察、设计，并对其勘察、设计的质量负责。

（3）勘察单位提供的地质、测量、水文等勘察成果必须真实、准确。

（4）设计单位应当根据勘察成果文件进行建设工程设计。

（5）设计单位在设计文件中选用的建筑材料、建筑构配件和设备，应当注明规格、型号、性能等技术指标，其质量要求必须符合国家规定的标准。

（6）设计单位应当就审查合格的施工图设计文件向施工单位作出详细说明。

（7）设计单位应当参与建设工程质量事故分析，并对因设计造成的质量事故提出相应的技术处理方案。

4　施工单位的质量责任和义务

（1）施工单位应当依法取得相应等级的资质证书，并在其资质等级许可的范围内承揽工程。

（2）禁止施工单位超越本单位资质等级许可的业务范围或者以其他施工单位的名义承揽工程。禁止施工单位允许其他单位或者个人以本单位的名义承揽工程。

（3）施工单位不得转包或者违法分包工程。

（4）施工单位对建设工程的施工质量负责。

（5）施工单位应当建立质量责任制，确定工程项目的项目经理、技术负责人和施工管理负责人。

（6）总承包单位依法将建设工程分包给其他单位的，分包单位应当按照分包合同的约定对其分包工程的质量向总承包单位负责，总承包单位与分包单位对分包工程的质量承担连带责任。

（7）施工单位必须按照工程设计图纸和施工技术标准施工，不得擅自修改工程设计，不得偷工减料。

（8）施工单位必须按照工程设计要求、施工技术标准和合同约定，对建筑材料、建筑构配件、设备和商品混凝土进行检验，检验应当有书面记录和专人签字；未经检验或者检验不合格的，不得使用。

（9）施工单位必须建立、健全施工质量的检验制度，严格工序管理，做好隐蔽工程的质量检查和记录。隐蔽工程在隐蔽前，施工单位应当通知建设单位和建设工程质量监督

机构。

(10)施工人员对涉及结构安全的试块、试件以及有关材料，应当在建设单位或者工程监理单位监督下现场取样，并送具有相应资质等级的质量检测单位进行检测。

(11)施工单位对施工中出现质量问题的建设工程或者竣工验收不合格的建设工程，应当负责返修。

(12)施工单位应当建立、健全教育培训制度，加强对职工的教育培训；未经教育培训或者考核不合格的人员，不得上岗作业。

5　工程监理单位的质量责任和义务

(1)工程监理单位应当依法取得相应等级的资质证书，并在其资质等级许可的范围内承担工程监理业务。

(2)禁止工程监理单位超越本单位资质等级许可的范围或者以其他工程监理单位的名义承担工程监理业务。禁止工程监理单位允许其他单位或者个人以本单位的名义承担工程监理业务。

(3)工程监理单位不得转让工程监理业务。

(4)工程监理单位与被监理工程的施工承包单位以及建筑材料、建筑构配件和设备供应单位有隶属关系或者其他利害关系的，不得承担该项建设工程的监理业务。

(5)工程监理单位应当依照法律、法规以及有关技术标准、设计文件和建设工程承包合同，代表建设单位对施工质量实施监理，并对施工质量承担监理责任。

(6)工程监理单位应当选派具备相应资格的总监理工程师和监理工程师进驻施工现场。

(7)监理工程师应当按照工程监理规范的要求，采取旁站、巡视和平行检验等形式，对建设工程实施监理。

6　建设工程质量保修

(1)建设工程实行质量保修制度。建设工程承包单位在向建设单位提交工程竣工验收报告时，应当向建设单位出具质量保修书。质量保修书中应当明确建设工程的保修范围、保修期限和保修责任等。

(2)在正常使用条件下，建设工程的最低保修期限为：①基础设施工程、房屋建筑的地基基础工程和主体结构工程，为设计文件规定的该工程的合理使用年限；②屋面防水工程、有防水要求的卫生间、房间和外墙面的防渗漏，为5年；③供热与供冷系统，为2个采暖期、供冷期；④电气管线、给排水管道、设备安装和装修工程，为2年；⑤其他项目的保修期限由发包方与承包方约定。建设工程的保修期限，自竣工验收合格之日起计算。

(3)建设工程在保修范围和保修期限内发生质量问题的，施工单位应当履行保修义务，并对造成的损失承担赔偿责任。

(4)建设工程在超过合理使用年限后需要继续使用的，产权所有人应当委托具有相应资质等级的勘察、设计单位鉴定，并根据鉴定结果采取加固、维修等措施，重新界定使用期。

7 监督管理

(1)国家实行建设工程质量监督管理制度。国务院建设行政主管部门对全国的建设工程质量实施统一监督管理。国务院铁路、交通、水利等有关部门按照国务院规定的职责分工,负责对全国的有关专业建设工程质量的监督管理。

县级以上地方人民政府建设行政主管部门对本行政区域内的建设工程质量实施监督管理。县级以上地方人民政府交通、水利等有关部门在各自的职责范围内,负责对本行政区域内的专业建设工程质量的监督管理。

(2)国务院建设行政主管部门和国务院铁路、交通、水利等有关部门应当加强对有关建设工程质量的法律、法规和强制性标准执行情况的监督检查。

(3)国务院发展计划部门按照国务院规定的职责,组织稽察特派员,对国家出资的重大建设项目实施监督检查。国务院经济贸易主管部门按照国务院规定的职责,对国家重大技术改造项目实施监督检查。

(4)建设工程质量监督管理,可由建设行政主管部门或者其他有关部门委托的建设工程质量监督机构具体实施。

从事房屋建筑工程和市政基础设施工程质量监督的机构,必须按照国家有关规定经国务院建设行政主管部门或者省、自治区、直辖市人民政府建设行政主管部门考核;从事专业建设工程质量监督的机构,必须按照国家有关规定经国务院有关部门或者省、自治区、直辖市人民政府有关部门考核。经考核合格后,方可实施质量监督。

(5)县级以上地方人民政府建设行政主管部门和其他有关部门应当加强对有关建设工程质量的法律、法规和强制性标准执行情况的监督检查。

(6)县级以上人民政府建设行政主管部门和其他有关部门履行监督检查职责时,有权采取下列措施:①要求被检查的单位提供有关工程质量的文件和资料;②进入被检查单位的施工现场进行检查;③发现有影响工程质量的问题时,责令改正。

(7)建设单位应当自建设工程竣工验收合格之日起15日内,将建设工程竣工验收报告和规划、公安消防、环保等部门出具的认可文件或者准许使用文件报建设行政主管部门或者其他有关部门备案。

建设行政主管部门或者其他有关部门发现建设单位在竣工验收过程中有违反国家有关建设工程质量管理规定行为的,责令停止使用,重新组织竣工验收。

(8)有关单位和个人对县级以上人民政府建设行政主管部门和其他有关部门进行的监督检查应当支持与配合,不得拒绝或者阻碍建设工程质量监督检查人员依法执行职务。

(9)供水、供电、供气、公安消防等部门或者单位不得明示或者暗示建设单位、施工单位购买其指定的生产供应单位的建筑材料、建筑构配件和设备。

(10)建设工程发生质量事故,有关单位应当在24小时内向当地建设行政主管部门和其他有关部门报告。对重大质量事故,事故发生地的建设行政主管部门和其他有关部门应当按照事故类别和等级向当地人民政府和上级建设行政主管部门及其他有关部门报告。特别重大质量事故的调查程序按照国务院有关规定办理。

(11)任何单位和个人对建设工程的质量事故、质量缺陷都有权检举、控告、投诉。

8 罚则

这一部分分别规定了建设单位、勘察单位、设计单位、施工单位和工程监理单位对违反《质量管理条例》的行为将追究法律责任。

(1)违反条例规定，建设单位将建设工程发包给不具有相应资质等级的勘察、设计、施工单位或者委托给不具有相应资质等级的工程监理单位的，责令改正，处以50万元以上100万元以下的罚款。

(2)违反条例规定，建设单位将建设工程肢解发包的，责令改正，处以工程合同价款0.5%以上1%以下的罚款；对全部或者部分使用国有资金的项目，并可以暂停项目执行或者暂停资金拨付。

(3)违反条例规定，建设单位有下列行为之一的，责令改正，处以20万元以上50万元以下的罚款：①迫使承包方以低于成本的价格竞标的；②任意压缩合理工期的；③明示或者暗示设计单位或者施工单位违反工程建设强制性标准，降低工程质量的；④施工图设计文件未经审查或者审查不合格，擅自施工的；⑤建设项目必须实行工程监理而未实行工程监理的；⑥未按照国家规定办理工程质量监督手续的；⑦明示或者暗示施工单位使用不合格的建筑材料、建筑构配件和设备的；⑧未按照国家规定将竣工验收报告、有关认可文件或者准许使用文件报送备案的。

(4)违反条例规定，建设单位未取得施工许可证或者开工报告未经批准，擅自施工的，责令停止施工，限期改正，处以工程合同价款1%以上2%以下的罚款。

(5)违反条例规定，建设单位有下列行为之一的，责令改正，处以工程合同价款2%以上4%以下的罚款；造成损失的，依法承担赔偿责任：①未组织竣工验收，擅自交付使用的；②验收不合格，擅自交付使用的；③对不合格的建设工程按照合格工程验收的。

(6)违反条例规定，建设工程竣工验收后，建设单位未向建设行政主管部门或者其他有关部门移交建设项目档案的，责令改正，处以1万元以上10万元以下的罚款。

(7)违反条例规定，勘察、设计、施工、工程监理单位超越本单位资质等级承揽工程的，责令停止违法行为，对勘察、设计单位或者工程监理单位处以合同约定的勘察费、设计费或者监理酬金1倍以上2倍以下的罚款；对施工单位处以工程合同价款2%以上4%以下的罚款，可以责令停业整顿，降低资质等级；情节严重的，吊销资质证书；有违法所得的，予以没收。

未取得资质证书承揽工程的，予以取缔，依照前款规定处以罚款；有违法所得的，予以没收。

以欺骗手段取得资质证书承揽工程的，吊销资质证书，依照本条第一款规定处以罚款；有违法所得的，予以没收。

(8)违反条例规定，勘察、设计、施工、工程监理单位允许其他单位或者个人以本单位名义承揽工程的，责令改正，没收违法所得，对勘察、设计单位和工程监理单位处以合同约定的勘察费、设计费和监理酬金1倍以上2倍以下的罚款；对施工单位处以工程合同价款2%以上4%以下的罚款；可以责令停业整顿，降低资质等级；情节严重的，吊销资质证书。

(9)违反条例规定，承包单位将承包的工程转包或者违法分包的，责令改正，没收违法所得，对勘察、设计单位处以合同约定的勘察费、设计费25%以上50%以下的罚款；对施工单位处以工程合同价款0.5%以上1%以下的罚款；可以责令停业整顿，降低资质等级；情节严重的，吊销资质证书。

工程监理单位转让工程监理业务的，责令改正，没收违法所得，处以合同约定的监理酬金25%以上50%以下的罚款；可以责令停业整顿，降低资质等级；情节严重的，吊销资质证书。

(10)违反条例规定，有下列行为之一的，责令改正，处以10万元以上30万元以下的罚款：①勘察单位未按照工程建设强制性标准进行勘察的；②设计单位未根据勘察成果文件进行工程设计的；③设计单位指定建筑材料、建筑构配件的生产厂、供应商的；④设计单位未按照工程建设强制性标准进行设计的。

有前款所列行为，造成重大工程质量事故的，责令停业整顿，降低资质等级；情节严重的，吊销资质证书；造成损失的，依法承担赔偿责任。

(11)违反条例规定，施工单位在施工中偷工减料的，使用不合格的建筑材料、建筑构配件和设备的，或者有不按照工程设计图纸或者施工技术标准施工的其他行为的，责令改正，处以工程合同价款2%以上4%以下的罚款；造成建设工程质量不符合规定的质量标准的，负责返工、修理，并赔偿因此造成的损失；情节严重的，责令停业整顿，降低资质等级或者吊销资质证书。

(12)违反条例规定，施工单位未对建筑材料、建筑构配件、设备和商品混凝土进行检验，或者未对涉及结构安全的试块、试件以及有关材料取样检测的，责令改正，处以10万元以上20万元以下的罚款；情节严重的，责令停业整顿，降低资质等级或者吊销资质证书；造成损失的，依法承担赔偿责任。

(13)违反条例规定，施工单位不履行保修义务或者拖延履行保修义务的，责令改正，处以10万元以上20万元以下的罚款，并对在保修期内因质量缺陷造成的损失承担赔偿责任。

(14)工程监理单位有下列行为之一的，责令改正，处以50万元以上100万元以下的罚款，降低资质等级或者吊销资质证书；有违法所得的，予以没收；造成损失的，承担连带赔偿责任：①与建设单位或者施工单位串通，弄虚作假、降低工程质量的；②将不合格的建设工程、建筑材料、建筑构配件和设备按照合格签字的。

(15)违反条例规定，工程监理单位与被监理工程的施工承包单位以及建筑材料、建筑构配件和设备供应单位有隶属关系或者其他利害关系承担该项建设工程的监理业务的，责令改正，处以5万元以上10万元以下的罚款，降低资质等级或者吊销资质证书；有违法所得的，予以没收。

(16)违反条例规定，涉及建筑主体或者承重结构变动的装修工程，没有设计方案擅自施工的，责令改正，处以50万元以上100万元以下的罚款；房屋建筑使用者在装修过程中擅自变动房屋建筑主体和承重结构的，责令改正，处以5万元以上10万元以下的罚款。

(17)发生重大工程质量事故隐瞒不报、谎报或者拖延报告期限的，对直接负责的主管人员和其他责任人员依法给予行政处分。

(18)违反条例规定，供水、供电、供气、公安消防等部门或者单位明示或者暗示建设单位或者施工单位购买其指定的生产供应单位的建筑材料、建筑构配件和设备的，责令改正。

(19)违反条例规定，注册建筑师、注册结构工程师、监理工程师等注册执业人员因过错造成质量事故的，责令停止执业1年；造成重大质量事故的，吊销执业资格证书，5年以内不予注册；情节特别恶劣的，终身不予注册。

(20)依照条例规定，给予单位罚款处罚的，对单位直接负责的主管人员和其他直接责任人员处以单位罚款数额5%以上10%以下的罚款。

(21)建设单位、设计单位、施工单位、工程监理单位违反国家规定，降低工程质量标准，造成重大安全事故，构成犯罪的，对直接责任人员依法追究刑事责任。

(22)条例规定的责令停业整顿，降低资质等级和吊销资质证书的行政处罚，由颁发资质证书的机关决定；其他行政处罚，由建设行政主管部门或者其他有关部门依照法定职权决定。

(23)国家机关工作人员在建设工程质量监督管理工作中玩忽职守、滥用职权、徇私舞弊，构成犯罪的，依法追究刑事责任；尚不构成犯罪的，依法给予行政处分。

(24)建设、勘察、设计、施工、工程监理单位的工作人员因调动工作、退休等原因离开该单位后，被发现在该单位工作期间违反国家有关建设工程质量管理规定，造成重大工程质量事故的，仍应当依法追究法律责任。

课题2.4　建设工程安全生产管理条例

《建设工程安全生产管理条例》(简称《安全生产管理条例》)，以建设工程安全责任主体为基线，规定了建设单位、勘察单位、设计单位、工程监理单位和施工单位的安全责任和义务，明确了监督管理、生产安全事故的应急救援和调查处理等内容，并对各种违法违规行为的处罚作了规定。

1　总则

(1)制定目的：加强建设工程安全生产监督管理，保障人民群众生命和财产安全。

(2)制定依据：《中华人民共和国建筑法》、《中华人民共和国安全生产法》。

(3)适用领域：在中华人民共和国境内从事建设工程及实施安全生产的监督管理，必须遵守本条例。

(4)方针：安全第一、预防为主。

(5)对象：建设单位、勘察单位、设计单位、施工单位、工程监理单位及其他与建设工程安全生产有关的单位。

(6)国家鼓励科学技术研究和先进技术的推广应用，推进建设工程安全生产的科学管理。

2　建设单位的安全责任

(1)应当向施工单位提供施工现场及毗邻区域内真实、准确、完整资料的规定。

(2)不得对勘察、设计、施工、工程监理等单位提出不符合建设工程安全生产的要求，不得压缩合同约定的工期的规定。

(3)编制工程概算时，应确定建设工程安全作业环境及安全施工措施所需费用。

(4)不得明示或者暗示施工单位购买、租赁、使用不符合安全施工要求的安全防护用具、机械设备、施工机具及配件、消防设施和器材。

(5)申请领取施工许可证时，应当提供建设工程有关安全施工措施的资料；依法批准开工报告的建设工程，应将保证安全施工的措施报送有关部门进行备案。

(6)建设单位应当将拆除工程发包给具有相应资质等级的施工单位。

3　勘察、设计、工程监理及其他有关单位的安全责任

(1)勘察单位进行勘察，应满足建设工程安全生产的需要的规定。

(2)设计单位进行设计，应防止因设计不合理导致生产安全事故的发生的规定。

(3)禁止出租检测不合格机械设备和施工机具及配件的规定。

(4)在施工现场安装、拆卸施工起重机械和整体提升脚手架、模板等自升式架设设施，必须由具有相应资质的单位承担的规定。

(5)施工起重机械和整体提升脚手架、模板等自升式架设设施的使用达到国家规定的检验检测期限的，必须经具有专业资质的检验检测机构检测。经检测不合格的，不得继续使用的规定。

(6)检验检测机构对检测合格的施工起重机械和整体提升脚手架、模板等自升式架设设施，应当出具安全合格证明文件，并对检测结果负责的规定。

其中，条例对工程建设监理单位作出重要规定：

第十四条规定："工程监理单位应当审查施工组织设计中的安全技术措施或者专项施工方案是否符合工程建设强制性标准。

工程监理单位在实施监理过程中，发现存在安全事故隐患的，应当要求施工单位整改；情况严重的，应当要求施工单位暂时停止施工，并及时报告建设单位。施工单位拒不整改或者不停止施工的，工程监理单位应当及时向有关主管部门报告。

工程监理单位和监理工程师应当按照法律、法规和工程建设强制性标准实施监理，并对建设工程安全生产承担监理责任。"

4　施工单位的安全责任

(1)从事建设活动应当具备国家规定相应条件，并应在依法取得相应资质等级的资质证书许可的范围内承揽工程的规定。

(2)主要负责人依法对本单位的安全生产工作全面负责的规定。

(3)对列入建设工程概算的安全作业环境及安全施工措施所需费用，不得挪作他用的规定。

(4)应当设立安全生产管理机构，配备专职安全生产管理人员并明确职责的规定。

(5)建设工程总承包单位对施工现场的安全生产负总责，总承包单位应当自行完成建设工程主体结构的施工。总承包单位和分包单位对分包工程的安全生产承担连带责任

的规定。

(6)特种作业人员,必须经过专门的安全作业培训,并取得特种作业操作资格证书后,方可上岗作业。

(7)应当在施工组织设计中编制安全技术措施和施工现场临时用电方案,对达到一定规模的危险性较大的分部分项工程编制专项施工方案,并附具安全验算结果,经施工单位技术负责人、总监理工程师签字后实施,由专职安全生产管理人员进行现场监督的规定。

(8)建设工程施工前,负责项目管理的技术人员应当对有关安全施工的技术要求向施工作业班组、作业人员作出详细说明,并由双方签字确认。

(9)应在施工现场的危险部位,设置符合国家标准的安全警示标志的规定。

(10)施工现场的办公、生活区与作业区的选址和距离应符合安全性要求的规定。

(11)在施工现场应采取措施,遵守有关环境保护法律、法规的规定。

(12)在施工现场建立消防安全责任制度的规定。

(13)确保作业人员施工安全的义务及作业人员安全施工的权利和义务的规定。

(14)采购、租赁的安全防护用具、机械设备、施工机具及配件,应当具有生产(制造)许可证、产品合格证,并在进入施工现场前进行查验,由专人管理,定期进行检查、维修和保养,建立相应的资料档案,并按照国家有关规定及时报废的规定。

(15)在使用施工起重机械和整体提升脚手架、模板等自升式架设设施的相关规定。

(16)主要负责人、项目负责人、专职安全生产管理人员应当经建设行政主管部门或者其他有关部门考核合格后方可任职的规定;对管理人员和作业人员进行安全生产教育培训的规定。

(17)应当为施工现场从事危险作业的人员办理意外伤害保险费用、期限的规定。

5 监督管理

(1)建设工程安全生产工作实施综合监督管理的部门的规定。

(2)建设行政主管部门在审核发放施工许可证时,应当对建设工程是否有安全施工措施进行审查,并不得收取费用的规定。

(3)县级以上人民政府负有建设工程安全生产监督管理职责的部门在各自的职责范围内履行安全监督检查职责时,有权采取措施的规定。

(4)建设行政主管部门或者其他有关部门可以将施工现场的监督检查委托给建设工程安全监督机构具体实施的规定。

(5)国家对严重危及施工安全的工艺、设备、材料实行淘汰制度的规定。

(6)建设工程生产安全事故的调查、对事故责任单位和责任人的处罚与处理的规定。

6 法律责任

条例分别对县级以上人民政府建设行政主管部门或者其他有关行政管理部门的工作人员、建设单位、勘察单位、设计单位、出租提供机械设备和配件的单位、施工单位及其主要负责人、项目负责人的行为违反本条例的规定,明确了应承担的法律责任。

其中,涉及工程监理单位的条款有:

(1)第五十七条规定:“违反条例的规定,工程监理单位有下列行为之一的,责令限期改正;逾期未改正的,责令停业整顿,并处10万元以上30万元以下的罚款;情节严重的,降低资质等级,直至吊销资质证书;造成重大安全事故,构成犯罪的,对直接责任人员,依照刑法有关规定追究刑事责任;造成损失的,依法承担赔偿责任:①未对施工组织设计中的安全技术措施或者专项施工方案进行审查的;②发现安全事故隐患未及时要求施工单位整改或者暂时停止施工的;③施工单位拒不整改或者不停止施工,未及时向有关主管部门报告的;④未依照法律、法规和工程建设强制性标准实施监理的。”

(2)第五十八条规定:“注册执业人员未执行法律、法规和工程建设强制性标准的,责令停止执业3个月以上1年以下;情节严重的,吊销执业资格证书,5年内不予注册;造成重大安全事故的,终身不予注册;构成犯罪的,依照刑法有关规定追究刑事责任。”

小　　结

工程建设法律是指由全国人民代表大会及其常务委员会通过的规范工程建设活动的法律规范,由国家主席签署主席令予以公布。工程建设行政法规是指由国务院根据宪法和法律制定的规范工程建设活动的各项法规,由总理签署国务院令予以公布。工程建设部门规章是指建设部按照国务院规定的职权范围,独立或同国务院有关部门联合,根据法律和国务院的行政法规、决定、命令,制定的规范工程建设活动的各项规章,由部长签署部令予以公布。法律的效力高于行政法规,行政法规的效力高于部门规章。

与工程建设监理有关的工程建设法律、行政法规和规章有《中华人民共和国建筑法》《建设工程质量管理条例》《建设工程安全生产管理条例》《注册监理工程师管理规定》《工程监理企业资质管理规定》等。

《中华人民共和国建筑法》是我国工程建设领域的一部大法,分8章共计85条,是以建筑市场管理为中心,以建筑工程质量与安全为重点,以建筑活动监督管理为主线形成的。《质量管理条例》以建设工程质量责任主体为基线,规定了建设单位、勘察单位、设计单位、施工单位和工程监理单位的质量责任和义务,明确了工程质量保修制度、工程质量监督制度等内容,并对各种违法违规行为的处罚作了原则规定。《安全生产管理条例》以建设工程安全责任主体为基线,规定了建设单位、勘察单位、设计单位、工程监理单位和施工单位的安全责任和义务,明确了监督管理、生产安全事故的应急救援和调查处理等内容,并对各种违法违规行为的处罚作了规定。

习　　题

一、名词解释

①工程建设法律法规体系;②工程建设法律;③工程建设行政法规;④工程建设部门规章;⑤建筑活动;⑥建筑工程施工许可制度。

二、单项选择题

1. 下列说法正确的是(　　)。

A. 法律的效力高于行政法规　　B. 行政法规的效力高于法律

C. 部门规章的效力高于行政法规　　D. 法律的效力低于行政法规

2. 我国建设工程监理法律法规体系中，《质量管理条例》属于(　　)。

A. 法律　　B. 行政规章　　C. 行政法规　　D. 部门规章

3. 根据《建筑法》规定，在建的建筑工程因故中止施工的，建设单位应当自中止施工之日(　　)内，向发证机关报告。

A. 15 日　　B. 1 个月　　C. 2 个月　　D. 3 个月

4.《安全生产管理条例》规定，工程监理单位和监理工程师应当按照法律、法规和工程建设强制性标准实施监理，并对建设工程安全生产(　　)。

A. 承担质量责任　B. 承担行政责任　　C. 承担监理责任　　D. 承担进度责任

5.《质量管理条例》规定，工程监理单位转让工程监理业务的，没收违法所得，处以合同约定的监理酬金(　　)的罚款。

A. 15% ~40%　　B. 25% ~50%　　C. 25% ~55%　　D. 30% ~50%

三、多项选择题

1. 开展建设工程监理的依据包括行政法规，以下属于建设行政法规的是(　　)。

A.《建筑法》　　B.《质量管理条例》

C.《建设工程监理范围和规模标准规定》　D.《建设工程监理企业资质管理规定》

E.《建设工程勘察设计管理条例》

2. 申请领取施工许可证时，下列(　　)条件必须具备。

A. 已经办理用地批准手续　　B. 施工现场全部拆迁工作完毕

C. 施工人员、施工设备及部分建筑材料已经进场

D. 建设资金已经落实　　E. 有保证工程质量和安全的具体措施

3.《质量管理条例》规定，在实行监理的工程中，项目监理机构要对(　　)进行约束和协调，以使建设主体各尽其责。

A. 政府建设主管部门　　B. 建设单位　　C. 勘察单位

D. 施工单位　　E. 设计单位

4.《质量管理条例》规定，监理工程师应当按照工程监理规范的要求，采取(　　)等形式，对建设工程实施监理。

A. 旁站　　B. 巡视　　C. 平行检验　　D. 座谈　　E. 目测

5.《安全生产管理条例》规定，工程监理单位有下列行为(　　)之一的，责令限期改正。

A. 未对施工组织设计中的安全技术措施或者专项施工方案进行审查的

B. 发现安全事故隐患未及时要求施工单位整改或者暂时停止施工的

C. 施工单位拒不整改或者不停止施工，未及时向有关主管部门报告的

D. 未依照法律、法规和工程建设强制性标准实施监理的

E. 未及时处理建设工程质量隐患的

四、简答题

1. 建设监理为何要立法?
2. 我国建设监理法规体系的主导思想是什么?
3.《建筑法》对建筑工程监理有哪些具体规定?
4.《质量管理条例》关于工程监理单位的质量责任和义务有哪些具体规定?
5.《安全生产管理条例》对工程监理单位的安全责任有哪些具体规定?

模块3　监理工程师

【知识要点】 监理工程师的概念和素质；监理工程师的培养和资格考试；监理工程师的注册与继续教育；监理工程师的职业道德与工作纪律；监理工程师的违规行为及处罚。

【教学目标】 掌握监理工程师与工程监理人员的概念，监理工程师的素质要求，监理工程师的职业道德与工作纪律；熟悉监理工程师的执业特点及执业要求，监理工程师的违规行为及处罚办法；了解监理工程师资格考试的报名条件和考试内容，监理工程师的注册程序与继续教育意义。

工程建设监理是一种高智能技术服务。监理工程师是监理活动的主体，监理单位的服务水平主要由监理工程师的水平决定。监理业务是一种集经济、管理、技术和法律知识为一体的综合性活动，因此监理工程师必须具有较高的业务水平和素质。

课题3.1　监理工程师的概念和素质

1　监理工程师的概念

监理工程师（注册监理工程师的简称）是指取得国务院建设主管部门颁发的《中华人民共和国注册监理工程师注册执业证书》和执业印章，从事建设工程监理与相关服务等活动的人员。监理工程师的概念包含三层含义：①监理工程师是从事建设监理工作的人员；②监理工程师是经全国监理工程师执业资格统一考试合格取得国家确认的监理工程师执业资格证书的人员；③监理工程师是经省、自治区、直辖市或国务院工业、交通等部门的建设行政主管部门或监理行业协会批准、注册，取得监理工程师岗位证书（注册证书和执业印章）的人员。

监理工程师是一种岗位职务和执业资格，不同于国家现有的专业技术职称。此外，监理工程师也不是一个终身的岗位职务，对于不从事监理业务、不在职的监理工程师或不符合条件者，由相关部门注销注册，并收回监理工程师岗位证书。

2　工程监理人员

监理单位的职责是受工程建设项目业主的委托对工程建设进行监督和管理。监理单位在履行委托监理合同时，必须在工程建设现场组建项目监理机构，配备各类工程监理人员。在工程建设项目监理工作中，根据监理工作需要及职能划分，工程监理人员可分为总监理工程师、总监理工程师代表、专业监理工程师和监理员四类。

（1）总监理工程师。总监理工程师简称总监，是指由工程监理单位法定代表人书面任命，负责履行建设工程监理合同、主持项目监理机构工作的注册监理工程师。

(2)总监理工程师代表。总监理工程师代表简称总监代表,是指经工程监理单位法定代表人同意,由总监理工程师书面授权,代表总监理工程师行使其部分职责和权力,具有工程类注册执业资格或具有中级及以上专业技术职称、3 年及以上工程实践经验并经监理业务培训的人员。

(3)专业监理工程师。专业监理工程师是指由总监理工程师授权,负责实施某一专业或某一岗位的监理工作,有相应监理文件签发权,具有工程类注册执业资格或具有中级及以上专业技术职称、2 年及以上工程实践经验并经监理业务培训的人员。

(4)监理员。监理员是指从事具体监理工作,具有中专及以上学历并经过监理业务培训的人员。

在监理工作中,监理员与监理工程师的区别主要在于:监理工程师具有相应岗位责任的签字权,监理员没有相应岗位责任的签字权。

3 监理工程师的执业

3.1 执业特点

建设监理业务是工程管理服务,涉及多学科、多专业的技术、经济、管理等知识的系统工程,监理工程师执业资格条件要求较高,监理工作必须由具有一专多能的复合型人才来承担。监理工程师不仅要有理论知识,熟悉设计、施工、管理,还需要有组织、协调能力,更重要的是应掌握并应用合同、经济、法律知识的能力,具有复合型的知识结构。

3.2 执业要求

取得资格证书的人员,应当受聘于一个具有建设工程勘察、设计、施工、监理、招标代理、造价咨询等一项或者多项资质的单位,经注册后方可从事相应的执业活动。从事工程监理执业活动的,应当受聘并注册于一个具有工程监理资质的单位。

监理工程师可以从事工程监理、工程经济与技术咨询、工程招标与采购咨询、工程项目管理服务以及国务院有关部门规定的其他业务。监理工程师从事执业活动,由所在单位接受委托并统一收费。

工程监理活动中形成的监理文件由监理工程师按照规定签字盖章后方可生效。修改经注册监理工程师签字盖章的工程监理文件,应当由该注册监理工程师进行。因特殊情况,该注册监理工程师不能进行修改的,应当由其他注册监理工程师修改,并签字、加盖执业印章,对修改部分承担责任。因工程监理事故及相关业务造成的经济损失,聘用单位应当承担赔偿责任,聘用单位承担赔偿责任后,可依法向负有过错的注册监理工程师追偿。

4 监理工程师素质要求

监理工程师是一种复合型人才,既要具备一定的工程技术专业知识和较强的专业技术能力,还要有一定的组织、协调能力,同时要懂得工程经济、项目管理等专业知识,能够对工程建设进行监督管理,提出指导性意见。监理工程师应具备以下素质。

4.1 较高的工程专业学历和复合型的知识结构

现代工程项目建设,投资规模越来越大,技术含量要求越来越高,管理方法和手段越来越先进,新工艺、新材料、新结构、新方法层出不穷,需要投入更多的劳动力、机械设备、材料，需要多专业、多工种协同施工建设，越来越呈现设计、施工一体化趋势。监理工程师要想胜任工程项目管理工作，必须具有较高的工程专业学历，熟悉与设计、施工管理相关的工程建设法律、法规、规范、标准，懂得一些工程经济、项目管理的理论和方法，能组织协调工程建设的实施与管理，同时应在工程实践中不断学习新知识、新理论，掌握新技术、新工艺、新材料，提升自己的理论水平。

4.2 丰富的工程建设实践经验

监理工程师开展监理工作，无论是勘察、设计、施工哪个阶段，都要求建设工程项目的实施做到理论与实践完美结合。工程管理人员如果没有丰富的工程实践经验，在项目监理过程中只会纸上谈兵，找不到控制重点，提不出预控措施，会造成管理工作的失误，导致工程项目的质量、进度、造价、安全出现问题。相反，丰富的实践经验可使监理工程师的监理工作做到有预见性、针对性，并能够使监理工作与项目的实施过程紧密配合，实现既定的工程项目目标。

工程建设中的实践经验指工程建设全过程各阶段的工作实践经验。工作实践经验包括：①项目可行性研究阶段方案评价，技术、经济等方面的咨询工作经验；②工程地质、水文的勘测工作经验；③项目规划、设计工作经验；④建筑安装过程的施工经验；⑤工程建设原材料、半成品、构配件制作加工工作经验；⑥工程建设招标投标中介服务、造价咨询、工程审计等工作经验；⑦工程建设勘测、设计、施工阶段管理、监理工作经验等。监理工程师如果在工程建设某个方面或几个方面从事具体工作多年，并积累了丰富的实践经验，将会使其监理工作更得心应手，使监理工作更加称职。

4.3 良好的品德

监理工程师承担着工程建设质量、造价、进度控制工作，监理工作的好坏直接关系着工程项目质量能否保证，造价能否有效控制及工程能否按期交付使用。监理工程师具有工程建设质量的全面检查、监督验收签认权，承担着质量把关的重任；具有工程量计量、价款支付、工程造价合理与否的审核、签认权；具有工程工期、进度控制权。监理工程师在建设工程监理过程中，应本着“严格监理，热情服务，秉公办事，一丝不苟，廉洁自律”的精神。监理工程师良好的品德体现在以下几个方面：①热爱建设事业，热爱本职工作；②具有科学的工作态度；③具有廉洁奉公、为人正直、办事公道的高尚情操；④能听取不同方面的意见，冷静分析问题。

4.4 健康的体魄和充沛的精力

尽管建设工程监理是一种高智能的管理服务，以脑力劳动为主，但是监理工程师也必须具有健康的体魄和充沛的精力，方能胜任监理工作。监理工程师在工作过程中，无论是制订监理计划、方案，或是审核、确认有关文件、资料，或是现场检查、巡视，或是开会组织协调大量繁杂的业务工作，都是在体现脑力劳动的同时，进行着体力的消耗，尤其是施工阶段现场管理。现代工程项目规模越来越大，施工新工艺、新材料、新结构的大量应用，需要检查把关的项目越来越多，多工种同时施工，投入资源量大，工期往往紧迫，这使得单位时间检查、签认的工作量加大。有时为配合工程项目快速实施，还需加班加点，更需要监理工程师有健康的体魄和充沛的精力。我国现行有关规定要求，对年满65周岁的监理工程师不再进行注册，主要就是考虑监理从业人员身体健康状况对监理工作的适应程度而设定的。

课题3.2　监理工程师的培养和资格考试

1　监理工程师执业资格

执业资格是政府对某些责任重大、社会通用性强、关系公共利益的专业技术工作市场准入制度的体现，是专业技术人员依法独立开展业务工作或独立从事某种专业技术工作所必备的学识、技术和能力标准。监理工程师是新中国成立以来在工程建设领域设立的第一个执业资格。在我国，监理工程师执业资格的取得需按照有利于国家经济发展、得到社会公认、具有国际可比性、事关社会公共利益等原则，经严格考试、考核方可取得。

2　实施监理工程师执业资格考试制度的意义

监理工程师实行职业资格考试，掌握了工程监理专业理论知识并取得合格结业证书后，也不具有监理工程师执业资格，只有参加监理工程师的全国统一考试并且合格后，方能取得监理工程师执业资格。

实施监理工程师职业资格考试制度，具有以下几个方面的重要意义：

（1）有助于促进监理人员和其他愿意掌握建设监理基本理论知识的人员努力钻研业务，提高监理业务水平。

（2）有助于统一监理工程师的基本水准，保证全国各地方、各部门监理工程师队伍的素质。

（3）有助于公正地确定监理人员是否具备监理工程师资格。

（4）有助于建立建设工程监理人才库。

（5）有助于与国际接轨，开拓国际建设工程监理市场。

3　监理工程师考试的组织与管理

建设部和人事部共同负责全国监理工程师执业资格考试制度的政策制定、组织协调、资格考试和监督管理工作。建设部负责组织拟定考试科目，编写考试大纲、培训教材和命题工作，统一规划和组织考前培训。人事部负责审定考试科目、考试大纲和试题，组织实施各项考务工作，会同建设部对考试进行检查、监督、指导和确定考试合格标准。

4　监理工程师考试的报名条件

根据工程建设监理对监理人员业务素质和能力的要求，对参加监理工程师执业资格考试的报名条件从两方面作了规定：一是要具有一定的专业学历，二是要具有一定年限的工程建设实践经验。

凡中华人民共和国公民，身体健康，遵纪守法，具有工程技术或工程经济专业大专（含大专）以上学历，并符合下列条件之一者，可申请参加监理工程师执业资格考试：

（1）具有按照国家有关规定评聘的工程技术或工程经济专业中级专业技术职务，并任职满3年。

(2)具有按照国家有关规定评聘的工程技术或工程经济专业高级专业技术职务。

报考时，要填写“监理工程师职业资格考试报名表”，并校验身份证明、学历证明和专业技术职务证明等。

5 考试内容及科目

监理工程师的工作业务主要是控制建设工程的质量、造价、进度，监督管理建设工程合同，协调工程建设各方的关系。监理工程师执业资格考试的内容包括工程建设监理基本理论、工程建设质量控制、工程建设进度控制、工程建设造价控制、工程建设合同管理和涉及工程建设监理的相关法律法规等方面的理论知识和实务技能。考试科目共分4科，即《工程建设监理基本理论与相关法规》《工程建设合同管理》《工程建设质量、造价、进度控制》《工程建设监理案例分析》。其中，《工程建设监理案例分析》为主观题，在试卷上作答；其余3科均为客观题，在答题卡上作答。

考试时间分4个半天进行，《工程建设监理基本理论与相关法规》《工程建设合同管理》的考试时间为2个小时；《工程建设质量、造价、进度控制》的考试时间为3个小时；《工程建设监理案例分析》的考试时间为4个小时。

目前，我国监理工程师执业资格的考试实行全国统一考试大纲、统一命题、统一组织、统一时间、闭卷考试、分科记分、统一录取标准的办法，每年举行一次，一般在5月进行。

课题3.3 监理工程师的注册与继续教育

实行监理工程师注册制度是政府对监理从业人员实行市场准入控制的有效手段。监理工程师通过考试获得了监理工程师执业资格证书，表明其具有一定的从业能力，只有经过注册取得监理工程师注册证书才有权上岗从业。

监理工程师的注册，根据注册的内容、性质和时间先后的不同分为初始注册、续期注册和变更注册。

1 初始注册

经监理工程师执业资格考试合格取得监理工程师执业资格证书的监理人员，可以申请监理工程师初始注册。初始注册者，可自资格证书签发之日起3年内提出申请；逾期未申请者，须符合继续教育的要求后方可申请初始注册。

1.1 初始注册的程序

申请初始注册的程序：①申请人填写注册申请表，向聘用单位提出申请；②聘用单位同意后，将监理工程师执业资格证书及其他有关材料，向所在省、自治区、直辖市人民政府建设行政主管部门提出申请；③省、自治区、直辖市人民政府建设行政主管部门初审合格后，报国务院建设行政主管部门；④国务院建设行政主管部门对初审意见进行审核，符合条件者准予注册，并颁发由国务院建设行政主管部门统一印制的监理工程师注册证书和执业印章，执业印章由监理工程师本人保管。

1.2 不予注册情形

申请初始注册人员出现下列情形之一的，不予批准注册：①不具备完全民事行为能力；②受到刑事处罚，自刑事处罚执行完毕之日起到申请注册之日不满 5 年；③在工程监理或者相关业务中有违法违规行为或者犯有严重错误，受到责令停止执业的行政处罚，自行政处罚或者行政处分决定之日起至申请注册之日不满 2 年；④在申报注册过程中有弄虚作假行为；⑤同时注册于两个及两个以上单位的；⑥年龄 65 周岁以上；⑦法律、法规和国务院建设、人事行政主管部门规定不予注册的其他情形。

监理工程师初始注册有效期为 3 年。

2 续期注册

监理工程师初始注册有效期满要求继续执业的，应当在注册有效期满 30 天前，按照注册监理工程师管理规定的程序申请续期注册。

2.1 续期注册的程序

申请续期注册程序：①申请人向聘用单位提出申请，聘用单位同意后，将申请材料（监理业绩证明、监理工作总结、继续教育证明等）由聘用单位向所在省、自治区、直辖市人民政府建设行政主管部门提出申请；②省、自治区、直辖市人民政府建设行政主管部门进行审核，提出初审意见；③省、自治区、直辖市人民政府建设行政主管部门在准予续期注册后，将注册的人员名单报国务院建设行政主管部门备案。

2.2 不予注册情形

监理工程师如果有下列情形之一的，将不予续期注册：①没有从事工程监理的业绩证明和工作总结的；②同时在两个及两个以上单位执业的；③未按照规定参加监理工程师继续教育或继续教育未达到标准的；④允许他人以本人名义执业的；⑤在工程监理活动中有过失，造成重大损失的。

续期注册的有效期为 3 年，从准予续期注册之日起计算。

3 变更注册

监理工程师注册后，如果注册内容发生变更，应当向原注册机构办理变更注册。

3.1 变更注册的程序

变更注册程序：①申请人向聘用单位提出申请，聘用单位同意后，连同申请人与原聘用单位的解聘证明，一并上报省、自治区、直辖市人民政府建设行政主管部门；②省、自治区、直辖市人民政府建设行政主管部门对变更情况进行审核，提出变更注册意见；③省、自治区、直辖市人民政府建设行政主管部门准予变更注册后，将变更人员情况报国务院建设行政主管部门备案。

3.2 不予注册情形

监理工程师办理变更注册后，一年内不能再次进行变更注册。

4 注册监理工程师的继续教育

注册后的监理工程师要想适应和满足建设监理事业的发展及监理业务的需要，必须不断地更新知识、扩大知识面，学习工程建设方面新的政策、法律、法规、标准、规范，了解新技术、新工艺、新材料、新设备，不断提高执业能力和工作水平，这就需要监理工程师接受继续教育。

注册监理工程师应每年进行一定学时的继续教育，继续教育可采用脱产学习、集中听课、参加研讨会、工程项目管理现场参观、撰写专业论文等方式。继续教育分为必修课和选修课，在每一注册有效期内，各为48学时。

课题3.4　监理工程师的职业道德与工作纪律

1　监理工程师的职业道德

工程监理工作的特点之一是要体现公正原则。监理工程师在执业过程中不能损害工程建设任何一方的利益，因此为了确保建设监理事业的健康发展，对监理工程师的职业道德和工作纪律都有严格的要求，在有关法规里也作了具体的规定。在监理行业中，监理工程师应具有良好的品德，热爱监理工作，具有强烈的事业心和责任感。监理工程师职业道德要求如下：

（1）维护国家的荣誉和利益，按照“守法、诚信、公正、科学”的准则执业。

（2）执行有关工程建设的法律、法规、标准、规范、规程和制度，履行监理合同规定的义务和职责。

（3）努力学习专业技术和建设监理知识，不断提高业务能力和监理水平。

（4）不以个人名义承揽监理业务。

（5）不同时在两个或两个以上监理单位注册和从事监理活动，不在政府部门和施工、材料设备的生产供应等单位兼职。

（6）不为所监理项目指定承包商、建筑构配件、设备、材料生产厂家和施工方法。

（7）不收受被监理单位的任何礼金。

（8）不泄露所监理工程各方认为需要保密的事项。

（9）坚持独立自主地开展工作。

2　FIDIC道德准则

在国外，监理工程师的职业道德准则，由其协会组织制定并监督实施。国际咨询工程师联合会（FIDIC）于1991年在慕尼黑召开的全体成员大会上，讨论批准了FIDIC通用道德准则。该准则分别从对社会和职业的责任、能力、正直性、公正性、对他人的公正5个问题计14个方面规定了监理工程师的道德行为准则。目前，国际咨询工程师协会的会员国家都在认真地执行这一准则。

为使监理工程师的工作充分有效，不仅要求监理工程师必须不断增长他们的知识和技能，而且要求社会尊重他们的道德公正性，信赖他们作出的评审，同时给予公正的报酬。

FIDIC 道德准则如下。

2.1 对社会和职业的责任

(1)接受对社会的职业责任。

(2)寻求与确认的发展原则相适应的解决办法。

(3)在任何时候,维护职业的尊严、名誉和荣誉。

2.2 能力

(1)保持其知识和技能与技术、法规、管理的发展相一致的水平,对于委托人要求的服务采用相应的技能,并尽心尽力。

(2)仅在有能力从事服务时方才进行。

2.3 正直性

在任何时候均为委托人的合法权益行使其职责,并且正直和忠诚地进行职业服务。

2.4 公正性

(1)在提供职业咨询、评审或决策时不偏不倚。

(2)通知委托人在行使其委托权时可能引起的任何潜在的利益冲突。

(3)不接受可能导致判断不公的报酬。

2.5 对他人的公正

(1)加强"按照能力进行选择"的观念。

(2)不得故意或无意地做出损害他人名誉或事务的事情。

(3)不得直接或间接取代某一特定工作中已经任命的其他咨询工程师的位置。

(4)通知该咨询工程师并且接到委托人终止其先前任命的建议前不得取代该咨询工程师的工作。

(5)在被要求对其他咨询工程师的工作进行审查的情况下,要以适当的职业行为和礼节进行。

3 监理工程师的工作纪律

(1)遵守国家法律和政府的有关条例、规定和办法等。

(2)认真履行工程建设监理合同所承诺的义务和承担约定的责任。

(3)坚持公正的立场,公平地处理有关各方的争议。

(4)坚持科学的态度和实事求是的原则。

(5)在坚持按监理合同的规定向建设单位提供技术服务的同时,帮助被监理者完成建设任务。

(6)不以个人的名义在报刊上刊登承揽监理业务的广告。

(7)不得损害他人名誉。

(8)不泄露所监理的工程需保密的事项。

(9)不在任何承建商或材料设备供应商中兼职。

(10)不接受被监理单位的任何津贴,不接受可能导致判断不公的报酬。

课题 3.5　监理工程师的违规行为及处罚

1　监理工程师的违规行为

监理工程师的法律责任与其法律地位密切相关，同样是建立在法律法规和委托监理合同的基础上。因而，监理工程师违规行为的表现行为主要有两方面：一是违反法律法规的行为，二是违反合同约定的行为。

1.1　违法行为

现行法律、法规对监理工程师的法律责任具体规定如下：

(1)《建筑法》第三十五条规定："工程监理单位不按照委托监理合同的约定履行监理义务，对应当监督检查的项目不检查或者不按照规定检查，给建设单位造成损失的，应当承担相应的赔偿责任。"

(2)《中华人民共和国刑法》第一百三十七条规定："建设单位、设计单位、施工单位、工程监理单位违反国家规定，降低工程质量标准，造成重大安全事故的，对直接责任人员，处五年以下有期徒刑或者拘役，并处罚金；后果特别严重的，处五年以上十年以下有期徒刑，并处罚金。"

(3)《质量管理条例》第三十六条规定："工程监理单位应当依照法律、法规以及有关技术标准、设计文件和建设工程承包合同，代表建设单位对施工质量实施监理并对施工质量承担监理责任"。

这些规定能够有效地规范、指导监理工程师的执业行为，提高监理工程师的法律责任意识，引导监理工程师公正守法地开展监理业务。

1.2　违约行为

监理工程师一般主要受聘于工程监理企业，从事工程监理业务。工程监理企业是订立委托监理合同的当事人，是法定意义的合同主体。但委托监理合同在具体履行时，是由监理工程师代表监理企业来实现的。因此，如果监理工程师出现工作过失，违反了合同约定，其行为将被视为监理企业违约，由监理企业承担相应的违约责任。当然，监理企业在承担违约赔偿责任后，有权在企业内部向有相应过失行为的监理工程师追偿部分损失。所以，由监理工程师个人过失引发的合同违约行为，监理工程师应当与监理企业承担一定的连带责任。其连带责任的基础是监理企业与监理工程师签订的聘用协议或责任保证书，或监理企业法定代表人对监理工程师签发的授权委托书。一般来说，授权委托书应包含职权范围和相应责任条款。

2　监理工程师的安全生产责任

安全生产责任是法律责任的一部分，来源于法律法规和委托监理合同。导致安全事故或问题的原因很多，有自然灾害、不可抗力等客观原因，也有建设单位、设计单位、施工企业、材料供应单位等主观原因。按照《安全生产管理条例》的规定，监理工程师的安全责任有：

(1)审查施工组织设计中的安全技术措施或者专项施工方案是否符合工程建设强制性标准。

(2)监理工程师在实施监理过程中,发现存在安全事故隐患的,应当要求施工单位整改;情况严重的,应当要求施工单位暂时停止施工,并及时报告建设单位。施工单位拒不整改或者不停止施工的,监理工程师应当及时向有关主管部门报告。

(3)监理工程师应当按照法律、法规和工程建设强制性标准实施监理,并对建设工程安全生产承担监督责任。

如果监理工程师有下列行为之一,则应当与质量、安全事故责任主体承担连带责任:

(1)违章指挥或者发出错误指令,引发安全事故的。

(2)将不合格的建设工程、建筑材料、建筑构配件和设备按照合格签字,造成工程质量事故,由此引发安全事故的。

(3)与建设单位或施工企业串通,弄虚作假、降低工程质量,从而引发安全事故的。

3 监理工程师违规行为的处罚

监理工程师在执业过程中必须严格遵纪守法。政府建设行政主管部门对于监理工程师的违法违规行为,将追究其责任,并根据不同情节给予必要的行政处罚。监理工程师的违规行为及相应的处罚办法,一般包括以下几个方面:

(1)对于未取得监理工程师执业资格证书、监理工程师注册证书和执业印章,以监理工程师名义执行业务的人员,政府建设行政主管部门将予以取缔,并处以罚款;有违法所得的,予以没收。

(2)对于以欺骗手段取得监理工程师执业资格证书、监理工程师注册证书和执业印章的人员,政府建设行政主管部门将吊销其证书,收回执业印章,并处以罚款;情节严重的,3年内不允许考试及注册。

(3)如果监理工程师出借监理工程师执业资格证书、监理工程师注册证书和执业印章,情节严重的,将被吊销证书,收回执业印章,3年之内不允许考试和注册。

(4)监理工程师注册内容发生变更,未按照规定办理变更手续的,将被责令改正,并可能受到罚款的处罚。

(5)同时受聘于两个及以上单位执业的,将被注销其监理工程师注册证书,收回执业印章,并将受到罚款处理;有违法所得的,将被没收。

(6)对于监理工程师在执业中出现的行为过失,产生不良后果的,《建设工程质量管理条例》有明确规定:监理工程师因过错造成质量事故的,责令停止执业1年;造成重大质量事故的,吊销执业资格证书,5年以内不予注册;情节特别恶劣的,终身不予注册。

小 结

监理工程师是指取得国家监理工程师执业资格,并经注册的监理人员。监理工程师是一种岗位职务,不是技术职称。监理工程师应具有较高的工程专业学历和复合型的知识结构,在工程实践中应不断地学习新知识、新理论,掌握新技术、新工艺、新材料,提升理论水平。

监理工程师实行职业资格考试。监理工程师资格考试的内容主要是工程建设监理基本理论、工程质量控制、工程进度控制、工程造价控制、建设工程合同管理和涉及工程监理的相关法律法规等方面的理论知识和实务技能。考试科目共分四科，即《工程建设监理基本理论与相关法规》、《工程建设合同管理》、《工程建设质量、造价、进度控制》、《工程建设监理案例分析》。

实行监理工程师注册制度是政府对监理从业人员实行市场准入控制的有效手段。监理工程师通过考试获得了监理工程师执业资格证书，表明其具有一定的从业能力，只有经过注册取得监理工程师注册证书才有权上岗从业。监理工程师的注册，根据注册的内容、性质和时间先后的不同分为初始注册、续期注册和变更注册。

监理工作要体现公正原则。监理工程师在执业过程中不能损害工程建设任何一方的利益，因此为了确保建设监理事业的健康发展，对监理工程师的职业道德和工作纪律都有严格的要求，在有关法规里也作了具体的规定。在监理工作中，监理工程师应严格遵守职业道德纪律。

监理工程师的法律地位是由国家法律法规确定的，并建立在委托合同的基础上。监理工程师的法律责任主要表现为两个方面：一是违反法律法规的行为，二是违反合同约定的行为。监理工程师的职业道德和执业守则，规范了监理工程师的工作行为，规定了监理工程师应该做哪些工作，不应该做哪些工作。监理工程师在工作过程中，如有违法违规行为，政府建设行政主管部门将对其追究责任，并根据不同情节给予必要的行政处罚，这就要求监理工程师在执业过程中必须严格遵纪守法。

习　题

一、名词解释

①监理工程师；②总监理工程师；③总监理工程师代表；④专业监理工程师；⑤监理员；⑥执业资格；⑦初始注册；⑧续期注册；⑨变更注册。

二、单项选择题

1. 监理工程师与建设单位或施工企业串通，弄虚作假，降低工程质量，从而引发安全事故，则(　　)。

A. 监理工程师承担责任，质量、安全事故责任主体不承担责任

B. 监理工程师不承担责任，质量、安全事故责任主体承担责任

C. 监理工程师应当与质量、安全事故责任主体平均分担责任

D. 监理工程师应当与质量、安全事故责任主体承担连带责任

2. 我国现行有关规定要求，对年满(　　)周岁的监理工程师不再进行注册。

A. 50　　B. 55　　C. 60　　D. 65

3. FIDIC 对其会员提出了五个方面的基本道德行为准则，(　　)属于公正性要求。

A. 接受对社会的职业责任

B. 在任何时候均为委托人的合法权益行使其职责

C. 通知委托人在行使其委托权时可能引起的任何潜在的利益冲突

D. 不得故意或无意地做出损害他人名誉或事务的事情

4. 在FIDIC道德准则中,“寻求与确认的发展原则相适应的解决办法”属于(　　)的内容。

A. 对社会和职业的责任　B. 正直性　C. 公正性　D. 对他人的公正

5. 监理工程师初始注册有效期满要求继续执业的,应当在注册有效期满(　　)天前,按照注册监理工程师管理规定的程序申请续期注册。

A. 15　B. 20　C. 25　D. 30

三、多项选择题

1. 监理工程师应具备的条件有(　　)。

A. 具有高级职称　B. 取得监理工程师培训证书

C. 取得监理工程师执业资格证书　D. 参加全国或地方监理协会

E. 经过监理工程师注册并从事监理工作

2. 我国按照(　　)等原则,在涉及国家、人民生命财产安全的专业技术工作领域,实行专业技术人员执业资格制度。

A. 有利于国家经济发展　B. 得到社会公认　C. 具有国际先进性

D. 具有国际可比性　E. 事关社会公共利益

3. 监理工程师执业资格考试的报名条件有(　　)。

A. 具有复合型的知识结构　B. 具有一定的专业学历

C. 具有能够听取不同方法的意见,冷静分析问题的能力

D. 具有一定年限的工程建设实践经验

E. 健康的体魄和充沛的精力

4. 监理工程师的法律地位是由国家法律法规确定的,并建立在委托合同的基础上,监理工程师的法律责任主要表现为(　　)。

A. 违反职业道德行为　B. 违反法律法规的行为　C. 违反职业守则行为

D. 违反工作纪律行为　E. 违反合同约定的行为

5. 监理工程师的注册,根据注册的内容、性质和时间先后的不同分为(　　)。

A. 初始注册　B. 短时注册　C. 续期注册

D. 永久注册　E. 变更注册

四、简答题

1. 工程监理人员按照需要和职能如何划分?

2. 监理工程师的执业有何特点和要求?

3. 监理工程师应具备哪些素质?

4. 监理工程师为什么必须具有较高的专业学历和复合型的知识结构?

5. 监理工程师为什么应具有丰富的工程建设实践经验？
6. 监理工程师的职业道德准则包括哪些内容？
7. FIDIC 组织规定监理工程师的道德准则包括哪些内容？
8. 监理工程师如何取得监理执业资格？
9. 简述监理工程师的注册程序。
10. 监理工程师的违规行为有哪些？对监理工程师的违规行为如何进行处罚？
11. 按照《安全生产管理条例》的规定，监理工程师的安全生产责任有哪些？

模块4 工程监理企业

【知识要点】 工程监理企业的概念和组织形式;工程监理企业与工程建设各方的关系;工程监理企业设立的基本条件、申报与审批程序;工程监理企业的资质等级、业务范围、申请与审批程序;工程监理企业经营活动准则和经营服务内容。

【教学目标】 掌握工程监理企业的概念、地位和资质等级,监理企业经营活动的基本准则和经营服务内容;熟悉工程监理企业的组织形式,监理企业和工程建设各方之间的关系,监理企业成立的基本条件;了解设立监理企业的申报与审批程序,监理企业资质等级的申请和审批程序。

课题4.1 工程监理企业的概念和组织形式

1 工程监理企业的概念

工程监理企业又称工程建设监理单位,简称监理单位。工程监理企业是指依法成立并取得建设主管部门颁发的工程监理企业资质证书,从事建设工程监理与相关服务活动的服务机构。工程监理企业是监理工程师的执业机构。工程监理企业为业主提供技术咨询服务,属于从事第三产业企业。

工程监理企业的构成必须具备三个基本条件:①监理企业资质证书;②监理企业营业执照;③从事工程建设监理业务。

2 工程监理企业的地位

建筑市场由业主、承建商和监理方三大主体构成。一个发育完善的市场,不仅要有具备法人资格的交易双方,而且要有协调交易双方、为交易双方提供交易服务的第三方。业主和承建商是买卖双方,承建商以物的形式出卖自己的劳动,是卖方;业主以支付货币的形式购买承建商的建筑产品,是买方。一般来说,建筑产品的买卖交易不是瞬时间就可以完成的,往往需要经历较长的时间。交易的时间越长,或阶段性交易的次数越多,买卖双方产生矛盾的概率就越高,需要协调的问题就越多。况且,建筑市场中交易活动的专业技术性很强,没有相当高的专业技术水平,就难以圆满地完成建筑市场中的交易活动。监理企业正是介于业主和承建商之间的第三方,为促进建筑市场中交易活动顺利开展而服务的。监理企业是建筑市场中完成交易活动必不可少的媒介。总之,业主、监理企业和承建商构成了建筑市场的三大支柱,三者缺一不可。

3 工程监理企业的组织形式

工程监理企业的组织形式是指其组织经营的形态和方式。在市场经济条件下,工程监理企业是一种经济组织，是一个以盈利为目的的经济单位。因此，工程监理企业只有选择了合理的组织形式，才有可能充分地调动各方面的积极性，使之充满生机和活力。

按照我国现行法律、法规的规定，工程监理企业的组织形式可分为公司制监理企业、合伙制监理企业、个人独资监理企业、中外合资经营监理企业和中外合作经营监理企业等。其中，公司制监理企业和合伙制监理企业是我国目前工程监理企业的主要组织形式。

3.1 公司制监理企业

3.1.1 特征

监理公司是以盈利为目的，依照法定程序设立的企业法人。公司制监理企业具有以下特征：

(1)必须是依照《中华人民共和国公司法》的规定设立的社会经济组织。

(2)必须是以盈利为目的的独立企业法人。

(3)自负盈亏，独立承担民事责任。

(4)是完整纳税的经济实体。

(5)采用规范的成本会计和财务会计制度。

3.1.2 分类

我国公司制监理企业有两类，即监理有限责任公司和监理股份有限公司。

(1)监理有限责任公司。监理有限责任公司是指由 2 个以上 50 个以下的股东共同出资，股东以其出资额对公司行为承担有限责任，公司以其全部资产对其债务承担责任的企业法人。

(2)监理股份有限公司。监理股份有限公司是指全部资本由等额股份构成，并通过发行股票筹集资本，股东以其所认购股份对公司承担责任，公司以其全部资产对公司债务承担责任的企业法人。监理股份有限公司可以采取发起设立或者募集设立方式。发起设立是指由发起人认购公司应发行的全部股份而设立公司；募集设立是指由发起人认购公司应发行股份的一部分，其余部分向社会公开募集而设立公司。

3.2 合伙制监理企业

合伙制监理企业是指依法设立，由各合伙人订立合伙协议，共同出资，合伙经营，共享收益，共担风险，并对监理企业债务承担无限连带责任的营利组织。合伙制监理企业的特点如下：

(1)有 2 个以上所有者(出资者)。

(2)合伙人对企业债务承担连带无限责任。

(3)合伙人通常按照出资比例分享利润或分担亏损。

(4)合伙制监理企业一般不缴纳企业所得税，其收益直接分配给合伙人。

3.3 个人独资监理企业

个人独资监理企业是指依法设立，由一个自然人投资，财产为投资个人所有，投资人以其个人财产对监理企业债务承担无限责任的经济实体。

3.4 中外合资经营监理企业与中外合作经营监理企业

(1)中外合资经营监理企业。是指以中国的企业或其他经济组织为一方，以国外的公司、企业、其他经济组织或个人为另一方，在平等互利的基础上，根据《中华人民共和国中外合资经营企业法》,签订合同、制定章程,经中国政府批准,在中国境内共同投资、共同经营、共同管理、共同分享利润、共同承担风险,主要从事工程监理业务的监理企业。其组织形式为有限责任公司。在合资企业的注册资本中,外国合资者的投资比例一般不得低于25%。

(2)中外合作经营监理企业。是指中国的企业或其他经济组织同国外的企业、其他经济组织或者个人,按照平等互利的原则和我国的法律规定,用合同约定双方的权利义务,在中国境内共同举办的、主要从事工程监理业务的经济实体。

课题4.2 工程监理企业与工程建设各方的关系

1 工程建设监理制与项目法人责任制的关系

工程建设监理制和项目法人责任制是工程建设领域两项重大的体制改革措施。工程建设监理制和项目法人责任制密切相关,不可分割,缺一不可,两者相互关系主要表现在以下几个方面:

(1)工程建设监理制和项目法人责任制是工程建设管理体制改革的双刃剑。

随着建设领域管理体制改革的深入,总结新中国成立以来工程建设的经验教训,同时学习国外工程建设的先进管理经验,我国相继倡导推行了建设监理制和项目法人责任制。项目法人责任制的推行,改变了我国的政府包揽工程建设工作、政企不分、企业不承担实质性的经济责任,以及工程建设管理与建成后的生产经营脱节的状况,提高了投资效益。建设监理制的推行,改变了过去"有了项目搭班子,工程竣工散摊子"的临时机构管理的现状,建立起了专业化的工程建设管理机构,提高了工程建设水平和工程建设的投资效益。

(2)项目法人责任制是实行建设监理制的必要条件。

建设监理是根据工程项目建设单位的要求和委托,为其提供有偿服务的活动,建设监理的工作必须以建设单位的授权与委托为前提。工程建设的项目法人,作为工程建设项目的总管机构负责人,必须拥有负责工程建设全部工作的权利。在监理工作中,工程监理企业以"公正的第三方"的身份对工程建设项目实施管理,对工程项目的质量、进度、造价目标进行有效地监督和控制。

(3)建设监理制是落实项目法人责任制的必要保证。

项目法人责任制的推行加大了项目法人的业务工作量。根据社会的发展要求,社会化大生产的分工越来越细,按照市场经济体制的需要,项目法人借助外部力量,即借助专业化的工程建设管理力量——工程监理企业完成具体的、繁重的工程建设管理工作是必然的趋势。在市场经济体制下,实行项目法人责任制,必然要实行建设监理制,建设监理制是项目法人责任制的必要保证。

综上所述,工程监理制和项目法人责任制都是围绕提高投资效益,从不同角度,针对不同问题对工程项目建设管理体制进行的改革。随着这两项制度的推行,建设单位通过委托建立的实践经验的积累,加深了对监理优越性和必要性的认识,并且对建设监理的要求也会越来越高，从而扩大了监理的业务范围，促进了监理水平的提高和建设监理事业的发展。随着建设监理水平的提高，建设监理越来越规范化，建设单位的行为、工作也要逐渐规范化。两大体制相互制约，相互促进，促进了工程建设领域管理水平的总体提高。

2 工程监理企业与工程建设各方的关系

2.1 工程监理企业与建设单位的关系

建设单位和监理企业是建筑市场的主体之一，是一种平等关系，是一种委托与被委托、授权与被授权的合同关系，更是相互依存、相互促进、共兴共荣的紧密关系。

2.1.1 监理企业与建设单位是平等的关系

监理企业与建设单位之间是平等的关系，主要体现在以下两个方面：首先，监理企业与建设单位都是市场经济中独立的企业法人，只是它们的经营性质不同，业务范围不同，没有主仆之分，更不是雇佣与被雇佣的关系。建设单位委托监理企业对工程项目进行监督管理与授予必要的权利，是通过双方的平等协商，以合同的形式事先约定的。监理企业和业主都要以主人翁的姿态对工程建设负责，对国家和社会负责。其次，监理企业和建设单位都是建筑市场的主体。在建筑市场中，建设单位是买方，监理企业是中介服务方，它们是以工程项目为载体而协同工作的。双方应按照约定的条款，行使各自的权利并承担相应的义务，取得相应的利益。监理企业按照委托的要求开展工作，对建设单位负责，且不受建设单位的领导。建设单位对监理企业内部事务也没有任何支配权和管理权。

2.1.2 建设单位与监理企业是一种授权与被授权的关系

监理企业接收建设单位委托之后，建设单位将授予监理企业一定的权力。不同的建设单位对监理企业授予的权力不尽相同。建设单位自己掌握的权力一般有：工程建设规模、设计标准和使用功能的决定权，设计、设备供应单位和施工单位的决定权，设计、设备供应合同和施工合同的签订权，工程变更的审定权等。建设单位除保留上述重要的决策权外，一般情况下把其余的权力授予监理企业，如工程建设重大问题对建设单位的建议权，工程建设组织协调的主持权，工程材料和施工质量的确认权与否决权，施工进度和工期的确认权与否决权，工程款支付和工程结算的确认权与否决权等。监理企业根据建设单位的授权而开展工作，并在工程建设的具体实践中居于重要的地位，但监理企业绝不是建设单位的代理人。监理企业以自己的名义从事监理工作，在对工程项目实施监理的过程中，监理人员如有失误，将由监理企业承担相应的责任而不能让建设单位对自己的监理行为承担任何民事责任。

2.1.3 建设单位与监理企业是市场经济下的经济合同关系

工程项目业主与监理企业之间的委托关系确立后，双方应订立建设工程委托监理合同。合同一旦签订，就意味着双方之间的交易形成。建设单位是买方，监理企业是卖方，即建设单位出钱购买监理企业的智力劳动。另外，既然是合同关系，双方都有自己经济利益的需求，监理企业不会无偿服务，建设单位也不会对监理企业无故施舍。双方的经济利益责任和义务都体现在签订的委托监理合同中。

但是，监理企业在建筑市场出于中介服务方的特殊地位，使得工程建设监理合同与其他经济合同还是有区别的。在建筑市场中，建设单位和承包单位为建筑市场的买方和卖方，买方总想少花钱而买到更好的商品，卖方总想在销售商品中获得较高的利润，所以作为中介方的监理企业，既有责任帮助工程建设单位购买到合适的建筑产品，又有责任维护承包单位的合法权益。可见，监理企业在建筑市场的交易活动中，起着维系公平交易、等价交换的制衡作用。因此，不能把监理企业单纯地看成建设单位利益的代表，这就是社会主义市场经济体制下，监理企业和建设单位之间的经济关系的特点。

2.2　工程监理企业与承包单位的关系

承包单位是指承接工程项目建设业务的单位。承包单位包括工程项目的规划单位、勘测单位、设计单位、施工单位以及工程设备、工程构配件的加工制造单位等。

在工程项目的建设过程中，监理企业和承包单位之间没有订立经济合同。但是，二者由于同处于一个建设项目之中，必然有着不可分割的联系。

2.2.1　监理企业与承包单位之间是平等的关系

承包单位和监理企业都是建筑市场的主体之一，它们之间有着不同的业务范围和具体责任。但性质上都属于出卖产品的“卖方”，相对于工程建设项目建设单位来说，二者的角色是一样的。监理企业和承包单位都必须在工程建设的法律、法规、规章、规范、标准的制约下开展工作，两者之间不存在领导与被领导的关系。

2.2.2　监理企业与承包单位之间是监理与被监理的关系

监理企业与承包单位之间没有签订任何经济合同，但是监理企业与建设单位签订有委托监理合同，承包单位与建设单位签订有承包合同，所以监理企业依据建设单位的授权，就有监督管理承包单位履行工程建设承包合同的权利与义务。同时，我国建设法规也赋予了监理企业督促建设法规及有技术法规实施的职责，故监理企业有权对承包单位在执行这些法规时的行为给予监督管理。在实施监理后，对承包单位来说，将不再直接与工程建设项目建设单位打交道，而主要与监理企业开展业务往来。同样，对建设单位来说，实施工程建设监理就意味着建设单位不再直接与承包单位打交道，而要通过监理企业来严格督促承包单位全面履行合同规定的行为。

2.3　工程监理企业与政府监理机构的关系

工程建设监理分为政府监理和社会监理两类。政府监理是指政府建设主管部门（国家建设部、各级建设委员会、建设厅、建设局）对建设单位的建设行为实施的强制性监理和对社会监理单位实行的监督管理。政府建设监理机构是政府主管建设的有关部门对建设工程项目的全过程依法监督和管理，以维护国家利益和保证建设市场秩序的稳定。社会监理是指经政府建设监理机构审核批准的，受建设单位委托，执行监理任务的企事业单位，对工程建设实施监督管理。

政府建设监理机构对社会建设监理单位的管理，主要内容包括：

（1）制定和实施建设监理法规。

（2）审核批准工程监理企业的资质和人员。

（3）监督工程监理企业监理业务活动是否合法。

（4）调解监理企业与业主之间的争议。

（5）保护监理企业的正当权益和活动。

2.4 工程监理企业与政府工程质量监督机构的关系

工程建设监理和质量监督是我国建设管理体制改革中的重大措施，是为确保工程建设的质量、提高工程建设的水平而先后推行的制度。质量监督机构在加强企业管理、促进企业质量保证体系的建立、确保工程质量、预防工程质量事故等方面起到了重要作用。工程建设监理与政府工程质量监督都属于工程建设领域的监督管理活动。工程监理企业是受建设单位的委托，代表建设单位对工程项目在项目组织系统范围内的平等主体之间的横向监督和管理。政府工程质量监督机构代表政府在项目组织系统外的监督管理主体对项目系统内的建设行为主体进行纵向监督和管理。政府工程质量监督机构是执法结构，主要采用行政手段实施监督，可以向承建单位发出警告或给予行政或经济处罚。工程监理企业属于社会的、民间的监督管理行为，以经济手段实施监督和管理。

课题 4.3 工程监理企业的设立

1 工程监理企业设立的基本条件

（1）有自己的名称和固定的办公场所。

（2）有自己的组织机构，如领导机构、技术机构等，有一定数量的专门从事监理工作的工程经济和技术人员，而且专业基本配套、技术人员数量和职称符合要求。

（3）有符合国家规定的注册资金。

（4）拟定有工程监理企业的章程。

（5）有主管部门同意设立工程监理企业的批准文件。

（6）拟从事监理工作的人员中，有一定数量的人已取得国家建设行政主管部门颁发的监理工程师执业资格证书，并有一定数量的人取得了监理培训结业合格证书。

2 工程监理企业设立的基本资料

（1）工程监理企业的申请报告。主要内容包括：①企业名称、地址、经营与管理体制；②法定代表人或者技术负责人；③拟担任监理工程师的人员；④注册资金数额；⑤业务范围。

（2）监理企业的可行性研究报告。

（3）监理企业组织机构方案。

（4）监理企业章程（草案）。主要内容包括：①监理企业的业务范围、经营活动的宗旨与任务；②监理企业的组织程序；③监理企业的经营方针和经营活动的基本准则；④监理企业解体、变更、破产等规定；⑤其他规章制度。

（5）监理工作人员一览表及各种有关证件。

（6）监理企业机械、设备、仪器一览表。

（7）开户银行出具的资金证明。

（8）办公场所所有权或使用权的房产证明。

3 工程监理企业申报与审批程序

工程监理企业的申报、审批程序,主要步骤如下。

3.1 发起人向建设行政主管部门申报

按照申报要求,发起人将申请资料向建设行政主管部门提交申请资质审批。各建设行政主管部门的职责如下:①国务院建设行政主管部门负责监理业务跨部门的监理企业设立的资质审批;②省、自治区、直辖市人民政府建设行政主管部门负责本行政区域监理企业设立的资质审批,并报国务院建设行政主管部门备案;③国务院工业、交通等部门负责本部门监理企业设立的资质审批,并报国务院建设行政主管部门备案。

监理业务跨部门的监理企业的设立,应当按隶属关系先由省、自治区、直辖市人民政府建设行政主管部门或国务院工业、交通等部门进行资质初审,初审合格的再报国务院建设行政主管部门审批。

3.2 建设行政主管部门审查申请者的资质条件

建设行政主管部门对申报设立监理企业的资质审查,主要包括以下内容:①审查是否具备开展监理业务的能力;②审查是否具备法人资格的条件;③审查开展建设监理业务活动的经营范围。

建设行政主管部门审查后,提出资质审查合格与否的书面材料。没有建设行政主管部门签署的资质审查合格的书面意见,监理企业不得到工商行政管理部门申请登记注册,工商行政管理部门更不得受理没有建设行政主管部门签署资质审查合格书面材料的监理企业登记注册申请。

3.3 向工商行政管理机关申请登记注册,领取营业执照

工商行政管理部门对申请登记注册监理企业的审查,主要是按企业法人应具备的条件进行审查。经审查合格者,给予登记注册,并填发营业执照。登记注册是对法人成立的确认,没有获准登记注册的不得以申请登记注册的法人名称进行经营活动。

3.4 监理企业应当在建设银行开立账户,并接受财务监督

监理企业营业执照的签发日期为监理企业的成立日期。监理企业成立后,应及时到建设银行开立账户,并接受财务监督。

课题4.4 工程监理企业的资质与管理

1 工程监理企业的资质分类及资质条件

1.1 工程监理企业的资质分类

工程监理企业资质分为专业资质、综合资质和事务所资质三类。专业资质按照工程性质和技术特点划分为房屋建筑工程、冶炼工程、矿山工程、化工与石油工程、水利水电工程、电力工程、林业与生态工程、铁路工程、公路工程、港口与航道工程、航天航空工程、通信工程、市政公用工程、机电安装工程14个专业工程类别。专业资质分为甲级和乙级,其中,房屋建筑工程、水利水电工程、公路工程和市政公用工程专业资质可设立丙级。综合

资质、事务所资质不分级别。

工程监理企业按照专业分类，体现了监理企业的业务范围，但不表明企业的性质。

1.2 工程监理企业的资质条件

(1)注册资本。工程监理企业的注册资本是监理企业从事经营活动的基本条件，也是监理企业清偿债务的保证。

(2)专业技术人员数量。工程监理企业的专业技术人员数量主要体现在注册监理工程师的数量，反映了监理企业从事监理工作的工程范围和业务能力。

(3)监理业绩。工程监理业绩反映了工程监理企业开展监理业务的经历和成效。

(4)技术装备。工程监理企业拥有一定数量的检测、测量、交通、通信、计算机等方面的技术装备，反映了监理企业技术检测水平。如有一定数量的计算机，可用于计算机辅助监理；有一定的测量、检测仪器，可用于监理中的检查、检测工作；有一定数量的交通、通信设备，可便于高效率地开展监理活动；有一定的照相、录像设备，可便于及时、真实地记录工程实况等。

(5)管理水平。工程监理企业的管理水平，主要反映以下几个方面问题：①能否将监理企业人、才、物的作用充分发挥出来，做到人尽其才，物尽其用；②监理人员能否做到遵纪守法，遵守监理工程师职业道德准则；③监理企业能否沟通各种渠道，占领一定的监理市场。

工程监理企业应当按照所拥有的注册资本、专业技术人员数量和工程监理业绩等资质条件申请资质，经审查合格，取得相应等级的资质证书后，才能在其资质等级许可的范围内从事工程监理活动。

2 工程监理企业的资质等级标准及许可的业务范围

工程监理企业资质是企业技术能力、管理水平、业务经验、经营规模、社会信誉等综合性实力指标。

2.1 工程监理企业的资质等级标准

2.1.1 综合资质标准

(1)具有独立法人资格且注册资本不少于600万元。

(2)企业技术负责人应为注册监理工程师，并具有15年以上从事工程建设工作的经历或者具有工程类高级职称。

(3)具有5个以上工程类别的专业甲级工程监理资质。

(4)注册监理工程师不少于60人，注册造价工程师不少于5人，一级注册建造师、一级注册建筑师、一级注册结构工程师或者其他勘察设计注册工程师合计不少于15人次。

(5)企业具有完善的组织结构和质量管理体系，有健全的技术、档案等管理制度。

(6)企业具有必要的工程试验检测设备。

(7)申请工程监理资质之日前1年内没有《工程监理企业资质管理规定》第十六条禁止的行为。

(8)申请工程监理资质之日前1年内没有因本企业监理责任造成重大质量事故。

(9)申请工程监理资质之日前1年内没有因本企业监理责任发生三级以上工程建设

重大安全事故或者发生两起以上四级工程建设安全事故。

2.1.2 专业资质标准

2.1.2.1 甲级

(1)具有独立法人资格且注册资本不少于300万元。

(2)企业技术负责人应为注册监理工程师,并具有15年以上从事工程建设工作的经历或者具有工程类高级职称。

(3)注册监理工程师、注册造价工程师、一级注册建造师、一级注册建筑师、一级注册结构工程师或者其他勘察设计注册工程师合计不少于25人。其中,相应专业的注册监理工程师不少于表4-1专业资质注册监理工程师人数配备表中要求配备的人数,注册造价工程师不少于2人。

表4-1 专业资质注册监理工程师人数配备

序号	工程类别	甲级(人)	乙级(人)	丙级(人)
1	房屋建筑工程	15	10	5
2	冶炼工程	15	10	
3	矿山工程	20	12	
4	化工石油工程	15	10	
5	水利水电工程	20	12	5
6	电力工程	15	10	
7	农林工程	15	10	
8	铁路工程	23	14	
9	公路工程	20	12	5
10	港口与航道工程	20	12	
11	航空航天工程	20	12	
12	通信工程	20	12	
13	市政公用工程	15	10	5
14	机电安装工程	15	10	

注:表中各专业资质注册监理工程师人数配备是指监理企业取得本专业工程类别注册的注册监理工程师人数。

(4)企业近2年内独立监理过3个以上相应专业的二级工程项目,但是,具有甲级设计资质或一级及以上施工总承包资质的企业申请本专业工程类别甲级资质的除外。

(5)企业具有完善的组织结构和质量管理体系,有健全的技术、档案等管理制度。

(6)企业具有必要的工程试验检测设备。

(7)申请工程监理资质之日前1年内没有《工程监理企业资质管理规定》第十六条禁止的行为。

(8)申请工程监理资质之日前1年内没有因本企业监理责任造成重大质量事故。

(9)申请工程监理资质之日前1年内没有因本企业监理责任发生三级以上工程建设

重大安全事故或者发生两起以上四级工程建设安全事故。

2.1.2.2　乙级

(1)具有独立法人资格且注册资本不少于100万元。

(2)企业技术负责人应为注册监理工程师,并具有10年以上从事工程建设工作的经历。

(3)注册监理工程师、注册造价工程师、一级注册建造师、一级注册建筑师、一级注册结构工程师或者其他勘察设计注册工程师合计不少于15人。其中,相应专业注册监理工程师不少于表4-1专业资质注册监理工程师人数配备表中要求配备的人数,注册造价工程师不少于1人。

(4)有较完善的组织结构和质量管理体系,有技术、档案等管理制度。

(5)有必要的工程试验检测设备。

(6)申请工程监理资质之日前1年内没有《工程监理企业资质管理规定》第十六条禁止的行为。

(7)申请工程监理资质之日前1年内没有因本企业监理责任造成重大质量事故。

(8)申请工程监理资质之日前1年内没有因本企业监理责任发生三级以上工程建设重大安全事故或者发生两起以上四级工程建设安全事故。

2.1.2.3　丙级

(1)具有独立法人资格且注册资本不少于50万元。

(2)企业技术负责人应为注册监理工程师,并具有8年以上从事工程建设工作的经历。

(3)相应专业的注册监理工程师不少于表4-1专业资质注册监理工程师人数配备表中要求配备的人数。

(4)有必要的质量管理体系和规章制度。

(5)有必要的工程试验检测设备。

2.1.3　事务所资质标准

(1)取得合伙企业营业执照,具有书面合作协议书。

(2)合伙人中有3名以上注册监理工程师,合伙人均有5年以上从事建设工程监理的工作经历。

(3)有固定的工作场所。

(4)有必要的质量管理体系和规章制度。

(5)有必要的工程试验检测设备。

2.2　工程监理企业资质相应许可的业务范围

2.2.1　综合资质

可承担所有专业工程类别建设工程项目的工程监理业务,以及相应类别建设工程的项目管理、技术咨询等相关服务。

2.2.2　专业资质

(1)专业甲级资质。可承担相应专业工程类别建设工程项目的工程监理业务,以及相应类别建设工程的项目管理、技术咨询等相关服务。

(2)专业乙级资质。可承担相应专业工程类别二级(含二级)以下建设工程项目的工程监理业务,以及相应类别和级别建设工程的项目管理、技术咨询等相关服务。

(3)专业丙级资质。可承担相应专业工程类别三级建设工程项目的工程监理业务,以及相应类别和级别建设工程的项目管理、技术咨询等相关服务。

2.2.3 事务所资质

可承担三级建设工程项目的工程监理业务,以及相应类别和级别建设工程的项目管理、技术咨询等相关服务。但是,国家规定必须实行强制监理的建设工程除外。

土木工程专业类别和等级划分如表4-2所示。

表4-2 土木工程专业类别和等级

序号	工程类别		一级	二级	三级
1	房屋建筑工程	一般公共建筑	28层以上;36 m跨度以上(轻钢结构除外);单项工程建筑面积3万m^2以上	14~28层;24~36 m跨度(轻钢结构除外);单项工程建筑面积1万~3万m^2	14层以下;24 m跨度以下(轻钢结构除外);单项工程建筑面积1万m^2以下
		高耸构筑工程	高度120 m以上	高度70~120 m	高度70 m以下
		住宅工程	小区建筑面积12万m^2以上;单项工程28层以上	建筑面积6万~12万m^2;单项工程14~28层	建筑面积6万m^2以下;单项工程14层以下
2	水利水电工程	水库工程	总库容1亿m^3以上	总库容1千万~1亿m^3	总库容1千万m^3以下
		水力发电站工程	总装机容量300 MW以上	总装机容量50~300 MW	总装机容量50 MW以下
		其他水利工程	引调水堤防等级1级;灌溉排涝流量5 m^3/s以上;河道整治面积30万亩❶以上;城市防洪城市人口50万人以上;围垦面积5万亩以上;水土保持综合治理面积1 000 km^2以上	引调水堤防等级2、3级;灌溉排涝流量0.5~5 m^3/s;河道整治面积3万~30万亩;城市防洪城市人口20万~50万人;围垦面积0.5万~5万亩;水土保持综合治理面积100~1 000 km^2	引调水堤防等级4、5级;灌溉排涝流量0.5 m^3/s以下;河道整治面积3万亩以下;城市防洪城市人口20万人以下;围垦面积0.5万亩以下;水土保持综合治理面积100 km^2以下
3	公路工程	公路工程	高速公路	高速公路路基工程及一级公路	一级公路路基工程及二级以下各级公路
		公路桥梁工程	独立大桥工程;特大桥总长1 000 m以上或单跨跨径150 m以上	大桥、中桥桥梁总长30~1 000 m或单跨跨径20~150 m	小桥总长30 m以下或单跨跨径20 m以下;涵洞工程
		公路隧道工程	隧道长度1 000 m以上	隧道长度500~1 000 m	隧道长度500 m以下

❶ 1亩=1/15 hm^2,全书同。

续表 4-2

序号	工程类别		一级	二级	三级
4	铁路工程	铁路综合工程	新建、改建一级干线；单线铁路 40 km 以上；双线 30 km 以上及枢纽	单线铁路 40 km 以下；双线 30 km 以下；二级干线及站线；专用线、专用铁路	
		铁路桥梁工程	桥长 500 m 以上	桥长 500 m 以下	
		铁路隧道工程	单线 3 000 m 以上；双线 1 500 m 以上	单线 3 000 m 以下；双线 1 500 m 以下	
		铁路通信、信号、电力电气化工程	新建、改建铁路（含枢纽、配、变电所、分区亭）单双线 200 km 及以上	新建、改建铁路（含枢纽、配、变电所、分区亭）单双线 200 km 及以下	
5	港口与航道工程	港口工程	集装箱、件杂、多用途等沿海港口工程 20 000 t 级以上；散货、原油沿海港口工程 30 000 t 级以上；1 000 t 级以上内河港口工程	集装箱、件杂、多用途等沿海港口工程 20 000 t 级以下；散货、原油沿海港口工程 30 000 t 级以下；1 000 t 级以下内河港口工程	
		通航建筑与整治工程	1 000 t 级以上	1 000 t 级以下	
		航道工程	通航 30 000 t 级以上船舶沿海复杂航道；通航 1 000 t 级以上船舶的内河航运工程项目	通航 30 000 t 级以下船舶沿海航道；通航 1 000 t 级以下船舶的内河航运工程项目	
		修造船水工工程	10 000 t 位以上的船坞工程；船体质量 5 000 t 位以上的船台、滑道工程	10 000 t 位以下的船坞工程；船体质量 5 000 t 位以下的船台、滑道工程	
		防波堤、导流堤等水工工程	最大水深 6 m 以上	最大水深 6 m 以下	
		其他水运工程项目	建安工程费 6 000 万元以上的沿海水运工程项目；建安工程费 4 000 万元以上的内河水运工程项目	建安工程费 6 000 万元以下的沿海水运工程项目；建安工程费 4 000 万元以下的内河水运工程项目	

续表 4-2

序号	工程类别		一级	二级	三级
6	市政公用工程	城市道路工程	城市快速路、主干路，城市互通式立交桥及单孔跨径 100 m 以上桥梁；长度 1 000 m 以上的隧道工程	城市次干路工程，城市分离式立交桥及单孔跨径 100 m 以下的桥梁；长度 1 000 m 以下的隧道工程	城市支路工程、过街天桥及地下通道工程
		给水排水工程	10 万 t/日以上的给水厂；5 万 t/日以上污水处理工程；3 m^3/s 以上的给水、污水泵站；15 m^3/s 以上的雨泵站；直径 2.5 m 以上的给排水管道	2 万 ~ 10 万 t/日的给水厂；1 万 ~ 5 万 t/日的污水处理工程；1 ~ 3 m^3/s 的给水、污水泵站；5 ~ 15 m^3/s 的雨泵站；直径 1 ~ 2.5 m 的给水管道；直径 1.5 ~ 2.5 m 的排水管道	2 万 t/日以下的给水厂；1 万 t/日以下的污水处理工程；1 m^3/s 以下的给水、污水泵站；5 m^3/s 以下的雨水泵站；直径 1 m 以下的给水管道；直径 1.5 m 以下的排水管道
		地铁轻轨工程	各类地铁轻轨工程		
		风景园林工程	总造价 3 000 万元以上	总造价 1 000 万 ~ 3 000 万元	总造价 1 000 万元以下

注：1. 表中的“以上”含本数，“以下”不含本数。

2. 房屋建筑工程包括结合城市建设与民用建筑修建的附建人防工程。

3 工程监理企业的资质申请和审批

3.1 资质申请应提供的材料

申请工程监理企业资质，应当提交以下材料：①工程监理企业资质申请表（一式三份）及相应电子文档；②企业法人、合伙企业营业执照；③企业章程或合伙人协议；④企业法定代表人、企业负责人和技术负责人的身份证明、工作简历及任命（聘用）文件；⑤工程监理企业资质申请表中所列注册监理工程师及其他注册执业人员的注册执业证书；⑥有关企业质量管理体系、技术和档案等管理制度的证明材料；⑦有关工程试验检测设备的证明材料。

取得专业资质的企业申请晋升专业资质等级或者取得专业甲级资质的企业申请综合资质的，除上述规定的材料外，还应当提交企业原工程监理企业资质证书正、副本复印件，企业《监理业务手册》及近两年已完成代表工程的监理合同、监理规划、工程竣工验收报告及监理工作总结。

3.2 资质证书颁发的条件

工程监理企业资质条件符合资质等级标准，并且未发生下列行为的，建设行政主管部门将向其颁发相应资质等级的工程监理企业资质证书：①与建设单位串通投标或者与其他工程监理企业串通投标，以行贿手段谋取中标；②与建设单位或者施工单位串通弄虚作假、降低工程质量；③将不合格的建设工程、建筑材料、建筑构配件和设备按照合格签字；④超越本企业资质等级或以其他企业名义承揽监理业务；⑤允许其他单位或个人以本企业的名义承揽工程；⑥将承揽的监理业务转包；⑦在监理过程中实施商业贿赂；⑧涂改、伪造、出借、转让工程监理企业资质证书；⑨其他违反法律法规的行为。

3.3 资质申请和审批

3.3.1 综合资质、专业甲级资质

申请综合资质、专业甲级资质的，应当向企业工商注册所在地的省、自治区、直辖市人民政府建设主管部门提出申请。省、自治区、直辖市人民政府建设主管部门应当自受理申请之日起20日内初审完毕，并将初审意见和申请材料报国务院建设主管部门。

国务院建设主管部门应当自省、自治区、直辖市人民政府建设主管部门受理申请材料之日起60日内完成审查，公示审查意见，公示时间为10日。其中，涉及铁路、交通、水利、通信、民航等专业工程监理资质的，由国务院建设主管部门送国务院有关部门审核。国务院有关部门应当在20日内审核完毕，并将审核意见报国务院建设主管部门。国务院建设主管部门根据初审意见审批。

3.3.2 专业乙级、丙级资质和事务所资质

专业乙级、丙级资质和事务所资质由企业所在地省、自治区、直辖市人民政府建设主管部门审批。省、自治区、直辖市人民政府建设主管部门应当自作出决定之日起10日内，将准予资质许可的决定报国务院建设主管部门备案。

工程监理企业资质证书的有效期为5年。资质有效期届满，工程监理企业需要继续从事工程监理活动的，应当在资质证书有效期届满60日前，向原资质许可机关申请办理延续手续。对在资质有效期内遵守有关法律、法规、规章、技术标准，信用档案中无不良记录，且专业技术人员满足资质标准要求的企业，经资质许可机关同意，有效期延续5年。

工程监理企业在资质证书有效期内名称、地址、注册资本、法定代表人等发生变更的，应当在工商行政管理部门办理变更手续后30日内办理资质证书变更手续。涉及综合资质、专业甲级资质证书中企业名称变更的，由国务院建设主管部门负责办理，并自受理申请之日起3日内办理变更手续。涉及专业乙级、丙级资质和事务所资质证书变更的，由省、自治区、直辖市人民政府建设主管部门负责办理。

4 工程监理企业的法律责任

工程监理企业取得工程监理资质后应当依照法律、法规规定从事工程监理业务，不得违法从事工程监理活动。政府建设主管部门和其他有关部门应加强对工程监理企业资质的监督管理。

（1）申请人隐瞒有关情况或者提供虚假材料申请工程监理企业资质的，资质许可机关不予受理或者不予行政许可，并给予警告，申请人在1年内不得再次申请工程监理企业资质。

（2）以欺骗、贿赂等不正当手段取得工程监理企业资质证书的，由县级以上地方人民政府建设主管部门或者有关部门给予警告，并处1万元以上2万元以下的罚款，申请人3年内不得再次申请工程监理企业资质。

(3)工程监理企业在监理过程中实施商业贿赂或涂改、伪造、出借、转让工程监理企业资质证书的,由县级以上地方人民政府建设主管部门或者有关部门予以警告,责令其改正,并处 1 万元以上 3 万元以下的罚款;造成损失的,依法承担赔偿责任;构成犯罪的,依法追究刑事责任。

(4)工程监理企业不按照规定及时办理资质证书变更手续的,由资质许可机关责令限期办理;逾期不办理的,可处以 1 千元以上 1 万元以下的罚款。

(5)工程监理企业未按照本规定要求提供工程监理企业信用档案信息的,由县级以上地方人民政府建设主管部门予以警告,责令限期改正;逾期未改正的,可处以 1 千元以上 1 万元以下的罚款。

(6)县级以上地方人民政府建设主管部门依法给予工程监理企业行政处罚的,应当将行政处罚决定以及给予行政处罚的事实、理由和依据,报国务院建设主管部门备案。

课题 4.5　工程监理企业经营管理

1　工程监理企业经营活动的基本准则

工程监理企业从事工程建设监理活动,应当遵循“守法、诚信、公正、科学”的准则。

1.1　守法

守法,即遵守国家的法律法规。工程监理企业的守法也就是要依法经营,依法从事监理活动,主要体现在以下几个方面:

(1)监理企业只能在核定的业务范围内开展经营活动。工程监理企业的业务范围,是指填写在资质证书中、经政府资质管理部门审查确认的经营范围。核定的业务范围包括两方面:一是监理业务的工程类别,二是承接监理工程的等级。核定的业务范围以外的任何业务,监理单位不得承接,否则就是违法经营。

(2)监理企业不得伪造、涂改、出租、出借、转让、出卖资质等级证书。

(3)工程建设监理委托合同一经双方签订,即具有一定的法律约束力(违背国家法律、法规的合同,即无效合同除外),监理企业应该按照合同的规定认真履行,不得无故或故意违背监理委托合同的有关条款。

(4)监理企业离开原住所地承接监理业务,要自觉遵守工程所在地人民政府颁发的监理法规和有关规定,并要主动向监理工程所在地的省、自治区、直辖市建设行政主管部门备案登记,接受其指导和监督管理。

(5)遵守国家关于企业法人的其他法律、法规的规定等,包括行政、经济方面和技术方面的。

1.2　诚信

诚信即诚实信用,这是道德规范在市场经济中的体现。它要求一切市场参加者在不损害他人利益和社会公共利益的前提下,追求自己的利益,目的是在当事人之间的利益关系和当事人与社会之间的利益关系中实现平衡,并维护市场道德秩序。诚信原则的主要作用在于指导当事人以善意的心态、诚信的态度行使民事权利,承担民事义务,正确地从事民事活动。

加强企业信用管理，提高企业信用水平，是完善我国工程监理制度的重要保证。信用是企业的一种无形资产，良好的信用能为企业带来巨大利益。我国是 WTO 的成员，信用将成为我国企业进入国际市场并在激烈的国际市场竞争中发展壮大的重要保证。信用是给企业带来长期经济效益的特殊资本。监理企业应当树立良好的信用意识，使企业成为讲道德、守信用的市场主体。

监理企业向社会提供的是技术服务，按照市场经济的观念，监理企业出卖的主要是自己的智力。智力是看不见、摸不着的无形产品，但它最终要由建筑产品体现出来。如果监理企业提供的技术服务有问题，就会造成不可挽回的损失。因此，从这一角度讲，监理企业在从事经营过程中，必须遵守诚信的基本准则。

工程监理企业应当建立健全企业的信用管理制度，主要有：①建立健全合同管理制度；②建立健全与业主的合作制度；③建立健全监理服务需求调查制度；④建立企业内部信用管理责任制度等。

1.3 公正

公正是指工程监理企业在监理活动中既要维护业主的利益，又不能损害承包商的合法利益，并依据合同公平合理地处理业主与承包商之间的争议。工程监理企业要做到公正，必须做到以下几点：①具有良好的职业道德；②坚持实事求是；③熟悉有关工程建设合同条款；④熟悉有关法律、法规和规章；⑤提高专业技术能力；⑥提高综合分析判断问题的能力。

1.4 科学

科学是指工程监理企业要依据科学的方案，运用科学的手段，采取科学的方法开展监理工作。工程监理工作结束后，还要进行科学的总结。实施科学化管理主要体现在以下几个方面：

(1)科学的方案。工程监理方案是监理规划的主要内容。在实施监理前，要尽可能准确地预测出各种可能的问题，有针对性地拟定解决办法，制定出切实可行、行之有效的监理实施细则，使各项监理活动都纳入计划管理的轨道。

(2)科学的手段。实施工程监理的监理人员必须采用科学的手段做好监理工作，如各种检测、试验、化验仪器，摄像、录像设备及计算机等。

(3)科学的方法。监理工作的科学方法主要体现在：①监理人员在掌握大量的、确凿的有关监理对象及其外部环境实际情况的基础上，适时、妥帖、高效地以事实判定、数据分析、推理等解决问题；②开发、利用计算机软件，建立先进的信息管理系统和数据库，辅助工程监理。

2 工程监理企业的经营内容

按照工程建设程序，工程监理企业进行监理经营服务的内容可划分为三个阶段，即工程建设决策阶段监理、工程建设设计阶段监理和工程建设施工阶段监理。

2.1 工程建设决策阶段监理

工程建设决策阶段的监理工作主要是对投资决策、立项决策和可行性研究决策的监理。现阶段绝大部分建设项目的决策由政府负责,也就是由政府决策。随着我国体制改革的深化,上述三项决策必将向企业转移,或者大部分转由企业决策,政府核准。无论是由政府决策,或由企业决策,为了达到科学、优化的决策,委托监理也将势在必行。

但是,工程建设决策阶段的监理既不是监理企业替业主决策,更不是替政府决策,而是受业主或政府的委托选择咨询单位,协助业主或政府与咨询单位签订咨询合同,并监督合同履行和对咨询意见进行评估。

工程建设决策阶段监理的内容如下:

(1)投资决策监理。投资决策主要是对投资机会进行论证和分析,其委托方可能是业主,也可能是金融单位,或是政府。其监理内容如下:①协助委托方选择投资决策咨询单位,并协助签订合同书;②监督管理投资决策咨询合同的实施;③对投资咨询意见评估,并提出监理报告。

(2)工程建设立项决策监理。工程建设立项决策主要是确定拟建工程项目的必要性和可行性(建设条件是否具备)以及拟建规模,并编制项目建议书。工程建设立项决策监理内容是:①协助委托方选择工程建设立项决策咨询单位,并协助签订合同书;②监督管理立项决策咨询合同的实施;③对立项决策咨询方案进行评估,并提出监理报告。

(3)工程建设可行性研究决策监理。工程建设的可行性研究是根据确定的项目建议书在技术上、经济上、财务上对项目进行更为详细的论证,提出优化方案。其监理内容是:①协助委托方选择工程建设可行性研究单位,并协助签订可行性研究合同书;②监督管理可行性研究合同的实施;③对可行性研究报告进行评估,并提出监理报告。

对于规模小、工艺简单的工程来说,在工程建设决策阶段可以委托监理,也可以不委托监理,而直接把咨询意见作为决策依据。但是,对于大、中型工程建设项目的业主或政府主管部门来说,最好是委托监理企业,以期得到帮助,并搞好对咨询意见的审查,做出科学的决策。

2.2 工程建设设计阶段监理

工程建设设计阶段是工程项目建设进入实施阶段的开始。工程设计通常包括初步设计和施工图设计两个阶段。在进行工程设计之前需要进行地质勘察、水文勘察等,工程设计阶段也叫做勘察设计阶段。在工程建设实施过程中,可将勘察和设计分开来签订合同,也可把勘察工作交由设计单位进行,业主与设计单位签订工程勘察设计合同。勘察和设计阶段监理内容如下:①协助业主编制工程勘察设计招标文件;②协助业主审查和评选工程勘察设计方案;③协助业主选择勘察设计单位;④协助业主编制设计要求文件;⑤协助业主签订工程勘察设计合同书;⑥监督管理勘察设计合同的实施;⑦检查工程设计概算和施工图预算,验收工程设计文件,协助业主办理有关报批手续;⑧协助业主进行生产设备招标与订货。

工程建设勘察设计阶段监理的主要工作是对勘察设计进度、质量和造价的监督管理。根据勘察设计任务批准书编制勘察设计资金使用计划、勘察设计进度计划和勘察设计质量标准要求,并与勘察设计单位协商一致,圆满地贯彻业主的建设意图。对勘察设计工作进行跟踪检查、阶段性审查,设计完成后要进行全面审查。审查的主要内容是:①设计文件的规范性、工艺的先进性和科学性、结构的安全性、施工的可行性以及设计标准的适宜性等；②设计概算或施工图预算的合理性，若超过投资限额，除非业主许可，否则要修改设计；③在审查上述两项的基础上，全面审查勘察设计合同的执行情况，最后代替业主验收所有设计文件。

工程项目设计阶段是项目的三大目标控制的关键性阶段之一，在该阶段实施监理对工程质量、造价和进度等控制有着极其重要的作用。但是，从我国当前的实际情况看，与施工阶段监理相比，设计阶段的监理无论从理论上还是实践上，几乎是空白，有待于人们积极探索、实践与总结。

2.3 工程建设施工阶段监理

工程建设施工是工程建设最终的实施阶段，是形成建筑产品的最后一步。工程建设施工阶段监理包括施工招标阶段的监理、施工监理和竣工后工程保修阶段的监理。

2.3.1 施工招标阶段的监理

在施工招标阶段，监理企业主要协助业主做好施工招标工作，其内容如下：①协助业主编制工程施工招标文件。②核查工程施工图设计、工程施工图预算和标底。当工程总包单位承担施工图设计时，监理企业更要投入较大的精力搞好施工图设计审查和施工图预算审查工作。另外，招标标底包括在招标文件当中，但有的业主另行委托其他单位编制标底，所以监理企业要重新审查。③协助业主组织投标、开标、评标等活动，向业主提出中标单位建议。④协助业主与中标单位签订工程施工承包合同。

2.3.2 施工监理

在施工阶段，监理工程师的主要工作内容如下：①协助业主与承建商编写开工申请报告；②查看工程项目建设现场，向承建商办理移交手续；③审查、确认总包单位选择的分包单位；④制订施工总体计划，审查承建商的施工组织设计和施工技术方案，提出修改意见，下达单位工程施工开工令；⑤审查建筑材料、建筑构配件和设备的采购清单；⑥检查工程使用的材料、构配件、设备的规格和质量；⑦检查施工技术措施和安全防护设施；⑧主持协商和处理设计变更；⑨监督管理工程施工合同的履行，主持协商合同条款的变更，调解合同双方的争议，处理索赔事项；⑩检查工程进度和施工质量，审查工程计量，验收分项分部工程，签署工程付款凭证；⑪督促施工单位整理施工文件和有关技术资料的归档工作；⑫参与工程竣工预验收；⑬审查工程结算；⑭向业主提交监理档案资料，并签署监理意见；⑮协助业主编写竣工验收申请报告。

2.3.3 竣工后工程保修阶段的监理

在规定的工程质量保修期内，负责检查工程质量状况，组织鉴定质量问题责任，督促责任单位维修。

2.4 工程监理企业其他服务

工程监理企业除承担工程建设监理方面的业务外，还可以承担工程建设方面的咨询业务。属于工程建设方面的咨询业务有：①工程建设造价风险分析；②工程建设立项评估；③编制工程建设项目可行性研究报告；④编制工程施工招标标底；⑤编制工程建设各种估算；⑥各类建筑物（构筑物）的技术检测、质量鉴定；⑦有关工程建设的其他专项技术咨询服务等。

当然，对于一个监理企业来说，不可能什么都会干。建设单位往往把工程项目建设不同阶段的监理业务分别委托不同的监理公司承担，甚至把同一阶段的监理业务分别委托几个不同专业的监理企业监理（一般来说，大型和特大型工程需要几家监理企业同时监理，规模较小的工程，则不宜委托几家监理企业监理）。

3 工程监理企业的内部管理

强化企业管理，提高科学管理水平，是建立现代企业制度的要求，也是监理企业提高市场竞争力的重要途径。

3.1 强化监理企业管理的措施

加强监理企业的管理，重点应做好以下几方面的工作：

（1）市场定位要准确。随着我国建筑市场的逐步完善和开放，监理市场的竞争会更加激烈。在我国已加入 WTO 的新形式下，要使基础普遍较弱、竞争力不强的监理企业得以生存、发展和壮大，首先必须加强自身发展战略研究，适应日趋激烈的监理竞争市场，并根据本企业实际情况，合理确定企业的市场地位，制定和实施明确的发展战略，并根据市场变化适时调整。

（2）管理方法现代化。要广泛采用现代管理技术、方法和手续，推广先进企业的管理经验，借鉴国外企业现代管理方法，推陈出新，锐意改革，逐步完善、优化企业管理体制和机制。

（3）完善市场信息系统。要加强现代信息技术的运用，建立灵敏、准确的市场信息系统，及时掌握市场动态，为企业经营和决策提供第一手资料。

（4）积极开展贯标活动。监理工程师的中心任务是造价控制、质量控制、进度控制、合同管理、信息管理和组织协调，其中最重要的工作是质量控制。因此，要积极推行 ISO9000 质量管理体系贯标认证工作，其作用是：①能够提高企业市场竞争能力；②能够提高企业人员素质；③能够规范企业各项工作；④能够避免或减少工作失误，提高企业的社会信誉。

（5）严格贯彻实施《建设工程监理规范》（GB/T 50319—2013）。我国制定颁布的《建设工程监理规范》（GB/T 50319—2013）是规范建设工程监理行为、提高建设工程监理水平的重要文件。在贯彻实施《建设工程监理规范》（GB/T 50319—2013）的过程中，应紧密结合企业实际情况，制定相应的实施细则，组织全员学习。在签订委托监理合同、实施监理工作、检查考核监理业绩、制定企业规章制度等各个环节，都应当以《建设工程监理规范》（GB/T 50319—2013）为主要依据。

（6）加强监理人员的培训和经验交流。目前，我国监理行业的监理水平、监理实效与国外先进国家有较大的差距，因此应加强监理人员的培训或再教育，并采用各种形式进行经验交流和总结，提高监理人员的素质和能力。

3.2 建立健全各项内部管理规章制度

工程监理企业的规章制度包括以下几方面：

（1）组织管理制度。合理设置企业内部机构和各机构职能，建立严格的岗位责任制度和考核制度；加强考核和监督检查，择优聘用，提高工作效率；建立企业内部监督体系，完善制约机制。

(2)人事管理制度。健全工资分配、奖励制度；完善职称晋升、评聘制度；加强对企业职工的业务素质培养和职业道德教育。

(3)劳动合同管理制度。推行职工全员竞争上岗，严格劳动纪律，严明奖惩，充分调动和发挥职工的积极性、创造性。

(4)财务管理制度。加强资产管理、财务计划管理、造价管理、资金管理、财务审计管理等。要及时编制资产负债表、损益表和现金流量表，真实反映企业经营状况，改进和加强经济核算。

(5)经营管理制度。制订企业的经营规划、市场开发计划；加强风险管理，实行监理责任保险制度等。

(6)项目监理机构管理制度。制定监理机构工作会议制度、对外行文审批制度、监理工作日志制度、监理周报(或月报)制度、各项监理工作的标准及检查评定办法等。

(7)设备管理制度。制定设备的购置办法、设备的使用、保养规定等。

(8)科技管理制度。制定科技开发规划、科技成果奖励办法、科技成果应用推广办法等。

(9)档案文书管理制度。制定档案的整理和保管制度，文件和资料的使用、归档管理办法等。

小　结

工程监理企业是指具有工程监理企业资质证书，从事工程建设监理业务的经济组织。工程监理企业是监理工程师的执业机构。工程监理企业为业主提供技术咨询服务，属于从事第三产业企业。工程监理企业的组织形式是指组织经营的形态和方式。工程监理企业的组织形式可分为公司制监理企业、合伙制监理企业、个人独资监理企业、中外合资经营监理企业和中外合作经营监理企业等。其中，公司制监理企业和合伙制监理企业是我国目前工程监理企业的主要组织形式。

监理企业和建设单位都是建筑市场的主体之一，是一种平等关系，是委托与被委托、授权与被授权的合同关系。承包单位是指承接工程项目建设业务的单位。承包单位包括工程项目的规划单位、勘测单位、设计单位、施工单位以及工程设备、工程构配件的加工制造单位等。监理企业与承包单位之间是平等的关系，是一种监理与被监理的关系。

工程监理企业的申报、审批程序主要步骤：①发起人向建设行政主管部门申报；②建设行政主管部门审查申请者的资质条件；③向工商行政管理机关申请登记注册，领取营业执照；④监理企业在建设银行开立账户，并接受财务监督。

工程监理企业资质分为专业资质、综合资质和事务所资质三类。专业资质按照工程性质和技术特点划分为房屋建筑工程、冶炼工程、矿山工程、化工与石油工程、水利水电工程、电力工程、林业与生态工程、铁路工程、公路工程、港口与航道工程、航天航空工程、通信工程、市政公用工程、机电安装工程14个专业工程类别。专业资质分为甲级和乙级，其中，房屋建筑工程、水利水电工程、公路工程和市政公用工程专业资质可设立丙级。综合资质、事务所资质不分级别。工程监理企业资质是企业技术能力、管理水平、业务经验、经营规模、社会信誉等综合性实力指标。

监理企业从事工程建设监理活动，应当遵循“守法、诚信、公正、科学”的准则。按照工程建设程序，监理企业进行监理经营服务的内容可划分为三个阶段，即工程建设决策阶段监理、工程建设设计阶段监理和工程建设施工阶段监理。

习 题

一、名词解释

①工程监理企业；②监理有限责任公司；③监理股份有限公司；④政府监理；⑤综合资质；⑥专业资质；⑦事务所资质。

二、单项选择题

1. 建设单位与工程监理企业的关系说法不正确的是(　　)。
   A. 平等关系　　B. 委托与被委托、授权与被授权的关系
   C. 经济合同关系　　D. 领导与被领导的关系
2. (　　)是我国目前工程监理企业的主要组织形式。
   A. 公司制监理企业和合伙制监理企业　　B. 个人独资监理企业
   C. 中外合资经营监理企业　　D. 中外合作经营监理企业
3. 监理企业与承包单位之间是(　　)关系。
   A. 平等、监理与被监理　　B. 领导与被领导　　C. 合同　　D. 经济
4. 综合资质是指具有独立法人资格且注册资本不少于(　　)万元。
   A. 300　　B. 400　　C. 500　　D. 600
5. 专业资质甲级是指具有独立法人资格且注册资本不少于(　　)万元。
   A. 100　　B. 200　　C. 300　　D. 400

三、多项选择题

1. 诚信是企业(　　)的集中体现。
   A. 经营理念　　B. 经营责任　　C. 经营效益
   D. 经营方式　　E. 经营文化
2. 工程监理企业构成必须具备的基本条件是(　　)。
   A. 监理企业资质证书　　B. 企业章程　　C. 监理企业营业执照
   D. 从事工程建设监理业务　　E. 监理业务手册
3. 政府建设监理机构对社会建设监理单位的管理主要内容包括(　　)。
   A. 制定和实施建设监理法规
   B. 审核批准工程监理企业的资质和人员
   C. 监督工程监理企业监理业务活动是否合法
   D. 调解监理企业与业主之间的争议

E. 保护监理企业的正当权益和活动

4. 工程监理企业资质分为(　　)。

A. A级资质　　B. B级资质　　C. 综合资质

D. 专业资质　　E. 事务所资质

5. 工程监理企业资质是企业(　　)等综合性实力指标。

A. 技术能力　　B. 管理水平　　C. 业务经验

D. 经营规模　　E. 社会信誉

四、简答题

1. 工程监理企业构成条件有哪些？
2. 简述工程监理企业在建筑市场中的地位。
3. 监理企业的组织形式有哪些？有何特点？
4. 简述工程监理企业与建设单位的关系。
5. 简述工程监理企业与承包单位的关系。
6. 设立监理企业应具备哪些条件？应准备哪些材料？
7. 简述监理企业的申报与审批程序。
8. 工程监理企业的资质如何分类？
9. 工程监理企业的资质条件有哪些？
10. 工程监理企业的资质等级标准如何划分？
11. 工程监理企业资质等级相应许可的业务范围是什么？
12. 资质申请应提供的材料有哪些？资质证书颁发的条件如何？
13. 简述资质申请和审批程序。
14. 监理企业经营活动的基本准则是什么？
15. 监理企业经营服务的内容有哪些？

模块5 工程建设目标控制

【知识要点】 目标控制的流程、基本环节、控制类型及目标规划和计划;工程建设三大目标之间的关系,目标确定依据、分解原则及分解方式;工程建设造价控制、工程建设进度控制、工程建设质量控制的含义;工程建设三大目标控制的任务和措施。

【教学目标】 掌握目标控制的类型,工程建设三大目标之间的关系,工程建设造价控制、工程建设进度控制、工程建设质量控制的含义;熟悉控制程序及其基本环节,工程建设三大目标控制的任务和措施;了解工程建设目标的确定方法,目标的分解原则,工程建设设计阶段和施工阶段的特点,目标控制的基本思想。

课题5.1 目标控制原理

控制是工程建设监理的重要管理活动。控制是指管理人员按照工作计划标准考量行动成果,纠正工作实施过程中发生的偏差,以保证目标和计划得以实现的管理活动。

1 目标控制流程及其基本环节

1.1 控制流程

在工程建设过程中,为了达到预期的目标,需采取一定的方法和措施对有关生产活动进行控制。目标控制是指管理人员在不断变化的动态环境中,为保证目标计划的实现而进行的一系列检查和调整活动。合理的目标、科学的计划,是目标实现控制的前提;组织设置、人员配备和有效的领导,是目标实现控制的基础。目标计划一旦付诸实施或运行,必须进行控制和协调,检查计划实施情况。当计划实施偏离目标时,应及时分析偏离的原因,确定应采取的纠正措施。在纠正偏差的过程中,进一步完善目标和计划,继续实施情况检查,如此循环,直至工程项目目标实现。工程建设目标控制流程如图5-1所示。

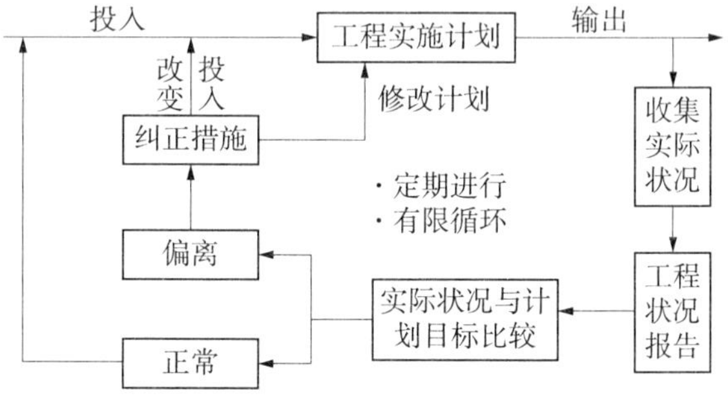

图5-1 工程建设目标控制流程

(1)目标控制是一个有限不断循环的过程。在工程项目实施过程中,通过对目标、过程和活动的跟踪,全面、及时、准确地掌握有关信息,将工程实际状况与目标和计划及时进行比较。如果发现偏离了目标和计划，及时采取纠正措施，或改变投入，或修改计划，使工程项目在新的目标和计划状态下进行。控制是一个不断循环的过程，一个工程项目目标控制的全过程就是由一个个循环过程组成的。循环控制要持续到项目建成动用，贯彻到项目的整个建设过程中。

（2）目标控制是一个动态控制过程。在工程建设过程中，建设周期长，各种风险因素多，导致造价增加、工期拖延、工程质量降低、工程功能下降等问题。目标控制措施不可能一成不变，原有的矛盾和问题解决了，还会出现新的矛盾和问题，需要不断地进行控制，直至工程建成交付使用。另外，由于系统本身的状态和外部环境是不断变化的，相应地就要求控制工作也随之变化。目标控制人员对工程建设本身的技术经济规律、目标控制工作规律的认识也是在不断变化的，他们的目标控制能力和水平也是在不断提高的。因此，即使在系统状态和环境变化不大的情况下，目标控制工作也可能发生较大的变化。这表明，目标控制也可能包含着对已采取的目标控制措施的调整或控制。

（3）目标控制是一个周期性的循环过程。对于工程建设目标控制系统来说，由于收集实际数据、偏差分析、制定纠偏措施都主要由目标控制人员来完成，都需要一定的时间，这些工作不可能同时进行并在瞬间内完成，因此目标控制实际上表现为周期性的循环过程。在工程建设监理的实践中，造价控制、进度控制和常规质量控制问题的控制周期按周或月计，而严重的工程质量问题和事故，则需要及时加以控制。

1.2　控制流程的基本环节

工程建设目标控制流程可以进一步抽象为投入、转换、反馈、对比、纠正5个基本环节，如图5-2所示。对于每个控制循环来说，如果缺少某一环节或某一环节出现问题，就会导致循环障碍，就会降低控制的有效性，就不能发挥循环控制的整体作用。因此，必须明确控制流程各个基本环节的有关内容并做好相应的控制工作。

1.2.1　投入

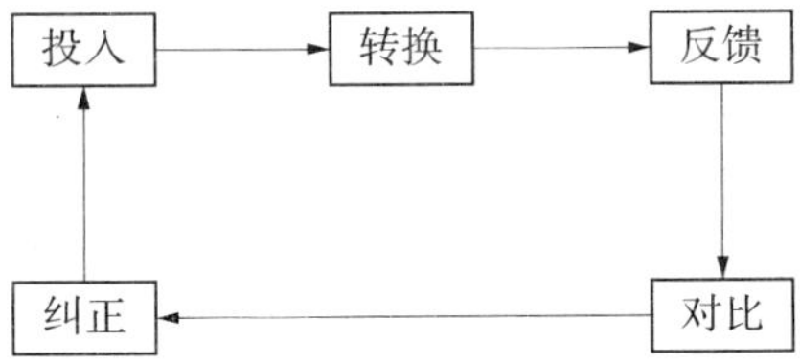

图5-2　控制流程的基本环节

控制流程的每一循环始于投入。对于工程建设的目标控制流程来说，投入首先涉及的是传统的生产要素（资源），包括人力（管理人员、技术人员、工人）、建筑材料、工程设备、施工机具、资金等，此外还包括施工方法、信息等。工程实施计划包括有关投入计划。计划能否正常实施并达到预定的目标，关键是能否保证将质量、数量符合计划要求的资源按规定时间和地点投入到工程建设实施过程中去。

1.2.2　转换

转换是指由投入到产出的转换过程，如工程建设的建造过程、设备购置等活动。转换过程通常表现为劳动力（管理人员、技术人员、工人）运用劳动资料（如施工机具）将劳动对象（如建筑材料、工程设备等）转变为预定的产出品，如设计图纸、分项工程、分部工程、单位工程、单项工程，最终输出完整的建设工程。在转换过程中，计划的运行往往受到来自外部环境和内部系统的多因素干扰，从而造成实际状况偏离预定的目标和计划。同时，由于计划本身不可避免地存在一定问题，例如，计划没有经过科学的资源、技术、经济和财务可行性分析，从而造成实际输出与计划输出之间发生偏差。

转换过程中的控制工作是实现有效控制的重要工作。在工程建设实施过程中，监理工程师应当跟踪了解工程进展情况，掌握第一手资料，为分析偏差原因、确定正确的纠偏措施提供可靠依据。同时，对于可以及时解决的问题，应及时采取纠偏措施，避免"积重难返"。

1.2.3 反馈

即使是一项制订得相当完善的计划，其运行结果也未必与计划一致。因为在计划实施过程中，实际情况的变化是绝对的，不变是相对的，每个变化都会对目标和计划的实现带来一定的影响。所以，控制部门和控制人员需要全面、及时、准确地了解计划的执行情况及其结果，而这就需要通过反馈信息来实现。

反馈信息包括工程实际状况、环境变化等信息，如造价、进度、质量的实际状况，现场条件，合同履行条件，经济、法律环境变化等。控制部门和人员需要什么信息，取决于监理工作的需要以及工程的具体情况。为了使信息反馈能够有效地配合控制的各项工作，使整个控制过程流畅地进行，需要设计信息反馈系统，预先确定反馈信息的内容、形式、来源、传递等，使每个控制部门和人员都能及时获得他们所需要的信息。

信息反馈方式可以分为正式和非正式两种。正式信息反馈是指书面的工程状况报告之类的信息，它是控制过程中应当采用的主要反馈方式；非正式信息反馈主要指口头方式，如口头指令、口头反映的工程实施情况。在实际工作中，监理工程师对非正式信息反馈也应当予以足够的重视。当然，非正式信息反馈应当适时转化为正式信息反馈，才能更好地发挥其对控制的作用。

1.2.4 对比

对比是将目标的实际值与计划值进行比较，以确定是否发生偏离。目标的实际值来源于反馈信息。在对比工作中，应注意以下几点：

(1)明确目标实际值与计划值的内涵。目标实际值与计划值是相对的，随着工程建设实施过程的进展，其实施计划和目标一般都将逐渐深化、细化，往往还要作适当的调整。从目标形成的时间来看，在前者为计划值，在后者为实际值。以造价目标为例，有造价估算、设计概算、施工图预算、标底、合同价、结算价等表现形式，其中，造价估算相对于其他的造价值都是目标值；施工图预算相对于造价估算、设计概算为实际值，而相对于标底、合同价、结算价则为计划值；结算价则相对于其他的造价值均为实际值(注意不要将造价的实际值与实际造价两个概念相混淆)。

(2)合理选择比较的对象。在实际工作中，最为常见的是相邻两种目标值之间的比较。在许多工程建设中，我国建设单位往往以批准的设计概算作为造价控制的总目标，此时，合同价与设计概算、结算价与设计概算的比较是必要的。另外，结算价以外各种造价值之间的比较都是一次性的，而结算价与合同价(或设计概算)的比较则是经常性的，一般是定期(如每月)比较。

(3)建立目标实际值与计划值之间的对应关系。工程建设的各项目标都要进行适当的分解。通常，目标的计划值分解较粗，目标的实际值分解较细。例如，工程建设初期制订的总进度计划中的工作可能只达到单位工程，而施工进度计划中的工作却达到分项工程，造价目标的分解也有类似问题。因此，为了保证能够切实地进行目标实际值与计划值的比较，并通过比较发现问题，必须建立目标实际值与计划值之间的对应关系。这就要求目标的分解深度、细度可以不同，但分解的原则、方法必须相同，从而可以在较粗的层次上进行目标实际值与计划值的比较。

（4）确定衡量目标偏离的标准。要正确判断某一目标是否发生偏差，就要预先确定衡量目标偏离的标准。例如，某工程建设的某项工作的实际进度比计划要求拖延了一段时间，如果这项工作是关键工作，或者虽然不是关键工作，但该项工作拖延的时间超过了它的总时差，则应当判断为发生偏差，即实际进度偏离计划进度。反之，如果该项工作不是关键工作，且其拖延的时间未超过总时差，则虽然该项工作本身偏离计划进度，但从整个工程的角度来看，则实际进度并未偏离计划进度。又如，某工程建设在实施过程中发生了较为严重的超造价现象，为了使总造价额控制在预定的计划值（如设计概算）之内，决定删除其中的某单项工程。在这种情况下，虽然整个工程建设造价的实际值未偏离计划值，但是对于保留的各单项工程来说，造价的实际值可能均不同程度地偏离了计划值。

1.2.5 纠正

对于目标实际值偏离计划值的情况，应采取措施加以纠正（或称为纠偏）。根据偏差的具体情况，可分为以下三种情况进行纠偏：

（1）直接纠偏。在轻度偏离的情况下，不改变原定目标的计划值，基本不改变原定的实施计划，在下一个控制周期内，使目标的实际值控制在计划值范围内。例如，某工程建设某月的实际进度比计划进度拖延了 2 天，则在下个月中适当增加人力、施工机械的投入等，即可使实际进度恢复到计划状态。

（2）不改变总目标的计划值，调整后期实施计划。在中度偏离情况下，由于目标实际值偏离计划值的情况已经比较严重，已经不可能通过直接纠偏在下一个控制周期内恢复到计划状态，因而必须调整后期实施计划。例如，某工程建设施工计划工期为 24 个月，在施工进行到 12 个月时，工期已经拖延 2 个月，这时，通过调整后期施工计划，若最终能按计划工期建成该工程，应当说仍然是令人满意的结果。

（3）重新确定目标的计划值，并据此重新制订实施计划。在重度偏离情况下，由于目标实际值偏离计划值情况严重，不可能通过调整后期实施计划来保证原定目标计划值的实现，因而必须重新确定目标的计划值。例如，某工程建设施工计划工期为 24 个月，在施工进行到 12 个月时，工期已经拖延 4 个月（仅完成原计划 8 个月的工程量），这时，不可能在以后 12 个月内完成 16 个月的工作量，工期拖延已成定局。但是，从进度控制的要求出发，至少不能在今后 12 个月内出现等比例拖延的情况，如果能在今后 12 个月内完成原定计划的工程量，已属不易，而如果最终用 26 个月建成该工程，则后期进度控制的效果是相当不错的。

需要特别说明的是，只要目标的实际值与计划值有差异，就发生了偏差。但是，对于工程建设目标控制来说，纠偏一般是针对正偏差（实际值大于计划值）而言，如造价增加、工期拖延。而如果出现负偏差（实际值小于计划值），如造价节约、工期提前，并不会采取“纠偏”措施——故意增加造价、放慢进度，使造价和进度恢复到计划状态。不过，对于负偏差的情况，要仔细分析其原因，排除假象。例如，造价的实际值存在缺项、计算依据不当、造价计划值中的风险费估计过高。对于确实是通过积极而有效的目标控制方法和措施而产生负偏差效果的情况,应认真总结经验,扩大其应用范围,更好地发挥其在目标控制中的作用。

2 控制类型

根据划分依据的不同,可将控制分为不同的类型。按照控制措施作用于控制对象的时间不同,控制可分为事前控制、事中控制和事后控制;按照控制信息的来源不同,控制可分为前馈控制和反馈控制;按照控制过程是否形成闭合回路,控制可分为开环控制和闭环控制;按照控制措施制定的出发点不同,控制可分为主动控制和被动控制。控制类型的划分是人为的(主观的),是根据不同的分析目的而选择的,而控制措施本身是客观的。因此,同一控制措施可以表述为不同的控制类型,或者说,不同划分依据的不同控制类型之间存在内在的同一性。

2.1 主动控制

主动控制是指在预先分析各种风险因素及其导致目标偏离的可能性和程度的基础上,拟订和采取有针对性的预防措施,从而减少乃至避免目标偏离。

(1)主动控制是一种事前控制。主动控制必须在计划实施之前就采取控制措施,以降低目标偏离的可能性或其后果的严重程度,起到防患于未然的作用。

(2)主动控制是一种前馈控制。主动控制主要是根据已建同类工程实施情况的综合分析结果,结合拟建工程的具体情况和特点,将教训上升为经验,用以指导拟建工程的实施,起到避免重蹈覆辙的作用。

(3)主动控制是一种开环控制。在控制过程中,主动控制不能表现为一个循环过程,是一种断开控制。在控制过程中,主要表现为:调查研究,进行风险分析评估,预测可能发生的偏差,提出预防措施。主动控制的开环控制过程如图5-3所示。

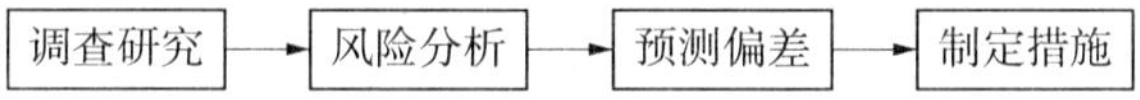

图5-3 主动控制的开环(非闭合)控制过程

综上所述,主动控制是一种面对未来的控制,它可以解决传统控制过程中存在的时滞影响,尽最大可能避免偏差已经成为现实的被动局面,降低偏差发生的概率及其严重程度,从而使目标得到有效控制。

2.2 被动控制

被动控制是指从计划的实际输出中发现偏差,通过对产生偏差原因的分析,研究制定纠偏措施,以使偏差得以纠正,工程实施恢复到原来的计划状态,或虽然不能恢复到计划状态但可以减少偏差的严重程度。

(1)被动控制是一种事中控制和事后控制。被动控制是在计划实施过程中对已经出现的偏差采取控制措施,虽然不能降低目标偏离的可能性,但可以降低目标偏离的严重程度,并将偏差控制在尽可能小的范围内。

(2)被动控制是一种反馈控制。被动控制是根据本工程实施情况(即反馈信息)的综合分析结果进行的控制,其控制效果在很大程度上取决于反馈信息的全面性、及时性和可靠性。

(3)被动控制是一种闭环控制。闭环控制即循环控制,也就是说,被动控制表现为一个循环过程:发现偏差,分析产生偏差的原因,研究制定纠偏措施并预计纠偏措施的成效,落实并实施纠偏措施,产生实际成效,收集实际实施情况,对实施的实际效果进行评价,将实际效果与预期效果进行比较,发现偏差,如此循环,直至整个工程建成。被动控制的闭合循环控制过程如图5-4所示。

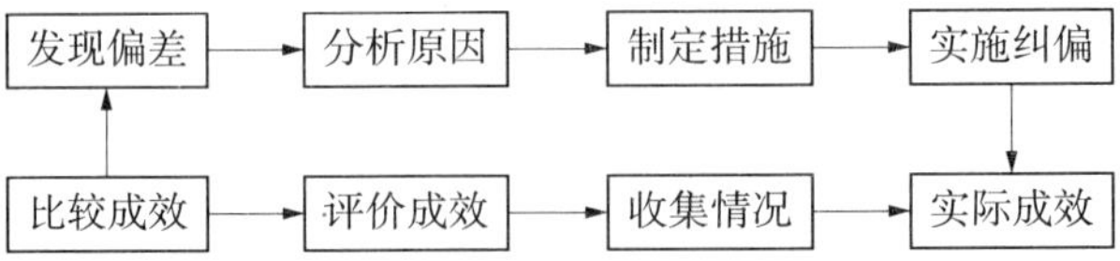

图5-4 被动控制的闭合循环控制过程

综上所述,被动控制是一种面对现实的控制。虽然目标偏离已成为客观事实,但是通过被动控制措施,仍然可能使工程实施恢复到计划状态,至少可以减少偏差的严重程度。不可否认,被动控制仍然是一种有效的控制,也是十分重要而且经常运用的控制方式。因此,对被动控制应当予以足够的重视,并努力提高其控制效果。

2.3 主动控制与被动控制的关系

由以上分析可知,在工程建设实施过程中,如果仅仅采取被动控制措施,出现偏差是不可避免的,而且偏差可能有累积效应,即虽然采取了纠偏措施,但偏差可能越来越大,从而难以实现预定的目标。另一方面,主动控制的效果虽然比被动控制好,但是,仅仅采取主动控制措施却是不现实的,或者说是不可能的。因为工程建设实施过程中有相当多的风险因素是不可预见甚至是无法防范的,如政治、社会、自然等因素。而且,采取主动控制措施往往要付出一定的代价,即耗费一定的资金和时间,对于那些发生概率小且发生后损失亦较小的风险因素,采取主动控制措施有时可能是不经济的。这表明,是否采取主动控制措施以及究竟采取什么主动控制措施,应在对风险因素进行定量分析的基础上,通过技术经济分析和比较来决定。在某些情况下,被动控制可能是较佳的选择。因此,对于工程建设目标控制来说,主动控制和被动控制二者缺一不可,都是实现工程建设目标所必须采取的控制方式,应将二者紧密结合起来。主动控制与被动控制的关系如图5-5所示。

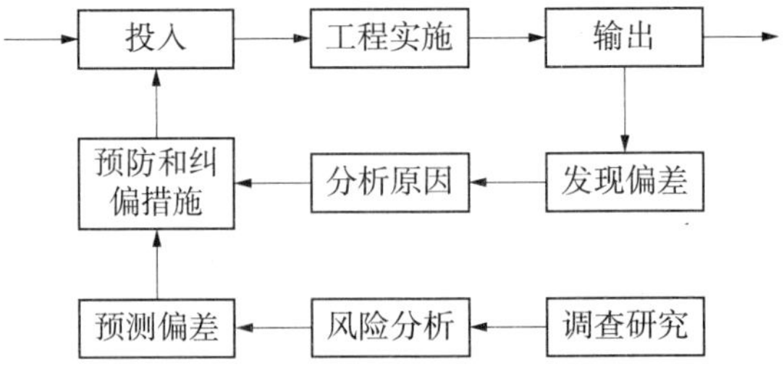

图5-5 主动控制与被动控制的关系

要做到主动控制与被动控制相结合,关键在于处理好以下两方面问题:一是要扩大信息来源,即不仅要从本工程获得实施情况的信息,而且要从外部环境获得有关信息,包括已建同类工程的有关信息，这样才能对风险因素进行定量分析，使纠偏措施有针对性；二是要把握好投入这个环节，即采取两类纠偏措施，不仅有纠正已经发生的偏差的措施，而且有预防和纠正可能发生的偏差的措施，这样才能取得较好的控制效果。

需要说明的是，虽然在工程建设实施过程中仅仅采取主动控制是不可能的，有时是不经济的，但不能因此而否定主动控制的重要性。实际上，牢固树立主动控制的思想，认真研究并制定多种主动控制措施，尤其要重视那些基本上不需要耗费资金和时间的主动控制措施，如组织、经济、合同方面的措施，并力求加大主动控制在控制过程中的比例，对于提高工程建设目标控制的效果，具有十分重要而现实的意义。

3　目标控制的前提工作

为了进行有效的目标控制，必须做好两方面的重要工作：一是确定目标规划和计划，二是建立目标控制的组织。

3.1　目标规划和计划

如果没有目标，就无所谓控制；而如果没有计划，就无法实施控制。因此，要进行目标控制，首先必须对目标进行合理的规划并制订相应的计划。目标规划和计划越明确、越具体、越全面，目标控制的效果就越好。

3.1.1　目标规划和计划与目标控制的关系

工程建设各阶段的基本工作、目标规划、目标控制之间的关系，如图5-6所示。

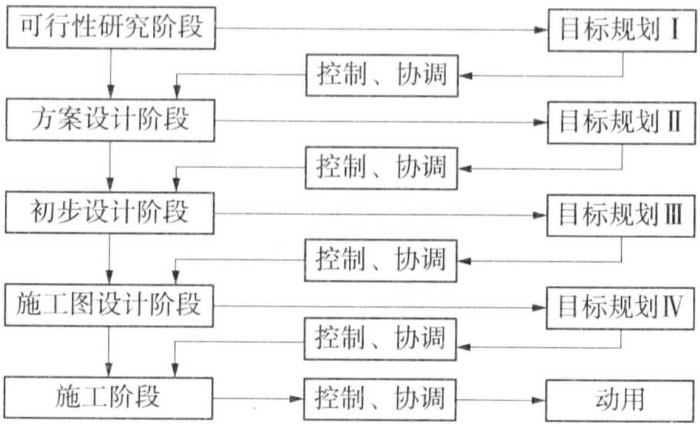

图5-6　目标规划与目标控制的关系

由图5-6可知，建设一项工程，首先要根据建设单位的建设意图进行可行性研究并制定目标规划Ⅰ，即确定工程建设总体造价、进度、质量目标。例如，就造价目标而言，目标规划Ⅰ就表现为造价估算，同时要确定实现工程建设目标的总体计划和下阶段工作的实施计划。按照目标规划Ⅰ的要求进行方案设计，在方案设计的过程中要根据目标规划Ⅰ进行控制，力求使方案设计符合目标规划Ⅰ的要求。同时，根据输出的方案设计还要对目标规划Ⅰ进行必要的调整、细化，以解决目标规划Ⅰ中不适当的地方，在此基础上，制定目标规划Ⅱ，即细度和精度均较目标规划Ⅰ有所提高的新的造价估算。然后，根据目标规划Ⅱ进行初步设计，在初步设计过程中进行控制，例如，进行限额设计，根据初步设计的结果制定目标规划Ⅲ，即设计概算。至于目标规划Ⅳ，是在施工图设计基础上制定的，其最初表现为施工图预算，经过招标投标后则表现为标底和合同价。最后，在施工过程中，要根据目标规划Ⅳ进行控制，直至整个工程建成。

不难看出，目标规划需要反复进行多次。这表明，目标规划和计划与目标控制的动态性相一致。工程建设的实施要根据目标规划和计划进行控制，力求使之符合目标规划和计划的要求。随着工程建设的进展，工程内容、功能要求、外界条件等都可能发生变化，工程实施过程中的反馈信息可能表明目标和计划出现偏差，这都要求目标规划与之相适应，需要在新的条件和情况下不断深入、细化，并可能需要对前一阶段的目标规划作出必要的修正或调整，真正成为目标控制的依据。由此可见，目标规划和计划与目标控制之间表现出一种交替出现的循环关系，但这种循环不是简单的重复，而是在新的基础上不断前进的循环，每一次循环都有新的内容、新的发展。

3.1.2 目标规划和计划的质量与目标控制的效果

应当说，目标控制的效果直接取决于目标控制的措施是否得力，是否将主动控制与被动控制有机地结合起来，以及采取控制措施的时间是否及时等。但是，目标控制的效果虽然是客观的，而人们对目标控制效果的评价却是主观的，通常是将实际结果与预定的目标和计划进行比较。如果出现较大的偏差，一般就认为控制效果较差，反之，则认为控制效果较好。从这个意义上讲，目标控制的效果在很大程度上取决于目标规划和计划的质量。

如果目标规划和计划制订得不合理，甚至根本不可能实现，则不仅难以客观地评价目标控制的效果，而且可能使目标控制人员丧失信心，难以发挥他们在目标控制工作方面的主动性、积极性和创造性，从而严重降低目标控制的效果。因此，为了提高并客观评价目标控制的效果，需要提高目标规划和计划的质量。

计划是对实现总目标的方法、措施和过程的组织和安排，是工程建设实施的依据和指南。通过计划，可以分析目标规划所确定的造价、进度、质量总目标是否平衡、能否实现，如果发现不平衡或不能实现，则必须修改目标。从这个意义上讲，计划不仅是对目标的实施，也是对目标的进一步论证。通过计划，可以按分解后的目标落实责任体系，调动和组织各方面人员为实现工程建设总目标共同工作。这表明，计划是许多更细、更具体的目标的组合。通过计划，通过科学的组织和安排，可以协调各单位、各专业之间的关系，充分利用时间和空间，最大限度地提高工程建设的整体效益。

制订计划首先要保证计划的可行性，即保证计划的技术、资源、经济和财务的可行性，保证工程建设的实施能够有足够的时间、空间、人力、物力和财力。为此，首先必须了解并认真分析拟建工程建设自身的客观规律性，在充分考虑工程规模、技术复杂程度、质量水平、主要工作的逻辑关系等因素的前提下制订计划，切不可不合理地缩短工期和降低造价。其次，要充分考虑各种风险因素对计划实施的影响，留有一定的余地，例如，在造价总目标中预留风险费或不可预见费，在进度总目标中留有一定的机动时间等。此外，还要考虑建设单位的支付能力（资金筹措能力）、设备供应能力、管理和协调能力等。

在确保计划可行的基础上，还应根据一定的方法和原则力求使计划优化。对计划的优化实际上是作多方案的技术经济分析和比较，当然，限于时间和人们对客观规律认识的局限性，最终制订的计划只是相对意义上最优的计划，而不可能是绝对意义上最优的计划。计划制订得越明确，越完善，目标控制的效果就越好。

3.2 目标控制的组织

由于工程建设目标控制的所有活动以及计划的实施都是由目标控制人员来实现的，因此如果没有明确的控制机构和人员，目标控制就无法进行；或者虽然有了明确的控制机构和人员，但其任务和职能分工不明确，目标控制就不能有效地进行。这表明，合理而有效的组织是目标控制的重要保障。目标控制的组织机构和任务分工越明确、越完善，目标控制的效果就越好。

为了有效地进行目标控制，需要做好以下几方面的组织工作：①设置目标控制机构；②配备合适的目标控制人员；③落实目标控制机构和人员的任务及职能分工；④合理组织目标控制的工作流程和信息流程。

课题5.2 工程建设目标控制系统

工程建设造价、进度、质量三大目标，构成了工程建设目标子系统，形成了一个完整的系统整体。为了有效地进行目标控制，必须正确认识和处理造价、进度、质量三大目标之间的关系，并且合理确定和分解这三大目标。

1 工程建设三大目标之间的关系

工程建设造价、进度（或工期）、质量三大目标两两之间存在既对立又统一的关系。如果采取某种措施可以同时实现其中两个要求（如造价少、工期短），则该两个目标（造价和进度）之间是统一的关系；反之，如果只能实现其中一个要求（如工期短），而另一个要求不能实现（如质量差），则该两个目标（进度和质量）之间是对立的关系。

1.1 工程建设三大目标之间的对立关系

工程建设三大目标之间的对立关系比较直观，易于理解。一般来说，如果对工程建设的功能和质量要求较高，就需要采用较好的工程设备和建筑材料，就需要投入较多的资金，同时，还需要精工细作，严格管理，不仅增加人力的投入（人工费相应增加），而且需要较长的建设时间。如果要加快进度，缩短工期，则需要加班加点或适当增加施工机械和人力，这将直接导致施工效率下降，单位产品的费用上升，从而使整个工程的总造价增加。另外，加快进度往往会打乱原有的计划，使工程建设实施的各个环节之间产生脱节现象，增加控制和协调的难度，不仅有时可能“欲速则不达”，而且会对工程质量带来不利影响或留下工程质量隐患。如果要降低造价，就需要考虑降低功能和质量要求，采用较差或普通的工程设备和建筑材料，同时，只能按费用最低的原则安排进度计划，整个工程需要的建设时间就较长。应当说明的是，在这种情况下的工期其实是合理工期，只是相对于加快进度情况下的工期而言，显得工期较长。

以上分析表明，工程建设三大目标之间存在对立的关系。因此，不能奢望造价、进度、质量三大目标同时达到“最优”，即既要造价少，又要工期短，还要质量好。在确定工程建设目标时，不能将造价、进度、质量三大目标割裂开来，分别孤立地分析和论证，更不能片面强调某一目标而忽略其对其他两个目标的不利影响，而必须将造价、进度、质量三大目标作为一个系统统筹考虑，反复协调和平衡，力求实现整个目标系统最优。

1.2 工程建设三大目标之间的统一关系

对于工程建设三大目标之间的统一关系，需要从不同的角度分析和理解。例如，加快进度、缩短工期虽然需要增加一定的造价，但是可以使整个工程建设提前投入使用，从而提早发挥造价效益，还能在一定程度上减少利息支出，如果提早发挥的造价效益超过因加快进度所增加的造价额度，则加快进度从经济角度来说就是可行的。如果提高功能和质量要求，虽然需要增加一次性造价，但是可能降低工程投入使用后的运行费用和维修费用，从全寿命费用分析的角度则是节约造价的。在不少情况下，功能好、质量优的工程（如宾馆、商用办公楼）投入使用后的收益往往较高。从质量控制的角度，如果在实施过程中进行严格的质量控制，保证实现工程预定的功能和质量要求（相对于由于质量控制不严而出现质量问题可认为是“质量好”），则不仅可减少实施过程中的返工费用，而且可以大大减少投入使用后的维修费用。严格控制质量还能起到保证进度的作用。如果在工程实施过程中发现质量问题及时进行返工处理，虽然需要耗费时间，但可能只影响局部工作的进度，不影响整个工程的进度，或虽然影响整个工程的进度，但是比不及时返工而酿成重大工程质量事故对整个工程进度的影响要小，也比留下工程质量隐患到使用阶段才发现而不得不停止使用进行修理所造成的时间损失要小。

在确定工程建设目标时，应当对造价、进度、质量三大目标之间的统一关系进行客观的且尽可能定量的分析，分析时应注意以下几方面问题：

（1）掌握客观规律，充分考虑制约因素。例如，一般来说，加快进度、缩短工期所提前发挥的造价效益都超过加快进度所需要增加的造价，但不能由此而导出工期越短越好的错误结论，因为加快进度、缩短工期会受到技术、环境、场地等因素的制约（当然还要考虑对造价和质量的影响），不可能无限制地缩短工期。

（2）对未来的、可能的收益不宜过于乐观。通常，当前的投入是现实的，其数额也是较为确定的，而未来的收益却是预期的、不确定的。例如，提高功能和质量要求所需要增加的造价可以很准确地计算出来，但今后的收益却受到市场供求关系的影响，如果届时同类工程（如五星级宾馆、智能化办公楼）供大于求，则预期收益就难以实现。

（3）将目标规划和计划结合起来。如前所述，工程建设所确定的目标要通过计划的实施才能实现。如果工程建设进度计划制订得既可行又优化，使工程进度具有连续性、均衡性，则不但可以缩短工期，而且有可能获得较好的质量且耗费较低的造价。从这个意义上讲，优化的计划是造价、进度、质量三大目标统一的计划。

在对工程建设三大目标对立统一关系进行分析时，同样需要将造价、进度、质量三大目标作为一个系统统筹考虑，同样需要反复协调和平衡，力求实现整个目标系统最优，也就是实现造价、进度、质量三大目标的统一。

2 工程建设目标的确定

2.1 工程建设目标确定的依据

如前所述，目标规划是一项动态性工作，在工程建设的不同阶段都要进行，因而工程建设的目标并不是一经确定就不再改变的。由于工程建设不同阶段所具备的条件不同，目标确定的依据自然也就不同。一般来说，在施工图设计完成之后，目标规划的依据比较充分,目标规划的结果也比较准确和可靠。但是,对于施工图设计完成以前的各个阶段来说,工程建设数据库具有十分重要的作用,应予以足够的重视。

工程建设的目标规划总是由某个单位编制的,如设计院、监理公司或其他咨询公司,这些单位都应当把自己承担过的工程建设的主要数据存入数据库。若某一地区或城市能建立本地区或本市的工程建设数据库,则可以在大范围内共享数据,增加同类工程建设的数量,从而大大提高目标确定的准确性和合理性。建立工程建设数据库,至少要做好以下几方面工作:

(1)按照一定的标准对工程建设进行分类。通常按使用功能分类较为直观,也易于为人接受和记忆。例如,将工程建设分为道路、桥梁、房屋建筑等,房屋建筑还可进一步分为住宅、学校、医院、宾馆、办公楼、商场等。为了便于计算机辅助管理,当然还需要建立适当的编码体系。

(2)对各类工程建设所可能采用的结构体系进行统一分类。例如,根据结构理论和我国目前常用的结构形式,可将房屋建筑的结构体系分为砖混结构、框架结构、剪力墙结构、框剪结构、筒体结构等,可将桥梁建筑分为钢箱梁吊桥、钢箱梁斜拉桥、钢筋混凝土斜拉桥、拱桥、中承式桁架桥、下承式桁架桥等。

(3)数据既要有一定的综合性,又要能足以反映工程建设的基本情况和特征。例如,除工程名称、造价总额、总工期、建成年份等共性数据外,房屋建筑的数据还应有建筑面积、层数、柱距、基础形式、主要装修标准和材料等,桥梁建筑的数据还应有长度、跨度、宽度、高度(净高)等。工程内容最好能分解到分部工程,有些内容可能分解到单位工程已能满足需要。造价总额和总工期也应分解到单位工程或分部工程。

工程建设数据库对工程建设目标确定的作用,在很大程度上取决于数据库中与拟建工程相似的同类工程的数量。因此,建立和完善工程建设数据库需要经历较长的时间,在确定数据库的结构之后,数据的积累、分析就成为主要任务,也可能在应用过程中对已确定的数据库结构和内容还要作适当的调整、修正和补充。

2.2 工程建设数据库的应用

要确定某一拟建工程的目标,首先必须大致明确该工程的基本技术要求,如工程类型、结构体系、基础形式、建筑高度、主要设备、主要装饰要求等。然后,在工程建设数据库中检索并选择尽可能相近的工程建设(可能有多个),将其作为确定该拟建工程目标的参考对象。由于工程建设具有多样性和单件生产的特点,有时很难找到与拟建工程基本相同或相似的同类工程,因此在应用工程建设数据库时,往往要对其中的数据进行适当的综合处理,必要时可将不同类型工程的不同分部工程加以组合。例如,若拟建造一座多功能综合办公楼,根据其基本的技术要求,可能在工程建设数据库中选择某银行的基础工程、某宾馆的主体结构工程、某办公楼的装饰工程和内部设施作为确定其目标的依据。

同时,需要认真分析拟建工程的特点,找出拟建工程与已建类似工程之间的差异,并定量分析这些差异对拟建工程目标的影响,从而确定拟建工程的各项目标。

另外,工程建设数据库中的数据都是历史数据,由于拟建工程与已建工程之间存在“时间差”,因而对工程建设数据库中的有些数据不能直接应用,而必须考虑时间因素和外部条件的变化,采取适当的方式加以调整。例如,对于造价目标,可以采用线性回归分析法或加权移动平均法进行预测分析，还可能需要考虑技术规范的发展对造价的影响；对于工期目标，需要考虑施工技术和方法以及施工机械的发展，还需要考虑法规变化对施工时间的限制，如不允许夜间施工等；对于质量目标，要考虑强制性标准的提高，如城市规划、环保、消防等方面的新规定。

由以上分析可知，工程建设数据库中的数据表面上是静止的，实际上是动态的（不断得到充实）；表面上是孤立的，实际上内部有着非常密切的联系。因此，工程建设数据库的应用并不是一项简单的复制工作。要用好、用活工程建设数据库，关键在于客观分析拟建工程的特点和具体条件，并采用适当的方式加以调整，这样才能充分发挥工程建设数据库对合理确定拟建工程目标的作用。

3　工程建设目标的分解

为了在工程建设实施过程中有效地进行目标控制，仅仅制定总目标还不能进行动态控制，还需要将总目标进行适当的分解。

3.1　目标分解的原则

工程建设目标分解应遵循以下几个原则：

(1)能分能合。工程建设的总目标能够自上而下逐层分解，也能够根据需要自下而上逐层综合。目标分解要有明确的依据并采用适当的方式，避免目标分解的随意性。

(2)按工程部位分解，而不按工种分解。工程建设过程是工程实体的形成过程，按工程部位分解，形象直观，而且可以将造价、进度、质量有机联系起来，也便于对偏差原因进行分析。

(3)区别对待，有粗有细。根据工程建设目标的具体内容、作用和所具备的数据，目标分解的粗细程度应当有所区别。例如，在工程建设的总造价构成中，有些费用数额大，占总造价的比例大，而有些费用则相反，从造价控制工作的要求来看，重点在于前一类费用。因此，对前一类费用应当尽可能分解得细一些、深一些，而对后一类费用则分解得粗一些、浅一些。有些工程内容组成明确、具体（如建筑工程、设备等），所需要的造价和时间也较为明确，可以分解细致，而有些工程内容则比较笼统，难以详细分解。因此，对不同工程内容目标分解的层次或深度，不必强求一律，要根据目标控制的实际需要和可能来确定。

(4)有可靠的数据来源。目标分解本身不是目的而是手段，是为目标控制服务的。目标分解的结果是形成不同层次的分目标，这些分目标就成为各级目标控制组织机构和人员进行目标控制的依据。如果数据来源不可靠，分目标就不可靠，就不能作为目标控制的依据。因此，目标分解所达到的深度应当以能够取得可靠的数据为原则，并非越深越好。

(5)目标分解结构与组织分解结构相对应。如前所述，目标控制必须有组织加以保障，要落实到具体的机构和人员，因而就存在一定的目标控制组织分解结构。只有使目标分解结构与组织分解结构相对应，才能进行有效的目标控制。当然，一般而言，目标分解结构较细、层次较多，而组织分解结构较粗、层次较少，目标分解结构在较粗的层次上应当与组织分解结构一致。

3.2　目标分解的方式

工程建设的总目标可以按照不同的方式进行分解。对于工程建设造价、进度、质量三大目标来说，目标分解的方式并不完全相同。其中，进度目标和质量目标的分解方式较为单一，而造价目标的分解方式较多。

按工程内容分解是工程建设目标分解最基本的方式，适用于造价、进度、质量三大目标的分解，但是三大目标分解的深度不一定完全一致。一般来说，将造价、进度、质量三大目标分解到单项工程和单位工程是比较容易办到的，其结果也是比较合理和可靠的，在施工图设计完成之前，目标分解至少都应当达到这个层次。至于是否分解到分部工程和分项工程，一方面取决于工程进度所处的阶段、资料的详细程度、设计所达到的深度等，另一方面还取决于目标控制工作的需要。另外，工程建设的造价目标还可以按总造价构成内容和资金使用时间（即进度）进行分解。

课题5.3　工程建设造价控制

工程建设造价、进度、质量是一个项目实施中的三个主要因素，构成了一个特定的统一体系以及三者之间的制约关系。工程建设目标控制必须根据工程的具体特点、建设单位的要求和可能出现的情况分析三者的相关性，以经济技术观点，运用价值工程的手段和统筹兼顾的方法，合理确定三者之间的权重比例，科学地调整三者之间的制约关系，形成三者之间的最佳组合，以使项目的实施做到均衡、连续、协调，整体经济效益达到最优化状态。

1　工程建设造价控制的含义及目标

1.1　工程建设造价控制的含义

工程建设造价控制是指在造价决策、设计、发包、施工以及竣工阶段，将工程建设造价控制在批准的造价限额以内，随时纠正发生的偏差，以保证项目造价管理目标的实现，以求在工程建设中既合理使用人力、物力、财力，又能取得较好的经济效益和社会效益。

1.2　工程建设造价控制的目标

工程建设造价控制的目标是指通过有效的造价控制工作和具体的造价控制措施，在满足进度和质量要求的前提下，力求使工程实际造价不超过计划造价。

"实际造价不超过计划造价"主要有以下几种情况：①造价目标分解的各个层次实际造价均不超过计划造价；②造价目标分解的较低层次实际造价超过计划造价，造价目标分解的较高层次实际造价不超过计划造价；③造价目标分解的各个层次实际造价超过计划造价，但在大多数情况下实际造价未超过计划造价。

造价控制虽然出现局部的超造价现象，但工程建设的实际总造价未超过计划总造价，控制结果仍然是令人满意的。何况，出现局部超造价现象，除造价控制工作和措施存在一定的问题、有待改进和完善外，可能是由于造价目标分解不尽合理造成的。造价目标分解绝对合理是相对的。

2 工程建设造价控制的策略

2.1 系统控制

造价控制是工程建设目标系统实施的控制活动的一个重要组成部分。造价控制不是单一的目标控制，造价控制与进度控制和质量控制同时进行，在实施造价控制的同时，需要满足预定的进度目标和质量目标。因此，在造价控制的过程中，需要协调好与进度控制和质量控制的关系，做到三大目标控制的有机配合和相互平衡，而不能片面强调造价控制。目标规划不是一蹴而就的，需要对造价、进度、质量三大目标进行反复协调和平衡，力求实现整个目标系统最优。如果在造价控制的过程中破坏了这种平衡，也就破坏了整个目标系统，即使造价控制的效果看起来较好或很好，但其结果肯定不是目标系统最优。

在工程项目监理实施过程中，当采取某项造价控制措施时，如果某项措施对进度目标和质量目标产生不利影响，需要认真研判，慎重决策，采用其他控制措施。例如，采用限额设计进行造价控制时，一方面要力争使整个工程总的造价估算额控制在造价限额之内，另一方面又要保证工程预定的功能、使用要求和质量标准。又如，当发现实际造价已经超过计划造价之后，为了控制造价，不能简单地删减工程内容或降低设计标准，即使不得已而这样做，也要慎重选择被删减或降低设计标准的具体工程内容，力求使减少造价对工程质量的影响降低到最低程度。

简而言之，系统控制的思想就是要实现目标规划与目标控制之间的统一，实现三大目标控制的统一。

2.2 全过程控制

全过程是指工程建设实施的全过程，也可以是工程建设全过程。工程建设的实施阶段包括设计阶段（含设计准备）、招标阶段、施工阶段以及竣工验收和保修阶段。在这几个阶段中都要进行造价控制，但从造价控制的任务来看，主要集中在前三个阶段。

工程建设的实施过程，一方面表现为实物形成过程，即其生产能力和使用功能的形成过程；另一方面则表现为价值形成过程，即其造价的不断累加过程。这两种过程对工程建设的实施来说都是很重要的，而从造价控制的角度来看，较为关心的则是后一种过程。

在工程建设实施过程中，累计造价在设计阶段和招标阶段缓慢增加，进入施工阶段后则迅速增加，到施工后期，累计造价的增加又趋于平缓。同时，节约造价的可能性（或影响造价的程度）从设计阶段到施工开始前迅速降低，其后曲线变化平缓。累计造价和节约造价可能性曲线如图5-7所示。

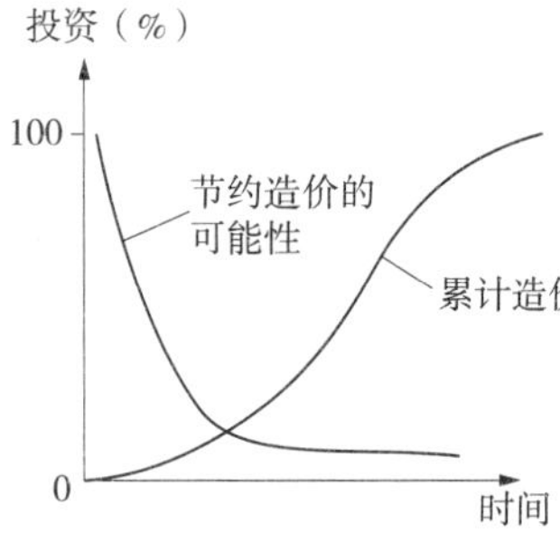

图5-7 累计造价与节约造价可能性曲线

在工程建设活动中，虽然工程建设的实际造价主要发生在施工阶段，但节约造价的可能性却主要在施工以前的阶段，尤其是在设计阶段。当然，所谓节约造价的可能性，是以进行有效的造价控制为前提的，如果造价控制的措施不得力，则变为浪费造价的可能性了。

因此，所谓全过程控制，要求从设计阶段就开始进行造价控制，并将造价控制工作贯穿于工程建设实施的全过程,直至整个工程建成且延续到保修期结束。在明确全过程控制的前提下,还要特别强调早期控制的重要性,越早进行控制,造价控制的效果越好,节约造价的可能性越大。如果能实现工程建设全过程造价控制,效果应当更好。

2.3 全方位控制

造价目标全方位控制包括两种含义:一是对按工程内容分解的各项造价进行控制,即对单项工程、单位工程乃至分部分项工程的造价进行控制;二是对按总造价构成内容分解的各项费用进行控制,即对建筑安装工程费用、设备和工器具购置费用以及工程建设其他费用等进行控制。通常,造价目标的全方位控制主要是指上述第二种含义,因为单项工程和单位工程的造价同时也要按总造价构成内容分解。

工程建设造价进行全方位控制时,应注意以下几个问题:

(1)认真分析工程建设及其造价构成的特点,了解各项费用的变化趋势和影响因素。例如,根据我国的统计资料分析,工程建设其他费用一般不超过总造价的10%。但是,对于确定工程建设来说,可能远远超过这个比例。例如,上海南浦大桥的动拆迁费用高达4亿元人民币,约占总造价的一半。又如,一些高档宾馆、智能化办公楼的装饰工程费用或设备购置费用已超过结构工程费用。这些变化非常值得引起造价控制人员重视,而且这些费用相对于结构工程费用而言,有较大的节约造价的"空间"。只要思想重视且方法适当,往往能取得较为满意的造价控制效果。

(2)抓主要矛盾、有所侧重。不同工程建设的各项费用占总造价的比例不同。例如,普通民用建筑工程的建筑工程费用占总造价的大部分,工艺复杂的工业项目以设备购置费用为主,智能化大厦的装饰工程费用和设备购置费用占主导地位,都应分别作为该类工程建设造价控制的重点。

(3)根据各项费用的特点选择适当的控制方式。例如,建筑工程费用可以按照工程内容分解得很细,其计划值一般较为准确,而其实际造价是连续发生的,因而需要经常定期地进行实际造价与计划造价的比较。安装工程费用有时并不独立,或与建筑工程费用合并,或与设备购置费用合并,或兼而有之,需要注意鉴别。设备购置费用有时需要较长的订货周期和一定数额的定金,必须充分考虑利息的支付等。

课题5.4 工程建设进度控制

1 工程建设进度控制的含义及目标

1.1 工程建设进度控制的含义

工程建设进度控制是指对工程项目建设各阶段的工作内容、工作程序、持续时间和衔接关系,根据进度总目标及资源优化配置的原则编制计划并付诸实施,在进度计划的实施过程中检查实际进度是否按计划进度进行,并对出现的偏差进行分析,采取补救措施或调整、修改原计划,如此循环,直到工程建设竣工验收并交付使用。

1.2 工程建设进度控制的目标

工程建设进度控制的目标是指通过有效的进度控制工作和具体的进度控制措施,在满足造价和质量要求的前提下,力求使工程实际工期不超过计划工期。进度控制往往更强调对整个工程建设计划总工期的控制,因而上述“工程实际工期不超过计划工期”相应地就表达为“整个工程建设按计划的时间动用”。对于工业项目来说,就是要按计划时间达到负荷联动试车成功;而对于民用项目来说,就是要按计划时间交付使用。

在工程建设过程中,实际工期不超过计划工期的目标能否实现,主要取决于处在关键线路上的工程内容能否按预定的时间完成,当然,同时不能发生非关键线路上的工作延误而成为关键线路的情况。

在大型、复杂工程建设的实施过程中,总会不同程度地发生局部工期延误的情况,这些延误对进度目标的影响应当通过网络计划定量计算。局部工期延误的严重程度与其对进度目标的影响程度之间并无直接的联系,更不存在某种等值或等比例的关系,这是进度控制与造价控制的重要区别,也是在进度控制工作中要加以充分利用的特点。

2 工程建设进度控制的策略

2.1 系统控制

进度控制的系统控制思想与造价控制基本相同,但其具体内容和表现有所不同。在采取进度控制措施时,要尽可能采取可对造价目标和质量目标产生有利影响的进度控制措施,例如完善的施工组织设计、优化的进度计划等。相对于造价控制和质量控制而言,进度控制措施可能对其他两个目标产生直接的有利作用,这一点显得尤为突出,应当予以足够的重视并加以充分利用,以提高目标控制的总体效果。

当然,采取进度控制措施也可能对造价目标和质量目标产生不利影响。一般来说,局部关键工作发生工期延误但延误程度尚不严重时,通过调整进度计划来保证进度目标是比较容易做到的,例如可以采取加班加点的方式,或适当增加施工机械和人力的投入。这时,就会对造价目标产生不利影响,而且由于夜间施工或施工速度过快,也可能对质量目标产生不利影响。因此,当采取进度控制措施时,不能仅仅保证进度目标的实现却不顾造价目标和质量目标,而应当综合考虑三大目标。根据工程进展的实际情况和要求以及进度控制措施选择的可能性,有以下三种处理方式:①在保证进度目标的前提下,将对造价目标和质量目标的影响降低到最低程度;②适当调整进度目标(延长计划总工期),不影响或基本不影响造价目标和质量目标;③介于前二者之间。

2.2 全过程控制

进度控制的全过程控制,应注意以下三个方面的问题:

(1)在工程建设的早期编制进度计划。在工程建设早期编制进度计划,是早期控制思想在进度控制中的反映,越早进行控制,进度控制的效果越好。建设单位整个工程建设的总进度计划包括的内容很多,除施工外,还包括前期工作(如征地、拆迁、施工场地准备等)、勘察、设计、材料和设备采购、动用前准备等。由此可见,建设单位的总进度计划对整个工程建设进度控制的作用是何等重要。工程建设早期所编制的建设单位总进度计划不可能也没有必要达到承包商施工进度计划的详细程度,但也应达到一定的深度和细度,而且应当掌握“远粗近细”的原则,即对于远期工作,如工程施工、设备采购等,在进度计划中显得比较粗略,可能只反映到分部工程,甚至只反映到单位工程或单项工程;而对于近期工作，如征地、拆迁、勘察设计等，在进度计划中就显得比较具体。而所谓“远”和“近”是相对概念，随着工程的进展，最初的远期工作就变成了近期工作，进度计划也应当相应地深化和细化。

（2）在编制进度计划时要充分考虑各阶段工作之间的合理搭接。工程建设实施各阶段的工作是相对独立的，但不是截然分开的，在内容上有一定的联系，在时间上有一定的搭接。例如，设计工作与征地、拆迁工作搭接，设备采购和工程施工与设计搭接，装饰工程和安装工程施工与结构工程施工搭接等。搭接时间越长，工程建设的总工期就越短。但是，搭接时间与各阶段工作之间的逻辑关系有关，都有其合理的限度。因此，合理确定具体的搭接工作内容和搭接时间，也是进度计划优化的重要内容。

（3）抓好关键线路的进度控制。进度控制的重点对象是关键线路上的各项工作，包括关键线路变化后的各项关键工作。抓住关键工作进行进度控制，可取得事半功倍的效果。由此也可看出工程建设早期编制进度计划的重要性。如果没有进度计划，就不知道哪些工作是关键工作，进度控制工作就没有重点，精力分散，甚至可能对关键工作控制不力，而对非关键工作却全力以赴，结果是事倍功半。当然，对于非关键线路的各项工作，要确保其不要延误后而变为关键工作。

2.3 全方位控制

进度目标进行全方位控制，应从以下几个方面考虑：

（1）对整个工程建设所有工程内容的进度都要进行控制。除单项工程、单位工程外，还包括区内道路、绿化、配套工程等的进度，这些工程内容都有相应的进度目标，应尽可能将它们的实际进度控制在进度目标之内。

（2）对整个工程建设所有工作内容都要进行控制。工程建设的各项工作，诸如征地、拆迁、勘察、设计、施工招标、材料和设备采购、施工、动用前准备等，都有进度控制的任务。这里，要注意与全过程控制的有关内容相区别。在全过程控制的分析中，对这些工作内容侧重从各阶段工作关系和总进度计划编制的角度进行阐述；而在全方位控制的分析中，则是侧重从这些工作本身的进度控制进行阐述，可以说是同一问题的两个方面。实际的进度控制，往往既表现为对工程内容进度的控制，又表现为对工作内容进度的控制。

（3）对影响进度的各种因素都要进行控制。工程建设的实际进度受到很多因素的影响，例如，施工机械数量不足或出现故障；技术人员和工人的素质与能力低下；建设资金缺乏，不能按时到位；材料和设备不能按时、按质、按量供应；施工现场组织管理混乱，多个承包商之间施工进度不够协调；出现异常的工程地质、水文、气候条件；还可能出现政治、社会等风险。要实现有效的进度控制，必须对上述影响进度的各种因素都进行控制，采取措施减少或避免这些因素对进度的影响。

（4）注意各方面工作进度对施工进度的影响。任何工程建设最终都是通过施工将其建造起来的，从这个意义上讲，施工进度作为一个整体，肯定是在总进度计划中的关键线路上，任何导致施工进度拖延的情况，都将导致总进度的拖延，而施工进度的拖延往往是其他方面工作进度的拖延引起的。因此，要考虑围绕施工进度的需要来安排其他方面的工作进度。例如，根据工程开工时间和进度要求安排动拆迁和设计进度计划，必要时可分阶段提供施工场地和施工图纸。又如，根据结构工程和装饰工程施工进度的需要安排材料采购进度计划，根据安装工程进度的需要安排设备采购进度计划等。这样说，并不是否认其他工作进度计划的重要性，而恰恰相反，这正说明全方位进度控制的重要性和建设单位总进度计划的重要性。

3 进度控制的特殊问题

组织协调与控制是密切相关的，都是为实现工程建设目标服务的。在工程建设三大目标控制中，组织协调对进度控制的作用最为突出且最为直接，有时甚至能取得常规控制措施难以达到的效果。因此，为了有效地进行进度控制，必须做好与有关单位的协调工作。

课题 5.5 工程建设质量控制

1 工程建设质量控制的含义及目标

1.1 工程建设质量控制的含义

工程建设质量控制是指致力于满足工程质量要求，也就是为了保证工程质量满足工程合同、规范标准所采取的一系列措施、方法、手段。

1.2 工程建设质量控制的目标

工程建设质量控制的目标是指通过有效的质量控制工作和具体的质量控制措施，在满足造价和进度要求的前提下，实现工程预定的质量目标。工程建设质量控制的目标主要表现在以下两个方面：

(1) 工程建设质量必须符合国家现行的关于工程质量的法律、法规、技术标准和规范等有关规定，尤其是强制性标准的规定。这实际上也就明确了对设计、施工质量的基本要求。从这个角度讲，同类工程建设的质量目标具有共性，不因其建设单位、建造地点以及其他建设条件的不同而不同。

(2) 工程建设的质量目标又是通过合同加以约定的，其范围更广、内容更具体。任何工程建设都有其特定的功能和使用价值，也就是工程还必须满足建设单位的需要。由于工程建设都是根据建设单位的要求而兴建，不同的建设单位有不同的功能要求和使用价值要求，即使是同类工程建设，具体的要求也不同。因此，工程建设的功能与使用价值的质量目标是相对于建设单位的需要而言，并无固定和统一的标准。从这个角度讲，工程建设的质量目标都具有个性。

因此，工程建设质量控制的目标就要实现以上两个方面的工程质量目标。由于工程共性，质量目标一般都有严格、明确的规定，因而质量控制工作的对象和内容都比较明确，也可比较准确、客观地评价质量控制的效果。而工程个性质量目标具有一定的主观性，有时没有明确、统一的标准，因而质量控制工作的对象和内容较难把握。因此，在工程建设的质量控制工作中，要注意对工程个性质量目标的控制，最好能预先明确控制效果定量评价的方法和标准。另外，对于合同约定的质量目标，必须保证其不得低于国家强制性质量标准的要求。

2 工程建设质量控制的策略

2.1 系统控制

工程建设质量控制的系统控制，应从以下几方面考虑：

(1)避免不断提高质量目标的倾向。工程建设的建设周期较长，随着技术、经济水平的发展，会不断出现新设备、新工艺、新材料、新理念等，在工程建设早期(如可行性研究阶段)所确定的质量目标，到设计阶段和施工阶段有时就显得相对滞后。不少建设单位往往要求相应地提高质量标准，这样势必要增加造价，而且由于要修改设计、重新制订材料和设备采购计划，甚至将已经施工完毕的部分工程拆毁重建，也会影响进度目标的实现。因此，要避免这种倾向，首先在工程建设早期确定质量目标时要有一定的前瞻性，其次对质量目标要有一个理性的认识，不要盲目追求“最新”“最高”“最好”等目标，再次要定量分析提高质量目标后对造价目标和进度目标的影响。在这一前提下，即使确实有必要适当提高质量标准，也要把对造价目标和进度目标的不利影响降低到最低程度。

(2)确保基本质量目标的实现。工程建设的质量目标关系到生命安全、环境保护等社会问题，国家有相应的强制性标准。因此，不论发生什么情况，也不论在造价和进度方面要付出多大的代价，都必须保证工程建设安全可靠、质量合格的目标予以实现。当然，如果造价代价太大而无法承受，可以放弃不建。另外，工程建设都有预定的功能，若无特殊原因，也应确保实现。严格地说，改变功能或删减功能后建成的工程建设与原定功能的工程建设是两个不同的工程，不宜直接比较，有时也难以评价其目标控制的效果。还需要说明的是，有些工程建设质量标准的改变可能直接导致其功能的改变。例如，原定的一条一级公路，由于质量控制不力，只达到二级公路的标准，就不仅是质量标准的降低，而是功能的改变，这不仅将大大降低其通车能力，而且将大大降低其社会效益。

(3)尽可能发挥质量控制对造价目标和进度目标的积极作用。实施质量控制，要统筹考虑三大目标之间的关系，反复协调和平衡，力求实现质量、造价、进度目标系统最优。

2.2 全过程控制

工程建设总体质量目标的实现与工程质量的形成过程息息相关，因而必须对工程质量实行全过程控制。

工程建设的每个阶段都对工程质量的形成起着重要的作用，但各阶段关于质量问题的侧重点不同。在设计阶段，主要是解决“做什么”和“如何做”的问题，使工程建设总体质量目标具体化；在施工招标阶段，主要是解决“谁来做”的问题，使工程质量目标的实现落实到承包商；在施工阶段，通过施工组织设计等文件，进一步解决“如何做”的问题，通过具体的施工解决“做出来”的问题，使工程建设形成实体，将工程质量目标物化地体现出来；在竣工验收阶段，主要是解决工程实际质量是否符合预定质量的问题；而在保修阶段，则主要是解决已发现的质量缺陷问题。因此，应当根据工程建设各阶段质量控制的特点和重点，确定各阶段质量控制的目标和任务，以便实现全过程质量控制。

在工程建设的各个阶段中，设计阶段和施工阶段的持续时间较长，这两个阶段工作的“过程性”也尤为突出。例如，设计工作分为方案设计、初步设计、技术设计、施工图设计，设计过程就表现为设计内容不断深化和细化的过程。如果等施工图设计完成后才进行审查,一旦发现问题,造成的损失后果就很严重。因此,必须对设计质量进行全过程控制,也就是将对设计质量的控制落实到设计工作的过程中。又如,房屋建筑的施工阶段一般又分为基础工程、上部结构工程、安装工程和装饰工程等几个阶段,各阶段的工程内容和质量要求有明显区别,相应地对质量控制工作的具体要求也有所不同。因此,对施工质量也必须进行全过程控制,要把对施工质量的控制落实到施工各阶段的过程中。

另外,工程建设建成后,不可能像某些工业产品那样,可以拆卸或解体来检查内在的质量。这表明,工程建设竣工检验时难以发现工程内在的、隐蔽的质量缺陷,因而必须加强施工过程中的质量检验。而且,在工程建设施工过程中,由于工序交接多、中间产品多、隐蔽工程多,若不及时检查,已经出现的质量问题就可能被下道工序掩盖,将不合格产品误认为合格产品,从而留下质量隐患。这都说明对工程建设质量进行全过程控制的必要性和重要性。

2.3 全方位控制

工程建设质量进行全方位控制,应从以下几方面着手:

(1)对工程建设所有工程内容的质量进行控制。工程建设是一个整体,其总体质量是各个组成部分质量的综合体现,也取决于具体工程内容的质量。如果某项工程内容的质量不合格,即使其余工程内容的质量都很好,也可能导致整个工程建设的质量不合格。因此,对工程建设质量的控制必须落实到其每一项工程内容,只有确实实现了各项工程内容的质量目标,才能保证实现整个工程建设的质量目标。

(2)对工程建设质量目标的所有内容进行控制。工程建设的质量目标包括许多具体的内容。例如,从外在质量、工程实体质量、功能和使用价值质量等方面可分为美观性、与环境协调性、安全性、可靠性、适用性、灵活性、可维修性等目标,还可以分为更具体的目标。这些具体质量目标之间有时也存在对立统一的关系,在质量控制工作中要注意加以妥善处理。这些具体质量目标是否实现或实现的程度如何,又涉及评价方法和标准。此外,对功能和使用价值质量目标要予以足够的重视,因为该质量目标的确很重要,而且其控制对象和方法与对工程实体质量的控制不同。为此,要特别注意对设计质量的控制,要尽可能作多方案的比较。

(3)对影响工程建设质量目标的所有因素进行控制。影响工程建设质量目标的因素很多,可以从不同的角度加以归纳和分类。例如,可以将这些影响因素分为人、机械、材料、方法和环境五个方面。质量控制的全方位控制,就是要对这五方面因素都进行控制。

3 质量控制的特殊问题

(1)工程建设质量实行三重控制。由于工程建设质量的特殊性,需要从 3 个方面加以控制:①实施者自身的质量控制,这是从产品生产者角度进行的质量控制;②政府对工程质量的监督,这是从社会公众角度进行的质量控制;③监理单位的质量控制,这是从建设单位角度或者说是从产品需求者角度进行的质量控制。对于工程建设质量,加强政府的质量监督和监理单位的质量控制是非常必要的,但决不能因此而淡化或弱化实施者自身的质量控制。

(2)工程质量事故处理。工程质量事故在工程建设实施过程中具有多发性特点。诸如基础不均匀沉降、混凝土强度不足、屋面渗漏、建筑物倒塌,乃至一个工程建设整体报废等,都有可能发生。如果说拖延的工期、超额的造价还可能在以后的实施过程中挽回的话,那么,工程质量一旦不合格,就成了既定事实。不合格的工程,决不会随着时间的推移而自然变成合格工程。因此,对于不合格工程必须及时返工或返修,达到合格后才能进入下一工序,才能交付使用。否则,拖延的时间越长,所造成的损失后果越严重。

由于工程质量事故具有多发性特点,因此应当对工程质量事故予以高度重视,从设计、施工以及材料和设备供应等多方面入手,进行全过程、全方位的质量控制,特别要尽可能做到主动控制、事前控制。在实施建设监理的工程上,减少一般性工程质量事故,杜绝工程质量重大事故,应当说是最基本的要求。为此,不仅监理单位要加强对工程质量事故的预控和处理,而且要加强工程实施者自身的质量控制,把减少和杜绝工程质量事故的具体措施落实到工程实施过程之中,落实到每一工序之中。

课题5.6 工程建设目标控制的任务和措施

1 工程建设设计阶段和施工阶段的特点

在工程建设实施的各个阶段中,设计阶段和施工阶段目标控制任务的内容最多,目标控制工作持续的时间最长。可以认为,设计阶段和施工阶段是工程建设目标全过程控制中的两个主要阶段。正确认识设计阶段和施工阶段的特点,对于正确确定设计阶段和施工阶段目标控制的任务和措施,具有十分重要的意义。

1.1 设计阶段的特点

设计阶段的特点主要表现在以下几个方面。

1.1.1 设计工作表现为创造性的脑力劳动

设计的创造性主要体现在因时、因地根据实际情况解决具体的技术问题。在设计阶段,所消耗的主要是设计人员的活劳动,而且主要是脑力劳动。随着计算机辅助设计(CAD)技术的不断发展,设计人员将主要从事设计工作中创造性劳动的部分。体力劳动的时间是外在的、可以量度的,但脑力劳动的强度却是内在的、难以量度的。设计劳动投入量与设计产品的质量之间并没有必然的联系。何况,建筑设计往往需要灵感,冥思苦想未必能创造出优秀的设计产品,而优秀的设计产品也未必消耗了大量的设计劳动量。因此,不能简单地以设计工作的时间消耗量作为衡量设计产品价值量的尺度,也不能以此作为判断设计产品质量的依据。

1.1.2 设计阶段是决定工程建设价值和使用价值的主要阶段

在设计阶段,通过设计工作使工程建设的规模、标准、组成、结构、构造等各方面都确定下来,从而也就基本确定了工程建设的价值。例如,主要的物化劳动价值通过材料和设备的确定而确定下来,设计工作的活劳动价值在此阶段已经形成,而施工安装的活劳动价值的大小也由于设计的完成而能够估算出来。因此,在设计阶段已经可以基本确定整个工程建设的价值,其精度取决于设计所达到的深度和设计文件的完善程度。

任何工程建设都有预定的基本功能,这些基本功能只有通过设计才能具体化、细化。

例如，对于宾馆来说，除要确定房间数、床位数外，还要设有各种规格、大小的会议室、餐厅、娱乐设施、健身设施和场所、商务用房、车库或停车场地等。正是这些具体功能的不同组合，形成了一个个与其他同类工程不同的工程建设，而正是这些不同功能工程建设的不同组合，形成了人类生存和发展的基本空间。这不仅体现了设计工作决定工程建设使用价值的重要作用，也是设计工作的魅力之所在。

1.1.3 设计阶段是影响工程建设造价的关键阶段

工程建设实施各个阶段影响造价的程度是不同的。总的趋势是，随着各阶段设计工作的进展，工程建设的范围、组成、功能、标准、结构形式等内容一步步明确，可以优化的内容越来越少，优化的限制条件却越来越多，各阶段设计工作对造价的影响程度逐步下降。其中，方案设计阶段影响最大，初步设计阶段次之，施工图设计阶段影响已明显降低，到了施工开始时，影响造价的程度只有10%左右。由此可见，与施工阶段相比，设计阶段是影响工程建设造价的关键阶段，与施工图设计阶段相比，方案设计阶段和初步设计阶段是影响工程建设造价的关键阶段。

如前所述，这里所说的“影响造价的程度”是一个中性的表达，如果造价控制效果好，就表现为节约造价的可能性；反之，则表现为浪费造价的可能性。需要强调的是，这里所说的“节约造价”不能仅从造价的绝对数额上理解，不能由此得出造价额越少，设计效果越好的结论。所谓节约造价，是相对于工程建设通过设计所实现的具体功能和使用价值而言，应从价值工程和全寿命费用的角度来理解。

1.1.4 设计工作需要反复协调

工程建设的设计工作需要进行多方面的反复协调，主要表现在以下几个方面：

(1)工程建设的设计涉及许多不同的专业领域。例如，对房屋建筑工程来说，涉及建筑、结构、给水排水、采暖通风、强电弱电、声学光学等专业，需要进行专业化分工和协作，同时又要求高度的综合性和系统性，因而需要在同一设计阶段各专业设计之间进行反复协调，以避免和减少设计上的矛盾。一个局部看来优秀的专业设计，如果与其他专业设计不协调，就必须作适当的修改。因此，在设计阶段要正确处理个体劳动与集体劳动之间的关系，每一个专业设计都要考虑来自其他专业的制约条件，也要考虑对其他专业设计的影响，这往往表现为一个反复协调的过程。

(2)工程建设的设计是由方案设计到施工图设计不断深化的过程。各阶段设计的内容和深度要求都有明确的规定。下一阶段设计要符合上一阶段设计的基本要求，而随着设计内容的进一步深入，可能会发现上一阶段设计中存在某些问题，需要进行必要的修改。因此，在设计过程中，还要在不同设计阶段之间进行纵向的反复协调。从设计内容上看，这种纵向协调可能是同一专业之间的协调，也可能是不同专业之间的协调。

(3)工程建设的设计还需要与外部环境因素进行反复协调，在这方面主要涉及与建设单位需求和政府有关部门审批工作的协调。在设计工作开始之前，建设单位对工程建设的需求通常是比较笼统、比较抽象的。随着设计工作的不断深入，已完成的阶段性设计成果可能使建设单位的需求逐渐清晰化、具体化，而其清晰、具体的需求可能与已完成的设计内容发生矛盾，从而需要在设计与建设单位需求之间进行反复协调。虽然从为建设单位服务的角度来说，应当尽可能通过修改设计满足和实现建设单位变化了的需求，但是从工程建设目标控制的角度来说,对建设单位不合理的需求不能一味迁就,应当通过充分的分析和论证说服建设单位。要做到这一点往往很困难,需要与建设单位反复协调。另外,与政府有关部门审批工作的协调相对比较简单,因为在这方面都有明确的规定,比较好把握。但是也可能存在对审批内容或规定理解分歧、对审批程序执行不规范、审批工作效率不高等问题,从而也需要进行反复协调。

1.1.5 设计质量对工程建设总体质量有决定性影响

在设计阶段,通过设计工作将工程建设的总体质量目标进行具体落实,工程实体的质量要求、功能和使用价值质量要求等都已确定下来,工程内容和建设方案也都十分明确。从这个角度讲,设计质量在相当程度上决定了整个工程建设的总体质量。一个设计质量不佳的工程,无论其施工质量如何出色,都不可能成为总体质量优秀的工程,而一个总体质量优秀的工程,必然是设计质量上佳的工程。

实践表明,在已建成的工程建设中,质量问题突出且造成巨大损失的主要表现当属功能不齐全、使用价值不高,不能满足建设单位和使用者对工程建设功能和使用价值的要求。其中,有的工程的实际生产能力长期达不到设计的水平;有的工程严重污染周围环境,影响公众正常的生产和生活;有的工程设计与建设条件脱节,造成造价大幅度增加,工期也大幅度延长;有的工程空间和平面布置不合理,既不便于生产,又不便于生活等。

工程建设实体质量的安全性、可靠性在很大程度上取决于设计的质量。在那些发生严重工程质量事故的工程建设中,由于设计不当或错误所引起的事故占有相当大的比例。对于普通的工程质量问题,也存在类似情况。

1.2 施工阶段的特点

施工阶段的特点,主要表现在以下几个方面。

1.2.1 施工阶段是以执行计划为主的阶段

进入施工阶段,工程建设目标规划和计划的制定工作基本完成,余下的主要工作是伴随着控制而进行的计划调整和完善。因此,施工阶段是以执行计划为主的阶段。就具体的施工工作来说,基本要求是“按图施工”,这也可以理解为是执行计划的一种表现,因为施工图纸是设计阶段完成的,是用于指导施工的主要技术文件。这表明,在施工阶段,创造性劳动较少。但是对于大型、复杂的工程建设来说,其施工组织设计(包括施工方案)对创造性劳动的要求相当高,某些特殊的工程构造也需要创造性的施工劳动才能完成。

1.2.2 施工阶段是实现工程建设价值和使用价值的主要阶段

设计过程也创造价值,但在工程建设总价值中所占的比例很小,工程建设的价值主要是在施工过程中形成的。在施工过程中,各种建筑材料、构配件的价值,固定资产的折旧价值随着其自身的消耗而不断转移到工程建设中去,构成其总价值中的转移价值。另外,劳动者通过活劳动为自己和社会创造出新的价值,构成工程建设总价值中的活劳动价值或新增价值。

施工是形成工程建设实体、实现工程建设使用价值的过程。设计所完成的工程建设只是阶段产品,而且只是“纸上产品”,而不是实物产品,只是为施工提供了施工图纸并确定了施工的具体对象。施工就是根据设计图纸和有关设计文件的规定,将施工对象由设想变为现实,由“纸上产品”变为实际的、可供使用的工程建设的物质生产活动。虽然工程建设的使用价值从根本上说是由设计决定的，但是如果没有正确的施工，就不能完全按设计要求实现其使用价值。对于某些特殊的工程建设来说，能否解决施工中的特殊技术问题，能否科学地组织施工，往往成为其设计所预期的使用价值能否实现的关键。

1.2.3 施工阶段是资金投入量最大的阶段

显然，工程建设价值的形成过程，也是其资金不断投入的过程。既然施工阶段是实现工程建设价值的主要阶段，自然也是资金投入量最大的阶段。

由于工程建设的造价主要是在施工阶段“花”出去的，因而要合理确定资金筹措的方式、渠道、数额、时间等问题，在满足工程资金需要的前提下，尽可能减少资金占用的数量和时间，从而降低资金成本。另外，在施工阶段，建设单位经常面对大量资金的支出，往往特别关心、甚至直接参与造价控制工作，对造价控制的效果也有直接、深切的感受。因此，在实践中往往把施工阶段作为造价控制的重要阶段。

需要指出的是，虽然施工阶段影响造价的程度只有10%左右，但其绝对数额还是相当可观的。而且，这时对造价的影响基本上是从造价数额上理解，而较少考虑价值工程和全寿命费用，因而是非常现实和直接的。应当看到，在施工阶段，在保证施工质量、保证实现设计所规定的功能和使用价值的前提下，仍然存在通过优化的施工方案来降低物化劳动和活劳动消耗、从而降低工程建设造价的可能性。何况，10%这一比例是平均数，对具体的工程建设来说，在施工阶段降低造价的幅度有可能大大超过这一比例。

1.2.4 施工阶段需要协调的内容多

在施工阶段，既涉及直接参与工程建设的单位，而且涉及不直接参与工程建设的单位，需要协调的内容很多。例如，设计与施工的协调，材料和设备供应与施工的协调，结构施工与安装和装修施工的协调，总包商与分包商的协调等，还可能需要协调与政府有关管理部门、工程毗邻单位之间的关系。实践中常常由于这些单位和工作之间的关系不协调一致而使工程建设的施工不能顺利进行，不仅直接影响施工进度，而且影响造价目标和质量目标的实现。因此，在施工阶段与这些不同单位之间的协调显得特别重要。

1.2.5 施工质量对工程建设总体质量起保证作用

虽然设计质量对工程建设的总体质量有决定性影响，但是工程建设毕竟是通过施工将其“做出来”的。毫无疑问，设计质量能否真正实现，或其实现程度如何，取决于施工质量的好坏。设计质量在许多方面是内在的、较为抽象的，其中的设计思想和理念需要用户细心去品味，而施工质量大多是外在的（包括隐蔽工程在被隐蔽之前）、具体的，给用户以最直接的感受。施工质量低劣，不仅不能真正实现设计所规定的功能，有些应有的具体功能可能完全没有实现，而且可能增加使用阶段的维修难度和费用，缩短工程建设的使用寿命，直接影响工程建设的造价效益和社会效益。由此可见，施工质量不仅对设计质量的实现起到保证作用，也对整个工程建设的总体质量起到保证作用。

1.2.6 施工阶段持续时间长、风险因素多

施工阶段是工程建设实施各阶段中持续时间最长的阶段，在此期间出现的风险因素也最多。

1.2.7 施工阶段合同关系复杂、合同争议多

施工阶段涉及的合同种类多、数量大，从建设单位的角度来看，合同关系相当复杂，极

易导致合同争议。其中,施工合同与其他合同联系最为密切,其履行时间最长、本身涉及的问题最多,最易产生合同争议和索赔。

2 工程建设目标控制的任务及工作

在工程建设实施的各阶段中,设计阶段、施工招标阶段、施工阶段的持续时间长且涉及的工作内容多,在以下内容中仅介绍这三个阶段目标控制的具体任务及工作。

2.1 设计阶段

2.1.1 造价控制任务及工作

在设计阶段,监理单位造价控制的主要任务包括:通过收集类似工程建设造价数据和资料,协助建设单位制定工程建设造价目标规划;开展技术经济分析等活动,协调和配合设计单位力求使设计造价合理化;审核概(预)算,提出改进意见,优化设计,最终满足建设单位对工程建设造价的经济性要求。

设计阶段监理工程师造价控制的主要工作包括:对工程建设总造价进行论证,确认其可行性;组织设计方案竞赛或设计招标,协助建设单位确定对造价控制有利的设计方案;伴随着设计各阶段的成果输出制订工程建设造价目标划分系统,为本阶段和后续阶段造价控制提供依据;在保障设计质量的前提下,协助设计单位开展限额设计工作;编制本阶段资金使用计划,并进行付款控制;审查工程概算、预算,在保障工程建设具有安全可靠性、适用性基础上,概算不超估算,预算不超概算;进行设计挖潜,节约造价;对设计进行技术经济分析、比较、论证,寻求一次性造价少而全寿命经济性好的设计方案等。

2.1.2 进度控制任务及工作

在设计阶段,监理单位进度控制的主要任务是:根据工程建设总工期要求,协助建设单位确定合理的设计工期要求;根据设计的阶段性输出,由"粗"而"细"地制订工程建设总进度计划,为工程建设进度控制提供前提和依据;协调各设计单位一体化开展设计工作,力求使设计能按进度计划要求进行;按合同要求及时、准确、完整地提供设计所需要的基础资料和数据;与外部有关部门协调相关事宜,保障设计工作顺利进行。

设计阶段监理工程师进度控制的主要工作包括:对工程建设进度总目标进行论证,确认其可行性;根据方案设计、初步设计和施工图设计制订工程建设总进度计划、工程建设总控制性进度计划和本阶段实施性进度计划,为本阶段和后续阶段进度控制提供依据;审查设计单位设计进度计划,并监督执行;编制建设单位方材料和设备供应进度计划,并实施控制;编制本阶段工作进度计划,并实施控制;开展各种组织协调活动等。

2.1.3 质量控制任务及工作

在设计阶段,监理单位设计质量控制的主要任务是:了解建设单位建设需求,协助建设单位制订工程建设质量目标规划(如设计要求文件);根据合同要求及时、准确、完善地提供设计工作所需的基础数据和资料;配合设计单位优化设计,并最终确认设计符合有关法规要求,符合技术、经济、财务、环境条件要求,满足建设单位对工程建设的功能要求和使用要求。

设计阶段监理工程师质量控制的主要工作包括:对工程建设总体质量目标论证;提出设计要求文件,确定设计质量标准;利用竞争机制选择并确定优化设计方案;协助建设单位选择符合目标控制要求的设计单位；进行设计过程跟踪，及时发现质量问题，并及时与设计单位协调解决；审查阶段性设计成果，并根据需要提出修改意见；对设计提出的主要材料和设备进行比较，在价格合理的基础上确认其质量符合要求；做好设计文件验收工作等。

2.2 施工招标阶段

(1)协助建设单位编制施工招标文件。施工招标文件是工程施工招标工作的纲领性文件，又是投标人编制投标书的依据和评标的依据。监理工程师在编制施工招标文件时，应当为选择符合要求的施工单位打下基础，为合同价不超过计划造价、合同工期符合计划工期要求、施工质量满足设计要求打下基础，为施工阶段进行合同管理、信息管理打下基础。

(2)协助建设单位编制标底。应当使标底控制在工程概算或预算以内，并用其控制合同价。

(3)做好投标资格预审工作。应当将投标资格预审看作公开招标方式的第一轮竞争择优活动。要抓好这项工作，为选择符合目标控制要求的承包单位做好首轮择优工作。

(4)组织开标、评标、定标工作。通过开标、评标、定标工作，特别是评标工作，协助建设单位选择出报价合理、技术水平高、社会信誉好、保证施工质量、保证施工工期、具有足够承包财务能力和较高施工项目管理水平的施工承包单位。

2.3 施工阶段

2.3.1 造价控制任务及工作

施工阶段，工程建设造价控制的主要任务是通过工程付款控制、工程变更费用控制、预防并处理好费用索赔、挖掘节约造价潜力来努力实现实际发生的费用不超过计划造价。

为完成施工阶段造价控制的任务，监理工程师应做好以下工作：制订本阶段资金使用计划，并严格进行付款控制，做到不多付、不少付、不重复付；严格控制工程变更，力求减少变更费用；研究确定预防费用索赔的措施，以避免、减少对方的索赔数额；及时处理费用索赔，并协助建设单位进行反索赔；根据有关合同的要求，协助做好应由建设单位方完成的，与工程进展密切相关的各项工作，如按期提交合格的施工现场，按质、按量、按期提供材料和设备等工作；做好工程计量工作；审核施工单位提交的工程结算书等。

2.3.2 进度控制任务及工作

施工阶段工程建设进度控制的主要任务是通过完善工程建设控制性进度计划，审查施工单位施工进度计划、做好各项动态控制工作、协调各单位关系、预防并处理好工期索赔，以求实际施工进度达到计划施工进度的要求。

为完成施工阶段进度控制任务，监理工程师应当做好以下工作：根据施工招标和施工准备阶段的工程信息，进一步完善工程建设控制性进度计划，并据此进行施工阶段进度控制；审查施工单位施工进度计划，确认其可行性，并满足工程建设控制性进度计划要求；制定建设单位方材料和设备供应进度计划并进行控制，使其满足施工要求；审查施工单位进度控制报告，督促施工单位做好施工进度控制；对施工进度进行跟踪，掌握施工动态；研究制定预防工期索赔的措施，做好处理工期索赔工作；在施工过程中，做好对人力、材料、机具、设备等的投入控制工作以及转换控制工作、信息反馈工作、对比和纠正工作，使进度控制定期连续进行；开好进度协调会议，及时协调有关各方关系，使工程施工顺利进行。

2.3.3　质量控制任务及工作

施工阶段，工程建设质量控制的主要任务是通过对施工投入、施工和安装过程、产出品进行全过程控制，以及对参加施工的单位和人员的资质、材料和设备、施工机械和机具、施工方案和方法、施工环境实施全面控制，以期按标准达到预定的施工质量目标。

为完成施工阶段质量控制任务，监理工程师应当做好以下工作：协助建设单位做好施工现场准备工作，为施工单位提交质量合格的施工现场；确认施工单位资质；审查确认施工分包单位；做好材料和设备检查工作，确认其质量；检查施工机械和机具，保证施工质量；审查施工组织设计；检查并协助搞好各项生产环境、劳动环境、管理环境条件；进行施工工艺过程质量控制工作；检查工序质量，严格工序交接检查制度；做好各项隐蔽工程的检查工作；做好工程变更方案的比选，保证工程质量；进行质量监督，行使质量监督权；认真做好质量鉴证工作；行使质量否决权，协助做好付款控制；组织质量协调会；做好中间质量验收准备工作；做好竣工验收工作；审核竣工图等。

3　工程建设目标控制的措施

为了取得目标控制的理想成果，应当从多方面采取措施实施控制，通常可以将这些措施归纳为组织措施、技术措施、经济措施和合同措施等。

（1）组织措施。组织措施是从目标控制的组织管理方面采取的措施，如落实目标控制的组织机构和人员，明确各级目标控制人员的任务和职能分工、权力和责任，改善目标控制的工作流程等。组织措施是其他各类措施的前提和保障，而且一般不需要增加什么费用，运用得当可以收到良好的效果。尤其是对建设单位所导致的目标偏差，这类措施可能成为首选措施，故应予以足够的重视。

（2）技术措施。技术措施不仅对解决工程建设实施过程中的技术问题是不可缺少的，而且对纠正目标偏差亦有相当重要的作用。任何一个技术方案都有基本确定的经济效果，不同的技术方案就有着不同的经济效果。因此，运用技术措施纠偏的关键，一是要能提出多个不同的技术方案，二是要对不同的技术方案进行技术经济分析。在实践中，要避免仅从技术角度选定技术方案而忽视对其经济效果的分析论证。

（3）经济措施。经济措施是最易为人接受和采用的措施。需要注意的是，经济措施决不仅仅是审核工程量及相应的付款和结算报告，还需要从一些全局性、总体性的问题上加以考虑，往往可以取得事半功倍的效果。另外，不要仅仅局限在已发生的费用上。通过偏差原因分析和未完工程造价预测，可发现一些现有和潜在的问题将引起未完工程的造价增加，对这些问题应以主动控制为出发点，及时采取预防措施。由此可见，经济措施的运用决不仅仅是财务人员的事情。

（4）合同措施。由于造价控制、进度控制和质量控制均要以合同为依据，因此合同措施就显得尤为重要。对于合同措施要从广义上理解，除拟订合同条款、参加合同谈判、处理合同执行过程中的问题、防止和处理索赔等措施外，还要协助建设单位确定对目标控制有利的工程建设组织管理模式和合同结构，分析不同合同之间的相互联系和影响，对每一个合同作总体和具体分析等。这些合同措施对目标控制更具有全局性的影响，其作用也就更大。另外,在采取合同措施时要特别注意合同中所规定的建设单位和监理工程师的义务与责任。

小　结

工程建设监理的中心任务是实现工程项目目标,也就是按照一定的方法和措施实现经过科学规划所确定的工程造价、进度、质量目标,而这三大目标既相互关联又相互制约。

控制是指管理人员按计划标准来衡量所取得的成果,纠正所发生的偏差,使目标和计划得以实现的管理活动。工程建设目标控制是一个有限循环过程。控制流程可划分为投入、转换、反馈、对比、纠偏五个基本环节。根据划分依据的不同,可将控制分为不同的类型。按照控制措施作用于控制对象的时间,可分为事前控制、事中控制和事后控制;按照控制信息的来源,可分为前馈控制和反馈控制;按照控制过程是否形成闭合回路,可分为开环控制和闭环控制;按照控制措施制订的出发点,可分为主动控制和被动控制。

任何工程建设都有造价、进度、质量三大目标,这三大目标构成了工程建设的目标系统。工程建设三大目标是对立统一关系,进行分析时,需要将造价、进度、质量三大目标作为一个系统统筹考虑,需要反复协调和平衡,力求实现整个目标系统最优,也就是实现造价、进度、质量三大目标的统一。目标控制的前提条件是计划和组织。目标规划是一项动态性工作,在工程建设的不同阶段都要进行,工程建设的目标并不是一经确定就不再改变。为了在工程建设实施过程中有效地进行目标控制,仅仅制订总目标还不能进行动态控制,还需要将总目标按照适当的方式进行分解。

工程建设造价控制就是通过有效的造价控制工作和具体的造价控制措施,在满足进度和质量要求的前提下,力求使工程实际造价不超过计划造价。工程建设进度控制是指通过有效的进度控制工作和具体的进度控制措施,在满足造价和质量要求的前提下,力求使工程实际工期不超过计划工期。工程建设质量控制就是通过有效的质量控制工作和具体的质量控制措施,在满足造价和进度要求的前提下,实现工程预定的质量目标。目标控制的基本思想就是系统控制、全过程控制和全方位控制。

在设计阶段,监理单位造价控制的主要任务是:协助建设单位制定工程建设造价目标规划;开展技术经济分析等活动,协调和配合设计单位力求使设计造价合理化;审核概(预)算,提出改进意见,优化设计,最终满足建设单位对工程建设造价的经济性要求。监理单位设计阶段进度控制的主要任务是:协助建设单位确定合理的设计工期要求;制订工程建设总进度计划;协调各设计单位一体化开展设计工作,力求使设计能按进度计划要求进行;按合同要求及时、准确、完整地提供设计所需要的基础资料和数据;与外部有关部门协调相关事宜,保障设计工作顺利进行。监理单位设计阶段质量控制的主要任务是:协助建设单位制定工程建设质量目标规划(如设计要求文件);及时、准确、完善地提供设计工作所需的基础数据和资料;配合设计单位优化设计,确认设计符合有关法规、技术、经济、财务、环境条件要求,满足建设单位对工程建设的功能和使用要求。

在施工招标阶段,监理单位目标控制的任务是:协助建设单位编制施工招标文件;协助建设单位编制标底;做好投标资格预审工作;组织开标、评标、定标工作。

在施工阶段，工程建设造价控制的主要任务是通过工程付款控制、工程变更费用控制、预防并处理好费用索赔、挖掘节约造价潜力来努力实现实际发生的费用不超过计划造价。工程建设进度控制的主要任务是通过完善工程建设控制性进度计划，审查施工单位施工进度计划、做好各项动态控制工作、协调各单位关系、预防并处理好工期索赔，以求实际施工进度达到计划施工进度的要求。工程建设质量控制的主要任务是通过对施工投入、施工和安装过程、产出品进行全过程控制，以及对参加施工的单位和人员的资质、材料和设备、施工机械和机具、施工方案和方法、施工环境实施全面控制，以期按标准达到预定的施工质量目标。

为了取得目标控制的理想成果，在工程建设实施的各个阶段，应从多方面采取措施实施控制，工程建设目标控制措施可分为组织措施、技术措施、经济措施和合同措施等。

习　　题

一、名词解释

①控制；②目标控制；③主动控制；④被动控制；⑤工程建设造价控制；⑥工程建设进度控制；⑦工程建设质量控制；⑧系统控制；⑨全过程控制；⑩全方位控制。

二、单项选择题

1. 按照控制措施作用于控制对象的时间不同，控制可分为(　　)。

A. 事前控制、事中控制、事后控制　　B. 前馈控制、反馈控制

C. 开环控制、闭环控制　　D. 主动控制、被动控制

2. 主动控制是一种(　　)。

A. 闭环控制　　B. 反馈控制　　C. 事前控制　　D. 事中控制

3. 工程建设造价、进度、质量三大目标之间是(　　)关系。

A. 对立　　B. 统一　　C. 平行　　D. 对立统一

4. (　　)是指管理人员按计划标准来衡量所取得的成果，纠正所发生的偏差，使目标和计划得以实现的管理活动。

A. 协调　　B. 控制　　C. 计划　　D. 管理

5. 控制流程(　　)。

A. 投入→反馈→转换→对比→纠偏　　B. 投入→转换→反馈→对比→纠偏

C. 投入→对比→反馈→转换→纠偏　　D. 投入→转换→对比→反馈→纠偏

三、多项选择题

1. 主动控制是一种(　　)。

A. 事前控制　　B. 事中控制　　C. 前馈控制

D. 开环控制　　E. 反馈控制

2. 被动控制是一种(　　)。

A. 反馈控制　　B. 事前控制　　C. 事中控制
D. 事后控制　　E. 闭环控制

3. 在施工招标阶段,监理单位目标控制的任务是(　　)。
A. 协助建设单位编制施工招标文件　　B. 协助建设单位编制标底
C. 做好投标资格预审工作　　D. 做好施工图纸设计工作
E. 组织开标、评标、定标工作

4. 工程建设目标控制措施可分为(　　)。
A. 组织措施　　B. 技术措施　　C. 协调措施
D. 经济措施　　E. 合同措施

5. 在施工阶段,工程建设造价控制的主要任务是(　　)。
A. 工程付款控制　　B. 工程变更费用控制　　C. 预防并处理好费用索赔
D. 挖掘节约造价潜力　　E. 审查进度计划

四、简答题

1. 简述目标控制的基本流程。
2. 目标控制流程中有哪些基本环节?
3. 主动控制与被动控制有何区别?
4. 目标控制的两个前提条件是什么?请结合自己的学习谈谈体会。
5. 工程建设的造价、进度、质量目标是什么关系?如何理解?
6. 工程建设目标的确定应注意哪些问题?
7. 工程建设目标的分解应遵循哪些原则?分解方式有哪些?
8. 工程建设造价、进度、质量控制的具体含义是什么?
9. 工程建设设计阶段有哪些特点?
10. 工程建设施工阶段有哪些特点?
11. 工程建设设计阶段目标控制的主要任务是什么?
12. 工程建设施工阶段目标控制的主要任务是什么?
13. 工程建设目标控制有哪些控制措施?

模块 6　工程建设监理组织

【知识要点】 组织的含义、职能、构成要素及设计原则；组织机构活动基本原理；工程建设组织管理的基本模式；工程建设监理模式；工程建设监理实施程序及原则；项目监理机构成立的步骤、组织形式、人员配备及职责分工。

【教学目标】 掌握工程建设监理实施程序，工程建设监理实施原则，项目监理机构成立的步骤，项目监理机构的组织形式、人员配备及职责分工；熟悉工程建设组织管理的基本模式，工程建设监理模式；了解组织与组织结构的含义，组织构成要素，组织设计原则，组织机构活动的基本原理。

课题 6.1　组织的基本原理

工程项目组织的基本原理是组织论，是关于组织应当采取何种组织结构才能提高效率的观点、见解和方法的集合。组织论主要研究系统的组织结构模式和组织分工，以及工作流程，是人类长期实践的总结，是管理学的重要内容。

组织是管理中的一项重要职能，建立精干、高效的项目监理机构并使之正常运行，是实现工程建设监理目标的前提条件，因此组织的基本原理是监理工程师必备的基础知识。

组织理论的研究分为两个相互联系的分支学科，即组织结构学和组织行为学。组织结构学侧重于组织的静态研究，即组织是什么，其研究目的是建立一种精干、合理、高效的组织结构。组织行为学则侧重组织的动态研究，即组织如何才能够达到其最佳效果，其研究目的是建立良好的组织关系。

1　组织和组织结构

1.1　组织

组织是指为了使系统达到它特定的目标，使全体参加者经分工与协作以及设置不同层次的权力和责任制度而构成的一种人的组合体。组织具有以下三个特点：

（1）组织具有目标性。目标是组织存在的前提，即组织必须具有目标。

（2）组织具有协作性。没有分工与协作就不是组织，组织必须具有适当的分工与协作，这是组织效能的保证。

（3）组织具有制度性。没有不同层次的权力和责任制度就不能实现组织活动和组织目标，组织必须建立权力和责任制度。

组织作为生产的要素之一，与其他要素相比有如下特点：其他要素可以相互替代，如增加机器设备可以替代劳动力，而组织不能替代其他要素，也不能被其他要素所替代。但是，组织可以使其他要素合理配合而增值，即可以提高其他要素的使用效益。随着现代化社会大生产的发展，随着其他生产要素复杂程度的提高，组织在提高经济效益方面的作用也愈益显著。

工程项目组织是指为完成特定的工程项目任务而建立起来的，从事工程项目具体工作的组织。该组织是在工程项目寿命期内临时组建的，是暂时的，只是为完成特定的目的而成立的。工程项目由目标产生工作任务，由工作任务决定承担者，由承担者形成组织。

1.2 组织结构

组织内部的各构成部分及其相互间所确立的较为稳定的相互关系和联系方式，即组织中各部门或各层次之间所建立的相互关系，称为组织结构。组织结构的基本内涵包括：①确定正式关系与职责的形式；②向组织各个部门或个人分派任务和各种活动的方式；③协调各个分离活动和任务的方式；④组织中权力、地位和等级关系。

1.2.1 组织结构与职权的关系

组织结构与职权形态之间存在着一种直接的相互关系。因为组织结构与职位以及职位间关系的确立密切相关，组织结构为职权关系提供了一定的格局。组织中的职权指的是组织中成员间的关系，而不是某一个人的属性。职权的概念是与合法地行使某一职位的权力紧密相关的，而且是以下级服从上级的命令为基础的。

1.2.2 组织结构与职责的关系

组织结构与组织中各部门、各成员的职责的分派直接有关。在组织中，只要有职位就有职权，而只要有职权也就有职责。组织结构为职责的分配和确定奠定了基础，而组织的管理则是以机构和人员职责的分派和确定为基础的，利用组织结构可以评价组织各个成员的功绩与过错，从而使组织中的各项活动有效地开展起来。

1.2.3 组织结构图

组织结构图是组织结构简化了的抽象模型。但是它不能准确、完整地表达组织结构，如它不能说明一个上级对其下级所具有的职权的程度以及平级职位之间相互作用的横向关系。尽管如此，它仍不失为一种表示组织结构的好方法。

2 组织设计

组织设计是指对组织活动和组织结构的设计过程，以便从组织结构上确保组织目标的实现。优秀的组织设计对于提高组织活动的效能具有重大的作用。组织设计需注意以下两方面问题：①组织设计是管理者在系统中建立一种高效的、相互关系的、合理化的、有意识的组织过程，这个过程既要考虑系统的内部因素，又要考虑系统的外部因素；②形成组织结构是组织设计的最终结果。只有进行有效的组织设计，健全组织系统，才能提高组织活动的效能，才能使其发挥重大的管理作用。

2.1 组织构成因素

组织构成一般是上小下大的形式，由管理层次、管理跨度、管理部门、管理职能四大因素组成，各因素密切相关，相互制约。

2.1.1 管理层次

管理层次是指从组织的最高管理者到最基层的实际工作人员之间的等级层次的数量。

管理层次可分为三个层次，即决策层、中间控制层、操作层。决策层的任务是确定管理组织的目标和大政方针以及实施计划,它必须精干、高效。中间控制层包括协调层和执行层,协调层的任务主要是参谋、咨询职能,其人员应有较高的业务工作能力;执行层的任务是直接调动和组织人力、财力、物力等具体活动内容,其人员应有实干精神并能坚决贯彻管理指令。操作层的任务是从事操作和完成具体任务,其人员应有熟练的作业技能。这三个层次的职能和要求不同,标志着不同的职责和权限,同时也反映出组织机构中的人数变化规律。

组织的最高管理者到最基层的实际工作人员权责逐层递减,而人数却逐层递增。

如果组织缺乏足够的管理层次,将使其运行陷于无序的状态。因此,组织必须形成必要的管理层次。不过,管理层次也不宜过多,否则会造成资源和人力的浪费,也会使信息传递慢、指令走样、协调困难。

2.1.2 管理跨度

管理跨度是指一名上级管理人员所直接管理的下级人数。在组织中,某级管理人员的管理跨度大小直接取决于这一级管理人员所需要协调的工作量。管理跨度越大,领导者需要协调的工作量越大,管理的难度也越大。因此,为了使组织能够高效地运行,必须确定合理的管理跨度。

管理跨度的大小取决于需要协调的工作量,需要协调的工作量是按下级数目的几何级数变化的。管理跨度的弹性很大,影响因素很多,它与管理人员性格、才能、个人精力、授权程度以及被管理者的素质关系很大。此外,还与职能难易程度、工作地点远近、工作的相似程度、工作制度和程序等客观因素有关。确定适合的管理跨度,需积累经验并在实践中进行必要的调整。通常一个组织中高、中级管理人员的有效管理跨度为3~9人(或部门),而低级管理人员的有效管理跨度则可大些。

2.1.3 管理部门

管理部门是指组织结构中工作的人员组成的若干管理的单元。划分部门就是对管理劳动的分工,将不同的管理人员安排在不同的管理岗位和部门中,通过他们在特定环境、特定相互关系中的管理工作使整个管理系统有机地运转起来。划分部门要根据组织目标和工作内容确定,形成既相互分工又相互配合的有机系统。

组织中各部门的合理划分对发挥组织效应是十分重要的。部门划分不合理,就会造成控制、协调困难,人浮于事,浪费人力、物力、财力。

2.1.4 管理职能

管理职能是指组织结构中各部门应完成的组织任务与目标。组织设计中确定各部门的职能,应使纵向的领导、检查、指挥灵活,达到指令传递迅速,信息反馈及时,横向各部门相互联系协调一致,使各部门能够有职有责、尽职尽责。

2.2 组织结构设计

组织结构设计是对组织活动和组织结构的设计过程,目的是提高组织活动的效能。组织结构设计需要遵循以下基本原则。

2.2.1 集权与分权统一的原则

在任何组织中都不存在绝对的集权和分权。在项目监理机构设计中,所谓集权,就是总监理工程师掌握所有监理大权,各专业监理工程师只是其命令的执行者;所谓分权,是指在总监理工程师的授权下，各专业监理工程师在各自管理的范围内有足够的决策权，总监理工程师主要起协调作用。

项目监理机构是采取集权形式还是分权形式，要根据工程建设的特点，监理工作的重要性，总监理工程师的能力、精力及各专业监理工程师的工作经验、工作能力、工作态度等因素进行综合考虑。

2.2.2 专业分工与协作统一的原则

对于项目监理机构来说，分工就是将监理目标，特别是造价控制、进度控制、质量控制三大目标分成各部门以及各监理工作人员的目标、任务，明确干什么、怎么干。在分工中特别要注意以下三点：①尽可能按照专业化的要求来设置组织机构；②工作上要有严密分工，每个人所承担的工作，应力求达到较熟悉的程度；③注意分工的经济效益。

在组织机构中必须强调协作，所谓协作，就是明确组织机构内部各部门之间和各部门内部的协调关系与配合方法。在协作中，要明确各部门之间的工作关系，找出易出矛盾之点，主动协作，加以协调。协作要有具体可行的协作配合办法，对协作中的各项关系，应逐步规范化、程序化。

2.2.3 管理跨度与管理层次统一的原则

在组织机构的设计过程中，管理跨度与管理层次成反比例关系。当组织机构中的人数一定时，如果管理跨度加大，管理层次就可以适当减少；反之，如果管理跨度缩小，管理层次肯定就会增多。在项目监理机构的设计过程中，应通盘考虑影响管理跨度的各种因素，根据具体情况确定管理层次。

2.2.4 权责一致的原则

在项目监理机构中应明确划分职责、权力范围，做到责任和权力相一致。从组织结构的规律来看，一定的人总是在一定的岗位上担任一定的职务，这样就产生了与岗位职务相适应的权力和责任，只有做到有职、有权、有责，才能使组织机构正常运行。由此可见，组织的权责是相对预定的岗位职务来说的，不同的岗位职务应有不同的权责。权责不一致对组织的效能损害是很大的。权大于责就容易产生瞎指挥、滥用权力的官僚主义，责大于权就会影响管理人员的积极性、主动性、创造性，使组织缺乏活力。

2.2.5 才职相称的原则

每项工作都应该确定为完成该工作所需要的知识和技能。可以对每个人通过考察他的学历与经历，进行测验及面谈等，了解其知识、经验、才能、兴趣等，并进行评审比较。职务设计和人员评审都可以采用科学的方法，使每个人现有的和可能有的才能与其职务上的要求相适应，做到才职相称，人尽其才，才得其用，用得其所。

2.2.6 经济效率原则

项目监理机构设计必须将经济性和高效率放在重要地位。组织结构中的每个部门、每个人为了一个统一的目标，应组合成最适宜的结构形式，实行最有效的内部协调，使事情办得简洁而正确，减少重复和扯皮。

2.2.7 弹性原则

组织机构既要有相对的稳定性，不要总是轻易变动，又要随组织内部和外部条件的变化，根据长远目标作出相应的调整与变化，使组织机构具有一定的适应性。

3 组织机构活动基本原理

组织机构的目标必须通过组织机构活动来实现。组织活动应遵循如下基本原理。

3.1 要素有用性原理

一个组织系统中的基本要素有人力、财力、物力、信息、时间等,这些要素都是必要的,但每个要素的作用大小是不一样的,而且会随着时间、场合的变化而变化。所以,在组织活动过程中,应根据各要素在不同的情况下的不同作用,进行合理安排、组织和使用,做到人尽其才、财尽其利、物尽其用,尽最大可能提高各要素的利用率。

一切要素都有用,这是要素的共性,然而要素除有共性外,还有个性。比如,同样是工程师,由于专业、知识、经验、能力不同,所起的作用就不相同。所以,管理者要具体分析各个要素的特殊性,以便充分发挥每一要素的作用。

3.2 动态相关性原理

组织系统内部各要素之间既相互联系,又相互制约,既相互依存,又相互排斥。这种相互作用的因子叫做相关因子,充分发挥相关因子的作用,是提高组织管理效率的有效途径。事物在组合过程中,由于相关因子的作用,可以发生质变,一加一可以等于二,也可以大于二,还可以小于二。整体效应不等于各局部效应的简单相加,这就是动态相关性原理。组织管理者的重要任务就在于使组织机构活动的整体效应大于各局部效应之和,否则,组织就没有存在的意义了。

3.3 主观能动性原理

人是生产力中最活跃的因素,因为人是有生命的、有感情的、有创造力的。人会制造工具,会使用工具进行劳动,并在劳动中改造世界,同时也改造自己。组织管理者应该充分发挥人的主观能动性,只有当主观能动性发挥出来时才会取得最佳效果。

3.4 规律效应性原理

组织管理者在管理过程中要掌握规律,按规律办事,把注意力放在抓事物内部的、本质的、必然的联系上,以达到预期的目标,取得良好效应。规律与效应的关系非常密切,一个成功的管理者懂得只有努力揭示规律,才有取得效应的可能,而要取得好的效应,就要主动研究规律,坚决按规律办事。

课题6.2 工程建设组织管理基本模式

工程建设组织管理模式对工程建设的规划、控制、协调起着重要作用。不同的组织管理模式有不同的合同体系和管理特点。工程建设组织管理的基本模式主要有平行承发包模式、设计或施工总分包模式、项目总承包模式和项目总承包管理模式等。

1 平行承发包模式

1.1 平行承发包模式特点

平行承发包是指业主将工程建设的设计、施工以及材料设备采购的任务经过分解分别发包给若干个设计单位、施工单位和材料设备供应单位,并分别与各方签订合同。各设计单位之间、各施工单位之间、各材料设备供应单位之间的关系均是平行的。平行承发包模式如图 6-1 所示。

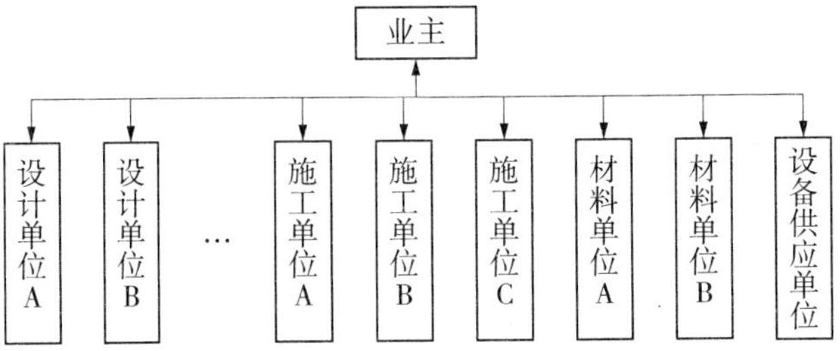

图 6-1　平行承发包模式

采用这种平行承发包模式首先应合理地进行工程建设任务的分解，然后进行分类综合，确定每个合同的发包内容，以便选择适当的承建单位。在进行任务分解与确定合同数量、内容时，应考虑以下因素：

(1) 工程情况。工程建设的性质、规模、结构等是决定合同数量和内容的重要因素。规模大、范围广、专业多的工程建设往往比规模小、范围窄、专业单一的工程建设合同数量要多。工程建设实施时间的长短、计划的安排也对合同数量有影响。例如，对分期建设的两个单项工程，就可以考虑分成两个合同分别发包。

(2) 市场情况。首先，由于各类承建单位的专业性质、规模大小在不同市场的分布状况不同，工程建设的分解发包应力求使其与市场结构相适应。其次，合同任务和内容要对市场具有吸引力。中小合同对中小型承建单位有吸引力，又不妨碍大型承建单位参与竞争。另外，还应按市场惯例做法、市场范围和有关规定来决定合同内容和大小。

(3) 贷款协议要求。对两个以上贷款人的情况，可能贷款人对贷款使用范围、承包人资格等有不同要求，因此需要在确定合同结构时予以考虑。

1.2　平行承发包模式的优缺点

1.2.1　优点

(1) 有利于缩短工期。由于设计和施工任务经过分解分别发包，设计阶段与施工阶段有可能形成搭接关系，从而缩短整个工程建设工期。

(2) 有利于质量控制。整个工程经过分解分别发包给各承建单位，合同约束与相互制约使每一部分能够较好地实现质量要求。如主体工程与装修工程分别由两个施工单位承包，当主体工程不合格时，装修单位是不会同意在不合格的主体工程上进行装修的，这相当于有了他人控制，比自己控制更有约束力。

(3) 有利于业主选择承建单位。在大多数国家的建筑市场中，专业性强、规模小的承建单位一般占较大的比例。这种模式的合同内容比较单一、合同价值小、风险小，使它们有可能参与竞争。因此，无论大型承建单位还是中小型承建单位都有机会竞争。业主可以在很大范围内选择承建单位，为提高择优性创造了条件。

1.2.2　缺点

(1) 合同数量多，会造成合同管理困难。合同关系复杂，使工程建设系统内结合部位数量增加，组织协调工作量大。因此，应加强合同管理的力度，加强各承建单位之间的横向协调工作,沟通各种渠道,使工程有条不紊地进行。

(2)造价控制难度大。这主要表现在:一是总合同价不易确定,影响造价控制实施;二是工程招标任务量大,需控制多项合同价格,增加了造价控制难度;三是在施工过程中设计变更和修改较多,导致造价增加。

2 设计或施工总分包模式

2.1 设计或施工总分包模式特点

设计或施工总分包是指业主将全部设计或施工任务发包给一个设计单位或一个施工单位作为总包单位,总包单位可以将其部分任务再分包给其他承包单位,形成一个设计总包合同或一个施工总包合同以及若干个分包合同的结构模式。设计或施工总分包模式如图6-2所示。

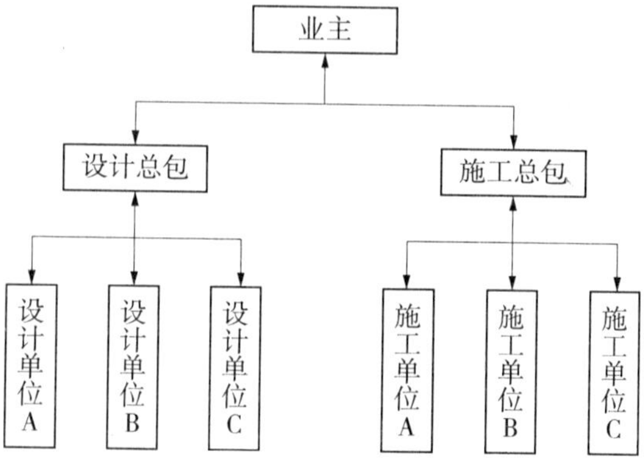

图6-2 设计或施工总分包模式

2.2 设计或施工总分包模式的优缺点

2.2.1 优点

(1)有利于工程建设的组织管理。由于业主只与一个设计总包单位或一个施工总包单位签订合同,工程合同数量比平行承发包模式要少很多,有利于业主的合同管理,也使业主协调工作量减少,可发挥监理与总包单位多层次协调的积极性。

(2)有利于造价控制。总包合同价格可以较早确定,并且监理单位也易于控制。

(3)有利于质量控制。在质量方面,既有分包单位的自控,又有总包单位的监督,还有工程监理单位的检查认可,对质量控制有利。

(4)有利于工期控制。总包单位具有控制的积极性,分包单位之间也有相互制约的作用,有利于总体进度的协调控制,也有利于监理工程师控制进度。

2.2.2 缺点

(1)建设周期较长。在设计和施工均采用总分包模式时,由于设计图纸全部完成后才能进行施工总包的招标,不仅不能将设计阶段与施工阶段搭接,而且施工招标需要的时间也较长。

(2)总包报价可能较高。一方面,对于规模较大的工程建设来说,通常只有大型承建单位才具有总包的资格和能力，不利于组织有效的招标竞争；另一方面，对于分包出去的工程内容，总包单位都要在分包报价的基础上加收管理费向业主报价。

3 项目总承包模式

3.1 项目总承包模式的特点

项目总承包模式是指业主将工程设计、施工、材料和设备采购等工作全部发包给一家承包公司，由其进行实质性设计、施工和采购工作，最后向业主交出一个已达到动用条件的工程。项目总承包模式发包的工程也称“交钥匙工程”。项目总承包模式如图 6-3 所示。

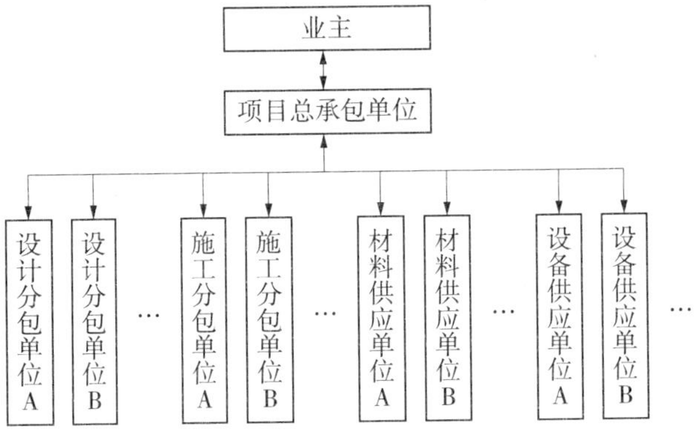

图 6-3 项目总承包模式

3.2 项目总承包模式的优缺点

3.2.1 优点

(1) 合同关系简单，组织协调工作量小。业主只与项目总承包单位签订一个合同，合同关系大大简化。监理工程师主要与项目总承包单位进行协调。许多协调工作量转移到项目总承包单位内部及其与分包单位之间，这就使工程建设监理单位的协调量大为减少。

(2) 缩短建设周期。由于设计与施工由一个单位统筹安排，两个阶段能够有机地融合，一般都能做到设计阶段与施工阶段相互搭接，因此对进度目标控制有利。

(3) 有利于造价控制。通过设计与施工的统筹考虑可以提高项目的经济性，从价值工程或全寿命费用的角度可以取得明显的经济效果，但这并不意味着项目总承包的价格低。

3.2.2 缺点

(1) 招标发包工作难度大。合同条款不易准确确定，容易造成较多的合同争议。因此，虽然合同量最少，但是合同管理的难度一般较大。

(2) 业主择优选择承包方范围小。由于承包范围大、介入项目时间早、工程信息未知数多，因此承包方要承担较大的风险，而有此能力的承包单位数量相对较少，这往往导致竞争性降低，合同价格较高。

(3) 质量控制难度大。其原因：一是质量标准和功能要求不易做到全面、具体、准确，质量控制标准制约性受到影响；二是“他人控制”机制薄弱。

4　项目总承包管理模式

4.1　项目总承包管理模式的特点

项目总承包管理是指业主将工程建设任务发包给专门从事项目组织管理的单位，再由它分包给若干设计、施工和材料设备供应单位，并在实施中进行项目管理。

项目总承包管理与项目总承包的不同之处在于：前者不直接进行设计与施工，没有自己的设计和施工力量，而是将承接的设计与施工任务全部分包出去，他们专心致力于工程建设管理。后者有自己的设计、施工实体，是设计、施工、材料和设备采购的主要力量。项目总承包管理模式如图6-4所示。

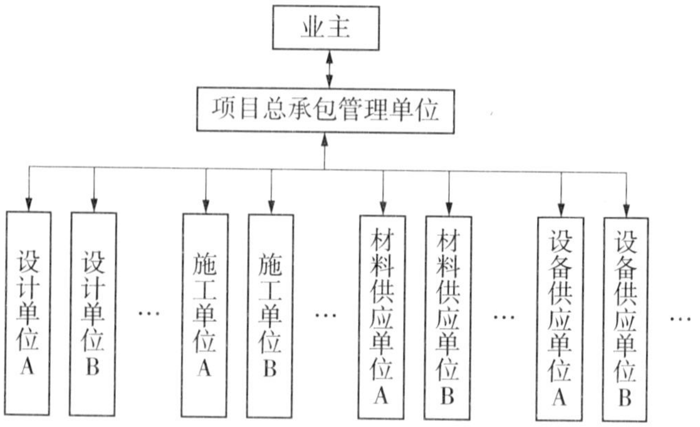

图6-4　项目总承包管理模式

4.2　项目总承包管理模式的优缺点

4.2.1　优点

合同关系简单，组织协调比较有利，进度控制也有利。

4.2.2　缺点

（1）造价、质量控制难度大。由于项目总承包管理单位与设计、施工单位是总包与分包关系，后者才是项目实施的基本力量，所以监理工程师对分包的确认工作就成了十分关键的问题。

（2）工程建设风险大。项目总承包管理单位自身经济实力一般比较弱，而承担的风险相对较大，因此工程建设采用这种承发包模式应持慎重态度。

课题6.3　工程建设监理组织模式

工程建设监理组织模式与工程建设组织管理模式密切相关，监理模式对工程建设的规划、控制、协调起着重要作用。

1　平行承发包模式条件下的监理模式

与工程建设平行承发包模式相适应的监理模式主要有以下两种形式。

1.1　业主委托一家监理单位监理

业主委托一家监理单位监理是指业主只委托一家监理单位为其提供监理服务，如

图 6-5所示。被委托的监理单位应具有较强的合同管理与组织协调能力，并能做好全面系统规划工作。监理单位的项目监理机构可以组建多个监理分支机构对各承建单位分别实施监理。在具体的监理过程中，项目总监理工程师应重点做好总体协调工作，加强横向联系，保证工程建设监理工作的有效运行。

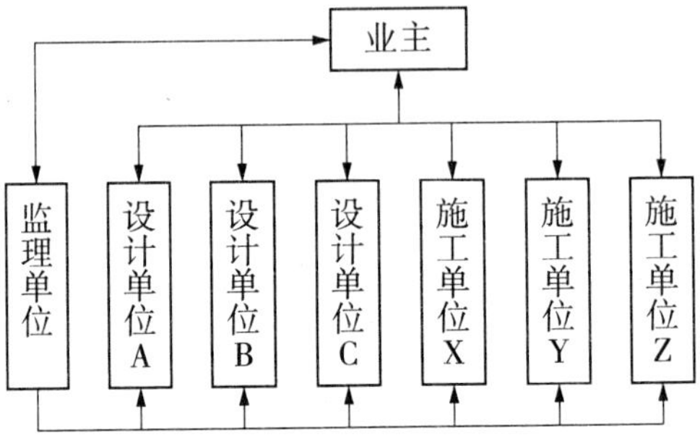

图 6-5　业主委托一家监理单位进行监理的模式

1.2　业主委托多家监理单位监理

业主委托多家监理单位监理是指业主委托多家监理单位为其提供监理服务，如图 6-6所示。业主分别委托几家监理单位针对不同的承建单位实施监理。由于业主分别与多个监理单位签订委托监理合同，所以各监理单位之间的相互协作与配合需要业主进行协调。采用这种监理委托模式，监理单位的监理对象相对单一，便于管理。但整个工程的建设监理工作被肢解，各监理单位各负其责，缺少一个对工程建设进行总体规划与协调控制的监理单位。

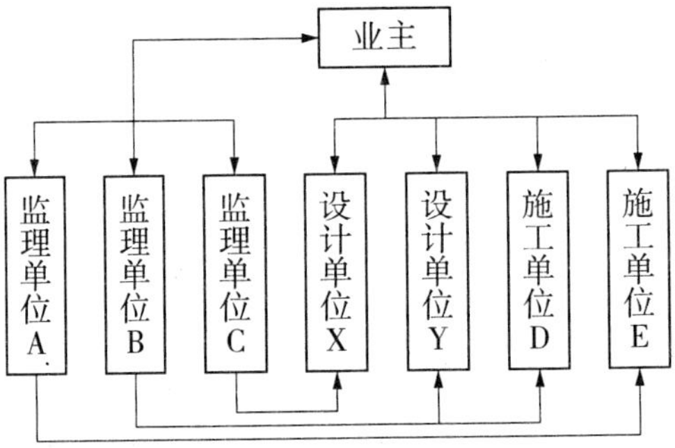

图 6-6　业主委托多家监理单位进行监理的模式

为了克服上述不足，在某些大、中型项目的监理实践中，业主首先委托一个“总监理工程师单位”总体负责工程建设的总规划和协调控制，再由业主和“总监理工程师单位”共同选择几家监理单位分别承担不同合同段的监理任务。在监理工作中，由“总监理工程师单位”负责协调、管理各监理单位的工作，大大减轻了业主的管理压力。具体模式如图 6-7 所示。

2　设计或施工总分包模式条件下的监理模式

对设计或施工总分包模式，业主可以委托一家监理单位提供实施阶段全过程的监理服务，如图 6-8 所示，也可以按照设计阶段和施工阶段分别委托监理单位，如图 6-9 所示。

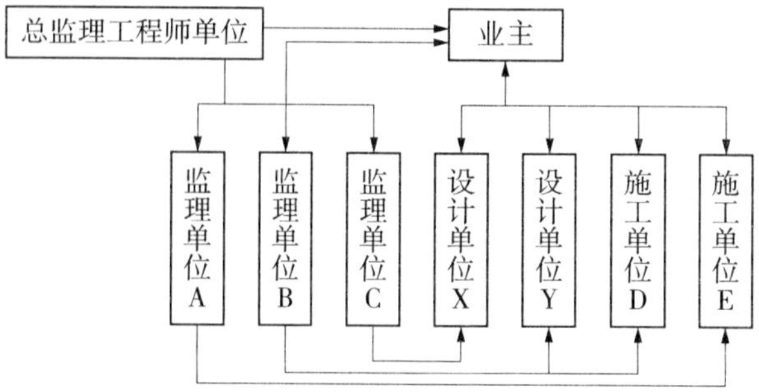

图6-7 业主委托"总监理工程师单位"进行监理的模式

前者的优点是监理单位可以对设计阶段和施工阶段的工程造价、进度、质量控制统筹考虑,合理进行总体规划协调,更好地使监理工程师掌握设计思路与设计意图,有利于施工阶段的监理工作。

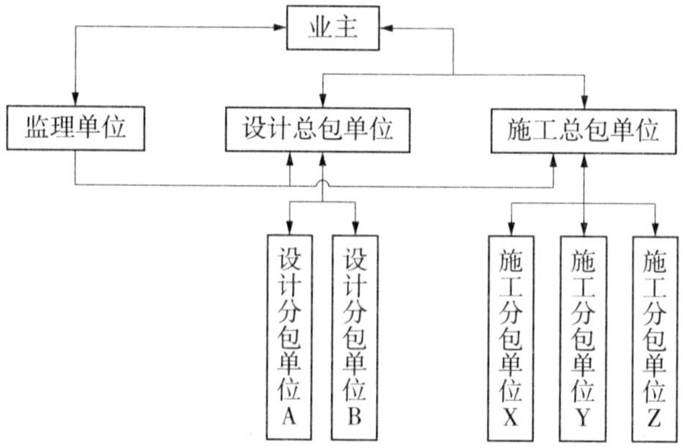

图6-8 业主委托一家监理单位进行实施阶段全过程的监理模式

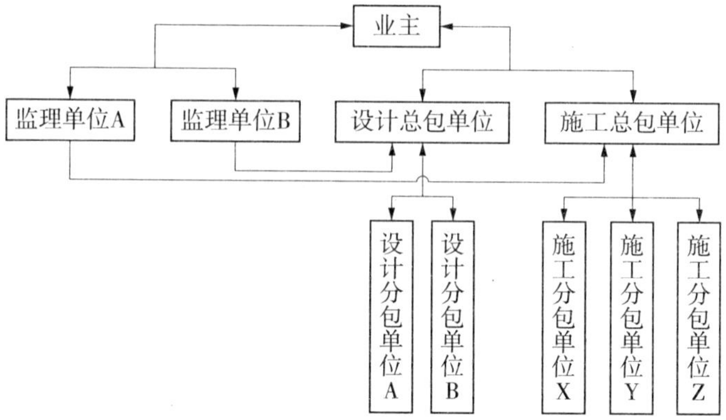

图6-9 按照设计阶段和施工阶段分别委托监理单位进行监理的模式

虽然总承包单位对承包合同承担乙方的最终责任,但分包单位的资质、能力直接影响着工程质量、进度等目标的实现,所以在这种模式条件下,监理工程师必须做好对分包单位资质的审查、确认工作。

3　项目总承包模式条件下的监理模式

在项目总承包模式下，由于业主和总承包单位签订的是总承包合同，业主应委托一家监理单位提供监理服务，如图 6-10 所示。在这种模式条件下，监理工作时间跨度大，监理工程师应具备较全面的知识，重点做好合同管理工作。

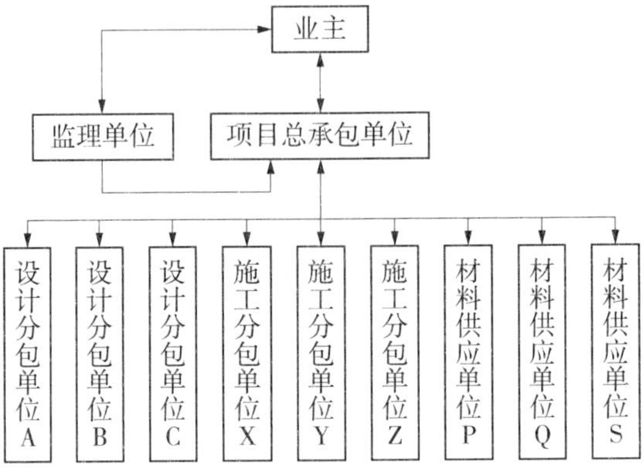

图 6-10　项目总承包模式条件下的监理模式

4　项目总承包管理模式条件下的监理模式

在项目总承包管理模式下，业主应委托一家监理单位提供监理服务，这样可明确管理责任，便于监理工程师对项目总承包管理合同和项目总承包管理单位进行分包等活动的监理。

课题 6.4　工程建设监理实施

1　工程建设监理实施程序

工程建设监理实施程序包括：确定总监，成立项目监理机构→编制监理规划→编制监理细则→监理实施→参与工程验收→提交监理档案资料→监理工作总结。

1.1　确定项目总监理工程师，成立项目监理机构

监理单位应根据工程建设的规模、性质、业主对监理的要求，委派称职的人员担任项目总监理工程师，代表监理单位全面负责该工程的监理工作。

一般情况下，监理单位在承接工程监理任务时，在参与工程监理的投标、拟定监理方案（大纲）以及与业主商签委托监理合同时，即应选派称职的人员主持该项工作。在监理任务确定并签订委托监理合同后，该主持人即可作为项目总监理工程师。这样，项目的总监理工程师在承接任务阶段即早已介入，从而更能了解业主的建设意图和对监理工作的要求，并能与后续工作更好地衔接。总监理工程师是一个工程建设监理工作的总负责人，他对内向监理单位负责，对外向业主负责。

监理机构的人员构成是监理投标书中的重要内容，是业主在评标过程中认可的，总监理工程师在组建项目监理机构时，应根据监理大纲内容和签订的委托监理合同内容组建，并在监理规划和具体实施计划执行中进行及时的调整。

1.2 编制工程建设监理规划

工程建设监理规划是工程建设委托监理合同签订后制定的指导监理工作全面开展的纲领性文件。工程建设监理规划是在项目总监理工程师的主持下，根据工程项目委托监理合同和项目业主的要求，在充分收集和详细分析研究工程建设项目有关资料的基础上，结合监理企业的具体条件编制。

1.3 制定各专业监理实施细则

监理实施细则是根据监理规划，由专业监理工程师编写，并经总监理工程师批准，针对工程项目中某一专业或某一方面的监理工作的操作性文件。监理实施细则应结合工程项目的专业特点，做到详细具体，具有可操作性。

1.4 规范化地开展监理工作

监理工作的规范化体现在以下三个方面：

(1)工作的时序性。是指监理的各项工作都应按一定的逻辑顺序先后展开，从而使监理工作能有效地达到目标而不致造成工作状态的无序和混乱。

(2)职责分工的严密性。工程建设监理工作是由不同专业、不同层次的专家群体共同来完成的，严密的职责分工是协调进行监理工作的前提和实现监理目标的重要保证。

(3)工作目标的确定性。在职责分工的基础上，每一项监理工作的具体目标都应是确定的，完成的时间也应有时限规定，从而能通过报表资料对监理工作及其效果进行检查和考核。

1.5 参与验收，签署工程建设监理意见

工程建设施工完成以后，监理单位应在正式验交前组织竣工预验收，在预验收中发现的问题，应及时与施工单位沟通，提出整改要求。监理单位应参加业主组织的工程竣工验收，签署监理单位意见。

1.6 向业主提交工程建设监理档案资料

工程建设监理工作完成后，监理单位向业主提交的监理档案资料应在委托监理合同中约定。不管在合同中是否作出明确规定，监理单位提交的资料应符合有关规范规定的要求，一般应包括设计变更、工程变更资料，监理指令性文件，各种签证资料等档案资料。

1.7 监理工作总结

监理工作完成后，项目监理机构应及时从以下两方面进行监理工作总结：

(1)向业主提交的监理工作总结。其主要内容包括：委托监理合同履行情况概述，监理组织机构、监理人员和投入的监理设施，监理任务或监理目标完成情况的评价，工程实施过程中存在的问题和处理情况，由业主提供的供监理活动使用的办公用房、车辆、试验设施等的清单，必要的工程图片，表明监理工作终结的说明等。

(2)向监理单位提交的监理工作总结。其主要内容包括：监理工作的经验，可以是采用某种监理技术、方法的经验，也可以是采用某种经济措施、组织措施的经验，以及委托监理合同执行方面的经验或如何处理好与业主、承包单位关系的经验等；监理工作中存在的问题及改进的建议。

2 工程建设监理实施原则

监理单位受业主委托对工程建设实施监理时,应遵守以下基本原则。

2.1 公正、独立、自主的原则

监理工程师在工程建设监理中必须尊重科学,尊重事实,组织各方协同配合,维护有关各方的合法权益。为此,必须坚持公正、独立、自主的原则。业主与承建单位虽然都是独立运行的经济主体,但他们追求的经济目标有差异,监理工程师应在按合同约定的权、责、利关系的基础上,协调双方的一致性。只有按合同的约定建成工程,业主才能实现投资的目的,承建单位也才能实现自己生产的产品的价值,取得工程款和实现盈利。

2.2 权责一致的原则

监理工程师承担的职责应与业主授予的权限相一致。监理工程师的监理职权,依赖于业主的授权。这种权力的授予,除了体现在业主与监理单位之间签订的委托监理合同之中,而且应作为业主与承建单位之间工程建设合同的合同条件。因此,监理工程师在明确业主提出的监理目标和监理工作内容要求后,应与业主协商,明确相应的授权,达成共识,将其反映在委托监理合同中及工程建设合同中。据此,监理工程师才能开展监理活动。

总监理工程师代表监理单位全面履行工程建设委托监理合同,承担合同中确定的监理方向业主方所承担的义务和责任。因此,在委托监理合同实施中,监理单位应给总监理工程师充分授权,体现权责一致的原则。

2.3 总监理工程师负责制的原则

总监理工程师是工程监理全部工作的负责人。要建立和健全总监理工程师负责制,就要明确权、责、利关系,健全项目监理机构,具有科学的运行制度、现代化的管理手段,形成以总监理工程师为首的高效能的决策指挥体系。总监理工程师负责制的内涵包括以下两项:

(1)总监理工程师是工程监理的责任主体。责任是总监理工程师负责制的核心,它构成了对总监理工程师的工作压力与动力,也是确定总监理工程师权力和利益的依据。所以总监理工程师应是向业主和监理单位所负责任的承担者。

(2)总监理工程师是工程监理的权力主体。根据总监理工程师承担责任的要求,总监理工程师全面领导工程建设的监理工作,包括组建项目监理机构,主持编制工程建设监理规划,组织实施监理活动,对监理工作总结、监督、评价。

2.4 严格监理、热情服务的原则

严格监理,就是各级监理人员严格按照国家政策、法规、规范、标准和合同控制工程建设的目标,依照既定的程序和制度,认真履行职责,对承建单位进行严格监理。

监理工程师还应为业主提供热情的服务,"应运用合理的技能,谨慎而勤奋地工作"。由于业主一般不熟悉工程建设管理与技术业务,监理工程师应按照委托监理合同的要求多方位、多层次地为业主提供良好的服务,维护业主的正当权益。但是,不能因此而一味向各承建单位转嫁风险,从而损害承建单位的正当经济利益。

2.5 综合效益的原则

工程建设监理活动既要考虑业主的经济效益，也必须考虑与社会效益和环境效益的有机统一。工程建设监理活动虽经业主的委托和授权才得以进行，但监理工程师应首先严格遵守国家的建设管理法律、法规、标准等，以高度负责的态度和责任感，既要对业主负责，谋求最大的经济效益，又要对国家和社会负责，取得最佳的综合效益。只有在符合宏观经济效益、社会效益和环境效益的条件下，业主投资项目的微观经济效益才能得以实现。

课题6.5 工程建设监理组织机构

监理企业与建设单位签订委托监理合同后，在实施工程建设监理之前，应组建项目监理机构。项目监理机构是指工程监理单位派驻工程现场负责履行建设工程监理合同的组织机构。项目监理机构的组织形式和规模，应根据委托监理合同规定的服务内容、服务期限、工程特点、规模、技术复杂程度、工程环境等因素确定。

1 建立项目监理机构的步骤

监理单位在组建项目监理机构时，一般按以下步骤进行。

1.1 确定项目监理机构目标

工程建设监理目标是项目监理机构建立的前提，项目监理机构的建立应根据委托监理合同中确定的监理目标制定总目标，并明确划分监理机构的分解目标。

1.2 确定监理工作内容

根据监理目标和委托监理合同中规定的监理任务，明确列出监理工作内容，并进行分类归并及组合。监理工作的归并及组合应综合考虑监理工程的组织管理模式、工程结构特点、合同工期要求、工程复杂程度、工程管理及技术特点；同时还应考虑监理单位自身组织管理水平、监控人员数量、技术业务特点等。监理工作的归并及组合应便于监理目标控制。

工程建设进行实施阶段全过程监理，监理工作划分可按设计阶段和施工阶段分别归并与组合，如图6-11所示。

1.3 项目监理机构的组织设计

1.3.1 确定组织结构形式

由于工程建设规模、性质、建设阶段等的不同，设计项目监理机构的组织结构时应选择适宜的组织结构形式以适应监理工作的需要。组织结构形式选择的基本原则是：有利于工程合同管理，有利于监理目标控制，有利于决策指挥，有利于信息沟通。

1.3.2 确定管理层次和管理跨度

项目监理机构中管理层次包括决策层、中间控制层和作业层。

(1)决策层。由总监理工程师和其他助手组成，主要根据工程建设委托监理合同的

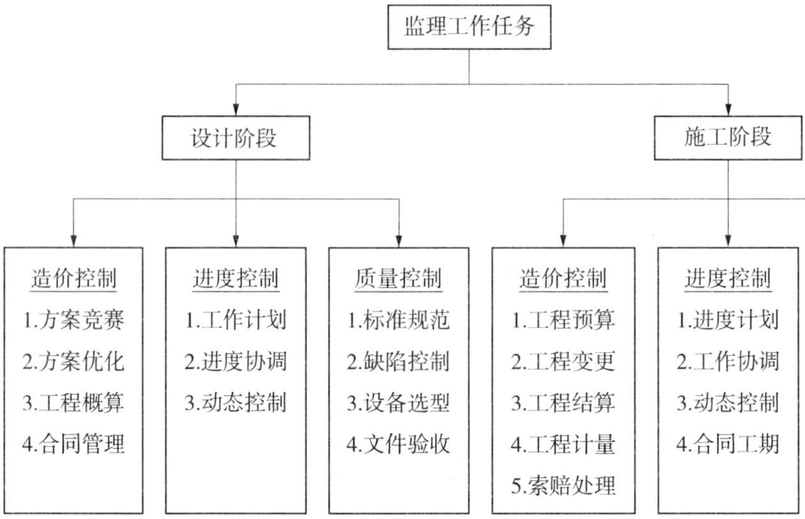

图6-11　实施阶段监理工作划分

要求和监理活动内容进行科学化、程序化决策与管理。

(2)中间控制层(协调层和执行层)。由各专业监理工程师组成,具体负责监理规划的落实,监理目标控制及合同实施的管理。

(3)作业层(操作层)。主要由监理员、检查员等组成,具体负责监理活动的操作实施。

项目监理机构中管理跨度的确定应考虑监理人员的素质、管理活动的复杂性和相似性、监理业务的标准化程度、各项规章制度的建立健全情况、工程建设的集中或分散情况等,按监理工作实际需要确定。

1.3.3　划分项目监理机构部门

项目监理机构中合理划分各职能部门,应依据监理机构目标、监理机构可利用的人力和物力资源以及合同、建筑物结构等情况,将造价控制、进度控制、质量控制、合同管理、组织协调等监理工作内容按不同的职能活动或按子项分解形成相应的职能管理部门或子项目管理部门。

1.3.4　确定岗位职责和考核标准

岗位职务及职责的确定,要有明确的目的性,不可因人设事。根据责权一致的原则,应进行适当的授权,以承担相应的职责,并应确定考核标准,对监理人员的工作进行定期考核,包括考核内容、考核标准及考核时间。表6-1和表6-2分别为项目总监理工程师和专业监理工程师岗位职责考核标准。

1.3.5　安排监理人员

根据监理工作的任务,确定监理人员的合理分工。项目监理机构的监理人员应由总监理工程师、专业监理工程师和监理员组成,且专业配套、数量应满足建设工程监理工作需要,必要时可设总监理工程师代表。监理人员的安排,除应考虑个人素质外,还应考虑人员总体构成的合理性与协调性。

表6-1 项目总监理工程师岗位职责考核标准

项目	职责内容	考核要求	
		标准	时间
工作指标	造价控制	符合造价控制计划目标	每月(季)末
	进度控制	符合合同工期及总进度控制计划目标	每月(季)末
	质量控制	符合质量控制计划目标	工程各阶段末
基本职责	根据监理合同,建立和有效管理项目监理机构	监理组织机构科学合理;监理机构有效运行	每月(季)末
	主持编写与组织实施监理规划;审批监理实施细则	对工程监理工作系统策划;监理实施细则符合监理规划要求,具有可操作性	编写和审核完成后
	审查分包单位资质	符合合同要求	一周内
	监督和指导各专业监理工程师对造价、进度、质量进行监理;审核、签发有关文件资料;处理有关事项	监理工作处于正常工作状态;工程处于受控状态	每月(季)末
	做好监理过程中有关各方面的协调工作	工程处于受控状态	每月(季)末
	主持整理工程建设的监理资料	及时、准确、完整	按合同约定

表6-2 专业监理工程师岗位职责考核标准

项目	职责内容	考核要求	
		标准	时间
工作指标	造价控制	符合造价控制分解目标	每周(月)末
	进度控制	符合合同工期及总进度控制分解目标	每周(月)末
	质量控制	符合质量控制分解目标	工程各阶段末
基本职责	熟悉工程情况,制定本专业监理工作计划和监理实施细则	反映专业特点,具有可操作性	实施前一个月
	具体负责本专业的监理工作	工程监理工作有序;工程处于受控状态	每周(月)末
	做好监理机构内各部门之间的监理任务衔接、配合工作	监理工作各负其责,相互配合	每周(月)末
	处理与本专业有关的问题;对造价、进度、质量有重大影响的监理问题应及时报告总监	工程处于受控状态;及时、真实	每周(月)末
	负责与本专业有关的签证、通知、备忘录,及时向总监理工程师提交报告、报表资料等	及时、真实、准确	每周(月)末
	管理本专业工程建设的监理资料	及时、准确、完整	每周(月)末

《建设工程监理规范》(GB/T 50319—2013)规定:一名注册监理工程师可担任一项建设工程监理合同的总监理工程师。当需要同时担任多项建筑工程监理合同的总监理工程师时,应经建设单位书面同意,且最多不得超过三项。

1.4 制定工作流程和信息流程

为使监理工作科学、有序进行,应按监理工作的客观规律制订工作流程和信息流程,规范化地开展监理工作。施工阶段监理工作流程如图6-12所示。

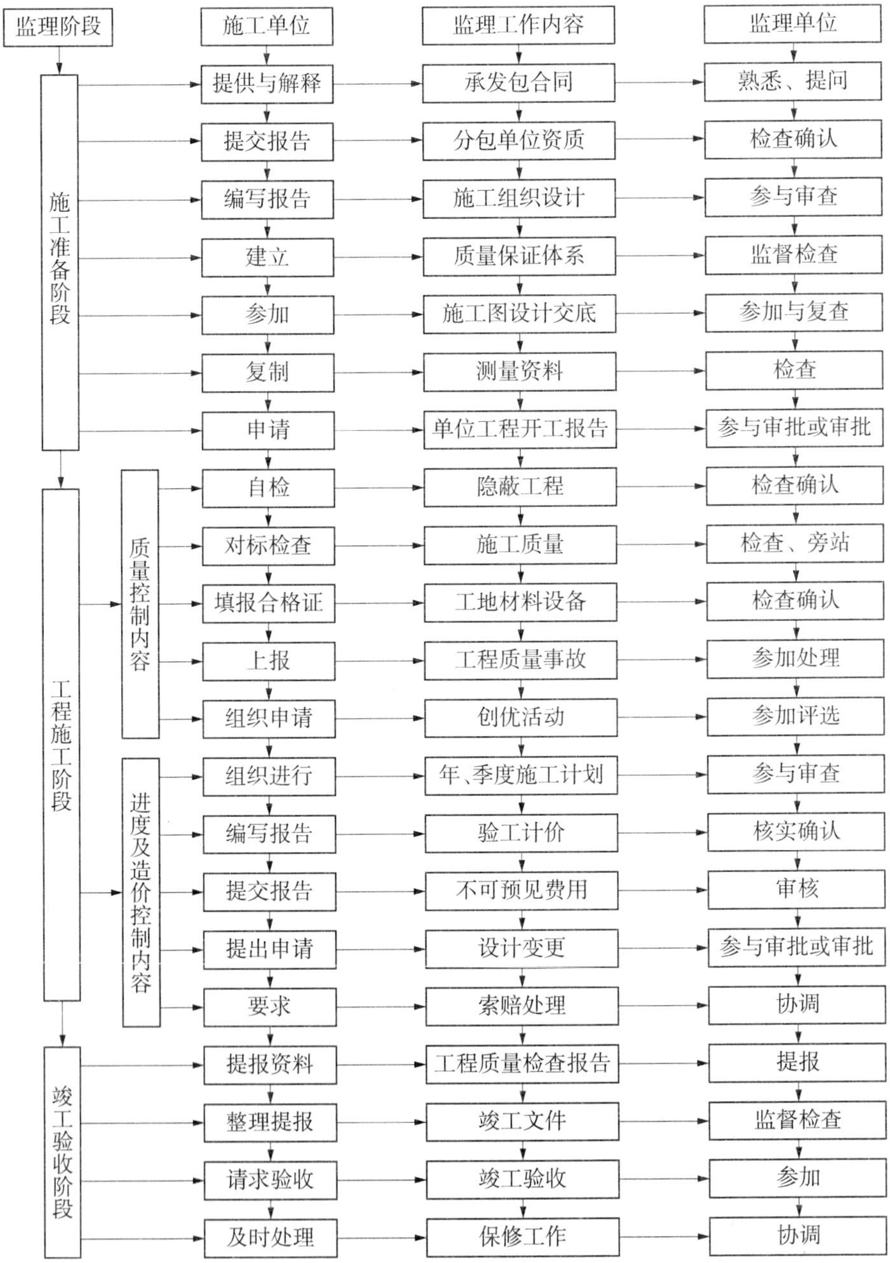

图6-12　施工阶段监理工作流程

2　项目监理机构的组织形式

项目监理机构的组织形式是指项目监理机构具体采用的管理组织结构。项目监理机构的组织形式,应根据工程建设的特点、工程建设组织管理模式、业主委托的监理任务以及监理单位自身情况确定。项目监理机构的组织形式有直线制、职能制、直线职能制和矩阵制等。

2.1　直线制监理组织

直线制监理组织是指组织中各种职位按垂直系统直线排列,项目监理机构中任何一个下级只接受唯一上级的命令。各级部门主管人员对所属部门的问题负责,项目监理机构中不再另设造价控制、进度控制、质量控制及合同管理等职能部门,如图6-13所示。适用于能划分为若干相对独立的子项目的大、中型工程建设。总监理工程师负责整个工程的规划、组织和指导,并负责整个工程范围内各方面的指挥、协调工作。子项目监理组分别负责各子项目的目标控制,具体领导现场专业或专项监理组的工作。

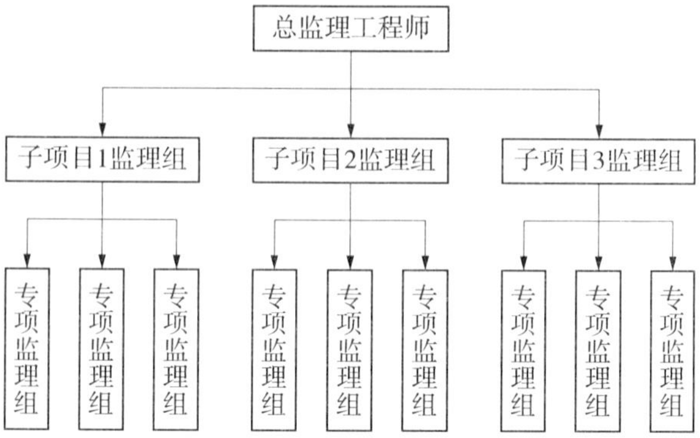

图6-13　按子项目分解的直线制监理组织形式

如果业主委托监理单位对工程建设实施全过程监理,项目监理机构的部门还可按不同的建设阶段分解设立直线制监理组织形式,如图6-14所示。

对于小型工程建设,监理单位也可以采用按专业内容分解的直线制监理组织形式,如图6-15所示。

直线制监理组织形式的主要优点是组织机构简单、权力集中、命令统一、职责分明、决策迅速、隶属关系明确。缺点是实行没有职能部门的"个人管理",这就要求总监理工程师博晓各种业务,通晓多种知识技能,成为"全能"式人物。

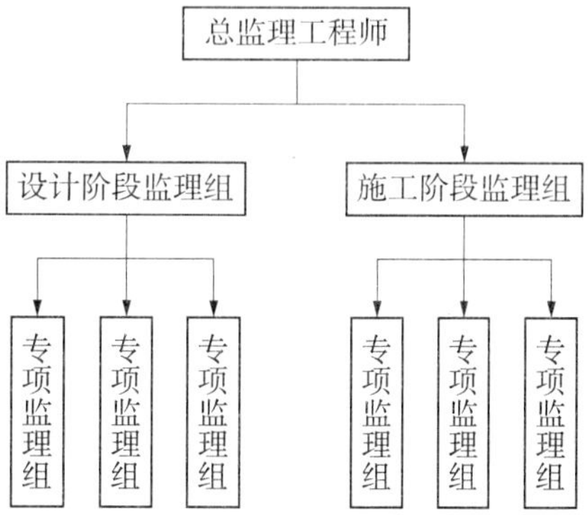

图6-14　按建设阶段分解的直线制监理组织形式

2.2　职能制监理组织

职能制监理组织是指在总监理工程师下设置一些职能机构,分别从职能角度对基层监理组进行业务管理,职能机构在总监理

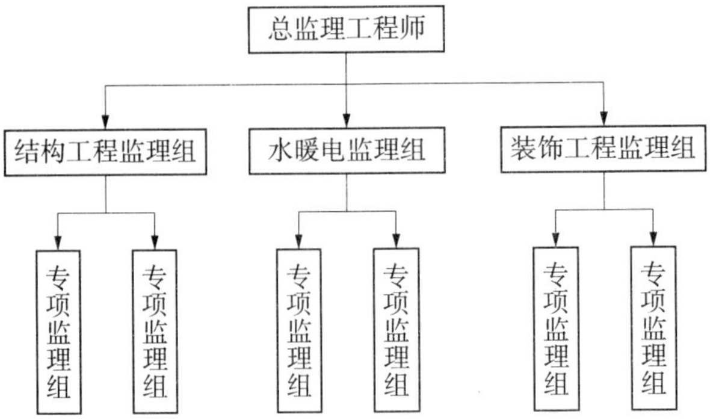

图 6-15 按专业内容分解的直线制监理组织形式

工程师授权的范围内，根据主管的业务范围向下下达命令和指示。

职能制监理组织形式是把管理部门和人员分为两类：一类是以子项目监理为对象的直线指挥部门和人员，另一类是以造价控制、进度控制、质量控制及合同管理为对象的职能部门和人员。监理机构内的职能部门按总监理工程师授予的权力和监理职责有权对指挥部门发布指令，如图 6-16 所示。此种组织形式适用于大、中型工程建设，如果子项目规模较大，也可以在子项目层设置职能部门，如图 6-17 所示。

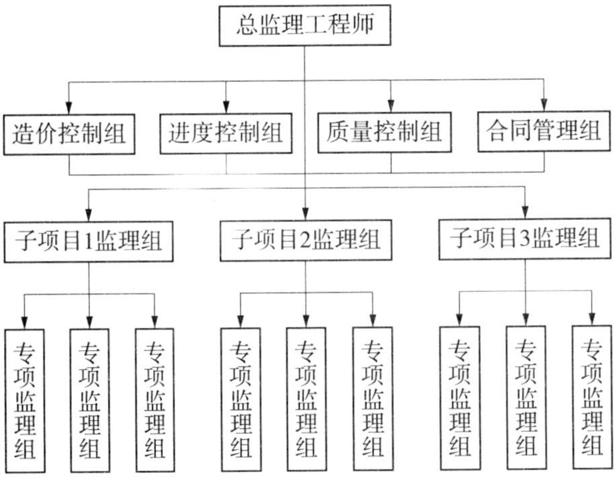

图 6-16 职能制监理组织形式

职能制监理组织形式的主要优点是加强了项目监理目标控制的职能化分工，能够发挥职能机构的专业管理作用，提高管理效率，减轻总监理工程师负担。缺点是由于直线指挥部门人员受职能部门多头指令，如果这些指令相互矛盾，将使直线指挥部门人员在监理工作中无所适从。

2.3 直线职能制监理组织

直线职能制监理组织是吸收了直线制监理组织形式和职能制监理组织形式的优点而形成的一种组织形式。直线指挥部门拥有对下级实行指挥和发布命令的权力，并对该部门的工作全面负责。职能部门是直线指挥人员的参谋，他们只能对指挥部门进行业务指导，而不能对指挥部门直接进行指挥和发布命令，如图 6-18 所示。

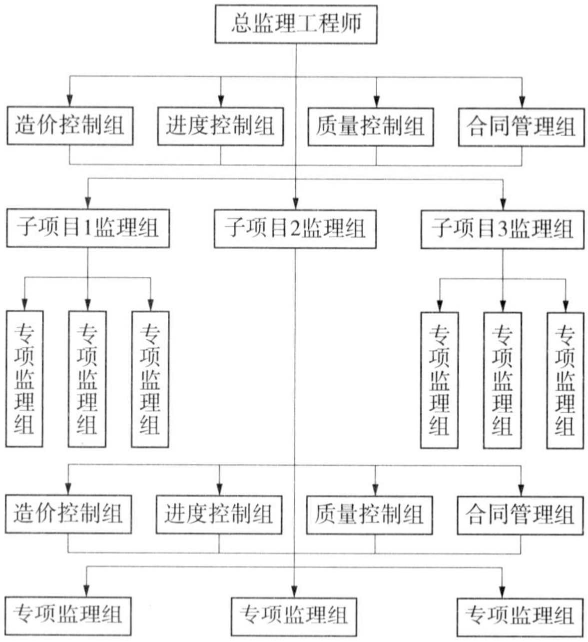

图 6-17　子项目 2 设立职能部门的职能制监理组织形式

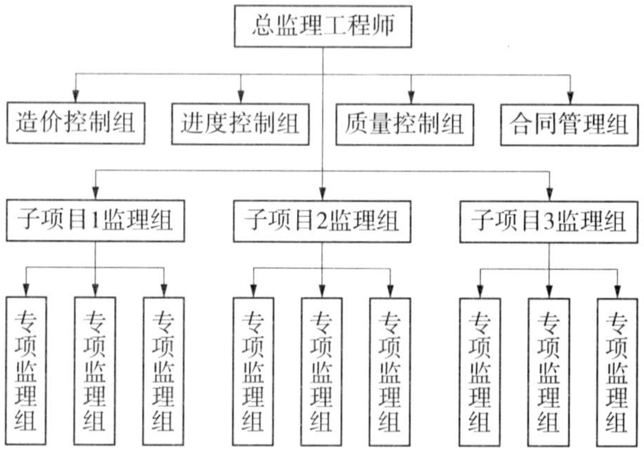

图 6-18　直线职能制监理组织形式

直线职能制监理组织形式一方面保持了直线制组织实行直线领导、统一指挥、职责清楚的优点，另一方面又保持了职能制组织目标管理专业化的优点。其缺点是职能部门与指挥部门易产生矛盾，信息传递路线长，不利于互通情报。

2.4　矩阵制监理组织

矩阵制监理组织是指由纵横两套管理系统组成的矩阵性组织结构，一套是纵向的职能系统，另一套是横向的子项目系统，如图 6-19 所示。这种组织形式的纵、横两套管理系统在监理工作中是相互融合关系。图中虚线所绘的交叉点上，表示了两者协同以共同解决问题。如子项目 1 的质量验收是由子项目 1 监理组和质量控制组共同进行的。

矩阵制监理组织形式的优点是加强了各职能部门的横向联系，具有较大的机动性和

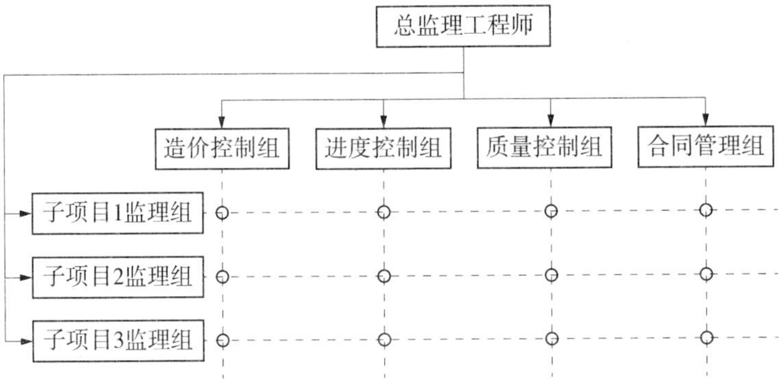

图 6-19　矩阵制监理组织形式

适应性,把上下左右集权与分权实行最优的结合,有利于解决复杂难题,有利于监理人员业务能力的培养。缺点是纵横向协调工作量大,处理不当会造成扯皮现象,产生矛盾。

课题 6.6　项目监理组织的人员结构及其基本职责

1　项目监理机构的人员配备

项目监理机构中配备监理人员的数量和专业应根据监理的任务范围、内容、期限以及工程的类别、规模、技术复杂程度、工程环境等因素综合考虑,并应符合委托监理合同中对监理深度和密度的要求,能体现项目监理机构的整体素质,满足监理目标控制的要求。

1.1　项目监理机构的人员结构

项目监理机构应具有合理的人员结构,包括以下两方面的内容:

(1)合理的专业结构。即项目监理机构应由与监理工程的性质(是民用项目或是专业性强的生产项目)及业主对工程监理的要求(是全过程监理或是某一阶段如设计或施工阶段的监理,是造价、质量、进度的多目标控制或是某一目标的控制)相适应的各专业人员组成,也就是各专业人员要配套。

一般来说,项目监理机构应具备与所承担的监理任务相适应的专业人员。但是,当监理工程局部有某些特殊性,或业主提出某些特殊的监理要求而需要采用某种特殊的监控手段时(如局部的钢结构、网架、罐体等质量监控需采用无损探伤、X 光及超声探测仪,水下及地下混凝土桩基需采用遥测仪器探测等),将这些局部的专业性强的监控工作另行委托给有相应资质的咨询机构来承担,也应视为保证了人员合理的专业结构。

(2)合理的技术职务、职称结构。为了提高管理效率和经济性,项目监理机构的监理人员应根据工程建设的特点和工程建设监理工作的需要确定其技术职称、职务结构。合理的技术职称结构表现在高级职称、中级职称和初级职称有与监理工作要求相称的比例。一般来说,决策阶段、设计阶段的监理,具有高级职称及中级职称的人员在整个监理人员构成中应占绝大多数。施工阶段的监理,可有较多的初级职称人员从事实际操作,如旁站、填记日志、现场检查、计量等。这里说的初级职称指助理工程师、助理经济师、技术员、经济员,还可包括具有相应能力的实践经验丰富的工人(应能看懂图纸、正确填报有关原始凭证)。施工阶段项目监理机构监理人员的技术职称结构如表6-3所示。

表6-3 施工阶段项目监理结构监理人员的技术职称结构

层次	人员	职能	职称职务要求
决策层	总监理工程师、总监理工程师代表、专业监理工程师	项目监理的策划、规划;组织、协调、监控、评价等	高、中级职称
执行层 协调层	专业监理工程师	项目监理实施的具体组织、指挥、控制和协调	中级职称
作业层 操作层	监理员	具体业务的执行	初级职称

1.2 项目监理机构监理人员数量的确定

1.2.1 影响项目监理机构人员数量的主要因素

(1)工程建设强度。工程建设强度是指单位时间内投入的工程建设资金的数量。工程建设强度=造价/工期,其中,造价和工期是指由监理单位所承担的那部分工程的建设造价和工期。一般造价费用可按工程估算、概算或合同价计算,工期是根据进度总目标及其分目标计算。显然,工程建设强度越大,需投入的项目监理人数越多。

(2)工程建设复杂程度。根据一般工程的情况,工程复杂程度涉及以下各项因素:设计活动、工程位置、气候条件、地形条件、工程地质、施工方法、工期要求、工程性质、材料供应、工程分散程度等。

根据上述各项因素的具体情况,可将工程分为若干工程复杂程度等级。不同等级的工程需要配备的项目监理人员数量有所不同。例如,可将工程复杂程度按五级划分:简单、一般、一般复杂、复杂、很复杂。工程复杂程度定级可采用定量办法:对构成工程复杂程度的每一因素通过专家评估,根据工程实际情况给出相应权重,将各影响因素的评分加权平均后根据其值的大小确定该工程的复杂程度等级。例如,将工程复杂程度按10分制计评,则平均分值1~3分、3~5分、5~7分、7~9分者依次为简单工程、一般工程、一般复杂工程和复杂工程,9分以上为很复杂工程。

显然,简单工程需要的项目监理人员较少,而复杂工程需要的项目监理人员较多。

(3)监理单位的业务水平。每个监理单位的业务水平和对某类工程的熟悉程度不完全相同,在监理人员素质、管理水平和监理的设备手段等方面也存在差异,这都会直接影响到监理效率的高低。高水平的监理单位可以投入较少的监理人力完成一个工程建设的监理工作,而一个经验不多或管理水平不高的监理单位则需投入较多的监理人力。因此,各监理单位应当根据自己的实际情况制定监理人员需要量定额。

(4)项目监理机构的组织结构和任务职能分工。项目监理机构的组织结构情况关系到具体的监理人员配备,务必使项目监理机构任务职能分工的要求得到满足。必要时,还需要根据项目监理机构的职能分工对监理人员的配备作进一步的调整。

有时监理工作需要委托专业咨询机构或专业监测、检验机构进行,当然,项目监理机构的监理人员数量可适当减少。

1.2.2 项目监理机构人员数量的确定方法

项目监理机构人员数量的确定方法可按如下步骤进行:

(1)项目监理机构人员需要量定额。根据监理工程师的监理工作内容和工程复杂程度等级，测定、编制项目监理机构监理人员需要量定额，如表6-4所示。

表6-4 监理人员需要量定额

工程复杂程度	每年支付100万美元所需监理人员数(人)		
	监理工程师	监理员	行政、文秘人员
简单	0.20	0.75	0.10
一般	0.25	1.00	0.10
一般复杂	0.35	1.10	0.25
复杂	0.50	1.50	0.35
很复杂	>0.50	>1.50	>0.35

(2)确定工程建设强度。根据监理单位承担的监理工程，确定工程建设强度。

【例6-1】 某工程分为2个子项目，合同总价为3 900万美元，其中子项目1合同价为2 100万美元，子项目2合同价为1 800万美元，合同工期为30个月。

工程建设强度 = 3 900 ÷ 30 × 12 = 1 560(万美元/年) = 15.6(百万美元/年)

(3)确定工程复杂程度。按构成工程复杂程度的10个因素考虑，根据本工程实际情况分别按10分制打分。

例6-1具体结果见表6-5。

表6-5 工程复杂程度等级评定

项次	影响因素	子项目1	子项目2
1	设计活动	5	6
2	工程位置	9	5
3	气候条件	5	5
4	地形条件	7	5
5	工程地质	4	7
6	施工方法	4	6
7	工期要求	5	5
8	工程性质	6	6
9	材料供应	4	5
10	分散程度	5	5
平均分值		5.4	5.5

根据计算结果，此工程为一般复杂工程等级。

(4)根据工程复杂程度和工程建设强度套用监理人员需要量定额。

从定额中可查到相应项目监理机构监理人员需要量如下(百万美元/年)：

监理工程师：0.35；监理员：1.10；行政文秘人员：0.25。

各类监理人员数量如下：

监理工程师：$0.35\times15.6=5.46$（人），按6人考虑；

监理员：$1.10\times15.6=17.16$（人），按17人考虑；

行政文秘人员：$0.25\times15.6=3.9$（人），按4人考虑。

（5）根据实际情况确定监理人员数量。

本工程建设项目监理机构采用直线制组织结构，如图6-20所示。

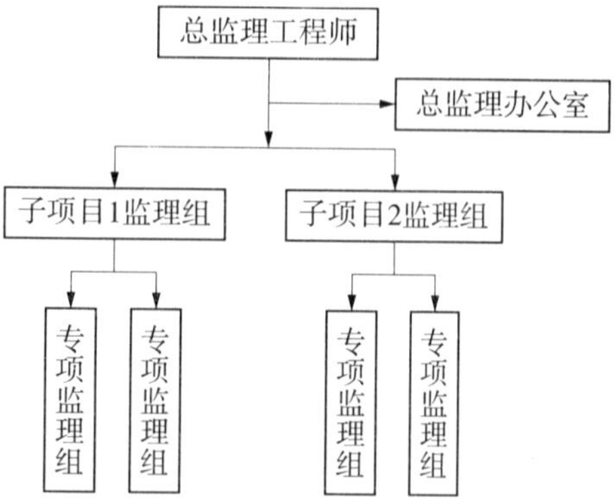

图6-20　项目监理机构的直线制组织结构

根据项目监理机构情况决定每个部门各类监理人员如下：

监理总部（包括总监理工程师、总监理工程师代表和总监理工程师办公室）：总监理工程师1人，总监理工程师代表1人，行政文秘人员2人。

子项目1监理组：专业监理工程师2人，监理员9人，行政文秘人员1人。

子项目2监理组：专业监理工程师2人，监理员8人，行政文秘人员1人。

施工阶段项目监理机构的监理人员数量一般不少于3人。

项目监理机构的监理人员数量和专业配备，应随工程施工进展情况作出相应的调整，从而满足不同阶段监理工作的需要。

2　项目监理机构各类人员的基本职责

监理人员的基本职责应按照工程建设阶段和工程建设的情况确定。在施工阶段，按照《建设工程监理规范》（GB/T 50319—2013）的规定，项目总监理工程师、总监理工程师代表、专业监理工程师和监理员应分别履行以下职责。

2.1　总监理工程师职责

2.1.1　总监理工程师的主要职责

（1）确定项目监理机构人员及其岗位职责。

（2）组织编制监理规划，审批监理实施细则。

（3）根据工程进展及监理工作情况调配监理人员，检查监理人员工作。

（4）组织召开监理例会。

（5）组织审核分包单位资格。

（6）组织审查施工组织设计、（专项）施工方案。

（7）审查工程开复工报审表，签发工程开工令、暂停令和复工令。

（8）组织检查施工单位现场质量、安全生产管理体系的建立及运行情况。

（9）组织审核施工单位的付款申请，签发工程款支付证书，组织审核竣工结算。

（10）组织审查和处理工程变更。

（11）调解建设单位与施工单位的合同争议，处理工程索赔。

(12)组织验收分部工程，组织审查单位工程质量检验资料。

(13)审查施工单位的竣工申请，组织工程竣工预验收，组织编写工程质量评估报告，参与工程竣工验收。

(14)参与或配合工程质量安全事故的调查和处理。

(15)组织编写监理月报、监理工作总结，组织整理监理文件资料。

2.1.2　总监理工程师不得将下列工作委托总监理工程师代表

(1)组织编制监理规划，审批监理实施细则。

(2)根据工程进展及监理工作情况调配监理人员。

(3)组织审查施工组织设计、(专项)施工方案。

(4)签发工程开工令、暂停令和复工令。

(5)签发工程款支付证书，组织审核竣工结算。

(6)调解建设单位与施工单位的合同争议，处理工程索赔。

(7)审查施工单位的竣工申请，组织工程竣工预验收，组织编写工程质量评估报告，参与工程竣工验收。

(8)参与或配合工程质量安全事故的调查和处理。

2.2　总监理工程师代表职责

(1)负责总监理工程师指定或交办的监理工作。

(2)按总监理工程师的授权，行使总监理工程师的部分职责和权力。

2.3　专业监理工程师职责

(1)参与编制监理规划，负责编制监理实施细则。

(2)审查施工单位提交的涉及本专业的报审文件，并向总监理工程师报告。

(3)参与审核分包单位资格。

(4)指导、检查监理员工作，定期向总监理工程师报告本专业监理工作实施情况。

(5)检查进场的工程材料、构配件、设备的质量。

(6)验收检验批、隐蔽工程、分项工程，参与验收分部工程。

(7)处置发现的质量问题和安全事故隐患。

(8)进行工程计量。

(9)参与工程变更的审查和处理。

(10)组织编写监理日志，参与编写监理月报。

(11)收集、汇总、参与整理监理文件资料。

(12)参与工程竣工预验收和竣工验收。

2.4　监理员职责

(1)检查施工单位投入工程的人力、主要设备的使用及运行状况。

(2)进行见证取样。

(3)复核工程计量有关数据。

(4)检查工序施工结果。

(5)发现施工作业中的问题，及时指出并向专业监理工程师报告。

小 结

组织是管理中的一项重要职能，建立精干、高效的项目监理机构，是实现工程建设监理目标的前提。组织理论分为组织结构学和组织行为学，组织结构学侧重于组织的静态研究，组织行为学则侧重组织的动态研究。组织是为了使系统达到它特定的目标，使全体参加者经分工与协作以及设置不同层次的权力和责任制度而构成的一种人的组合体。组织结构是组织内部构成和各部分间所确立的较为稳定的相互关系和联系方式。组织构成一般是上小下大的形式，由管理层次、管理跨度、管理部门、管理职能四大因素组成。组织结构设计是对组织活动和组织结构的设计过程，目的是提高组织活动的效能，组织结构设计按照集权与分权统一、专业分工与协作统一、管理跨度与管理层次统一、权责一致、才职相称、经济效率、弹性相宜等原则进行。组织机构的目标必须通过组织机构活动来实现，组织活动应遵循要素有用性原理、动态相关性原理、主观能动性原理和规律效应性原理进行。

工程建设组织管理模式对工程建设的规划、控制、协调起着重要作用。不同的组织管理模式有不同的合同体系和管理特点。平行承发包是指业主将工程建设的设计、施工以及材料设备采购的任务经过分解分别发包给若干个设计单位、施工单位和材料设备供应单位，并分别与各方签订合同。设计或施工总分包是指业主将全部设计或施工任务发包给一个设计单位或一个施工单位作为总包单位，总包单位可以将其部分任务再分包给其他承包单位，形成一个设计总包合同或一个施工总包合同以及若干个分包合同的结构模式。项目总承包模式是指业主将工程设计、施工、材料和设备采购等工作全部发包给一家承包公司，由其进行实质性设计、施工和采购工作，最后向业主交出一个已达到动用条件的工程。项目总承包管理是指业主将工程建设任务发包给专门从事项目组织管理的单位，再由它分包给若干设计、施工和材料设备供应单位，并在实施中进行项目管理。不同的组织管理模式具有不同的特点，在工程建设管理过程中，应结合具体情况使用，扬长避短，更好地有利于合同管理和目标控制。

工程建设监理组织模式的选择与工程建设组织管理模式密切相关，监理模式对工程建设的规划、控制、协调起着重要作用。平行承发包模式条件下的监理模式有两类：其一，业主委托一家监理单位监理，在具体的监理过程中，项目总监理工程师应重点做好总体协调工作，加强横向联系，保证工程建设监理工作的有效运行。其二，业主委托多家监理单位监理，这种监理委托模式是指业主委托多家监理单位为其提供监理服务，采用这种委托模式应加强不同监理单位协调。设计或施工总分包模式条件下的监理模式，业主可以委托一家监理单位提供实施阶段全过程的监理服务，也可以按照设计阶段和施工阶段分别委托监理单位，虽然总承包单位对承包合同承担乙方的最终责任，但分包单位的资质、能力直接影响着工程质量、进度等目标的实现，所以在这种模式条件下，监理工程师必须做好对分包单位资质的审查、确认工作。项目总承包模式条件下的监理模式，业主应委托一家监理单位提供监理服务，在这种模式条件下，监理工作时间跨度大，监理工程师应具备较全面的知识，重点做好合同管理工作。项目总承包管理模式条件下的监理模式，业主应委托一家监理单位提供监理服务，这样可明确管理责任，便于监理工程师对项目总承包管理合同和项目总承包管理单位进行分包等活动的监理。

工程建设监理实施程序：确定项目总监理工程师，成立项目监理机构；编制工程建设监理规划；制订各专业监理实施细则；规范化地开展监理工作；参与验收，签署工程建设监理意见；向业主提交工程建设监理档案资料；监理工作总结。工程建设监理实施原则：公正、独立、自主的原则；权责一致的原则；总监理工程师负责制的原则；严格监理、热情服务的原则；综合效益的原则。

监理单位与业主签订委托监理合同后，在实施工程建设监理之前，应建立项目监理机构。项目监理机构的组织形式和规模，应根据委托监理合同规定的服务内容、服务期限、工程类别、规模、技术复杂程度、工程环境等因素确定。建立项目监理机构的步骤：确定项目监理机构目标；确定监理工作内容；项目监理机构的组织结构设计；制订工作流程和信息流程。

项目监理机构的组织形式是指项目监理机构具体采用的管理组织结构，应根据工程建设的特点、工程建设组织管理模式、业主委托的监理任务以及监理单位自身情况而确定。直线制监理组织是项目监理机构中任何一个下级只接受唯一上级的命令，这种组织形式适用于能划分为若干相对独立的子项目的大、中型工程建设。职能制监理组织是在项目监理机构内设立一些职能部门，把相应职责和权力交给职能部门，各职能部门在本职能范围内有权直接指挥下级，此种组织形式一般适用于大、中型工程建设。直线职能制监理组织是吸收了直线制监理组织形式和职能制监理组织形式的优点而形成的，直线指挥部门拥有对下级实行指挥和发布命令的权力，职能部门是直线指挥人员的参谋。矩阵制监理组织是由纵横两套管理系统组成的矩阵性组织结构，一套是纵向的职能系统，另一套是横向的子项目系统，纵、横两套管理系统在监理工作中是相互融合的关系，加强了各职能部门的横向联系，具有较大的机动性和适应性。

项目监理机构中配备监理人员的数量和专业应根据监理的任务范围、内容、期限以及工程的类别、规模、技术复杂程度、工程环境等因素综合考虑，并应符合委托监理合同中对监理深度和密度的要求，能体现项目监理机构的整体素质，满足监理目标控制的要求。项目监理机构的人员一是要求有合理的专业结构，二是要求有合理的技术职务、职称结构。项目监理机构人员数量，应根据工程建设强度、工程建设复杂程度、监理单位的业务水平、项目监理机构的组织结构和任务职能分工等确定。

监理人员的基本职责应按照工程建设阶段和工程建设的实际情况确定。在施工阶段，总监理工程师、总监理工程师代表、专业监理工程师和监理员，应分别按照《建设工程监理规范》（GB/T 50319—2013）的规定，履行各自的职责。特别注意的是，在履行各自职责时，总监理工程师不得将总监工作委托总监理工程师代表，总监理工程师代表也不能越权履行总监理工程师的工作，专业监理工程师和监理员也不得相互越权，应按规定各负其责，处理监理工作中的事宜。

习 题

一、名词解释

①组织;②组织结构;③平行承发包模式;④设计或施工总分包模式;⑤项目总承包模式;⑥项目总承包管理模式;⑦总监理工程师;⑧专业监理工程师;⑨监理员;⑩直线制;⑪职能制;⑫直线职能制;⑬矩阵制。

二、单项选择题

1. (　　)是为了使系统达到它特定的目标,使全体参加者经分工与协作以及设置不同层次的权力和责任制度而构成的一种人的组合体。

A. 组织结构　　B. 组织

C. 管理层次　　D. 管理部门

2. (　　)是指业主将工程建设的设计、施工以及材料设备采购的任务经过分解分别发包给若干个设计单位、施工单位和材料设备供应单位,并分别与各方签订合同。

A. 设计或施工总分包　　B. 项目总承包模式

C. 项目总承包管理　　D. 平行承发包

3. (　　)是项目监理机构中任何一个下级只接受唯一上级的命令,适用于能划分为若干相对独立的子项目的大、中型工程建设。

A. 直线制　　B. 职能制

C. 直线职能制　　D. 矩阵制

4. (　　)组织编制监理规划,审批监理实施细则。

A. 总监理工程师　　B. 总监代表

C. 专业监理工程师　　D. 监理员

5. (　　)的职责是:验收检验批、隐蔽工程、分项工程,参与验收分部工程;处置发现的质量问题和安全事故隐患;进行工程计量。

A. 总监理工程师　　B. 总监代表

C. 专业监理工程师　　D. 监理员

三、多项选择题

1. 组织机构的目标必须通过组织机构活动来实现,组织活动应遵循(　　)原理进行。

A. 要素有用性　　B. 动态相关性

C. 职能创意性　　D. 主观能动性

E. 规律效应性

2. 工程建设组织管理模式对工程建设(　　)起着重要作用。

A. 设计　　B. 规划

C. 控制　　D. 创新

E. 协调

3. 工程建设监理实施应遵循(　　)原则。

A. 公正、独立、自主　　B. 权责一致

C. 总监理工程师负责制　　D. 严格监理、热情服务

E. 综合效益

4. 项目监理机构的组织形式和规模应根据(　　)等因素确定。

A. 服务内容　　B. 服务期限

C. 工程类别、规模、技术复杂程度　　D. 工程环境

E. 业主要求

5. 总监理工程师不得将下列(　　)工作委托总监理工程师代表。

A. 组织编制监理规划，审批监理实施细则

B. 根据工程进展及监理工作情况调配监理人员

C. 组织审查施工组织设计、(专项)施工方案

D. 签发工程开工令、暂停令和复工令

E. 签发工程款支付证书，组织审核竣工结算

四、简答题

1. 组织有哪些特点？
2. 组织设计应该遵循什么样的原则？
3. 组织活动的基本原理是什么？
4. 工程建设组织管理的基本模式有哪些？各自特点是什么？有哪些优缺点？
5. 简述不同工程监理模式的优缺点。
6. 工程建设监理实施的程序是什么？
7. 工程建设监理实施的基本原则有哪些？
8. 简述建立项目监理机构的步骤。
9. 项目监理机构的组织形式有哪些？各自特点是什么？有哪些优缺点？
10. 项目监理机构中的人员如何配备？
11. 按照《建设工程监理规范》(GB/T 50319—2013)的规定，简述在施工阶段总监理工程师、总监理工程师代表、专业监理工程师和监理员的基本职责。

模块 7　工程建设监理文件

【知识要点】　监理大纲、监理规划、监理实施细则的作用、编制要求与编制内容；监理例会纪要的主要内容、编写要点与要求；监理月报的特点、主要内容与编写方法；监理日志编写的意义、主要内容与基本要求；监理工作总结编写要求与主要内容。

【教学目标】　掌握监理大纲、监理规划、监理实施细则的作用、编制要求与编制内容，监理例会纪要、监理月报、监理日志、监理工作总结编制内容；熟悉监理例会纪要、监理月报、监理日志、监理工作总结编写要求及编写意义；了解工程建设监理文件编写的依据，监理月报、监理日志编写存在的通病。

工程建设文件简称工程文件，是指在工程建设过程中形成的各种形式的信息记录，包括工程准备阶段文件、监理文件、施工文件、竣工图和竣工验收文件等。工程建设监理文件简称监理文件，是指监理单位在工程设计、施工等监理过程中形成的文件，包括监理大纲、监理规划、监理实施细则、监理月报和监理例会会议纪要等。

课题 7.1　监理大纲

监理大纲称为监理方案，是指监理单位在建设单位开始委托监理的过程中，特别是在建设单位进行监理招标过程中，为承揽到监理业务而编写的监理方案性文件。

1　监理大纲编制的依据

监理大纲编制的依据是：①国家有关工程建设方面的法律、法规；②建设单位提供的勘察、设计文件；③建设单位的工程监理招标文件；④工程监理单位监理人员的资历及资质情况；⑤工程监理单位的质量保证体系认证资料；⑥工程监理单位的技术装备和经营业绩等。

2　监理大纲编制的主要内容

为使监理大纲的内容和监理实施过程紧密结合，监理大纲的编制人员应当是监理单位经营部门或技术管理部门人员，也应包括拟定的总监理工程师。总监理工程师参与编制监理大纲有利于监理规划的编制。监理大纲的内容应当根据建设单位所发布的监理招标文件的要求确定，监理大纲编制的主要内容有以下几点：

(1)拟派往项目监理机构的监理人员情况。在监理大纲中，监理单位需要介绍拟派往所承揽或投标工程的项目监理机构的主要监理人员，并对他们的资格情况进行说明。其中，应该重点介绍拟派往投标工程的项目总监理工程师的情况，这往往决定承揽监理业务的成败。

（2）拟采用的监理方案。监理单位应当根据建设单位所提供的工程信息，并结合自己为投标所初步掌握的工程资料，制订出拟采用的监理方案。监理方案的具体内容包括项目监理机构的方案、工程建设三大目标的具体控制方案、工程建设各种合同的管理方案、项目监理机构在监理过程中进行组织协调的方案等。

（3）将提供给建设单位的阶段性监理文件。在监理大纲中，监理单位还应该明确未来工程监理工作中向建设单位提供的阶段性的监理文件，这将有助于满足建设单位掌握工程建设过程的需要，有利于监理单位顺利承揽该工程建设的监理业务。

（4）监理单位的工作业绩。监理业绩是监理资质审查的重点内容，包括监理单位的经历和监理成效。

（5）拟投入的监理设施。监理单位的设施装备是监理资质要素之一，这在决定承揽监理业务的成败中占有比较重要的地位。

（6）监理酬金报价。

3　监理大纲的作用

建设单位对监理企业的选择主要是基于能力的选择，监理单位的能力主要体现在监理企业和监理人员的经验、人员的知识素养等方面，无疑监理大纲是监理企业能力的具体体现。建设单位通过监理大纲可以了解到监理单位针对拟监理的项目将怎样开展监理工作，如何开展监理工作，采用哪些控制和管理措施等。这些情况对建设单位进行监理单位的选择和抉择起着相当重要的作用。监理大纲的作用主要包括以下两个方面：

（1）使建设单位认可监理大纲中的监理方案，从而承揽到监理业务。建设单位在进行监理招标时，一般要求监理投标单位提交监理技术标书和监理费用标书两部分，其中监理技术标书即为监理大纲。工程监理单位要想在投标书中显示自己的技术实力和监理业绩，获得建设单位信任中标，必须写出自己以往监理的经验和能力，以及对本项目的理解和监理的指导思想，拟派驻现场的主要监理人员的资历、业绩情况等。建设单位通过对所有投标单位的监理大纲和监理费用的评比，最终评出中标监理单位。建设单位评定监理投标书的重点在监理大纲。

（2）为项目监理机构今后开展监理工作制定基本的方案。工程监理单位一旦中标，监理大纲将成为工程建设监理合同的重要组成部分，也是工程监理单位对建设单位所提技术要求的认同和答复，工程监理单位必须以此编写监理规划，来进一步指导项目监理机构开展监理工作。

课题 7.2　监理规划

监理规划是监理单位接受建设单位委托并签订委托监理合同之后，在项目总监理工程师的主持下，根据委托监理合同，在监理大纲的基础上，结合工程的具体情况，广泛收集工程信息和资料的情况下编制的技术文件。

1　监理规划的作用

监理规划的作用主要体现在以下几个方面。

1.1　指导项目监理机构全面开展监理工作

工程建设监理的中心目的是协助建设单位实现工程建设的总目标。实现工程建设总目标是一个系统的过程,它需要制订计划,建立组织,配备合适的监理人员,进行有效的领导,实施工程的目标控制。只有系统地做好上述工作,才能完成工程建设监理的任务,实施目标控制。在实施建设监理的过程中,监理单位要集中精力做好目标控制工作。因此,监理规划需要对项目监理机构开展的各项监理工作做出全面、系统的组织和安排。它包括确定监理工作目标,制定监理工作程序,确定目标控制、合同管理、信息管理、组织协调等各项措施和确定各项工作的方法和手段。

1.2　监理规划是建设监理主管机构对监理单位监督管理的依据

政府建设监理主管机构对工程建设监理单位要实施监督、管理和指导,对其人员素质、专业配套和工程建设监理业绩要进行核查和考评,以确认其资质和资质等级,以使我国整个工程建设监理行业能够达到应有的水平。要做到这一点,除进行一般性的资质管理工作外,更为重要的是通过监理单位的实际监理工作来认定它的水平。而监理单位的实际水平可从监理规划和它的实施中充分地表现出来。因此,政府建设监理主管机构对监理单位进行考核时,应当十分重视对监理规划的检查。也就是说,监理规划是政府建设监理主管机构监督、管理和指导监理单位开展监理活动的重要依据。

1.3　监理规划是建设单位确认监理单位履行合同的主要依据

监理单位如何履行监理合同,如何落实建设单位委托监理单位所承担的各项监理服务工作,作为监理的委托方,建设单位不但需要,而且应当了解和确认监理单位的工作。同时,建设单位有权监督监理单位全面、认真执行监理合同。而监理规划正是建设单位了解和确认这些问题的最好资料,是建设单位确认监理单位是否履行监理合同的主要说明性文件。监理规划应当能够全面而详细地为建设单位监督监理合同的履行提供依据。实际上,监理规划的前期文件,即监理大纲,是监理规划的框架性文件,而且经由谈判确定的监理大纲应当纳入监理合同的附件之中,成为监理合同文件的组成部分。

1.4　监理规划是监理单位内部考核的依据和重要的存档资料

从监理单位内部管理制度化、规范化、科学化的要求出发,需要对各项目监理机构(包括总监理工程师和各专业监理工程师)的工作进行考核,其主要依据就是经过内部主管负责人审批的监理规划。通过考核,可以对有关监理人员的监理工作水平和能力作出客观、正确的评价,从而有利于今后在其他工程上更加合理地安排监理人员,提高监理工作效率。

从工程建设监理控制的过程可知,监理规划的内容必然随着工程的进展而逐步调整、补充和完善,它在一定程度上真实地反映了一个工程建设监理工作的全貌,是最好的监理工作过程记录。因此,它是每一家工程建设监理单位的重要存档资料。

2 监理规划编写的依据

2.1 工程建设方面的法律、法规

(1)国家颁布的有关工程建设的法律、法规。这是工程建设相关法律、法规的最高层次。在任何地区或任何部门进行工程建设,都必须遵守国家颁布的工程建设方面的法律、法规。

(2)工程所在地或所属部门颁布的工程建设相关的法规、规定和政策。一项工程建设必然是在某一地区实施的,也必然是归属于某一部门的,这就要求工程建设必须遵守工程建设所在地颁布的工程建设相关的法规、规定和政策,同时也必须遵守工程所在部门颁布的工程建设相关规定和政策。

(3)工程建设的各种标准、规范。工程建设的各种标准、规范也具有法律地位,也必须遵守和执行。

2.2 政府批准的工程建设文件

政府批准的工程建设文件包括以下两个方面:

(1)政府工程建设主管部门批准的可行性研究报告、立项批文。

(2)政府规划部门确定的规划条件、土地使用条件、环境保护要求、市政管理规定。

2.3 工程建设外部环境调查研究资料

(1)自然条件方面的资料。自然条件方面的资料包括工程建设所在地的地质、水文、气象、地形以及自然灾害等方面的资料。

(2)社会和经济条件方面的资料。社会和经济条件方面的资料包括工程建设所在地的政治局势、社会治安、建筑市场状况、相关单位(勘察和设计单位、施工单位、材料和设备供应单位、工程咨询和工程建设监理单位)、基础设施(交通设施、通信设施、公用设施、能源设施)、金融市场等方面的资料。

2.4 工程建设监理合同

在编写监理规划时,必须依据工程建设监理合同中的以下内容:监理单位和监理工程师的权利和义务、监理工作范围和内容、有关工程建设监理规划方面的要求等。

2.5 其他工程建设合同

在编写监理规划时,也要考虑其他工程建设合同关于建设单位和承建单位权利及义务的内容。

2.6 建设单位的正当要求

根据监理单位应竭诚为客户服务的宗旨,在不超出合同职责范围的前提下,监理单位应最大限度地满足建设单位的正当要求。

2.7 监理大纲

监理大纲中的监理组织计划,拟投入的主要监理人员,造价、进度、质量控制方案,合同管理方案,信息管理方案,定期提交给建设单位的监理工作阶段性成果等,这些内容都是监理规划编写的依据。

2.8 工程实施过程输出的有关工程信息

工程实施过程输出的有关工程信息包括:方案设计、初步文件、施工图设计文件;工程

招标投标情况;工程实施状况;重大工程变更;外部环境变化等。

3　监理规划编写的要求

监理规划是在项目总监理工程师和项目监理机构充分分析和研究工程建设的具体目标、技术要求、管理要求、环境以及参与工程建设的各方面的情况后制订的。监理规划要真正能够起到指导项目监理机构进行监理工作的作用,监理规划应当有明确具体的、符合该工程要求的工作内容、工作方法、监理措施、工作程序和工作制度,并具有可操作性。

3.1　基本构成内容应当力求统一

监理规划在总体内容组成上应力求做到统一。这是监理工作规范化、制度化、科学化的要求。

监理规划基本构成内容的确定,首先应考虑整个建设监理制度对工程建设监理的内容要求。工程建设监理的主要内容是控制工程建设的造价、工期和质量,进行工程建设合同管理,协调有关单位间的工作关系。这些内容无疑是构成监理规划的基本内容。如前所述,监理规划的基本作用是指导项目监理机构全面开展监理工作。因此,对整个监理工作的组织、控制、方法、措施等将成为监理规划必不可少的内容。这样,监理规划构成的基本内容就可以确定下来。至于某一个具体工程建设的监理规划,则要根据监理单位与建设单位签订的监理合同所确定的监理实际范围和深度来加以取舍。

监理规划基本构成内容包括:目标规划、监理组织、目标控制、合同管理和信息管理。施工阶段监理规划统一的内容要求应当在建设监理法规文件或监理合同中明确下来。

3.2　具体内容应具有针对性

监理规划基本构成内容应当统一,但各项具体的内容则要有针对性。这是因为,监理规划是指导某一个特定工程建设监理工作的技术组织文件,它的具体内容应与这个工程建设相适应。由于所有工程建设都具有单件性和一次性的特点,也就是说每个工程建设都有自身的特点,而且每一个监理单位和每一位总监理工程师对某一个具体工程建设在监理思想、监理方法和监理手段等方面都会有自己的独到之处,因此不同的监理单位和不同的监理工程师在编写监理规划的具体内容时,必然会体现出自己鲜明的特色。或许有人会认为这样难以有效辨别工程建设监理规划编写的质量。实际上,由于工程建设监理的目的就是协助建设单位实现其投资目的,因此某一个工程建设监理规划只要能够对有效实施该工程监理做好指导工作,能够圆满地完成所承担的工程建设监理业务,就是一个合格的工程建设监理规划。

每一个监理规划都是针对某一个具体工程建设的监理工作计划,都必然有它自己的造价目标、进度目标、质量目标,有它自己的项目组织形式,有它自己的监理组织机构,有它自己的目标控制措施、方法和手段,有它自己的信息管理制度,有它自己的合同管理措施。只有具有针对性,工程建设监理规划才能真正起到指导具体监理工作的作用。

3.3　监理规划应当遵循工程建设的运行规律

监理规划是针对一个具体工程建设编写的,而不同的工程建设具有不同的工程特点、工程条件和运行方式。这也决定了工程建设监理规划必然与工程运行客观规律具有一致性,必须把握、遵循工程建设运行的规律。只有把握工程建设运行的客观规律,监理规划的运行才是有效的，才能实施对这项工程的有效监理。

此外，监理规划要随着工程建设的展开进行不断的补充、修改和完善。它由开始的“粗线条”或“近细远粗”逐步变得完整、完善起来。在工程建设的运行过程中，内外因素和条件不可避免地要发生变化，造成工程的实施情况偏离计划，往往需要调整计划乃至目标，这就必然造成监理规划在内容上也要相应地调整。其目的是使工程建设能够在监理规划的有效控制之下，不能让它成为脱缰的野马，变得无法驾驭。

监理规划要把握工程建设运行的客观规律，就需要不断地收集大量的编写信息。如果掌握的工程信息很少，就不可能对监理工作进行详尽的规划。随着设计的不断进展，工程招标方案的出台和实施，工程信息量越来越多，监理规划的内容也就越来越趋于完整。就一项工程建设的全过程监理规划来说，想一气呵成的做法是不实际的，也是不科学的，即使编写出来也是一纸空文，没有任何实施的价值。

3.4 项目总监理工程师是监理规划编写的主持人

监理规划应当在项目总监理工程师主持下编写制订，这是工程建设监理实施项目总监理工程师负责制的必然要求。当然，编制好工程建设监理规划，还要充分调动整个项目监理机构中专业监理工程师的积极性，要广泛征求各专业监理工程师的意见和建议，并吸收其水平比较高的专业监理工程师共同参与编写。

在监理规划编写的过程中，应当充分听取建设单位的意见，最大限度地满足他们的合理要求，为进一步做好监理服务奠定基础。

监理规划是监理单位的业务工作，在编写监理规划时应按照本单位的要求进行编写。

3.5 监理规划一般要分阶段编写

监理规划的内容与工程进展密切相关，没有规划信息也就没有规划内容。因此，监理规划的编写需要有一个过程，需要将编写的整个过程划分为若干个阶段。

监理规划编写阶段可按工程实施的各阶段来划分，这样，工程实施各阶段所输出的工程信息就成为相应的监理规划信息，例如，可划分为设计阶段、施工招标阶段和施工阶段。设计的前期阶段，即设计准备阶段应完成规划的总框架并将设计阶段的监理工作进行“近细远粗”的规划，使监理规划内容与已经掌握的工程信息紧密结合。设计阶段结束，大量的工程信息能够提供出来，所以施工招标阶段监理规划的大部分内容能够落实。随着施工招标的进展，各承包单位逐步确定下来，工程施工合同逐步签订，施工阶段监理规划所需的工程信息基本齐备，足以编写出完整的施工阶段监理规划。在施工阶段，有关监理规划的主要工作是根据工程进展情况进行调整、修改，使监理规划能够动态地控制整个工程建设的正常进行。

在监理规划的编写过程中需要进行审查和修改，因此监理规划的编写还要留出必要的审查和修改的时间。为此，应当对监理规划的编写时间事先作出明确的规定，以免编写时间过长，从而耽误了监理规划对监理工作的指导，使监理工作陷于被动和无序。

3.6 监理规划的表达方式应当格式化、标准化

现代科学管理应当讲究效率、效能和效益，其表现之一就是使控制活动的表达方式格式化、标准化，从而使控制的规划显得更明确、更简洁、更直观。因此，需要选择最有效的方式和方法来表示监理规划的各项内容。比较而言，图、表和简单的文字说明应当是采用

的基本方法。我国的建设监理制度应当走规范化、标准化的道路，这是科学管理与粗放型管理在具体工作上的明显区别。可以这样说，规范化，标准化是科学管理的标志之一。所以，编写工程建设监理规划各项内容时应当采用什么表格、图示以及哪些内容需要采用简单的文字说明应当作出统一规定。

3.7 监理规划应该经过审核

监理规划在编写完成后需进行审核并经批准。监理单位的技术主管部门是内部审核单位，其负责人应当签认，同时，还应当按合同约定提交给建设单位，由建设单位确认并监督实施。

从监理规划编写的上述要求来看，它的编写既需要由主要负责者（项目总监理工程师）主持，又需要形成编写班子。同时，项目监理机构的各部门负责人也有相关的任务和责任。监理规划涉及工程建设监理工作的各方面，所以有关部门和人员都应当关注它，使监理规划编制得科学、完备，真正发挥全面指导监理工作的作用。

4 监理规划的主要内容

工程建设监理规划应将委托监理合同中规定的监理单位承担的责任及监理任务具体化，并在此基础上制定实施监理的具体措施。工程建设监理规划的主要内容如下。

4.1 工程概况

包括：①工程建设名称；②工程建设地点；③工程建设组成及建筑规模；④主要建筑结构类型；⑤预计工程造价总额；⑥工程建设计划工期；⑦工程质量要求；⑧工程设计单位及施工单位名称；⑨工程项目结构图与编码系统。

4.2 监理工作的范围、内容、目标

4.2.1 监理工作的范围

监理工作范围是指监理单位所承担的监理任务的工程范围。按照“委托监理合同”约定，监理单位承担全部工程建设的监理任务，则监理范围为全部工程建设，否则应按监理单位所承担的工程建设的建设标段或子项目确定工程建设监理范围。

4.2.2 监理工作的内容

（1）工程建设立项阶段建设监理工作的主要内容。包括：①协助建设单位准备工程报建手续；②可行性研究咨询、监理；③技术经济论证；④编制工程建设造价匡算。

（2）设计阶段建设监理工作的主要内容。包括：①结合工程建设特点，收集设计所需的技术经济资料；②编写设计要求文件；③组织工程建设设计方案竞赛或设计招标，协助建设单位选择好勘察设计单位；④拟订和商谈设计委托合同内容；⑤向设计单位提供设计所需的基础资料；⑥配合设计单位开展技术经济分析，搞好设计方案的评选，优化设计；⑦配合设计进度，做好与有关部门，如消防、环保、土地、人防、园林以及供水、供电、供气、供热、电信等部门的协调工作；⑧组织各设计单位之间的协调工作；⑨参与主要设备、材料的选型；⑩审核工程估算、概算、施工图预算；⑪审核主要设备、材料清单；⑫审核工程设计图纸，检查设计文件是否符合设计规范及标准；⑬检查和控制设计进度；⑭组织设计文件的报批。

（3）施工招标阶段建设监理工作的主要内容。包括：①拟订工程建设施工招标方案，

并征得建设单位同意；②准备工程建设施工招标条件；③办理施工招标申请；④协助建设单位编写施工招标文件；⑤标底经建设单位认可后，报送所在地方建设主管部门审核；⑥协助建设单位组织工程建设施工招标工作；⑦组织现场勘察与答疑会，回答投标人提出的问题；⑧协助建设单位组织开标、评标及定标工作；⑨协助建设单位与中标单位商签施工合同。

（4）材料、设备采购供应（由建设单位负责）的建设监理工作主要内容。包括：①制订材料、设备供应计划和相应的资金需求计划；②通过质量、价格、供货期、售后服务等条件的分析和评选，确定材料、设备等物资的供应单位，重要设备尚应访问现有使用用户，了解设备使用情况，并考察生产单位的质量保证体系；③拟订并商签材料、设备的订货合同；④监督合同的实施，确保材料、设备的及时供应。

（5）施工准备阶段工程建设监理工作的主要内容。包括：①审查施工单位选择的分包单位的资质；②监督检查施工单位质量保证体系及安全技术措施，完善质量管理程序与制度；③参加设计单位向施工单位的技术交底；④审查施工单位上报的实施性施工组织设计，重点对施工方案、劳动力、机械设备的组织及保证工程质量、安全、工期和控制造价等方面的措施进行监督，并向建设单位提出监理意见；⑤在单位工程开工前检查施工单位的复测资料，特别是两个相邻施工单位之间的测量资料，控制桩是否交接清楚，手续是否完善，质量有无问题，并对贯通测量、中线及水准桩的设置、固桩情况进行审查；⑥对重点工程部位的中线、水平控制进行复查；⑦监督落实各项施工条件，审批一般单项工程、单位工程的开工报告，并报建设单位备查。

（6）施工阶段工程建设监理工作的主要内容。包括：①施工阶段的质量控制；②施工阶段的进度控制；③施工阶段的造价控制。

施工阶段的质量控制主要是：对所有的隐蔽工程在进行隐蔽以前进行检查和办理签证，对重点工程要派监理人员驻点跟踪监理，签署重要的分项工程、分部工程和单位工程质量评定表；对施工测量、放样等进行检查，对发现的质量问题应及时通知施工单位纠正，并做好监理记录；检查确认运到现场的工程材料、构件和设备质量，并应查验试验、化验报告单、出厂合格证是否齐全、合格，监理工程师有权禁止不符合质量要求的材料和设备进入工地；监督施工单位严格按照施工规范、设计图纸要求进行施工，严格执行施工合同；对工程主要部位、主要环节及技术复杂工程加强检查；检查施工单位的工程自检工作，数据是否齐全，填写是否正确，并对施工单位质量评定自检工作作出综合评价；对施工单位的检验测试仪器、设备、度量衡定期检验，不定期地进行抽验，保证度量资料的准确性；监督施工单位对各类土木和混凝土试件按规定进行检查与抽查；监督施工单位认真处理施工中发生的一般质量事故，并认真做好监理记录；对大、重大质量事故以及其他紧急情况，应及时报告建设单位。

施工阶段的进度控制主要是：监督施工单位严格按施工合同规定的工期组织施工；对控制工期的重点工程，审查施工单位提出的保证进度的具体措施，如发生延误应及时分析原因，采取对策；建立工程进度台账，核对工程形象进度，按月、季向建设单位报告施工计划执行情况、工程进度及存在的问题。

施工阶段的造价控制主要是：审查施工单位申报的月、季度计量报表，认真核对其工程数量，严格按合同规定进行计量，支付签证；保证支付签证的各项工程质量合格、数量准确；建立计量支付签证台账，定期与施工单位核对清算；按建设单位授权和施工合同的规定审核变更设计。

（7）施工验收阶段工程建设监理工作的主要内容。包括：①督促、检查施工单位及时整理竣工文件和验收资料，受理单位工程竣工验收报告，提出监理意见；②根据施工单位的竣工报告，提出工程质量检验报告；③组织工程预验收，参加建设单位组织的竣工验收。

（8）建设监理合同管理工作的主要内容。包括：①拟订本工程建设合同体系及合同管理制度，包括合同草案的拟订、会签、协商、修改、审批、签署、保管等工作制度及流程；②协助建设单位拟定工程的各类合同条款，并参与各类合同的商谈；③合同执行情况的分析和跟踪管理；④协助建设单位处理与工程有关的索赔事宜及合同争议事宜。

（9）委托的其他服务。包括：①协助建设单位准备工程条件，办理供水、供电、供气、电信线路等申请或签订协议；②协助建设单位制订产品营销方案；③为建设单位培训技术人员。

4.2.3　监理工作的目标

工程建设监理目标是指监理单位承担的工程建设监理控制预期达到的目标，通常以工程建设的造价、进度、质量三大目标的控制值来表示。

（1）造价控制目标。以“______年预算为基价，静态投资为______万元（或合同价为______万元）”表示。

（2）进度控制目标。以“______个月”或“自______年______月______日至______年______月______日”表示。

（3）质量控制目标。工程建设质量合格及建设单位的其他要求。

4.3　监理工作依据

包括：①工程建设方面的法律、法规；②政府批准的工程建设文件；③合同文件；④设计文件；⑤监理大纲；⑥建设单位提出的变更要求。

4.4　监理组织形式、人员配备及进退场计划、监理人员岗位职责

4.4.1　项目监理机构的组织形式

项目监理机构的组织形式主要有直线制、职能制、直线职能制和矩阵制等。监理机构组织形式的选择，应根据工程建设委托监理合同规定的服务内容、服务期限、工程类别、规模、技术复杂程度以及工程环境等因素确定。项目监理机构可采用组织结构图表示。

4.4.2　项目监理机构的人员配备及进退场计划

项目监理机构的人员配备应根据工程建设监理的进程合理安排。项目监理机构在完成委托监理合同约定的监理工作后方可撤离施工现场。

4.4.3　项目监理机构的人员岗位职责

项目监理机构的监理人员应包括总监理工程师、专业监理工程师和监理员，必要时，可配备总监理工程师代表。同时，应明确各类监理人员的岗位职责。

4.5　监理工作制度

（1）施工招标阶段监理工作制度。包括：①招标准备工作有关制度；②编制招标文件有关制度；③标底编制及审核制度；④合同条款拟定及审核制度；⑤组织招标实务有关制

度等。

(2)施工阶段监理工作制度。包括：①设计文件、图纸审查制度；②施工图纸会审及设计交底制度；③施工组织设计审核制度；④工程开工申请审批制度；⑤工程材料、半成品质量检验制度；⑥隐蔽工程分项（部）工程质量验收制度；⑦单位工程、单项工程总监验收制度；⑧设计变更处理制度；⑨工程质量事故处理制度；⑩施工进度监督及报告制度；⑪监理报告制度；⑫工程竣工验收制度；⑬监理日志和会议制度。

(3)项目监理机构内部工作制度。包括：①监理组织工作会议制度；②对外行文审批制度；③监理工作日志制度；④监理周报、月报制度；⑤技术、经济资料及档案管理制度；⑥监理费用预算制度。

4.6 工程质量控制

(1)质量控制目标。包括：设计质量控制目标；材料质量控制目标；设备质量控制目标；土建施工质量控制目标；设备安装质量控制目标；其他说明。

(2)质量目标实现的风险分析。

(3)质量控制的工作流程。主要是绘制工作流程图，并加文字说明。

(4)质量控制的组织措施。建立健全项目监理组织机构，完善职责分工，制订有关质量监督制度，落实质量控制责任。

(5)质量控制的技术措施。协助完善质量保证体系，严格事前、事中和事后的质量检查监督。

(6)质量控制的经济措施及合同措施。按合同规定严格质检和验收，不符合合同规定质量要求的拒绝签署完工令，不得进入下一阶段的施工，拒付工程款；达到建设单位特定质量目标要求的，按合同支付质量补偿金或奖金。

(7)质量目标状况的动态分析。

(8)质量控制表格。

4.7 工程造价控制

(1)造价目标分解。按工程建设的造价费用组成分解；按年度、季度分解；按工程建设实施阶段分解；按工程建设组成分解。

(2)投资使用计划。投资使用计划可列表编制。

(3)造价目标实现的风险分析。

(4)造价控制的工作流程。以工作流程图的形式体现，并附文字说明。

(5)造价控制的组织措施。完善监理组织机构，明确职责分工，建立投资使用、支付和监督制度，落实造价与成本控制责任。

(6)造价控制的技术措施。在设计阶段推行限额设计和优化设计；在招投标阶段强化招投标过程管理和标底及合同价格控制；在材料、设备采购阶段实行价格质量比选，合理确定供应商；在施工阶段通过审核施工组织设计和施工技术方案，使施工组织合理化，节省投资。

(7)造价控制的经济措施。及时进行计划开支与实际开支的分析比较，对于在施工中采用比原计划更好的施工组织和施工方法取得的投资节约，按合同约定给予分成或奖励。

(8)造价控制的合同措施。严格按合同规定的支付、结算条款支付工程款；防止早支、多支；减少施工单位的索赔，正确处理索赔事宜。

(9)造价控制的动态分析。造价目标分解值与概算值的比较；概算值与施工图预算值的比较；合同价与实际造价的比较。

(10)造价控制表格。

4.8　工程进度控制

(1)工程总进度计划。用横道图和网络图表示。

(2)总进度目标的分解。年度、季度进度目标；各阶段的进度目标；各子项目进度目标。

(3)进度目标实现的风险分析。

(4)进度控制的工作流程。用工作流程图表示，配以文字说明。

(5)进度控制的组织措施。落实进度控制的责任，建立进度控制协调制度。

(6)进度控制的技术措施。建立多级网络计划体系，监控承建单位的作业实施计划。

(7)进度控制的经济措施。对保证工期和在正常施工条件下提前完工的给予奖励；对应急工程提高计件单价；确保资金的及时供应等。

(8)进度控制的合同措施。按合同要求及时协调有关各方的进度，防止出现停工、窝工现象，确保工程建设的形象进度。

(9)进度控制的动态比较。进度目标分解值与进度实际值的比较；进度目标值的预测分析。

(10)进度控制表格。

4.9　安全生产管理的监理工作

包括：①安全监理职责描述；②安全监理责任的风险分析；③安全监理的工作流程和措施；④安全监理状况的动态分析；⑤安全监理工作图表。

4.10　合同与信息管理

4.10.1　合同管理的方法与措施

包括：①合同结构；②合同目录一览表；③合同管理的工作流程；④合同管理的措施；⑤合同执行状况的动态分析；⑥合同争议调解与索赔处理程序；⑦合同管理表格。

4.10.2　信息管理的方法与措施

包括：①信息管理工作流程；②信息分类表；③机构内部信息流程；④信息管理的措施；⑤信息管理表格。

4.11　组织协调

(1)协调对象。一是工程建设项目系统内部有关的单位，包括建设单位、监理单位、承包商(设计、施工、材料和设备供应单位)和分包商；二是工程建设项目系统外的单位，包括政府建设行政主管机关、政府其他相关部门、工程毗邻单位、社会团体等。

(2)协调分析。主要包括工程建设项目系统内部的重点关系协调分析和工程建设系统外部的重点关系协调分析。

(3)协调工作程序。质量控制协调程序；造价控制协调程序；进度控制协调程序；其他方面工作协调程序。

(4)协调工作表格。

4.12 监理工作设施

为满足监理工作需要，建设单位应提供办公设施、交通设施、通信设施和生活设施等。

根据工程建设类别、规模、技术复杂程度、工程建设所在地的环境条件，按委托监理合同的约定，应配备满足监理工作需要的常规检测设备和工具。

5 工程建设监理规划的审核

工程建设监理规划在编写完成后需要进行审核并批准。监理单位的技术主管部门是内部审核单位，其负责人应当签字确认。监理规划审核的内容主要包括以下几个方面。

5.1 监理范围、工作内容及监理目标的审核

依据监理招标文件和委托监理合同，看其是否理解建设单位对该工程的建设意图，监理范围、监理工作内容是否全面，是否涵盖全部委托的监理工作任务，监理目标是否与合同要求和建设意图相吻合。

5.2 项目监理组织机构的审核

项目监理组织机构的审核主要是对项目监理的组织形式、管理模式等方面的合理性进行审核，看其是否结合了工程项目实施的具体情况和特点，是否与建设单位的组织关系和承包方的组织关系相协调等。

5.3 人员配备合理性的审核

人员配备方案应从以下几个方面审查：

(1)派驻监理人员的专业满足程度。应根据工程项目的特点和委托监理任务的工作范围进行审查，不仅要考虑专业监理工程师，如土建监理工程师、机械监理工程师等能否满足开展监理工作的需要，而且要看其专业监理人员是否覆盖了工程实施过程中的各种专业要求以及高、中级职称和年龄结构的组成。

(2)人员数量的满足程度。主要审核从事监理工作人员在数量和结构上的合理性，目前还没有统一的规定，部分地区结合当地的实际情况制定了参照标准，有些地区则没有。

(3)专业人员不足时采取的措施是否恰当。大中型工程建设由于技术复杂、涉及的专业面宽，当监理单位的技术人员不足以满足全部监理工作要求时，对拟临时聘用的监理人员的综合素质应认真审核。

(4)派驻现场人员计划表。对于大中型工程建设项目，不同阶段对监理人员人数和专业等方面的要求不同，应对各阶段所派驻现场监理人员的专业、数量计划是否与工程建设项目的进度计划相适应进行审核。还应平衡正在其他工程上执行监理业务的人员，是否能按照预定计划进入本工程参加监理工作。

5.4 监理工作计划审核

在工程项目进展中，各个阶段的监理工作实施计划是否合理，是否制订了工程建设目标以及组织协调的方法。

5.5 造价、进度、质量控制方法和措施的审核

重点审查在每个阶段中对三大目标的控制方法和措施，看其如何应用组织措施保证

目标的实现,方法是否科学、合理、有效。

5.6 **监理工作制度审核**

主要审查监理的内外业工作制度是否健全、合理、有效。

课题7.3 监理细则

监理实施细则简称监理细则,是在监理规划的基础上,由项目监理机构的专业监理工程师针对工程建设中某一专业或某一方面的监理工作编写,并经总监理工程师批准实施的操作性文件。

1 监理实施细则编制的要求

监理实施细则编制应满足以下要求:

(1)针对性。每一个工程项目都有其特殊性,编写过程中要紧紧围绕具体的工程项目并结合实际情况进行编写,不能编写成通用的文件。

(2)指导性。监理实施细则是解决监理工作做什么、如何做、采取什么措施的文件,这就决定了其编写要能够解决上述问题,要具有指导性。

(3)可操作性。编制的监理实施细则要能够在实际的监理工作中运用和实施,解决监理工作中可能遇到的问题,而不是仅仅应付检查。

(4)专业性。监理实施细则要分专业编写,不同的专业监理实施细则不同,要根据专业的特点结合工程项目实际情况编制。

(5)阶段性。监理实施细则要分阶段编写,不同阶段监理的任务、内容、工作的重点不同,采用的方法、手段和措施也不同,因此监理实施细则要分阶段逐一编制。

2 监理实施细则编制的内容

监理实施细则编制的内容包括:①专业工程的特点;②监理工作的流程;③监理工作的控制要点及目标值;④监理工作的方法及措施。

3 监理实施细则编制的程序

监理实施细则编制的程序是:熟悉监理规划→熟悉图纸→专业部门人员讨论→专业监理工程师起草→总监理工程师审定。

4 监理实施细则编制的依据

监理实施细则编制的依据包括:①工程监理规划;②工程项目有关文件;③设计图纸;④施工组织设计;⑤国家现行规范、标准、定额;⑥地方、行业的有关规定、准则等。

5 监理实施细则的作用

监理实施细则的作用是指导本专业或本子项目具体监理业务的开展。

6 监理细则与监理大纲、监理规划之间的关系

监理大纲、监理规划、监理实施细则是相互关联的，都是工程建设监理工作文件的组成部分，它们之间存在着明显的依据性关系。在编写监理规划时，一定要严格根据监理大纲的有关内容来编写。在制订监理实施细则时，一定要在监理规划的指导下进行。

一般来说，监理单位开展监理活动应当编制以上工作文件，但这也不是一成不变的，就像工程设计一样，对于简单的监理活动，只编写监理实施细则就可以了，而有些工程建设也可以制订较详细的监理规划，而不再编写监理实施细则。

课题 7.4 监理例会纪要

项目监理机构应定期召开监理例会，并组织有关单位研究解决与监理相关的问题。项目监理机构可根据工程需要，主持或参加专题会议，解决监理工作范围内工程专项问题。监理例会纪要就是将与会各方代表的发言、讨论、协商意见如实记录，并经过整理提炼和集中，以决议的形式形成意见一致、认识统一和各方共同执行的会议文件。

监理例会以及由项目监理机构主持召开的专题会议的会议纪要，应由项目监理机构负责整理，与会各方代表应会签。

1 监理例会会议纪要的主要内容

会议纪要主要内容包括：①会议的时间及地点；②会议主持人；③出席者的单位、姓名、职务；④会议讨论的主要问题及决议的事项；⑤各项工作落实的负责单位、负责人和时限的要求；⑥其他需要记载的事项。

2 会议纪要的审签、打印和发放

(1)监理例会的会议纪要经总监理工程师审核确认后送交打印。

(2)会议纪要分发到有关单位时应有签收手续。

(3)与会各单位如对会议纪要有异议，应在签收后 3 日内以书面文件反馈到项目监理机构，并由总监理工程师负责处理。

(4)监理例会会议纪要采用的形式应在监理例会上讨论确定，并写入会议纪要。

(5)监理例会的发言原始记录、会议纪要及反馈的文件均应作为监理资料存档。

3 会议纪要编写的要点

(1)检查上次例会会议议定事项的落实情况，分析未完成事项的原因。

(2)检查分析工程项目进度计划完成情况，提出下一阶段进度目标及其落实措施。

(3)检查分析工程项目质量状况，针对存在的质量问题提出改进措施。

(4)检查分析工程安全生产情况，针对施工现场存在的安全隐患及安全管理薄弱环节提出整改措施。

(5)检查工程量核定及工程款支付情况。

(6)解决需要协调的有关事项。

(7)其他有关事项。

4　会议纪要编写的要求

(1)会议纪要编写应把各家发言表述的意见或建议,通过会议讨论,协商达成共识,经过提炼集中形成需要解决的"会议决议事项",逐条整理,不得遗漏。

(2)会议纪要不要写成会议记录、流水账,不能把各方代表发言如实记录在案,避免会议纪要篇幅长、条理不清、中心主题不统一现象。

(3)会议纪要文字要简洁,内容要清楚,用词要准确。

(4)对于不能在本次例会中形成决议的问题,要注明原因,落实具体办事人员,明确提出解决问题的时段,以便在下一次例会上给出一个完整的答复。

(5)会议纪要内容要求符合国家的有关法律、法规和工程建设强制性条文、合同约定的条款、设计文件和技术规范,同时既要做到实事求是、客观公正,又要简明扼要、突出重点。

课题7.5　监理月报

监理月报是项目监理部对一个月内的工程进度、质量、造价控制等监理工作的总结,是建设单位、上级部门和有关部门了解工程实施现状和检查、评定监理工作的重要依据。

1　监理月报的特点

(1)监理月报属于呈报性报告,不需要批复,不需要转发,既不是请示函,也不是经验总结或专题报告。

(2)监理月报重在用数据说话,以文字叙述为准。

(3)监理月报的内容是既成事实,既不允许夸大其词,也不可避重就轻,文过饰非。

(4)监理月报时效性强,必须讲求时限,不能拖延。

(5)监理月报具有权威性。月报应在总监理工程师主持下由各专业监理工程师完成,确保及时、准确,保证质量。监理月报必须由总监理工程师签认后报建设单位和本监理单位。

2　监理月报的主要内容

监理月报应包括下列主要内容:

(1)本月工程实施情况。本月进度、质量、工程款支付等情况的综合评价。

(2)本月监理工作情况。本月监理人员上岗情况;开展各项审核工作的情况;各类监理文件的签发情况;开展见证取样,巡视旁站、实测实量等工作情况。

(3)本月施工中存在的问题及处理情况。本月采取了哪些具体措施,效果如何。还有哪些问题有待解决,可分别分层次讲述合同管理、施工分包、工程变更、质量控制、进度控制、计量支付和施工安全等。

(4)下月监理工作重点。针对本月工程施工存在的问题和尚未解决的问题，提出下月将采取的监理工作的措施和工作重点。

3 监理月报编写存在的通病

(1)重视不够，敷衍了事，文字数据过于简单，不能真实反映工程进展全貌。

(2)拖拉、滞后，当月的月报推迟到次月动手编写，不能按时报出。

(3)内容不全面，重点不突出，文字表达不确切。

(4)月报编写、审批签字不全面，缺乏权威性。

(5)文字表达能力差，文图搭配不当。

为避免上述通病，监理机构在编写月报以前，应及时收集当月素材。专业监理工程师和监理员应提供施工现场第一手材料，在内容编排上要做到文图配合，突出重点，并由总监理工程师审阅、补充、修改定稿。

课题 7.6 监理日志

监理日志是工程监理的重要文件资料。监理日志是指由总监理工程师指定的专业监理工程师和监理员填写，并由总监理工程师或总监理工程师代表按时签阅的文件。

1 编写监理日志的意义

(1)监理日志是项目监理活动最真实的记录。在监理过程中，一旦建设单位与承包商之间对质量、进度、造价等问题产生争议、异议时，必然要追溯到监理活动记录，以求得依据和证明。

(2)监理日志是项目监理人员对施工活动最全面的监控记录。总监理工程师的监理日志记录项目监理及施工组织的重要活动；监理工程师的监理日志记录本专业的监控内容；监理员的监理日志记录对施工一线监控活动的内容。这样的层次与格局形成由上而下、由粗到细的监理活动记录网络系统，综合成一套详尽的反映监理活动的最全面的记录资料档案。

(3)监理日志是反映监理工作水平的窗口。监理日志可以衡量项目监理部监理人员技术素质和业务水平。

(4)监理日志特别是一线监理员的日志，是对承包商施工活动监控的客观记录。监理日志反映出施工企业的技术水平、管理水平以及信誉度。

2 监理日志的主要内容

监理日志主要内容包括：①天气和施工环境情况；②当日施工进展情况；③当日监理工作情况，包括旁站、巡视、见证取样、平行检验等情况；④当日存在的问题及处理情况；⑤其他有关事项。

3　监理日志编写的基本要求

（1）监理日志不允许记录与监理工作无关的内容。

（2）语言简明扼要，用词准确，书写端正，使用专业语言和规范文字。

（3）记事条理清楚、明晰。尤其是监理员和专业监理工程师的日志，涉及工种多、内容广，记录要按顺序，条理分明。

（4）每一个问题记录要有现象、原因分析、处理措施及整改结果。

（5）每件事记录要求完整，有过程，有结论，不留悬念。

（6）对一般问题，专业监理工程师和监理员的记录要对口、统一，互为佐证；对重要问题，总监理工程师、专业监理工程师和监理员的日志记录要形成互证关系，成为三条记录互证链条。

4　监理日志编写存在的通病

（1）记录内容不全面、不完整，不能反映监理活动的全貌。

（2）语言不规范，记录事件过程不系统、不完整，不便于查改、追溯。

（3）签字不全，缺乏管理审核制度。

（4）日志记录不及时，欠账、补记。

课题7.7　监理工作总结

当工程项目监理工作结束时，项目监理机构应当组织监理人员编写监理工作总结。

1　监理工作总结的编写要求

（1）监理工作总结应由总监理工程师负责组织监理机构全体人员编写。

（2）监理工作总结应由总监理工程师审核签字。

（3）监理工作总结应在监理工作结束后1个月编写完毕，一般一式三份，一份交建设单位，一份随监理资料一并交监理公司档案资料管理部门，另一份由建设单位随建设项目资料移交城市档案部门。

2　监理工作总结的主要内容

2.1　工程概况

工程概况包括：①工程名称；②建设单位、设计单位、承包单位、质监单位；③工程规模、工程造价、总工期；④工程结构特点。

2.2　项目监理机构

项目监理机构包括：①项目监理组织机构、监理人员名单及分工；②监理设施和仪器；③监理阶段、范围、目标。

2.3　建设工程监理合同履行情况

建设工程监理合同履行情况包括：①项目监理机构进驻现场开展监理工作时间；②编

制监理规划、监理实施细则，参加施工图纸会审，第一次工地会议，进行监理交底；③审核施工组织设计方案，审查承包单位的质量管理体系、技术管理体系和质量保证体系；④对进场建筑材料、构配件、设备、施工机械进行检查、验收；⑤复核定位放线和每层的标高、轴线；⑥对每道施工工序实施巡视、检查量测，对重点部位实行旁站监督管理，对分项、分部、单位工程实行检查、验收；⑦定期召开工地例会，不定期召开专题会议，对质量、进度和造价随时进行评估，发现问题，及时解决；⑧每月向建设单位送交监理月报，使建设单位掌握上个月的工程实施情况；⑨监理资料按规定向建设单位移交；⑩已按委托监理合同约定的内容，完成施工阶段监理工作的时间。

2.4 监理工作成效

监理工作成效包括：①单位工程质量核验结果；②各单位工程的分项工程、分部工程按照施工图纸要求施工，符合设计及施工验收规范要求；③工期及造价目标实施情况；④安全生产及文明施工情况；⑤建设单位对监理机构工作的支持情况；⑥承包单位对监理机构工作的配合情况；⑦项目监理机构完成合同约定的监理任务情况。

2.5 监理工作中发现的问题及其处理情况

监理工作中发现的问题及其处理情况包括：①重大的设计变更、合同变更情况；②工程出现的重大质量问题及其处理情况；③对进一步优化工程质量、缩短工期、节省投资及改善工程管理方面的情况。

2.6 说明和建议

包括：①工程建设相关事项的说明；②对业主管理方面的建议；③对承包商管理方面的建议；④对工程设计的建议；⑤对工程处理程序的建议；⑥附件（如照片、音像等）。内容不要过多，要简明扼要，只作说明，不作论证，没有也可不写。

小　结

监理工作文件由监理大纲、监理规划、监理实施细则、监理例会纪要、监理月报、监理日志和监理工作总结等构成。监理大纲是监理公司为了承揽监理业务而编写的监理方案性文件，是监理投标文件的重要组成部分。监理规划是监理单位接受建设单位委托并签订委托监理合同之后，在项目总监理工程师的主持下，根据委托监理合同，在监理大纲的基础上，结合工程的具体情况，广泛收集工程信息和资料的情况下制订，经监理单位技术负责人批准，用来指导项目监理机构全面开展监理工作的指导性文件。监理实施细则是在监理规划的基础上，由项目监理组织的各专业监理部门，在部门负责人的主持下，根据监理规划的要求，针对本部门所分担的具体监理工作任务编写的，并经总监理工程师批准实施的，具体指导监理各专业部门开展监理实务作业的操作性文件。

监理规划是指导项目监理机构全面开展监理工作的文件，是监理单位内部考核的依据和重要的存档资料。监理规划是建设监理主管机构对监理单位监督管理的依据。监理规划是建设单位确认监理单位履行合同的主要依据。监理规划编写，依据工程建设方面的法律法规、政府批文、监理大纲、监理合同及其他建设合同进行。监理规划编写的内容力求统一，前后呼应，针对性强，遵循工程建设的运行规律。监理规划表达方式力求格式化、标准化，从而使控制的规划显得更明确、更简洁、更直观。

工程建设监理规划应将委托监理合同中规定的监理单位承担的责任及监理任务具体化，并在此基础上制定实施监理的具体措施。监理规划主要内容包括：①工程概况；②监理工作的范围、内容、目标；③监理工作依据；④监理组织形式、人员配备及进退场计划、监理人员岗位职责；⑤监理工作制度；⑥工程质量控制；⑦工程造价控制；⑧工程进度控制；⑨安全生产管理的监理工作；⑩合同与信息管理；⑪组织协调；⑫监理工作设施等。

工程建设监理规划编写完成后，由监理单位的技术主管部门审核，审核签认后报建设单位。监理规划审核的内容包括：①监理范围、工作内容及监理目标的审核；②项目监理组织机构的审核；③人员配备合理性的审核；④监理工作计划审核；⑤造价、进度、质量控制方法和措施的审核；⑥监理工作制度审核等。

监理例会纪要是与会各方代表的发言、讨论、协商意见如实记录，并经过整理提炼和集中，并以决议的形式形成意见一致、认识统一和各方共同执行的会议文件。会议纪要主要内容包括：①会议的时间及地点；②会议主持人；③出席者的单位、姓名、职务；④会议讨论的主要问题及决议的事项；⑤各项工作落实的负责单位、负责人和时限的要求；⑥其他需要记载的事项。

监理月报是项目监理部对一个月内的工程进度、质量、造价控制等监理工作的总结。监理月报主要内容包括：①本月工程实施情况；②本月监理工作情况；③本月施工中存在的问题及处理情况；④下月监理工作重点。

监理日志是指由总监理工程师指定的专业监理工程师和监理员填写，并由总监理工程师或总监理工程师代表按时签阅的文件。监理日志主要内容包括：①天气和施工环境情况；②当日施工进展情况；③当日监理工作情况，包括旁站、巡视、见证取样、平行检验等情况；④当日存在的问题及处理情况；⑤其他有关事项。

工程项目监理工作结束时，项目监理机构应当组织监理人员编写监理工作总结。监理工作总结应由总监理工程师审核签字。监理工作总结的主要内容包括：①工程概况；②项目监理机构；③建设工程监理合同履行情况；④监理工作成效；⑤监理工作中发现的问题及其处理情况；⑥说明和建议。

习　　题

一、名词解释

①监理大纲；②监理规划；③监理实施细则；④监理例会纪要；⑤监理月报；⑥监理日志；⑦监理工作总结。

二、单项选择题

1. 监理规划是监理单位重要的(　　)。

A. 监理总结　　B. 计划文件

C. 监理文件　　D. 历史资料

2. 下列说法中，符合监理规划的是(　　)。

A. 由项目总监理工程师主持制定

B. 监理规划在运行过程中不得修改、调整

C. 监理规划是在签订监理合同之前制定的

D. 监理规划是监理大纲编制的前提

3. 由项目监理机构的专业监理工程师编写，并经总监理工程师批准实施的监理文件是(　　)。

A. 监理大纲　　B. 监理规划

C. 监理实施细则　　D. 监理合同

4. (　　)是与会各方代表的发言、讨论、协商意见如实记录，并经过整理提炼和集中，并以决议的形式形成意见一致、认识统一和各方共同执行的会议文件。

A. 监理月报　　B. 监理日志

C. 监理工作总结　　D. 监理例会纪要

5. (　　)是项目监理部对一个月内的工程进度、质量、造价控制等监理工作的总结。

A. 监理月报　　B. 监理日志

C. 监理工作总结　　D. 监理例会纪要

三、多项选择题

1. 监理规划的作用是(　　)。

A. 指导项目监理机构全面开展监理工作

B. 监理单位内部考核依据

C. 监理单位的重要存档资料

D. 建设单位确认监理单位履行监理合同的依据

E. 政府建设主管机构对监理单位监督管理的依据

2. 监理大纲的作用是(　　)。

A. 指导项目监理机构全面开展监理工作

B. 为监理单位承揽监理业务服务

C. 为今后开展监理工作提出监理方案

D. 具体指导各专业开展监理实务工作

E. 编写监理规划的依据

3. 监理大纲、监理规划、监理实施细则的区别是(　　)。

A. 监理细则是开展监理工作的依据而其他不是

B. 编写的时间不同　　C. 主持编写人的身份不同

D. 内容范围不同　　E. 内容粗细程度不同

4. 监理月报的主要内容是(　　)。

A. 本月工程实施情况　　B. 本月监理工作情况

C. 本月施工中存在的问题及处理情况　　D. 下月监理工作重点

E. 上月工程施工存在的问题及处理情况

5. 监理日志主要内容是(　　)。

A. 天气和施工环境情况　　B. 当日施工进展情况

C. 当日监理工作情况,包括旁站、巡视、见证取样、平行检验等

D. 当日存在的问题及处理情况　　E. 其他有关事项

四、简答题

1. 监理大纲、监理规划、监理实施细则三者之间关系如何?

2. 监理大纲编写依据是什么? 编写内容有哪些? 有何作用?

3. 监理实施细则编写依据是什么? 编写内容有哪些? 编写应注意哪些问题? 有何作用?

4. 监理规划编写依据是什么? 编写内容有哪些? 编写应注意哪些问题? 有何作用?

5. 监理工作中一般需要制订哪些工作制度?

6. 建设单位应提供给监理方的设施有哪些?

7. 监理规划审核的内容主要包括哪些方面?

8. 监理例会纪要的主要内容包括哪些方面? 编写要点与要求有哪些?

9. 监理月报有何特点? 监理月报的主要内容有哪些? 监理月报编写存在哪些通病?

10. 编写监理日志有何意义? 监理日志的主要内容有哪些? 监理日志编写存在哪些通病?

11. 监理工作总结的编写有何要求? 其主要内容有哪些?

模块 8　工程建设合同管理

【知识要点】 合同与合同管理的基本概念；监理合同的概念、主要内容、订立及履行；勘察设计合同的概念、主要内容、订立及履行；施工合同的概念、主要内容、订立及履行；设备材料采购合同的概念、主要内容、订立及履行；工程建设索赔的概念、分类，索赔处理原则和基本程序。

【教学目标】 掌握工程建设施工合同管理的内容和方法，工程建设索赔的概念、分类、索赔处理原则和基本程序；熟悉工程建设合同的概念、类型及作用，工程建设监理合同概念及管理内容；了解勘察设计合同、设备材料采购合同的概念。

课题 8.1　合同与合同管理

1　工程建设合同的基本概念

合同也称契约、协议，是反映交易的法律形式。合同是平等主体的自然人、法人及其他组织之间设立、变更、终止民事权利义务的协议。

1.1　合同的特点

（1）合同是当事人协商一致的协议，是双方或多方的民事法律行为。

（2）合同的主体是自然人、法人或其他组织等民事主体。

（3）合同的内容是有关设立、变更和终止民事权利关系的约定，通过合同条款具体体现出来。

（4）合同必须依法成立，只有依法成立的合同对当事人才具有法律约束力。

1.2　订立合同应遵循的基本原则

（1）平等原则。合同当事人的法律地位平等，即享有民事权利和承担民事义务的资格是平等的，一方不得将自己的意志强加给另一方。

（2）自愿原则。合同当事人依法享有自愿订立合同的权利，不受任何单位和个人的非法干预。

（3）公平原则。合同当事人应遵循公平原则确定各方的权利和义务关系。

（4）诚实信用原则。合同当事人行使权利、履行义务应当遵循诚实信用原则。它要求人们在订立和履行合同中讲究信用，恪守诺言，诚实不欺。

（5）遵守法律、法规和公序良俗原则。合同的订立和履行，应当遵守法律、法规和公序良俗。公序良俗即公共秩序和善良风俗。公序良俗原则要求当事人订立、履行合同时，不但应当遵守法律、法规，而且应当尊重社会公德，不得扰乱社会经济秩序，损害社会公共利益。

1.3　工程建设合同的内容

合同的组成包括合同的主体、客体和内容。合同的主体即合同的当事人，就是权利义务的主体。合同的客体是指当事人权利义务所共同指向的对象，即标的。合同的内容是指当事人享有的权利和承担的义务。合同的内容由当事人约定，一般包括以下条款：

（1）当事人的名称（姓名）和住所。合同当事人是自然人的，要写明该自然人的姓名和住所；当事人是法人或者其他组织的，要写明该法人或该组织的名称和住所。

（2）标的。标的是合同权利义务共同指向的对象。没有标的或标的不明确，当事人的权利和义务就无所指向，那么合同就无法履行。

（3）数量。数量是合同标的的具体化。标的数量一般以度量衡作为计算单位，以数字作为衡量标的的尺度，它直接体现了合同双方权利义务的大小程度。

（4）质量。质量也是合同标的的具体化。标的质量是指质量标准、功能技术要求、服务条件等，表明了标的的内在素质和外观形态，是合同当事人履行权利和义务优劣的尺度。因此，质量应加以明确。

（5）价款或者报酬。合同价款或报酬是接收标的的一方当事人以货币的形式向另一方当事人支付的代价，作为对方完成合同义务的补偿。合同中应明确价款或报酬的数额、支付时间及支付方式等。

（6）履行期限、地点和方式。履行期限是合同当事人完成合同所规定各自义务的时间界限，它是衡量合同是否按时履行的标准；合同当事人必须在规定的时间内履行自己的义务，否则，应承担违约或延迟履行的责任。履行地点是指合同当事人履行义务的地点。履行地点由当事人在合同中约定，没约定则以法律规定或交易惯例确定。履行地点也是确定管辖权的依据之一。履行方式是指合同当事人履行义务的方法，如转移财产、提供服务等。

（7）违约责任。即合同当事人一方或双方，由于自身过错未履行合同义务而依法依约所应承担的责任。规定违约责任，一方面可以促进当事人按时、按约履行义务；另一方面可对当事人的违约行为进行制裁，弥补守约一方因对方违约而遭受的损失。

（8）解决争议的方法。解决争议的方法主要有协议、调解、仲裁、诉讼。合同当事人如果在履行合同过程中发生纠纷，首先应通过协商解决，协商不成的，可以调解或仲裁、诉讼。

1.4　工程建设合同的类型

1.4.1　按承、发包的范围和数量分类

工程建设合同可分为工程建设总承包合同、工程建设承包合同和分包合同。

1.4.2　按完成工程承包的内容分类

工程建设合同可分为工程建设勘察合同、工程建设设计合同、工程建设委托监理合同和工程建设施工合同。

1.4.3　按计价方式分类

工程建设合同可分为总价合同、单价合同和成本加酬金合同。

1.5 工程建设中的主要合同关系

1.5.1 建设单位的主要合同关系

建设单位作为工程(或服务)的买方,是工程的所有者,它可能是政府、企业、其他投资者、几个企业的组合或政府与企业的组合。建设单位根据对工程的需求,确定工程项目的整体目标,此目标是所有相关工程的核心。要实现工程目标,建设单位必须将建筑工程的勘察设计、各专业施工、设备和材料供应等工作委托出去,并与有关单位签订咨询(建立)合同、勘察设计合同、供应合同、工程施工合同、贷款合同等。

1.5.2 承包单位的主要合同关系

承包单位是工程施工的具体实施者,是工程承包合同的执行者。承包单位通过投标接受建设单位的委托,签订工程承包合同,承包单位要完成承包合同的责任,包括工程量表所确定的工程范围内的施工、竣工和保修,和为完成这些工程提供的劳动力、施工设备、材料等,有时也包括技术设计。但承包单位不可能也不必具备所有的专业工程的施工能力,材料设备的生产和供应能力,也同样需要将许多专业工作委托出去,故承包单位常常又有自己复杂的合同关系。如分包合同、供应合同、运输合同、加工合同、租赁合同、劳务供应合同、保险合同等。

1.5.3 监理单位的主要合同关系

监理单位受建设单位的委托,对建设单位的工程项目实施监督和管理,其主要合同是工程建设委托监理合同。

1.6 工程建设合同的作用

1.6.1 合同确定了工程建设和管理的目标

工程建设地点和施工场地、开工和完工日期、工程中主要活动的延续时间等,是由合同协议书、工程进度计划所决定的;工程规模、范围和质量包括工程的类型和尺寸、工程要达到的功能和能力,设计、施工、材料等方面的质量标准和规范等,是由合同条款、规范、图纸、工程量清单、供应单等决定的;价格和报酬包括工程总造价,各分项工程的单价和合价,设计、服务费用和报酬等,是由合同协议书、中标函、工程量清单等决定的。

1.6.2 合同是工程建设过程中双方解决纠纷的依据

在工程建设过程中,由于合同实施环境的变化、双方对合同条款本身存在模糊、不确定理解等因素,引起纠纷是难免的,关键是如何正确解决这些纠纷。在这方面合同有两个决定性的作用:一是判定纠纷责任要以合同条款为依据,即根据合同判定应由谁对纠纷负责,以及应负什么样的责任;二是纠纷的解决必须按照合同所规定的解决方式和程序进行。

1.6.3 合同是工程建设过程中双方活动的准则

工程建设过程中双方的一切活动都是为了履行合同,必须按合同办事,全面履行合同所规定的权利和义务,并承担所分配风险的责任。双方的行为都要受合同约束,一旦违约,就要承担相应的法律责任。

1.6.4 合同是协调并统一参与者行动的重要手段

一个工程项目的建设,往往有相当多的参与单位,有建设单位、勘察设计、施工、咨询监理单位,也有设备和物资供应、运输、加工单位,还有银行、保险公司等金融单位,并有政府有关部门、群众组织等。每一参与者均有自身的目标和利益追求,并为之努力。要使各参与者的活动协调统一,为工程总目标服务就必须依靠为本工程顺利建设而签订的各个合同。项目管理者要通过与各单位签订的合同,将各合同和合同规定的活动在内容上、技术上、组织上、时间上协调统一,形成一个完整、周密、有序的体系,以保证工程有序地按计划进行,顺利地实现工程总目标。

2 工程建设合同管理

2.1 工程建设合同管理的概念

工程建设合同管理是指为了工程项目所需建设的顺利实施,严格按照合同有关规定,保证工程的质量、进度和造价控制在合理的范围内并使其圆满完成的活动。

2.2 工程建设合同管理的作用

(1)工程合同管理贯穿工程建设全过程。工程建设合同的顺利实施是保证工程项目按预定目标完成的前提。工程形成由决策、勘查、设计、招投标、施工、竣工验收阶段组成。

(2)工程建设合同管理为质量、进度和造价控制提供了依据和目标。

(3)工程建设合同管理是使签约双方运用法律手段按合同条款履约的有效方法。

2.3 工程建设合同管理的主要方法

工程建设合同管理应从两个方面入手:其一是合同的评审和签订。要求制定的合同条款明确严谨,评审人员需按规定的质量体系要求认真考虑各条款的可行性,使各个环节紧密相连,不出漏洞;其二是合同的实施和跟进。要求企业内部人员具有较高的素质,能理解合同条款,严格按照合同条款办事,认真履行合同,实施跟踪,及时解决问题。

2.3.1 合同的制定和评审

(1)合同的制定。工程建设合同条款要明确,可操作性、约束性条款应详细,不能含糊其辞,合同双方地位应平等,合同仲裁机构名称要写具体,签字、盖章应同时具备。

(2)合同的评审。在每一项工程合同签订前,按照规定的质量体系文件的要求对承包商与建设单位双方拟定的合同内容进行各部门的评审。分别送各相关部门进行评审,决策层管理人员对评审后的合同进行批示。在综合各部门意见和批示的基础上与建设单位洽商修改,最后盖章、签字送出合同。

2.3.2 合同的实施和跟进

签订的合同条款需要高素质的人才执行,施工企业应配备负责合同日常管理工作的专业人员,通过对项目部内部网络,实现合同管理信息化,力求达到重合同守信用的目的。

(1)监督检查有关职能部门和项目部履行合同的情况,及时发现薄弱环节,提出补救措施,防止施工企业自身发生违约情况,保证合同正确履行。

(2)检查合同履行过程中对方可能发生和已经发生的违约情况,预防对方违约,并对违约事件提出索赔;参加合同纠纷的处理,提出适当对策,保护本施工企业的合法权益不受损失。

(3)定期和不定期地总结合同履行的全面情况,提炼成功的经验,汲取教训,提出改进合同管理工作的建议,供以后工作参考。

课题 8.2　工程建设委托监理合同管理

1　工程建设委托监理合同的概念和特征

工程建设委托监理合同简称监理合同，是指委托人与监理人就委托的工程项目管理内容签订的明确双方权利、义务的协议。

监理合同是委托合同的一种，除具有委托合同的共同特点外，还具有如下特征：

(1)监理合同的当事人双方应当是具有民事权力能力和民事行为能力、取得法人资格的企事业单位、其他社会组织，个人在法律允许的范围内也可以成为合同当事人。委托人必须是具有国家批准的建设项目，落实投资计划的企事业单位、其他社会组织及个人，作为受托人，必须是依法成立的具有法人资格的监理企业，并且所承担的工程监理业务应与企业资质等级和业务范围相符合。

(2)监理合同委托的工作内容必须符合工程项目建设程序，遵守有关法律、行政法规。监理合同以对建设工程项目实施控制和管理为主要内容，因此监理合同必须符合工程建设项目的程序，符合国家和建设行政主管部门颁发的有关工程建设的法律、行政法规、部门规章和各种标准及规范要求。

(3)委托监理合同的标的是服务，建设工程实施阶段所签订的其他合同，如勘察设计合同、施工承包合同、物资采购合同、加工承揽合同的标的物是产生新的物质成果或信息成果，而监理合同的标的是服务，即监理工程师凭借自己的知识、经验、技能受建设单位委托为其所签订的其他合同的履行实施监督和管理。

2　工程建设委托监理合同的主要内容

委托监理合同中明确了监理企业所承担的监理任务，以及合同双方的责任、权利和义务。具体内容包括以下几个方面。

2.1　签约各方的确认

委托合同的首页应说明签约双方的身份，包括建设单位和监理企业的名称、地点及经济性质等。为了便于合同的书写，一般都采用缩写方式表示双方的名称，即建设单位或委托方称为甲方，监理方称为乙方。

2.2　合同的一般性描述

一般性描述是引出合同“标的”的过渡，比较简单，常用一些套语，如“鉴于……”在标注合同文本中这些叙述常被省略。

2.3　监理企业应履行的义务

监理企业应履行义务的叙述，一般分为两部分：一是受聘监理工程师的义务的描述，二是被委托的监理项目概况的描述。

2.4　监理企业提供服务的详细内容

在监理委托合同中，应以专门的条款对监理企业准备提供的服务内容进行详细说明。由于每个监理委托合同要求监理企业的服务内容不同，因此对服务内容都必须加以特定的说明,以避免产生合同纠纷。

2.5 费用条款

费用是监理委托合同中不可缺少的重要条款,应具体明确规定费用支付额度、支付方式和支付时间。对国际工程项目建设委托监理合同,还应规定费用支付的货币种类。在监理委托合同中除对酬金应明确规定外,应对监理合同中产生的某些特殊费用,如监理成本补偿费用、可报销费用、特殊项目监理费用及个别专业高级监理人员的酬金及补贴费用等作出特殊规定。同时,在监理委托合同中还应该明确监理企业事先投入的资本金的额度、计息方式和时间等。

2.6 建设单位的义务

建设单位除按合同规定支付监理服务费用外,还应为监理企业执行监理任务提供有效的支持和帮助。一般情况下建设单位的义务有:

(1)为监理企业提供法律、资金和保险等服务。

(2)为监理企业提供技术文件、工程资料、数据及有关信息等服务。

(3)为监理企业提供与监理业务有关的工作支持,如办公用房、交通工具、检测及试验手段等。

(4)协助监理企业做好监理活动中的各种协调工作,如办理有关手续及批件,处理参与建设各方的关系等。

(5)及时解决监理活动中有关紧急费用补偿支付等。

(6)应及时批复监理工程师送给建设单位的各种请示函件、文书及报告等。

建设单位承担的上述义务,在监理委托合同中都应作出明确的规定。

2.7 维护建设单位利益的条款

在监理委托合同中,应有维护建设单位利益的相关条款,一般应包括下述内容:

(1)监理工作进度计划。

(2)要求监理企业进行某种类型的保险或向建设单位提供类似的保险(如建设单位借给监理企业使用的部分财产保险等)。

(3)监理企业不能超越建设单位授权的范围。

(4)建设单位有权察看或审查有关监理记录和技术资料,监理企业应按监理合同规定向建设单位提供工作报告。

(5)监理企业不得将合同承包任务转包或分包给第三方。监理企业违背合同或不能满意地履行合同时,建设单位有权终止合同。监理企业派出的监理人员不称职,建设单位有权提出撤换的要求等。

2.8 维护监理企业利益的条款

在监理委托合同中除应明确规定监理服务费用和补偿费用办法外,还应有维护监理企业利益的有关条款。概括起来主要有以下内容:

(1)明确不应列入监理的服务项目。

(2)因改变监理的工作范围所委托的附加工作应支付服务费用的标准。

(3)因非人为的意外原因造成监理工作进度延误,监理企业应得到的补偿标准。

(4)因建设单位的过失或责任给监理企业造成损失,应由建设单位承担责任。未按合同期限及时审批监理工程师递送的报告、信函而造成损失应由建设单位承担责任等。

(5)因建设单位原因终止监理委托合同造成经济损失，监理企业有权要求建设单位给予合理补偿等。

2.9 总结条款

比较规范的经济合同都包括一些总结条款，如表明签约各方的权力、合同修改、终止或其他紧急情况的处理程序，以及一些不可抗力造成不能履行合同的条款等。

3 监理合同的订立

签约双方应对对方的基本情况有所了解，包括资质等级、营业等级、营业资格、财务状况、工作业绩、社会信誉等。作为监理企业，还应根据自身状况和工作情况，考虑竞争该项目的可行性。

监理企业在获得建设单位的招标文件或建设单位草签协议之后，应立即对工程所需费用进行预算，提出报价，同时对招标文件中的合同文本进行分析、审查，为合同谈判和签约提供决策依据。无论以何种方式进行招标、投标，建设单位和监理企业都要就监理合同的主要条款进行谈判。谈判内容要具体，责任要明确，要有准确的文字记载。作为建设单位，切忌以手中有工程的委托权，而不以平等的原则对待监理方。应当看到监理工程师的良好服务将为建设单位带来巨大的利益。作为监理方，应利用法律赋予的平等权利进行对等谈判，对重大问题不能迁就和无原则让步。经过谈判，双方就监理合同的各项条款达成一致，即可正式签订合同文件。

4 监理合同的履行

4.1 建设单位的履行

4.1.1 严格按照监理合同的规定履行应尽义务

监理合同规定的应由建设单位方负责的工作，是使合同最终实现的基础，如外部关系的协调，为监理工作提供外部条件，为监理企业提供获取本工程使用的原材料、构配件、机械设备等生产厂家名录等，都是为监理方做好工作的先决条件。建设单位方必须严格按照监理合同的规定，履行应尽的义务，才能有权要求监理方履行合同。

4.1.2 按照监理合同的规定行使权利

监理合同中规定的建设单位权利，主要有如下三个方面：对设计、施工单位的发包权；对工程规模、设计标准的认定权及设计变更的审批权；对监理方的监督管理权。

4.1.3 建设单位的档案管理

在全部工程项目竣工后，建设单位应将全部合同文件，包括完整的工程竣工资料加以系统地整理，按照国家《档案法》及有关规定，建档保管。为了保证监理合同档案的完整性，建设单位对合同文件及履行中与监理企业进行的签证、记录协议、补充合同备忘录、函件、电报、电传等都应系统地认真整理，妥善保管。

4.2 监理企业的履行

监理合同一经生效，监理企业就要按合同规定，行使权利，履行应尽的义务。

4.2.1　确定项目总监理工程师，成立项目监理机构

每一个被监理的工程项目，监理企业都应根据工程项目规模、性质和建设单位对监理的要求，委派称职的人员担任项目的总监理工程师，代表监理企业全面负责该项目的监理工作。总监理工程师对内对监理企业负责，对外对建设单位负责。

在总监理工程师的具体领导下，组建项目监理机构，并根据签订的监理委托合同，制订监理规划和具体的实施细则，开展监理工作。

一般情况下，监理企业在承接项目监理业务时，在参与项目监理的招标、拟订监理方案（大纲），以及与建设单位商签监理委托合同时，应选派人员主持该项目工作。在监理任务确定并签订监理委托合同后，该主持人即可作为该项目总监理工程师。这样，项目总监理工程师在承接任务阶段就早期介入，从而更能了解建设单位的建设意图和对监理工作的要求，并能更好地与后续工作衔接。

4.2.2　进一步熟悉情况，收集有关资料，为开展建设监理工作做好准备

（1）反映工程项目特征的有关资料包括工程项目的批文，规划部门关于规划红线范围和设计条件通知，土地管理部门关于准予用地的批文，批准的工程项目可行性研究报告或设计任务书，工程项目地形图，工程项目勘测、设计图样及有关说明。

（2）反映当地工程建设报建程序的有关规定包括：当地有关拆迁工作的有关规定，当地关于工程建设应缴纳有关税、费的规定，当地关于工程项目建设管理机构资质管理的有关规定，当地关于工程项目建设监理的有关规定，当地关于工程项目建设招标制的有关规定，当地关于工程造价管理的有关规定等。

课题 8.3　工程勘察、设计合同管理

1　工程勘察、设计合同的概念

工程建设勘察、设计合同是委托方与承包方之间为了完成一定的勘察、设计任务而签订的，明确双方相互权利和义务的协议。委托方一般是建设单位或工程建设（包括勘察、设计、建筑、安装）的总包单位，而承包方则是勘察、设计单位。

2　工程勘察、设计合同的特征

（1）合同的当事人必须是具有权利能力和行为能力的特定的法人资格的社团组织。勘察设计单位要有国家建设主管部门对其技术力量和工作能力进行审查、核定承包范围，发给资格证明或勘察、设计证书，并由当地工商行政管理部门批准，发给营业执照后，才有权对外签订勘察、设计合同。

（2）合同必须符合国家规定的基本建设程序。设计合同必须以国家批准的设计任务书或其他有关文件作为签订的先决条件。如单独委托施工图设计任务，应同时具有经有关部门批准的初步设计文件方能签订。

（3）合同的履行受国家主管部门监督检查，当事人有义务接受监督。合同的监督检查，主要是工商行政管理机关和各级业务主管部门，检查签约双方订立和履行合同的情

况，发现违约立即终止。

(4)合同的履行要求双方当事人密切协商、通力合作，才能确保整个合同义务的按时全面完成。

3　工程勘察、设计合同的订立

当事人在互相了解对方的资格、资信和履行能力后，可就勘察、设计合同的正式签订进行谈判。谈判时要对合同中的条款逐一讨论、协商，明确双方的权利和义务。合同中对其标的及其数量和质量的要求、酬金、合同的期限等须明确地、具体地作出约定，以免日后履行合同时发生纠纷。在双方当事人达成一致协议后，由双方负责人或指定的代表签字并加盖公章，勘察设计合同即具有法律约束力。

4　工程勘察、设计合同的主要内容

根据《中华人民共和国经济合同法》及《工程建设勘察设计合同条例》的规定，勘察设计合同应包括以下内容：

(1)工程建设名称、规模、投资额及建设地点。如果单独签订勘察合同，一般只需要工程建设名称和建设地点两项即可。

(2)委托方与承包方的义务。

(3)设计的修改与停止。设计文件批准后，即具有一定的严肃性，不能任意修改和变更，如果必须修改，也须经有关部门批准，其批准权限，视修改的内容所涉及的范围而定。如果修改部门是属于初步设计的内容（如总布置图、工艺流程、设备、面积、标准、定员、概算等），须经设计的原批准单位批准；如果修改部门是属于设计任务书的内容（建设规模、产品方案、建设地点及主要协议关系等），则须经设计任务书的原批准单位批准；施工图设计的修改，须经设计单位的批准。

委托方因故要求修改工程的设计，经承包方的同意后，除设计文件的提交时间另定外，委托方还应按照承包方实际返工修改的工作量增付设计费。

原定设计任务书或初步设计如有重大变更而需重做或个性设计时，须经设计任务书或初步设计批准机关同意，并经双方当事人协商后另订合同。委托方负责支付已经进行的设计费用。

委托方因故要求中途停止设计时，应及时书面通知承包方，已付的设计费不退并按该阶段实际消耗工日，增付和结清设计费，同时结束合同关系。

(4)勘察、设计费的数量和拨付办法。委托方应按国家有关规定向承包方支付勘察、设计费。

(5)违约责任。

(6)纠纷的处理。工程建设勘察设计合同发生纠纷时，双方应及时协商解决。协商不成时，双方属于同一部门的，由上级主管部门调解；调解不成或不属于同一部门的，可向国家规定的合同管理机关申诉调解或仲裁，也可直接向人民法院起诉。

(7)其他。工程建设勘察设计合同须明确合同的生效和失效日期。一般勘察合同在全部勘察工作验收合格后失效，设计合同在全部设计任务完成后失效。勘察设计合同的未尽事宜,须经双方协商,做出补充规定。补充规定与原合同具有同等效力,但不得与原合同内容冲突。

5　工程勘察、设计合同中双方的义务和责任

5.1　工程勘察合同中双方的义务

5.1.1　委托方的义务

(1)在勘察工作开展之前,委托方应向承包方提交由设计单位提供、经建设单位同意的勘察范围的地形图和建设平面图各一份,提交由建设单位委托、设计单位填写的勘察技术要求及附图。

(2)委托方应负责勘察现场的水电供应,现场清理等工作。

(3)在勘察人员进入现场作业时,委托方应负责提供必须的工作和生活条件。

5.1.2　承包方的义务

勘察单位应按照规定的标准、规范、规程和技术条例,进行工程测量、工程地质、水文地质等勘察工作,并按合同规定的进度、质量要求提交勘察成果。

5.2　工程设计合同中双方的义务

5.2.1　委托方的义务

(1)如果委托初步设计,委托方应在规定的日期内向承包方提供经过批准的设计任务书(或可行性报告)、选址报告以及原料(或经过批准的资源报告)、燃料、水电、运输等方面的协议文件和能满足初步设计要求的勘察资料,需经科研取得的技术资料。

(2)如果委托施工图设计,委托方应在规定日期内向承包方提供经过批准的初步设计文件和能满足施工图设计要求的勘察资料、施工条件以及有关设备的技术资料。

(3)委托方应负责及时向有关部门办理各设计阶段设计文件的审批工作。

(4)明确设计范围和深度。

(5)如果委托配合引进项目的设计,从询价、对外谈判、国内外技术考察直到建成投产的各个阶段,都应通知承担有关设计的单位参加,这样有利于设计任务的完成。

(6)在设计人员进入施工现场工作时,委托方提供必要的工作和生活条件。

(7)委托方要按照国家有关规定付给承包方勘察设计费,维护承包方的勘察成果和设计文件,不得擅自修改,也不得转让给第三者重复使用,否则便侵犯了承包方的智力成果权。

5.2.2　承包方的义务

(1)承包方要根据批准的设计任务书(或可行性研究报告)或上一阶段设计的批准文件以及有关设计的技术经济文件、设计标准、技术规范、规程、定额等提出勘察技术要求和进行设计,并按照合同规定的进度和质量要求,提交设计文件(包括概预算文件、材料设备清单)。

(2)初步设计经上级审查后,在原订任务范围内的必要修改,应由承包方承担。

(3)承包方对所承担设计任务的建设项目配合施工,进行施工前技术交底,解决施工中的有关设计问题,负责设计变更和修改预算,参加隐蔽工程验收和工程竣工验收。

5.3 工程勘察、设计合同中双方的责任

5.3.1 委托方的责任

（1）按《工程建设勘察设计合同条例》的规定，委托方若不履行合同，无权请求退回定金。

（2）由于变更计划，提供的资料不准确，未按期提供勘察、设计工作所必须的资料或工作条件，因而造成勘察设计工作返工、停工、窝工或修改设计时，委托方应按承包方实际消耗的工作量增付费用。因委托方责任而造成重大返工或重作设计时，应另增加勘察设计费。

（3）勘察设计的成果按期、按质、按量交付后，委托方要按《条例》第七条的规定和合同的约定，按期、按量偿付勘察设计费；委托方超过合同规定的日期付费时，应偿付逾期违约金；偿付办法与金额由双方按照国家的有关规定协商商定。

5.3.2 承包方的责任

（1）因勘察设计质量低劣引起返工或未按期提交勘察设计文件，拖延工期造成损失的，由承包方继续完善勘察、完成设计，并视造成的损失、浪费的大小减免或免收勘察设计费。

（2）对于因勘察设计错误而造成工程重大质量事故的，承包方除免收损失部分的勘察设计费外，还应付与直接损失部分勘察设计费相当的赔偿金。

（3）如果承包方不履行合同，应双倍返还定金。

课题 8.4　工程建设施工合同管理

1　工程建设施工合同的概念、特征及内容

1.1 工程建设施工合同的概念

工程建设施工合同是发包方（建设单位或总包单位）与承包方（施工单位）为完成具体工程项目的建设施工、设备安装、设备调试、工程保修等内容，确定双方权利和义务的协议。依照施工合同，施工单位应完成建设单位交给的工程建设施工任务，建设单位应按规定提供必要条件并支付工程价款。

1.2 工程建设施工合同的特征

（1）施工合同的当事人必须是具有法律权利能力和行为能力的特定法人。承包方必须是经过国家主管部门审查、核定、批准的专业建筑安装企业。承包方必须符合（建筑企业管理条例）规定的企业级别、营业范围，承包规定范围内的任务，低级企业不能越级承包。

（2）施工合同必须以国家批准的计划和设计文件作为签订的先决条件。

（3）施工合同的履行受国家主管部门和建设单位监督，当事人有义务接受其监督。

（4）施工合同的标的是特定的建设项目。因此，工程建设承包合同要依据特定的条件和要求依法签订。

1.3 工程建设施工合同的内容

施工合同的主体即建设单位(发包单位,甲方)和建筑安装企业(承包单位,乙方),它们必须是法人,客体就是施工项目。

合同内容即合同的具体条款和形式。主要包括:工程概况、承包工程范围、工程造价、承包方式、开工与竣工日期、物资供应方式、施工准备工作分工、工程变更及其经济责任、施工和技术资料的供应、工程价款的支付方式与结算方法、加工定货的有关规定、工程验收、合理化建议的处理、停窝工的处理、临时设施工程、奖惩、保修期间及保养条件、纠纷与仲裁、保险、合同份数、存留部门与生效方式、合同公证单位、签约时间、地点、法人代表等。

2 工程建设施工合同范本简介

施工合同内容复杂、涉及面宽,为了避免施工合同的编制者遗漏某些方面的重要条款,或条款约定责任不够公平合理,住房与城乡住建部与工商总局于2013年4月3日联合发布了《建设工程施工合同(示范文本)》(GF—2013—0201)(简称示范文本)。

施工合同文本条款的内容不仅涉及各种情况下双方的合同责任和规范化的履行管理程序,而且涵盖了非正常情况的处理原则,如变更、索赔、不可抗力、合同的被迫终止、争议的解决等方面。示范文本中的条款属于推荐使用,应结合具体工程的特点加以取舍、补充,最终形成责任明确、操作性强的合同。

示范文本由协议书、通用合同条款、专用合同条款三部分组成,并附有十一个附件。

2.1 协议书

合同协议书是施工合同的总纲性法律文件,经过双方当事人签字盖章后合同即生效。示范文本合同协议书共计13条,主要包括工程概况、合同工期、质量标准、签约合同价和合同价格形式、项目经理、合同文件构成、承诺以及合同生效条件等重要内容,集中约定了合同当事人基本的合同权利义务。

2.2 通用合同条款

通用合同条款是合同当事人根据《中华人民共和国建筑法》《中华人民共和国合同法》等法律法规的规定,就工程建设的实施及相关事项,对合同当事人的权利义务作出的原则性约定。

通用合同条款共计20条,具体条款分别为:一般约定、发包人、承包人、监理人、工程质量、安全文明施工与环境保护、工期和进度、材料与设备、试验与检验、变更、价格调整、合同价格、计量与支付、验收和工程试车、竣工结算、缺陷责任与保修、违约、不可抗力、保险、索赔和争议解决。通用条款在使用时不能做任何改动,应原文照搬。

2.3 专用合同条款

专用合同条款是对通用合同条款原则性约定的细化、完善、补充、修改或另行约定的条款。合同当事人可以根据不同建设工程的特点及具体情况,通过双方的谈判、协商对相应的专用合同条款进行修改补充。在使用专用合同条款时,应注意以下事项:①专用合同条款的编号应与相应的通用合同条款的编号一致;②合同当事人可以通过对专用合同条款的修改,满足具体建设工程的特殊要求,避免直接修改通用合同条款;③在专用合同条款中有横道线的地方，合同当事人可针对相应的通用合同条款进行细化、完善、补充、修改或另行约定，如无细化、完善、补充、修改或另行约定，则填写“无”或划“/”。

2.4 附件

附件包括协议书附件和专用合同条款附件。协议书附件有“承包人承揽工程项目一览表”，专用合同条款附件有“发包人供应材料设备一览表”“工程质量保修书”“主要建设工程文件目录”“承包人用于本工程施工的机械设备表”“承包人主要施工管理人员表”“分包人主要施工管理人员表”“履约担保格式”“预付款担保格式”“支付担保格式”“暂估价一览表”。如果具体项目的实施为包工包料，则可以不使用发包人供应材料设备表。

3 工程建设合同管理涉及的有关当事人

3.1 合同当事人

合同当事人包括发包人和承包人。

(1)发包人。发包人是指在协议书中约定，具有工程发包主体资格和支付工程款项能力的当事人以及取得当事人资格的合法继承人。

(2)承包人。承包人是指在协议书中约定，被发包人接受并具有工程施工承包主体资格的当事人以及取得该当事人资格的合法继承人。

3.2 工程师

施工合同示范文本定义的工程师包括监理单位委派的总监理工程师或发包人制定的履行合同的负责人两种情况。

4 施工合同当事人的主要责任

4.1 发包人

(1)办理土地征用、拆迁补偿、平整场地等工作，使施工场地具备施工条件，并在开工后继续解决以上事项的遗留问题。专用条款内需要约定施工场地具备施工条件的要求以及完成时间，以便使承包人能够及时接收使用的施工现场，按计划施工。

(2)将施工所需的水、电、通信线路从施工场地的外部接至专用条款约定的地点，并保证施工期间的需要。专用条款内需要约定“三通”的时间、地点和供应要求。某些偏僻地域的工程或大型工程，可能要求承包人自己从水源地或自己用柴油机发电解决施工用水、电，则也应在专用条款内明确，说明通用条款的此项规定本合同不采用。

(3)开通施工场地与城乡公共道路的通道，以及专用条款约定的施工场地内的主要交通干道，保证施工期间的畅通，满足施工运输的需要。专用条款内需要约定移交给承包人交通道路或设施的开通时间和满足的要求。

(4)向承包人提供施工场地的工程地质和地下管线资料，保证数据真实、位置准确。专用条款内需要约定向承包人提供工程地质和地下管线资料的时间。

(5)办理施工许可证和临时用地、停水、停电、中断道路交通、爆破作业以及可能损坏道路、管线、电力、通信等设施法律、法规规定的申请批准手续以及其他施工所需的证件。约定发包人提供施工所需的证件、批件的名称和时间，以便承包人合理进行施工组织。

(6)确定水准点与坐标控制点,以书面形式交给承包人,并进行现场交验。专用条款内需要分项明确约定放线依据资料的交验要求,以便合同履行过程中合理地区分放线错误的责任归属。

(7)组织承包人和设计单位进行图纸会审及设计交底。专用条款约定具体的时间、地点。

(8)协调处理施工现场周围地下管线和邻近建筑物、构筑物、古树名木的保护工作,并承担有关费用。专用条款内需约定具体的范围和内容。

(9)发包人应做的其他工作,双方在专用条款中约定。专用条款内需要根据项目的特点和具体情况约定相关内容。

虽然通用条款内规定上述工作内容属于发包人的义务,但发包人可以将上述部分工作委托承包人办理,具体内容可以在专用条款中约定,其费用由发包人承担。属于合同约定的发包义务,如果出现不按合同约定完成,导致工期延误或给承包方造成损失,发包人应赔偿承包人有关损失,延误的工期应顺延。

4.2　**承包人**

(1)根据发包人的委托,在其设计资质允许的范围内,完成施工图设计或工程配套的设计,经工程师确认后使用,发生的设计费用由发包人承担。属于设计、施工总承包合同或承包工作范围包括部分施工图设计任务,则由专用条款约定承担设计任务单位的设计资质等级及设计文件的提交时间和文件要求。

(2)向工程师提供年、季、月进度及相应进度统计报表。专用条款内需要约定应提供计划、报表的具体名称和时间。

(3)按工程需要提供和维修非夜间施工使用的照明、围栏设施,并负责安全保卫。专用条款内需要约定具体的工作位置和要求。

(4)按专用条款约定的数量和要求,向发包人提供在夜间现场办公和生活的房屋及设施,发生的费用由发包人承担。专用条款内需要约定设施名称、要求和完成时间。

(5)遵守有关部门对施工场地交通、施工噪声以及环保和安全等方面的管理规定,按管理规定办理有关手续,并以书面形式通知发包人。发包人承担由此发生的费用,因承包人责任造成的罚款除外。专用条款内需要约定承包人办理的有关内容。

(6)已竣工工程未交付发包人前,承包人按专用条款约定负责已完成的成品保护工作,保护期间发生破坏,承包方自行修复。要求承包人采取措施保护的单位工程的部分和相应追加合同价款,在专用条款内约定。

(7)按专用条款约定好施工现场地下管线和邻近建筑物、构筑古树名木的保护工作。专用条款内约定需要保护的范围和费用。

(8)保证施工场地清洁,符合环境卫生管理的有关规定。交工前清理现场达到专用条款约定的要求,承担因自身原因违反有关规定造成的损失和罚款。专用条款内需要根据施工管理规定和当地的环保法规约定施工现场的具体要求。

(9)承包人应做的其他工作,双方在专用条款内约定。

承包人不履行上述各项义务,造成发包人损失的,应对发包人的损失给予赔偿。

课题 8.5　设备材料采购合同管理

5　设备采购合同管理

5.1　设备采购合同的主要内容

成套设备采购合同的主要内容包括：产品的名称、品种、型号、规格、等级、技术标准或技术性能指标、数量和计量单位，包括标准及包装物的供应与回收规定，交货单位、交货方法、运输方式、到货地点、接(提)货单位、交(提)货期限、验收方法、产品价格、结算方式、开户银行、账户名称、账号、结算单位、违约责任，其他事项。

5.2　设备采购合同中供应方的责任

设备成套公司要遵守国家法律，执行国家计划、履行经济合同。设备成套公司承包的设备如因自身的原因未按承包质量、数量、时间供应，从而影响工程项目建设进度的，设备成套公司要承担经济责任。在项目建设过程中，设备成套公司对承包项目要派驻现场服务组或驻厂员负责现场成套技术服务。现场服务组的主要职责如下：

(1)组织机械工业有关生产企业到现场进行技术服务，处理有关设备的问题。

(2)了解、掌握工程建设进度和设备到货、安装进度，协助联系设备的交、到货进度等工作。

(3)参与大型、专用、关键设备的开箱验收，配合建设单位或安装单位处理设备在接运、检验过程中发现的设备质量和缺损件等问题，并按《工业产品质量责任条例》执行。

(4)及时向有关主管单位报告重大设备的质量问题，以及项目现场不能解决的其他问题，当出现重大意见分歧而施工单位或用户单方坚持处理时，应及时写出备忘录备查。

(5)参加工程的竣工验收，处理在工程验收中发现的有关设备的问题。

(6)关心和了解生产企业派往现场的技术服务人员的工作情况与表现，建议有关部门或生产企业予以表扬或批评。

(7)做好现场服务工作日志，及时记录日常服务工作情况、现场发生的设备质量问题和处理结果，定期向成套管理局和有关单位报送报表，汇报工作情况，做好现场服务工作总结。

5.3　设备采购合同中需方的责任

建设单位要向设备成套公司提供设备的详尽设计技术资料和施工要求；要配合设备成套部门做好设备的计划接运工作，安置并协助驻现场服务组开展工作；要按照合同要求督促施工安装单位按进度计划安装施工并试车；要牵头并组织各有关方面提出验收报告等。

2　建筑材料采购合同管理

2.1　建筑材料采购合同的主要内容

建筑材料采购合同是建设单位或建筑承包企业与建筑材料供应商之间就有关材料供应达成的、明确相互间权利义务关系的协议。

按《合同法》的分类，材料采购合同属于买卖合同，应包括以下内容：产品名称、商标、型号、生产厂家、订购数量、合同金额、供货时间及每次供应数量；质量要求的技术标准、供货方对质量的要求和期限；交(提)货地点、方式；运输方式及计算方法；合理损耗及计算方法；包装标准、包装物的供应与回收；验收标准、方法及提出异议的期限；随机备品、配件工具数量及供应办法；结算方式及期限；如需提供担保，另立合同担保书作为合同附件；违约责任；解决合同争议的方法；其他约定的事项。

2.2 订购产品的交付

2.2.1 产品的交付方式

订购物资或产品的供应方式，可分为采购方到合同约定地点自提货物和供货方负责将货物送达指定地点两大类；而供货方又可细分为将货物负责送达现场或委托运输部门代运两种形式。为了明确货物的运输责任，应在相应条款内写明所采用的交(提)货方式、交(接)货的地点、接货单位(或接货人)的名称。

2.2.2 交货期限

交货期限是指货物交接的具体时间。供货方送货到现场的交货日期，以采购方接收到货物时在货单上签收的日期为准；供货方负责代运货物，以发货时承运部门签发货单上的戳记日期为准；采购方自提的产品，以供货方通知提货的日期为准。实际交(提)货期早于或迟于合同规定的期限，都视为提前或逾期交(提)货，有关责任方承担相应的责任。

2.3 交货检验

2.3.1 交货检验的依据

交货检验以合同为依据，具体包括交货数量的检验和交货质量的检验。其检验依据包括：双方签订的采购合同；供货方提供的发货单、计量单、装箱及其他有关凭证；合同内约定的质量标准，应写明执行的标准代号、标准名称；产品合格证、检验单；图纸、样品或其他技术证明文件；双方当事人共同封存的样品。

2.3.2 验收内容

材料验收内容包括：查明产品的名称、规格、型号、数量、质量是否与供货合同及其他技术证件相符；设备的主机、配件是否齐全；包装是否完整、外表有无损坏；对需要化验的材料进行必要的物理化学检验；合同规定的其他需检验事项。

2.4 合同的变更或解除

在合同履行过程中，如需变更合同内容或解除合同，都必须依据《中华人民共和国合同法》的有关规定执行。一方当事人要求变更或解除合同，在未达成新的协议时，原合同依然有效。要求变更或解除合同的一方应及时将自己的意图通知对方，对方也应在接到书面通知后的15天或合同约定的时间内予以答复，逾期不答复的视为默认。

物资采购合同变更的内容可能涉及订购数量的增减、包装标准的改变、交货时间和地点的变更等方面。采购方对合同内约定的订购数量不得少要或不要，否则，要承担中途退货的责任。只有当供货方不能按期交货，或交付的货物存在严重的质量问题而影响工程使用时，采购方认为继续履行合同已成为不必要，才可以拒收货物，甚至解除合同关系。如果采购方要求变更到货地点或接货人，应在合同规定的交货期限满40天通知供货人，以便供货人修改发运计划和组织运输工具。迟于上述规定的期限，双方应当立即协商处理。如果供货方不可能变更或变更后会发生额外的费用支出，其后果均应由采购方负责。

2.5 支付结算管理

合同须明确是验单付款还是验货后付款，然后约定结算时间。结算方式是现金支付、转账支付或异地托收承付。

采购方拒付货款，应当按照中国人民银行结算办法的拒付规定处理。采购方有权部分或全部拒付货款的情况包括：交付货物的数量少于合同约定，拒付少交部分的货款；拒付质量不符合合同要求的部分货物的货款；供货方交付的货物多于合同规定的数量且采购方不同意接收多于部分的货物，在承付期内可以拒付。

2.6 违约责任

当事人任何一方不能正确履行合同义务时，均应以违约金的形式承担违约赔偿责任，双方应通过协商，将具体的比例数写在合同条款内。

供货方的违约责任包括：未能按合同约定交付货物，产品质量存在缺陷以及供货方的运输责任等；采购方的违约责任包括：不按合同约定接收货物，逾期付款以及货物交接地点错误等责任。

课题 8.6 工程建设索赔管理

1 索赔的概念和类型

1.1 索赔的概念

索赔是指在合同实施过程中，对于非自己的过错，应由对方承担责任时造成的实际损失向对方提出经济补偿和（或）时间补偿的正当要求。

工程建设过程中，施工现场条件、气候条件的变化，施工进度、物价的变化，以及合同条款、规范、标准文件和施工图样的变更、差异、延误等因素的影响，使得工程承包中不可避免地出现索赔。工程索赔是工程承包中经常发生的正常现象。索赔管理是监理工程师合同管理的重要组成内容。《中华人民共和国民法通则》第一百一十一条规定，当事人一方不履行合同义务或履行合同义务不符合约定条件的，另一方有权要求履行或者采取补救措施，并有权要求赔偿损失，这即是索赔的法律依据。

索赔的性质属于经济补偿行为，而不是惩罚。索赔的损失结果与被索赔人的行为并不一定存在法律上的因果关系。索赔工作是承发包双方之间经常发生的管理业务，是双方合作的方式，而不是对立。实践证明，索赔的健康开展对于培养和发展社会主义建设市场，促进建设事业的发展，提高工程的效益，起着非常重要的作用。

1.2 索赔的类型

1.2.1 按索赔的有关当事人分类

（1）建设单位与承包商之间的索赔。这类索赔内容大都是有关工程变更、工期、质量、工程量和价格方面的索赔,也有关于国家政策、法规、外界不利因素、对方违约、暂停施工和终止合同等索赔。

(2)总承包商与分包商之间的索赔。其内容范围与前一种大致相似,形式为分包商向总包商索要付款和赔偿,而总包商则向分包商罚款或扣留支付款等。

(3)建设单位或总承包商与供货商之间的索赔。实施项目的供货若是独立于土建合同或安装合同之外,由建设单位与招标选定的供货商签订供货合同,涉及当事各方为建设单位与供货商。若项目施工中所需材料或设备较少,一般由土建总包商物色选定供货商,议定供货价格,签订供货合同,则所涉及当事方为总包商与供货商。这类索赔的内容多为货品质量问题、数量短缺、交货拖延、运输损坏等。

(4)承包商向保险公司、运输公司索赔。风险是客观存在的,再好的合同也不可能把未来风险都事先划分、规定好,有的风险即使预测到了,但由于种种因素,双方承担此风险的责任也不好确定。因此,采用保险是一种可靠的选择。

例如有一栋高层建筑地下基坑施工时,由于软基层比原勘探结果严重,造成开挖后地下淤泥塑性流动,致使邻近楼房开裂和不均匀沉陷,受损楼房建设单位提出赔偿要求。因承包商事先向保险公司投保了第三方责任险,保险公司赔偿受损楼房建设单位损失费用80多万元,为该承包商按时、按质量地完成工程奠定了基础。

1.2.2 按索赔的目的分类

(1)工期索赔。工期索赔就是由于非承包商责任,要求建设单位延长施工时间,使原定的工程竣工顺延,从而避免了违约罚金的发生。

(2)费用索赔。费用索赔就是要求建设单位补偿费用损失,进而调整合同价款。

1.2.3 按索赔的对象分类

(1)索赔。索赔是指承包商向建设单位提出的索赔。

(2)反索赔。反索赔主要是指建设单位向承包商提出的索赔。

1.2.4 按索赔的业务性质分类

(1)工程索赔。工程索赔是指涉及工程项目建设中施工条件或施工技术、施工范围等变化引起的索赔,一般发生频率高,索赔费用大。

(2)商务索赔。商务索赔是指实施工程项目过程中的物资采购、运输、保管等方面活动引起的索赔事项。由于供货商、运输公司等在物资数量上短缺、质量上不符合要求,运输损坏或不能按期交货等原因,给承包商造成经济损失时,承包商向供货商、运输商等提出索赔要求;反之,当承包商不按合同规定付款时,则供货商或运输公司向承包商提出索赔。

2 索赔的依据和索赔文件

任何索赔事件的确立,其前提条件是必须有正当的索赔依据。对正当索赔依据的说明必须具有证据,因为索赔的进行主要是靠证据说话。没有证据或证据不足,索赔是难以成功的。

2.1 对索赔证据的要求

(1)真实性。索赔证据必须是在实施合同过程中确实存在和发生的,必须完全反映实际情况，能经得住推敲。

（2）全面性。所提供的证据应能说明事件的全过程；索赔报告中涉及的索赔理由、事件过程、影响、索赔值等都应有相应证据，不能零乱和支离破碎。

（3）关联性。索赔的证据应当能够互相说明，相互具有关联性，不能互相矛盾。

（4）及时性。索赔证据的取得及提出应当及时。

（5）具有法律证明效力。一般要求证据必须是书面文件，有关记录、协议、纪要必须是双方签署的，工程中重大事件、特殊情况的记录、统计必须由工程师签证认可。

2.2 索赔证据的种类

（1）招标文件、工程合同及附件、建设单位认可的施工组织设计、工程图纸、技术规范等。

（2）工程各项有关设计交底记录、变更施工指令等。

（3）工程各项经建设单位或监理工程师签认的签证。

（4）工程各项往来信件、指令、信函、通知、答复等。

（5）工程各项会议纪要。

（6）施工计划及现场实施情况记录。

（7）施工日志及工长工作日志、备忘录等。

2.3 索赔文件

索赔文件是承包商向建设单位索赔的正式书面材料，也是建设单位审议承包商索赔请求的主要依据，它包括索赔信、索赔报告、附件三部分。

2.3.1 索赔信

索赔信是一封承包商致建设单位或其他代表的简短信函，应提纲挈领地把索赔文件的各部分贯通起来，其内容包括：索赔事件说明；列举索赔理由；提出索赔金额与理由；索赔附件说明。

2.3.2 索赔报告

它是索赔材料的正文，一般包括三个主要部分。首先是报告的标题，应言简意赅地概括出索赔的核心内容；其次是事实与理由，该部分陈述客观事实，合理引用合同规定，建立事实与索赔损失间的因果关系，说明索赔的合理合法性；最后是损失与要求索赔金额与工期，在此只需列举各项明细数字及汇总即可。编制索赔报告时应注意如下几个方面：

（1）对索赔事件要叙述清楚明确，避免采用“可能”、“也许”等估计猜测性语言，造成索赔说服力不强。

（2）报告中要强调事件的不可预见性和突发性，并且承包商为避免和减轻该事件的影响和损失已尽了最大的努力，采取了能够采取的措施，从而使索赔理由更加充分，更易于对方接受。

（3）责任分析清楚，报告中要明确对方的全部责任。

（4）计算索赔值要合理、准确。要将计算的依据、方法、结果详细说明并列出，这样易于对方接受，减少争议和纠纷。

2.3.3 附件

（1）索赔报告中所列举事实、理由、影响等证明文件和证据。

(2)详细计算书,为简明起见也可以用大量图表。

3 施工索赔的内容与特点

3.1 承包商向建设单位的索赔

3.1.1 不利的自然条件与人为障碍引起的索赔

不利的自然条件与人为障碍是指施工中遭遇到的实际自然条件比招标文件中所描述的更为困难和恶劣,是一个有经验的承包商在招标时无法预测,而导致了承包商必须花费更多的时间和费用,在这种情况下承包商可以向建设单位提出索赔要求。

(1)地质条件变化引起的索赔。一般来说,由建设单位提供的工程勘察所取得的水文及地表以下的资料,建设单位对资料的准确性负责;合同条件中经常还有另外一条:在工程施工过程中,承包商如果遇到了现场气候条件以外的外界障碍或条件,在承包商看来这些障碍和条件是一个有经验的承包商也无法预见到的,则承包商应就此向监理工程师提供有关索赔通知,并将一份副本呈交建设单位。监理工程师收到此类通知后,如果认为这类故障或条件是一个有经验的承包商无法合理预见到的,在与建设单位和承包商适当协商以后,应给予承包商延长工期和费用补偿的权利,但不包括利润;合同中往往写明承包商在提交投标书之前,已对现场和周围环境及与之有关的可用资料进行了考察和检查,包括地表以下条件及水文和气候条件,承包商应对他自己就上述资料的解释负责。

以上条文并存的合同文件,往往是承包商同建设单位及监理工程师各执一词导致争议的缘由所在。

【例8-1】 某承包商投标获得一项管道铺设工程,根据标书中介绍的情况算标。7月工程开工后,当挖掘深7.5 m的坑时,遇到了严重的地下渗水,不得不安装抽水系统,并开动了长达65天之久,承包商对不可预见的额外成本要求索赔。但监理工程师根据承包商投标时已承认考察过现场并了解现场情况,包括地表、地下条件和水文条件等,认为安装抽水机是承包商自己的事,拒绝补偿任何费用。承包商则认为这是建设单位提供的地质资料不实造成的。监理工程师则解释为,地质资料是真实的,钻探是在5月中旬进行,这意味着是在旱季季尾,而承包商的挖掘工程是在雨季中期进行。承包商应预先考虑到会有一较高的水位,这种风险不是不可预见的,因此拒绝索赔。

(2)工程中人为障碍引起的索赔。在施工过程中,如果承包商遇到了地下构筑物或文物。比如地下电缆、管道和各种装置等,只要是图纸上并未说明的,承包商应立即通知监理工程师,并共同讨论处理方案。如果导致工程费用增加(如原计划是机械挖土,现在不得不改为人工挖土),承包商即可提出索赔。这种索赔发生争议较少,由于地下构筑物和文物等确属是有经验的承包商难以合理预见的人为障碍。如果要减少突然发生的障碍的影响,监理工程师应要求承包商详细编制其工作计划,以便在必须停止一部分工作时,仍有其他工作可做,将损失降到最低。

3.1.2 工程变更引起的索赔

在工程施工过程中,由于工地上不可预见的情况、环境的改变或为了节约成本等,在监理工程师认为必要时,可以对工程或其任何部分的外形、质量或数量作出变更。任何此类变更,承包商均不应以任何方式使合同作废或无效。但如果监理工程师确定的工作变更单价或价格不合理，或缺乏说服承包商的依据，则承包商有权就此向建设单位进行索赔。

3.1.3 工期延期的费用索赔

工期延期的费用索赔通常包括两个方面：一是承包商要求延长工期，二是承包商要求偿付由于非承包商原因导致工程延期而造成的损失。一般这两方面的索赔报告要求分期编制，因为工期和费用索赔并不一定同时成立。例如：由于特殊恶劣气候等，承包商可以延长工期，但不一定能得到费用赔偿；也有些延误时间并不影响关键线路上工作的施工，承包商可能得不到延长工期的承诺。但是，如果承包商能提出证据说明其延期造成的损失，就有可能有权获得这些损失的赔偿，有时两种索赔可能混合在一起，既可以要求延长工期，又可以获得对其损失的赔偿。

(1)工期索赔。承包商提出工期索赔，通常可能是由于下述原因：合同文件的内容出错或互相矛盾；监理工程师在合理的时间内未曾发出承包商要求的图纸和指示；建设单位负责的有关放线资料不准；不利的自然条件；在现场发现化石、钱币、有价值的物品或文物；额外的样本与试验；建设单位和监理工程师命令暂停工程，且停工原因与承包商无关；建设单位未能按合同约定提供现场；建设单位违约；建设单位风险；不可抗力。

以上这些原因要求延长工期，只要承包商能提出合理的证据，一般可获得监理工程师及建设单位的同意，有的还可索赔费用损失。

(2)延期产生的费用索赔。以上提出的工期索赔中，凡属于客观原因造成的延期，属于建设单位也无法预见到的情况，如特殊反常天气等，承包商可得到延长工期，但可能得不到费用赔偿。凡纯属建设单位方面的原因造成延期，不仅应给承包商延长工期，还应给予费用补偿。

3.1.4 加速施工费用的索赔

一项工程可能遇到各种意外(属建设单位风险的意外)或由于工程变更而必须延长工期。但由于建设单位的原因(例如该工程已经出售给买主，需按议定时间移交给买主)坚持不给延期，迫使承包商加班赶工来完成工程，从而导致工程成本增加。

3.1.5 建设单位不正当地终止工程而引起的索赔

由于建设单位不正当地终止工程，承包商有权要求补偿损失，其数额是承包商在被终止工程中的人工、材料、机械设备的全部支出以及各种管理费用、保险费、贷款利息、保函费用的支出(减去已结算的工程款)，并有权要求赔偿盈利损失。

3.1.6 物价上涨引起索赔

物价上涨是各国市场的普遍现象，尤其在一些发展中国家，物价上涨使人工费和材料费不断增长，引起了工程成本增加。

3.1.7 法律、货币及汇率变化引起的索赔

(1)法律变化引起的索赔。如果在基准日期(投标截止日期前的第28天)以后，建设单位、国家或地方的任何法规、法令、政令或其他法律、规章发生了变更，导致了承包商成本增加，对承包商由此增加的开支，建设单位应予以补偿。

(2)货币及汇率变化引起的索赔。如果在基准日期后，施工工程所在国政府或其授权机构对支付合同价格的一种或几种货币实行货币限制或货币汇兑限制，则建设单位应

补偿承包商因此而受到的损失。

如果合同规定全部或部分款额以一种或几种外币支付给承包商，则这项支付不应受上述指定的一种或几种外币与工程施工所在国货币之间的汇率变化的影响。

3.1.8 拖延支付工程款的索赔

如果建设单位在规定的应付款时间内未能按工程师的任何证书向承包商支付应支付的款额，承包商可在提前通知建设单位的情况下，暂停工作或减缓工作进度，并有权获得任何误期的补偿和其他额外费用的补偿（如利息）。

3.1.9 建设单位的风险

FIDIC合同条件对雇主风险的定义，建设单位的风险主要有以下几种情况：战争、敌对行动（不论宣战与否）、入侵、外敌行动；工程所在国国内的叛乱、恐怖主义、革命、暴动、军事政变或篡夺政权、内战；非承包商人员及承包商和分包商的其他雇员以外的人员在工程所在国国内的暴乱、骚动或混乱；工程所在国国内的战争军火、爆炸物资、电离辐射或放射性引起的污染，但因承包商使用此类军火、炸药、辐射或放射性引起的除外；由音速或超音速飞行的飞机或飞行装置所产生的压力波；除合同规定以外建设单位使用或占有的永久工程的任何部分；由建设单位人员或建设单位对其负责的其他人员所做的工程任何部分的设计；不可预见的或不能合理预期一个有经验的承包商已采用适宜预防措施的任何自然力的作用。

如果上述建设单位风险列举的任何风险达到对工程、货物及承包商造成损失或损害的程度，承包商应立即通知工程师，并应按照工程师的要求，修正此类损失或损害。如果因修正此类损失或损害使承包商工期受延误和（或）招致增加费用，承包商应进一步通知工程师，并根据“承包商的索赔”的规定，有权要求延长工期和费用索赔。

3.1.10 不可抗力

FIDIC合同条件对不可抗力的定义，不可抗力指某种异常或情况，主要分为以下几种：一方无法控制的；该方在签订合同前，不能对之进行合理准备的；发生后，该方不能合理避免或克服的；不能主要归因他方的（或该事件本质上不是合同另一方引起的）。

如果承包商因不可抗力，妨碍其履行合同规定的任何义务，使其遭受延误和（或）招致增加费用，承包商有权根据“承包商的索赔”的规定要求延长期和费用索赔。

3.2 建设单位反索赔的内容与特点

承包商不履行或不完成履行约定的义务，或者承包商的行为使建设单位受到损失时，建设单位可向承包商提出索赔。

3.2.1 工期延误索赔

在工程项目的施工过程中，由于多方面的因素，往往使竣工日期拖后，影响到建设单位对该工程的利用，给建设单位带来经济损失。按惯例，建设单位有权对承包商进行索赔，即由承包商支付误期损害赔偿费。承包商支付误期损害赔偿费的前提是这一工期延误的责任属于承包商方面。施工合同中的误期损害赔偿费，通常是由建设单位在招标文件中确定的。

建设单位在确定误期损害赔偿费的费率时，一般要考虑以下因素：建设单位盈利损失；工程拖期引起的贷款利息增加；工程拖期带来的附加监理费；由于工程拖期不能使用，继续租用原建筑物或租用其他建筑物的租赁费。

至于误期损害赔偿费的计算方法，在每个合同文件中均有具体规定。一般按每延误一天赔偿一定的款额计算，累计赔偿费一般不超过合同总金额的5%～10%。

3.2.2 质量不满足要求的索赔

当承包商的施工质量不符合合同的要求，或使用的设备和材料不符合合同规定，或在缺陷责任期未满以前未完成应该负责修补的工程时，建设单位有权向承包商追究责任，要求补偿所遭受的经济损失。如果承包商在规定的期限内未完成缺陷修补工作，建设单位有权雇用他人来完成工作，发生的成本和利润由承包商负担。如果承包商自费修理，则建设单位可索赔重新检验费。

3.2.3 承包商不履行保险费用的索赔

如果承包商未能按照合同条款指定的项目投保并保证保险有效，建设单位可以投保并保证保险有效，建设单位所支付的必要的保险费可在付给承包商的款项中扣回。

3.2.4 对超额利润的索赔

如果工程量增加很多，使承包商的收入增大，因工程量增加承包商并不增加任何固定成本，合同价应由双方讨论调整，收回部分超额利润。法规的变化导致承包商在工程实施中降低了成本，产生了超额利润，应重新调整合同价格，收回部分超额利润。

3.2.5 对指定分包商的付款索赔

在承包商未能提供已向指定分包商付款的合理证明时，建设单位可以直接按照监理工程师的证明书，将承包商未付给指定分包商的所有款项（扣除保留金）付给这个分包商，并从应付给的承包商的任何款项中如数扣回。

3.2.6 建设单位合理终止合同或承包商不正当地放弃工程的索赔

如果建设单位合理地终止承包商的承包，或者承包商不合理地放弃工程，则建设单位有权从承包商手中收回由新的承包商完成工程所需的工程款与原合同未付部分的差额。

4 索赔费用的组成和计算方法

4.1 索赔费用的组成

索赔费用的主要组成部分同工程建设施工承包合同价的组成部分相似。由于我国关于施工承包合同价的构成与国际惯例不尽一致，所以在索赔费用组成内容上也有所差异。按照我国现行规定，建筑安装工程合同价一般包括直接费、间接费、利润和税金。而国际上的惯例是将建筑安装工程合同价分为直接费、间接费和利润三个部分。根据国际惯例，索赔费用中主要包括的项目如下。

4.1.1 人工费

人工费是工程成本直接费中主要项目之一，它包括生产工人基本工资、工资性津贴、加班费、奖金等。对于索赔费用中的人工费部分来说，主要是指完成合同之外的额外工作所花费的人工费用，由于非承包商责任的工效降低所增加的人工费用，超过法定工作时间的加班费，法定的人工费增长以及非承包商责任造成的工程延误导致的人员窝工。

4.1.2 材料费

材料的索赔包括：由于索赔事件使材料实际用量超过计划用量而增加的材料费；由于

客观原因,材料价格大幅度上涨;非承包商责任工程延误导致的材料价格上涨;非承包商原因致使材料运杂费、材料采购与储存费用的上涨等。

4.1.3　施工机械使用费

施工机械使用费的索赔包括:由于完成额外工作增加的机械使用费;非承包商责任致使增加的机械使用费;建设单位或监理工程师原因造成的机械停工的窝工费。机械台班窝工费的计算,如系租赁设备,一般按实际台班租金加上每台班分摊的机械调入调出费计算;如系承包商自有设备,一般按台班折旧费计算,而不能按全部台班费计算,因台班费中包括了设备使用费。

4.1.4　工地管理费

索赔款中的工地管理费是指承包商完成额外工程、索赔事件工作以及工期延长、延误期间的工地管理费,包括管理人员工资、办公费、通信费、交通费等。

4.1.5　利息

在索赔款额的计算中,经常包括利息。利息的索赔通常发生在下列情况中:建设单位拖延支付工程进度款或索赔款,给承包商造成较严重的经济损失,承包商因而提出拖付款和利息的索赔;由于工程变更和工期延误增加投资的利息;施工过程中建设单位错误扣款的利息。

4.1.6　总部管理费

索赔款中的总部管理费主要指的是工程延误期间所增加的管理费,一般包括总部管理人员工资、办公费用、财务管理费用、通信费用等。这项索赔款的计算,目前没有统一的方法。在国际工程施工索赔中,常用的总部管理费用的计算方法有以下几种:

(1)按照投标书中总部管理费用的比例计算。

总部管理费=合同中总部管理费比率(%)×(直接费索赔款额+工地管理费索赔款额等)

(2)按照公司总部统一规定的管理费比率(%)计算。

总部管理费=公司管理费比率(%)×(直接费索赔款额+工地管理费赔款额等)

(3)以工程延期的总天数为基础,计算总部管理费的索赔额,计算步骤如下:

第一步:对某一工程提取的管理费=同期内公司的总管理费×(该工程的合同额/同期内公司的总合同额)。

第二步:该工程的每日管理费=该工程向总部上缴的管理费/合同实施天数。

第三步:索赔的总部管理费=该工程的每日管理费×工程延期的天数。

4.1.7　费用

索赔款中的分包费用是指分包商的索赔款额,一般也包括人工费、材料费、施工机械使用费等。分包商的索赔款额应如数列入总承包商的索赔款总额内。

4.1.8　利润

对于不同性质的索赔,取得利润索赔的成功率是不同的。一般地说,工程范围的变更和施工条件变化引起的索赔,承包商是可以列入利润的;由于建设单位的原因终止或放弃合同,承包商有权获得已完成的工程款,还应得到原定比例的利润。而对于工程延误的索赔,由于利润通常是包括在每项实施的工程内容的价格之内的,而延误工期并未影响消减某些项目的实施而导致利润的减少，所以监理工程师一般很难同意在延误的费用索赔中加进利润损失。

4.2 索赔费用的计算

4.2.1 分项法

分项法是按每个索赔事件所引起损失的费用项目分别分析计算索赔值的一种方法。这一方法是在明确责任的前提下，将需索赔的费用分项列出，并提供相应的工程记录、收据、发票等证据资料，这样可以在较短时间内予以分析、核实，确定索赔费用并顺利解决索赔事宜。在实际中，绝大多数工程的索赔都采用分项法计算。

分项法计算通常分为三步：

(1)分析每个或每类索赔事件所影响的费用项目，不得有遗漏。这些费用项目通常与合同报价中的费用项目一致。

(2)计算每个费用项目受索赔事件影响后的数值，通过与合同价中的费用值进行比较即可得到该项费用的索赔值。

(3)将费用项目的索赔值汇总，得到总费用索赔值。

分项法中索赔费用主要包括该项工程施工过程中所发生的额外人工费、材料费、施工机械使用费、相应的管理费，以及应得的间接费和利润等。由于分项法所依据的是实际发生的成本记录或单据，所以施工过程中，对第一手资料的收集整理就显得非常重要。

4.2.2 总费用法

总费用法又称总成本法，就是当发生多次索赔事件后，重新计算出该工程的实际总费用，再从这个实际总费用中减去投标报价时的估算总费用，计算出索赔余额，具体计算方法是：

$$索赔金额 = 实际总费用 - 投标报价估算总费用$$

采用总费用法进行索赔时应注意以下几点：

(1)采用此方法，往往是施工过程受到严重干扰，多个索赔事件混杂在一起，导致难以准确地进行分项记录和收集资料、证据，也不容易分项计算出具体的损失费用，只得采用总费用法进行索赔。

(2)承包商报价必须合理，不能是采取低中标策略后过低的标价。

(3)该方法要求必须出具足够的证据证明其全部费用的合理性，否则其索赔款额将不容易被接受。

(4)有些人对采用总费用法计算索赔费用持批评态度，因为实际发生的总费用中有可能包括承包商的原因(如施工组织不善、浪费材料等)而增加了费用，同时投标报价估算的总费用由于想中标而过低。所以只有在难以用分项法计算索赔款费用时，才使用此法。

4.2.3 修正总费用法

修正总费用法是对总费用法的改进，即在总费用计算的原则上，去掉一些不合理因素，使其更合理。修正的内容如下：

(1)将计算索赔款的时段局限于受外界影响的时间，而不是整个施工期。

(2)只计算受影响时段内的某项工作所受影响的损失,而不是计算该时段内所有施工工作所受的损失。

(3)与该项工作无关的费用不列入总费用中。

(4)对投标报价费用重新进行核算。按受影响时段内该项工作的实际单价进行核算,乘以实际完成的该项工作的工作量,得出调整后的报价费用。

按修正后的总费用计算索赔金额的公式如下:

索赔金额 = 某项工作调整后的实际总费用 - 该项工作的报价费用

修正的总费用法与总费用法相比,有了实质性的改进,已相当准确地反映出实际增加的费用。

5 索赔程序

要处理好索赔,不仅要善于发现和把握索赔机会,更重要的是要会处理索赔。施工索赔的程序一般按六个步骤进行,即提出索赔要求、报送索赔报告、监理工程师审核索赔报告、会议协商解决、邀请中间人调解、提出仲裁或诉讼。施工索赔程序如图 8-1 所示。

上述六个工作步骤,可归纳为两个阶段,即友好协商解决和诉诸仲裁或诉讼。友好协商解决阶段,包括从提出索赔要求到邀请中间人调解四个过程。对于每一项索赔工作,承包商和建设单位都应力争通过友好协商的方式来解决,不要轻易地诉诸仲裁或诉讼。

5.1 提出索赔要求

及时提出索赔意向通知。索赔意向通知的内容包括:事件发生的时间和情况的简单描述;索赔依据的合同条款和其他理由;有关后续资料的提供,包括及时记录和提供事件发展的动态;对工程成本和工期产生不利影响的严重程度,以期引起工程师(建设单位)的注意。

5.2 报送索赔报告书

及时报送索赔报告书。在正式提出索赔要求以后,承包商应抓紧准备索赔资料,计算索赔款额,或计算所必需的工期延长天数,编写索赔报告书。

索赔报告书的具体内容,随该索赔事项的性质和特点而有所不同。但在每个索赔报告书的必要内容和文字结构方面,它必须包括以下 4 ~5 个组成部分。至于每个部分的文字长短,则根据每一个索赔事项的具体情况和需要来决定。

5.2.1 总论部分

总论部分应包括以下具体内容:序言,索赔事项概述,具体索赔要求,工期延长天数或索赔款额,报告书编写及审核人员。

5.2.2 合同引证部分

合同引证部分是索赔报告关键部分之一,它的目的是承包商论述自己有索赔权,这是索赔成立的基础。

合同引证的主要内容,是该工程项目的合同条件以及工程所在国有关此项索赔的法律规定,说明自己理应得到经济补偿或工期延长,或二者均应获得。

5.2.3 索赔款项计算部分

在论证索赔权以后,应紧接着计算索赔款额,具体论证合理的经济补偿款额。款额计

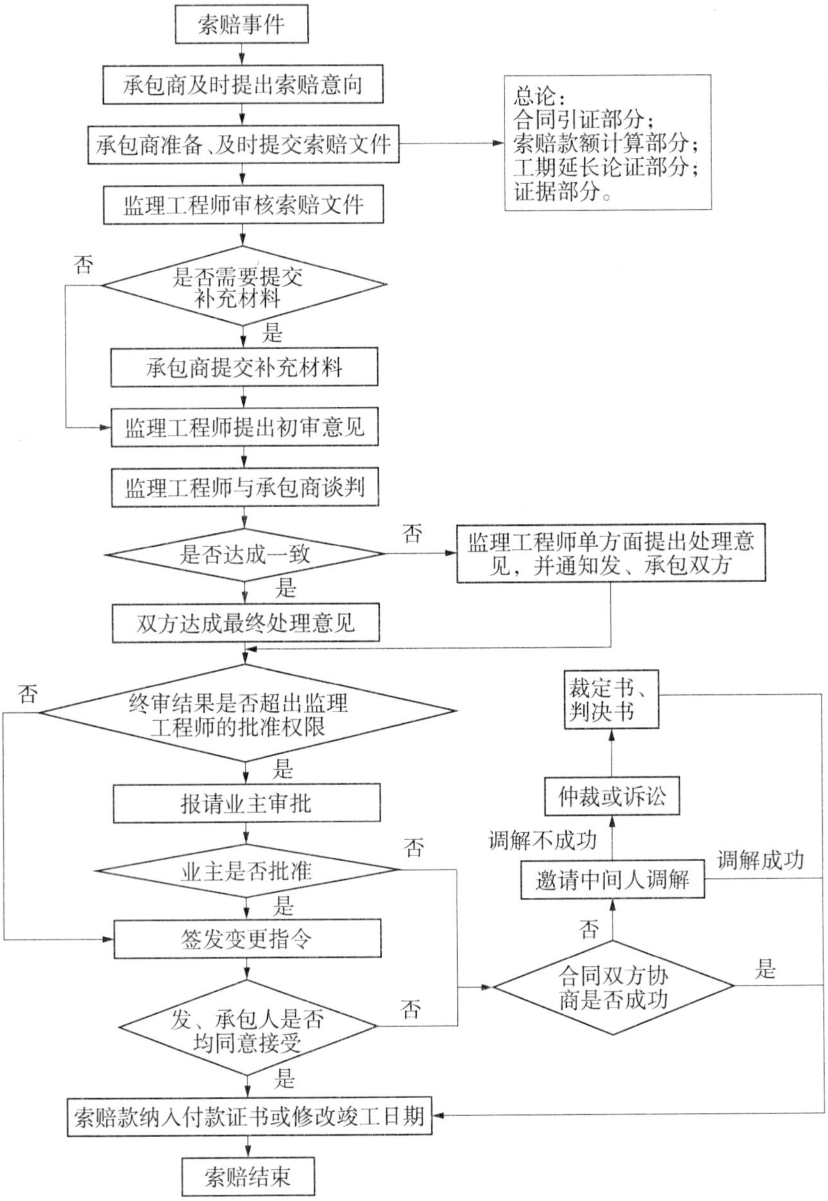

图 8-1　施工索赔程序

算的目的，是以具体的计价方法和计算过程说明承包商应得到的经济补偿款额。如果说合同引证部分的目的是确立索赔权，则款额计算部分的任务是决定应得的索赔款。前者是定性的，后者是定量的。

5.2.4　工期延长论证部分

承包商在施工索赔报告中进行工期论证的目的，首先是获得施工期的延长，以免承担误期损害赔偿费的经济损失。其次，承包商可能在此基础上，探索获得经济补偿的可能性。因为如果他投入了更多的资源，他就有权要求雇主对他的附加开支进行补偿。同时，也有可能获得提前竣工的“奖金”。

5.2.5 证据部分

证据部分通常以索赔报告书附件的形式出现，它包括了该索赔事项所涉及的一切有关证据以及对这些证据的说明。证据是索赔文件的必要组成部分，没有详实可靠的证据，索赔是不可能成功的。索赔证据资料的范围甚广，它可能包括工程项目施工过程中所涉及的有关政治、经济、技术、财务等许多方面的资料。这些资料，承包商应该在整个施工过程中持续不断地收集整理、分类储存。

5.3 工程师审核索赔报告

5.3.1 工程师审核承包人的索赔申请

接到正式索赔报告以后，工程师应认真研究承包人报送的索赔资料。首先，在不确认责任归属的情况下，客观分析事件发生的原因，重温合同的有关条款，研究承包人的索赔证据，并检查他的同期记录。其次，通过对事件的分析，工程师再依据合同条款划清责任界限。必要时，还可以要求承包人进一步提供补充资料。尤其是对承包人或监理工程师都负有一定责任的事件，更应划出各方应该承担合同责任的比例。最后，再审核承包人提出的索赔补偿要求，剔出其中的不合理部分，拟订自己计算的合理索赔款额和工期顺延天数。

5.3.2 判定索赔成立的原则

监理工程师判定承包人索赔成立的条件为：

(1)与合同对照，事件已造成了承包人施工成本额外支出，或总工期拖延。

(2)造成费用增加或工期拖延的原因，按合同约定不属于承包人承担的责任，包括行为责任或风险责任。

(3)承包人按合同约定的程序提交了索赔意向通知和索赔报告。

上述三个条件没有先后主次之分，应当同时具备。只有监理工程师认定索赔成立后，才处理应给予承包人费用与时间的补偿额。

5.3.3 对索赔报告的审查

(1)事态调查。通过对合同实施的跟踪、分析了解事件经过、前因后果，掌握事件详细情况。

(2)损害事件原因分析。即分析索赔事件是由何种原因引起，责任应由谁来承担。当损害事件是由多方面造成的，必须进行责任分解，划分责任原因。

(3)分析索赔理由。只有符合合同约定的索赔要求才有合法性、才能成立。如某合同约定，在合同价5%范围内的工程变更属于承包人承担的风险，则发包人指令增加的工程量在此范围内，承包人不能提出索赔。

(4)实际损失分析。即为索赔事件的影响分析，主要表现为工期的延长和费用的增加。如果索赔事件不造成损失，则无索赔而言。损失调查的重点是分析对比实际与计划的施工进度、工程成本和费用方面的资料，在此基础上核算索赔值。

(5)证据资料分析。主要分析证据资料的有效性、合理性、正确性，这也是索赔要求有效的前提条件。如果监理工程师认为承包人提出的证据不足以说明其要求的合理性，可以要求承包人进一步提交索赔的证据资料。如果索额报告中提不出证明其索赔的理由、索赔事件的影响、索赔值计算等方面的详细资料，索赔要求是不成立的。

5.3.4 确定合理的补偿额

当监理工程师确定的索赔额超过其权限范围时，必须报请发包人批准。

承包人接受最终的索赔处理决定，索赔事件的处理即告结束。如果承包人不同意，就会导致合同争议。通过协商双方达到互谅互让的解决方案，是处理争议的最理想方式。如果达不成谅解，承包人有权提交仲裁或诉讼解决。

5.4 会议协商解决

当某项工程索赔要求不能在每月的结算付款过程中得到解决，而需要采取合同双方面对面地讨论决定时，应将未解决的索赔问题列为会议协商的专题，提交会议协商解决。

5.5 邀请中间人调解

当争议双方直接谈判无法取得一致的解决意见时，为了争取通过友好协商的方式解决索赔争端，根据工程索赔的经验，可由争议双方协商邀请中间人进行调和，亦能比较满意地解决索赔争端。

5.6 提出仲裁或诉讼

在工程索赔的实践中，许多国家都提倡通过仲裁解决索赔争端，而不主张通过法院诉讼的途径。在 FIDIC 合同条件和 ICE 条件中，均列有仲裁条款，没有把诉讼列为合同争议的最终解决办法。主要原因是，施工合同争端经常涉及许多工程技术专业的问题，案情审理过程甚久。

6 索赔处理的原则

为了使索赔得到公正合理的解决，监理工程师在工作中必须坚持公正、及时、实事求是、充分协商和诚实信用的基本原则。

6.1 公正原则

监理工程师在处理索赔事件时必须公正地行事，以没有偏见的方式解释和履行合同，独立地做出判断，行使自己的权利。由于承包合同双方的利益和立场存在不一致、矛盾，甚至冲突，索赔是不可避免的，监理工程师虽然受建设单位委托实施合同管理，但在处理索赔事件时保持公正性，这是监理工程师的职业准则。公正处理索赔主要体现在以下几个方面：

（1）从工程总体效益、工程总目标的角度出发作出判断，或采取行动，坚持使合同风险分配、干扰事件责任分担、索赔的处理和解决不损害工程整体效益和不违背工程总体目标，争取友好公正地处理索赔。

（2）严格按照合同行事。坚持按合同中规定的责、权、利来判断索赔事件的责任，公正地处理索赔。

（3）在对合同解释时，绝不单纯地站在建设单位一方解释合同。而是站在公正的立场上遵循一定的原则进行解释。如坚持从整体上解释合同的原则，即从整个合同的意图出发，解释各个构成条款的含义，是该合同的每一个条款与整个合同的意图一致。对于合同中模糊或引起歧义的条款，进行词义分析，参照合同文件中的其他明示条款和默示条款，找出符合整个合同意图的条款作为主导条款，据此解释含义模糊的条款。坚持根据合同文件的文字含义及签约意向，以及合理的默示条款作出判断的原则，而不偏向建设单位，按对建设单位有利的情况修改条款含义。坚持遵守定量优先的原则解释合同，即定量方式所做的解释优先于其他任何方式的解释等。

（4）按照工程的实际实施过程、干扰事件的实情、承包商的实际损失和所提供的证据独立地做出判断。

6.2　及时原则

在工程施工中，监理工程师必须及时地作出决定，下达通知、指令，表示认可或满意等，接到承包商的索赔意向通知及时处理索赔事件，避免争端升级，从而影响工程的进展。

（1）及时履行监理工程师合同中规定的职责，从而减少自己工作失误引起的承包商的索赔机会。如果监理工程师不能迅速及时地履行职责，造成承包商的损失必须给予工期和费用的补偿。

（2）及时处理干扰事件，避免干扰事件影响的扩大。若不及时处理，就会造成承包商停工等待，或继续施工而造成更大范围的影响和损失。所以在施工过程中，监理工程师对于一个已发生的干扰事件应当及时采取措施，防止风险损失扩大，保证工程顺利施工。

（3）监理工程师在接到承包商的索赔意向通知后应迅速作出反应，认真研究，密切注意干扰事件的发展，并要求承包商进一步移交资料，及时采取措施降低损失，同时为分析、评价、反驳承包商的索赔要求做准备。

（4）监理工程师要按合同规定的索赔处理程序和时限，争取尽早处理索赔事件。因为如果索赔事件拖着不予以解决，往往会加深双方的不理解、不一致和矛盾，而且会使承包商资金周转困难，履约积极性受到影响，最后造成施工进度缓慢，承包商对监理工程师和建设单位不信任，反过来建设单位则会抱怨承包商拖延工程，不积极履约，可能导致双方激烈冲突，最终影响项目目标的实现。

6.3　实事求是原则

监理工程师在处理索赔事件时，必须遵守实事求是的原则，即在判断索赔事件的责任时，要以客观事实和证据为准。要充分分析承包商所提供的施工记录、文件等与自己所做的检查、验收记录等相对照，对索赔证据中发生的矛盾和不一致情况要认真检查分析。索赔费用的确定，要依据补偿损失为原则来进行。不论是对承包商还是对建设单位的索赔要求的审核，都要以尊重实事求是为原则，用数据说话。使建设单位和承包商都能尊重监理工程师的判断，从而使索赔事件容易解决。

6.4　充分协商原则

监理工程师在处理和解决索赔问题时应及时与建设单位和承包商沟通，保持经常联系。自做出决定，特别是调整价格、决定工期和费用补偿时，应与承包商和建设单位双方充分协商，最好达成一致，取得共识。这是避免索赔争议的最有效的办法。监理工程师应充分认识到，如果他的调解不成功，使索赔争议升级，将会造成建设单位与承包商关系紧张，严重干扰工程施工过程，也造成监理工程师的合同管理难度加大，从而影响工程整体效益。

在索赔处理中，建设单位和承包商立场不同，对合同的理解、策略的不同，致使双方索赔要求有很大差异。监理工程师要做艰苦的说明工作，向双方施加影响，减少差距，加深理解。监理工程师在处理索赔时，要经常向建设单位作解释，分析并说明承包商的困难和索赔要求的合理性；同时又要指出承包商索赔中不合理的索赔要求，最终是双方妥协、接近，达成一致。

6.5 诚实信用原则

监理工程师在工程管理方面，建设单位授予其很大的权利，对工程的整体效益起到关键的作用。承包商也期望监理工程师作为专业人士能够公正行事。但由于监理工程师提供的是一种管制服务，因此经济责任较小，缺少制约机制。所以，监理工程师的工作在很大程度上依赖于职业道德来维持。

为了完成监理合同，监理工程师要得到建设单位和承包商双方面的信任，监理工程师既要使建设单位认为聘请监理工程师进行项目管理对工程的总体效益有利，又要使承包商认为与监理工程师合作对其履行合同有益。为了做到这一点，监理工程师必须诚实信用，在建设单位和承包商之间营造信任的氛围，从而使合同履行过程中减少索赔事件的发生，或在索赔处理时更容易达成谅解，取得一致意见。

小　　结

工程建设合同也称为契约、协议，是反映交易的法律形式。《合同法》中规定，合同是平等主体的自然人、法人及其他组织之间设立、变更、终止民事权利义务的协议。订立合同应遵循平等、自愿、公平、诚实信用、遵守法律法规和公序良俗的原则。合同的组成包括合同的主体、客体和内容。合同的主体即合同的当事人，是指权利义务的主体；合同的客体是指当事人权利义务所共同指向的对象，即标的；合同的内容是指当事人享有的权利和承担的义务。工程建设中的主要合同关系有建设单位的主要合同关系、承包单位的主要合同关系、监理单位的主要合同关系等。工程建设合同确定了工程建设和管理的目标，是工程建设过程中双方解决纠纷的依据，也是工程建设过程中双方活动的准则。合同是协调并统一参加建设者行动的准则。

工程建设合同管理，是指为了工程项目所需建设的顺利实施，严格按照合同有关规定，保证工程的质量、进度和造价控制在合理的范围内并使其圆满完成的活动。工程建设合同管理应从两个方面入手：一是合同的评审和签订，二是合同的实施和跟进。要求企业内部人员具有较高的素质，能理解合同条款，严格按照合同条款办事，认真履行合同，实施跟踪，及时解决问题。

工程建设监理合同，是指委托人与监理人就委托的工程项目管理内容签订的明确双方权利、义务的协议。建设单位应严格按照监理合同的规定履行应尽义务，按照监理合同的规定行使权利。监理合同一经生效，监理企业应按合同规定行使权利，履行应尽的义务。

工程建设勘察、设计合同是委托方与承包方之间为了完成一定的勘察、设计任务而签订的，明确双方相互权利和义务的协议。委托方一般是建设单位或工程建设（包括勘察、设计、建筑、安装）的总包单位，而承包方则是勘察、设计单位。当事人在互相了解对方的资格、资信和履行能力后，可就勘察、设计合同的正式签订进行谈判。谈判时要对合同中的条款逐一讨论、协商,明确双方的权利和义务。合同中对其标的及其数量和质量的要求、酬金、合同的期限等须明确地、具体地作出约定,以免日后履行合同时发生纠纷。

工程建设施工合同是发包方与承包方为完成具体工程项目的建设施工、设备安装、设备调试、工程保修等内容,确定双方权利和义务的协议。依照施工合同,施工单位应完成建设单位交给的工程建设施工任务,建设单位应按规定提供必要条件并支付工程价款。施工合同的主体即建设单位和建筑安装企业,它们必须是法人,客体就是施工项目。

材料采购合同是建设单位或建筑承包企业与建筑材料供应商之间就有关材料供应达成的、明确相互间权利义务关系的协议。

索赔是指在合同实施过程中,对于非自己的过错,而是应由对方承担责任时造成的实际损失向对方提出经济补偿和(或)时间补偿的正当要求。索赔的类型有多种,按索赔的有关当事人可分为建设单位与承包商之间的索赔、总承包商与分包商之间的索赔、建设单位或总承包商与供货商之间的索赔、承包商向保险公司、运输公司索赔;按索赔的目的分为工期索赔和费用索赔;按索赔的对象分为索赔和反索赔;按索赔的业务性质分为工程索赔和商务索赔。承包商向建设单位提出的索赔通常有不利的自然条件与人为障碍、工程变更、工期延期、加速施工、建设单位不正当地终止工程、物价上涨、货币与汇率变化、拖延支付工程款等引起的索赔。承包商在施工期间不履行或不完成履行约定的义务,或者承包商的行为使建设单位受到损失时,建设单位也可向承包商提出索赔。通常有工期延误、质量不良、承包商不履行保险费用、超额利润等引起的索赔。按照我国现行规定,索赔费用由直接费、间接费、利润和税金四个部分组成。索赔费用按照分项法、总费用法和修正总费用法计算。处理索赔,要善于发现和把握索赔机会,要会处理索赔。施工索赔的程序一般按照六个步骤进行,即提出索赔要求、报送索赔报告、监理工程师审核索赔报告、会议协商解决、邀请中间人调节、提出仲裁或诉讼。上述六个工作步骤,可归纳为两个阶段,即友好协商解决和诉诸仲裁或诉讼。对于每一项索赔工作,承包商和建设单位都应力争通过友好协商的方式来解决,不要轻易地诉诸仲裁或诉讼。为了使索赔得到公正合理的解决,监理工程师在工作中必须坚持公正、及时、实事求是、充分协商和诚实信用的基本原则。

习　题

一、名词解释

①合同;②合同管理;③监理合同;④勘察设计合同;⑤施工合同;⑥设备材料采购合同;⑦工程建设索赔。

二、单项选择题

1. 合同的主体是指合同(　　)。

A. 对象　　B. 标的　　C. 内容　　D. 当事人

2. 合同当事人如果在履行合同过程中发生纠纷,首先应通过(　　)解决。

A. 协商　　B. 调解　　C. 仲裁　　D. 诉讼

3. 工程建设合同按(　　)可分为工程建设勘察合同、工程建设设计合同、工程建设委托监理合同和工程建设施工合同。

A. 按计价方式分类　　B. 按完成工程承包的内容分类

C. 按承、发包的范围和数量分类　　D. 按完成任务内容分类

4. 施工合同的客体是(　　)。

A. 建设单位　　B. 发包单位　　C. 承包单位　　D. 施工项目

5. (　　)是指为了工程项目所需建设的顺利实施，严格按照合同有关规定，保证工程的质量、进度和造价控制在合理的范围内并使其圆满完成的活动。

A. 合同　　B. 合同管理　　C. 施工合同　　D. 监理合同

三、多项选择题

1. 订立合同应遵循(　　)的原则。

A. 平等　　B. 自愿　　C. 公平　　D. 诚实信用

E. 遵守法律法规和公序良俗

2. 合同的组成包括合同的(　　)

A. 时间　　B. 主体　　C. 担保　　D. 客体　　E. 内容

3. 下列就合同描述正确的是(　　)。

A. 合同的主体即合同的当事人，是指权利义务的主体

B. 合同的客体即合同的当事人，是指权利义务的主体

C. 合同的客体是指当事人权利义务共同指向的对象，即标的

D. 合同的主体是指当事人权利义务共同指向的对象，即标的

E. 合同的内容是指当事人享有的权利和承担的义务

4. 工程建设中的主要合同关系有(　　)。

A. 政府部门的主要合同关系　　B. 建设单位的主要合同关系

C. 承包单位的主要合同关系　　D. 勘察设计单位的主要合同关系

E. 监理单位的主要合同关系

5. 为了使索赔得到公正合理地解决，监理工程师在工作中必须坚持(　　)基本原则。

A. 公正　　B. 及时　　C. 实事求是　　D. 充分协商　　E. 诚实信用

四、简答题

1. 工程建设合同的特点及订立的原则是什么？
2. 工程建设合同包括哪些内容？
3. 工程建设合同有哪些类型？
4. 工程建设合同具有什么作用？
5. 工程建设合同管理的作用是什么？
6. 工程建设监理合同有什么特征？主要内容有哪些？

7. 工程勘察、设计合同有什么特征？包括哪些内容？
8. 工程建设施工合同有什么特征？包括哪些内容？
9. 施工合同当事人主要责任有哪些？
10. 设备采购合同主要内容包括哪些？设备采购合同中供应方的责任有哪些？
11. 建筑材料采购合同的主要内容有哪些？
12. 索赔有哪些类型？索赔的证据和索赔文件有哪些？
13. 施工索赔的内容与特点有哪些？
14. 建设单位反索赔的内容与特点有哪些？
15. 索赔费用由哪些部分组成？有哪些计算方法？
16. 索赔的处理应遵循哪些原则？

模块9　工程建设安全监理

【知识要点】 工程建设安全监理的基本概念；工程建设安全生产和安全责任体系；工程建设施工过程安全监理控制；工程建设施工过程安全监理方法。

【教学目标】 掌握工程建设安全监理的含义、依据和作用，工程建设施工过程安全监理的工作内容和主要方法；熟悉工程建设各方的安全责任及安全管理制度；了解工程建设安全生产的指导方针和原则。

课题9.1　工程建设安全监理的基本概念

工程建设安全管理是指对建设活动过程中所涉及的安全进行的管理，包括建设行政主管部门对建设活动中的安全问题所进行的行业管理和从事建设活动的主体对自己建设活动的安全生产所进行的企业管理。从事建设活动的主体所进行的安全生产管理包括建设单位对安全生产的管理、设计单位对安全生产的管理、施工单位对建设工程安全生产的管理等。

工程建设安全目标与质量、进度和造价目标密切相关，安全目标实现与否会影响到其他三大目标的顺利实现。因此，对建设项目实施安全监督管理，就成为工程建设监理的重要组成部分，也是工程建设安全生产管理的重要保障。

1　安全监理的概念

工程建设安全监理是指监理工程师对工程建设中的人、材料、机械、方法、环境及施工全过程的安全生产进行监督管理，采取组织、技术、经济和合同措施，保证建设行为符合国家安全生产、劳动保护、环境保护、消防等法律法规、标准规范和有关方针、政策的要求，有效地将建设工程安全风险控制在允许的范围内，以确保施工安全。

工程建设安全监理是建设工程安全生产的重要保障。安全生产是指使生产过程处于避免人身伤害、设备损坏及其他不可接受的损害风险（危险）的状态。不可接受的损害风险（危险）通常指超出了法律、法规和规章的要求；超出了方针、目标和企业规定的其他要求；超出了人们普遍接受（通常是隐含的）的要求。因此，安全与否要对照风险接受程度来判断，是一个相对的概念。

2　安全监理的依据

工程建设安全监理的主要依据包括有关安全生产、劳动保护、环境保护等相关的法律、法规和规范、建设工程批准文件和设计文件、工程建设委托监理合同和有关的工程建设合同等。

有关建设工程安全生产、劳动保护、环境保护等法律、法规和标准规范包括《中华人民共和国建筑法》《中华人民共和国安全生产法》《建设工程安全生产管理条例》《中华人民共和国劳动法》《中华人民共和国环境保护法》《中华人民共和国消防法》等法律法规，《建筑施工企业安全生产许可证管理规定》《建设工程施工现场管理规定》《建筑安全生产监督管理规定》《工程建设监理规定》等部门规章和地方性法规等，也包括《工程建设标准强制性条文》《建设工程监理规范》（GB/T 50319—2013）及有关的工程安全技术标准、规范、规程等。

监理工程师应当熟悉和掌握这些工作依据，以便依法开展建设工程安全监理工作，提高建设工程安全水平。

3 安全监理的措施

3.1 组织措施

组织措施即从安全监理的组织管理方面来采取相应的措施，如落实安全控制的组织机构和人员，明确各级目标控制人员的任务、职能分工、权力和责任，制订安全监理工作流程等，从组织形式、人员配备及相关制度上保证安全监理目标的实现。

3.2 技术措施

技术措施不仅可以解决工程建设实施中所遇到的技术问题，而且对纠正安全监理目标偏差也有相当重要的作用。在运用技术措施纠偏时，要尽可能提出多个备选方案，并且要对不同的技术方案进行技术经济比较分析，从中选择最优的技术方案。

3.3 经济措施

经济措施指通过经济手段来保证安全监理目标的实现，如何通过落实安全生产责任制、安全生产奖惩制度等与经济挂钩，并对实现者进行及时兑现，以提高安全生产的积极性，保证安全目标的实现。

3.4 合同措施

合同是进行工程建设安全监理的重要依据，合同措施也是监理工程师实施安全监理的主要措施，监理工程师应在合同的签订方面，协助建设单位确定合同形式，拟订合同条款，参与合同谈判，从而保证合同的形式、内容有利于合同的管理及安全目标的实现。

4 工程建设安全监理的作用

随着我国市场经济的发展变化，工程建设监理制在我国建设领域发挥了重要作用，取得了显著的经济效果。建设工程安全监理是我国建设理论在实践中不断完善、提高与创新的体现和产物。开展安全监理工作不仅是建设工程监理的重要组成部分，是工程建设领域中的重要任务和内容，是促进工程施工安全水平管理提高、控制和减少安全事故发生的有效方法，也是建设管理体制改革中必然实现的一种新模式、新理念。

4.1 防止或减少生产安全事故，保障生命、财产安全

我国工程建设规模逐步扩大，建设领域安全事故起数和伤亡人数一直居高不下，个别地区施工现场安全生产情况仍然十分严峻，安全事故时有发生，导致群死、群伤恶性事件，给广大人民群众的生命和财产带来巨大损失。实行工程建设安全监理，监理工程师及时发现工程建设实施过程中出现的安全隐患，并要求施工单位及时整改、消除，从而有利于

防止或减少生产安全事故的发生，保障了广大人民群众的生命和财产安全，保障了国家公共利益，维护了社会的安定团结。

4.2　规范工程参与方的安全生产行为，提高安全生产责任意识

建设监理制是我国建设管理体制的重大改革，工程监理单位受建设单位委托对工程项目实行专业化管理，对保证项目目标的实现意义重大。实行建设工程安全监理，监理工程师采用事前、事中和事后控制相结合的方法，对工程建设安全生产的全过程进行动态监督管理，可以有效地规范各施工单位的安全生产行为，最大限度地避免不当安全生产行为的发生。即使出现不当安全生产行为，也可以及时加以制止，最大限度地减少其不良后果。此外，由于建设单位不了解工程建设安全生产等有关的法律法规、管理程序等，也可能发生不当安全生产行为，为避免此种情况的发生，监理工程师可以向建设单位提出适当的建议，从而有利于规范建设单位的安全生产行为，提高安全生产责任意识。

4.3　保证施工安全，提高安全生产管理水平

实行工程建设安全监理，监理工程师通过对工程建设施工生产的安全监督管理，以及监理工程师的审查、督促和检查等手段，促使施工单位进行安全生产，改善劳动作业条件，提高安全技术措施等，保证建设工程施工安全，提高施工单位自身施工安全生产管理水平，从而提高整体施工行业安全生产管理水平。

4.4　形成良好的安全生产保证机制

实行工程建设安全监理，通过对工程建设安全生产实施施工单位自身的安全控制、工程监理单位的安全监理和政府的安全生产监督管理，有利于防止和避免安全事故的发生。同时，政府通过改进市场监管方式，充分发挥市场机制，通过工程监理单位、安全中介服务机构等的介入，对事故现场安全生产的监督管理，改变以往政府被动的安全检查方式，弥补安全生产监管力量不足的状况，共同形成安全生产监管合力，从而提高我国工程建设安全生产管理水平，形成良好的安全生产保证机制。

4.5　提供安全、稳定的社会和经济环境

做好工程建设安全生产工作，切实保障人民群众生命和国家财产安全，是全面建设小康社会、统筹经济社会全面发展的重要内容，也是建设活动各参与方必须履行的法定职责。工程建设监理单位要充分认识当前安全生产形势的严峻性，深入领会国家关于安全监理的方针和政策，牢固树立"责任重于泰山"的意识，切实履行安全生产相关职责，增强抓好安全生产工作的责任感和紧迫感，督促施工单位加强安全生产管理，促进工程建设顺利开展，为构建和谐社会，为社会发展提供安全、稳定的社会和经济环境发挥应有的作用。

课题9.2　工程建设安全生产和安全责任体系

1　工程建设安全生产

1.1　安全生产的概念

安全生产是生产经营活动中，为保证人身健康与生命安全，保证财产不受损失，确保生产经营活动得以顺利进行，促进社会经济发展、社会稳定和进步而采取的一系列措施和

行为的总称。安全生产直接关系到经济建设的发展和社会稳定，标志着社会进步和文明发展的进程。

建筑企业作为我国新兴的支柱产业，也是一个事故多发的行业，更应强调安全生产。

1.2 安全生产指导方针

工程建设施工安全生产管理，必须坚持"安全第一、预防为主"的基本方针。它是根据工程建设的特点，总结实践经验和教训得出的。在生产过程中，参与各方必须坚持"以人为本"的原则，在生产与安全的关系中，一切以安全为重，安全必须放在第一位。

"安全第一"是原则和目标，是从保护和发展生产力的角度确立了生产与安全的关系，肯定了安全在工程建设活动中的重要地位。"安全第一"的方针，就是要求所有参与工程建设的人员，包括管理者和从业人员以及对工程建设活动进行监督管理的人员都必须树立安全的观念，不能为了经济的发展而牺牲安全。当安全与生产发生矛盾时，必须先解决安全问题，在保证安全的前提下从事生产活动。也只有这样，才能使生产正常进行，才能充分发挥职工的积极性，提高劳动生产率，促进经济的发展，保持社会稳定。

"预防为主"是手段和途径，是指在工程建设活动中，根据工程建设的特点，对不同的生产要素采取相应的管理措施，有效地控制不安全因素的发展和扩大，把可能发生的事故消灭在萌芽状态，以保证生产活动中人的安全与健康。对于施工活动而言，必须预先分析危险点、危险源、危险场地等，预测和评估危险程度，发现和掌握危险出现的规律，制订事故应急预案，采取相应措施，将危险消灭在转化为事故之前。"预防为主"是安全生产方针的核心，是实施安全生产的根本。

安全与生产的关系是辩证统一的关系，是一个整体。生产必须安全，安全促进生产，不能将两者对立起来。首先，在施工过程中，必须尽一切可能为作业人员创造安全生产环境和条件，积极消除生产中的不安全因素，防止伤亡事故的发生，使作业人员在安全的条件下进行生产；其次，安全工作必须紧紧围绕着生产活动进行，不仅要保障作业人员的生命安全，还要促进生产的发展，离开生产，安全工作就毫无实际意义。

1.3 安全生产基本原则

安全生产是直接关系到人民群众生命安危的头等大事，是"以人为本"重要思想的具体体现。做好工程建设安全生产，除了强调坚持安全生产方针，还必须强调坚持安全生产的一系列原则。这些原则主要有以下几点。

1.3.1 "管生产必须管安全"的原则

"管生产必须管安全"是企业各级领导在生产过程中必须坚持的原则。企业主要负责人是企业经营管理的领导，应当肩负起安全生产的责任，在抓经营管理的同时必须抓安全生产。企业要全面落实安全工作领导责任，形成纵向到底、横向到边的严密的责任网络。

企业主要负责人是安全生产的第一人，对安全生产负有主要责任。监理单位的总监理工程师是项目安全监理的第一人，对施工现场的安全监理负有重要领导责任。

1.3.2 职业安全卫生"三同时"的原则

"三同时"原则是指生产性的基本建设项目和技术改造建设项目中的劳动安全卫生设施必须符合国家规定的标准，必须与主体工程同时设计、同时施工、同时投产使用，安全措施优先到位，以确保建设项目竣工投产后，符合安全卫生的要求和标准，保障劳动者在生产过程中的安全与健康。

1.3.3 全员安全生产教育培训的原则

全员安全生产教育培训的原则是指对企业全体员工进行安全生产法律、法规和安全专业知识，以及安全生产技能等方面的教育和培训。全员安全教育培训的要求在有关安全生产法规中都有相应的规定。

全员安全生产教育培训是提高企业职工安全生产素质的重要手段，是企业安全生产工作的一项重要内容，有关重要岗位的安全管理人员、操作人员还应参加法定的安全资格培训与考核。企业应当将安全教育培训工作计划纳入本单位年度工作计划和长期工作计划，所需人员、资金和物资应予以保证。

1.3.4 事故处理“四不放过”的原则

在处理事故时必须坚持和实施“四不放过”的原则，即事故原因分析不清不放过；事故责任者和群众没有受到教育不放过；没有整改措施、预防措施不放过；事故责任者和责任领导不处理不放过。这是安全生产管理部门处理安全事故的重要原则，“四不放过”缺一不可。

2 工程建设安全责任体系

《建设工程安全生产管理条例》对建设单位、勘察单位、设计单位、施工单位、工程监理单位及其他与建设工程安全生产有关的单位所承担的建设工程安全生产责任做出了明确规定。

2.1 建设单位的安全责任

建设单位在工程建设中处于主导地位，对建设工程的安全生产负有重要责任。建设单位应在工程概算中确定并提供安全作业环境和安全施工措施费用；不得要求勘察、设计、施工、工程监理等单位违反国家法律、法规和工程建设强制性标准的规定，不得任意压缩合同约定的工期；有义务向施工单位提供工程所需的有关资料；有责任将安全施工措施报送有关主管部门备案；应当将拆除工程发包给有建筑业企业资质的施工单位等。

2.2 工程监理单位的安全责任

工程监理单位是建设工程安全生产的重要保障。监理单位应审查施工组织设计中的安全技术措施或专项施工方案是否符合工程建设强制性标准，发现存在安全事故隐患时，应当要求施工单位整改或暂停施工并报告建设单位。施工单位拒不整改或者拒不停止施工时，应当及时向有关主管部门报告。监理单位应当按照法律、法规和工程建设强制性标准实施监理，并对工程建设安全生产承担监理责任。

2.3 勘察、设计单位的安全责任

勘察单位应当按照法律、法规和工程建设强制性标准进行勘察，提供的勘察文件应当真实、准确，满足工程建设安全生产的需要。在勘察作业时，应当严格执行操作规程，采取措施保证各类管线、设施和周边建筑物、构筑物的安全。

设计单位应当按照法律、法规和工程建设强制性标准进行设计，应当考虑施工安全操作和防护的需要，对涉及施工安全的重点部位和环节在设计文件中予以注明，并对防范生产安全事故提出指导意见。对采用新技术、新结构、新材料、新工艺的建设工程和特殊结构的建设工程，设计单位应当在设计中提出保障施工作业人员安全和预防安全生产事故的措施建议。设计单位和注册建筑师等注册人员应当对其设计负责。

2.4　施工单位的安全责任

施工单位在建设工程安全生产中处于核心地位。施工单位必须建立本企业安全生产管理机构和配备专职安全管理人员，应当在施工前向作业班组和人员做出安全施工技术要求的详细说明，应当对施工可能造成损害的毗邻建筑物、构筑物和地下管线采取专项防护措施，应当向作业人员提供安全防护用具和安全防护服装，并书面告知危险岗位操作规程。施工单位应对施工现场安全警示标志使用、作业和生活环境等进行管理，应在施工起重机械和整体提升脚手架、模板等自升式架设设施验收合格后进行登记。施工单位应落实安全生产作业环境及安全施工措施所需费用，应对安全防护用具、机械设备、施工机具及配件在进入施工现场前进行查验，合格后方能投入使用。严禁使用国家明令淘汰、禁止使用的危及施工安全的工艺、设备和材料。

2.5　其他参与单位的安全责任

(1)提供机械设备和配件的单位应当按照安全施工的要求配备齐全有效的保险、限位等安全设施和装置。

(2)出租机械设备和施工机具及配件的单位应当具有生产(制造)许可证、产品合格证；应当对出租的机械设备和施工机具及配件的安全性能进行检测，在签订租赁协议时，应当出具检测合格证明；禁止出租检测不合格的机械设备和施工机具及配件。

(3)拆装单位在施工现场安装、拆卸施工起重机械和整体提升脚手架、模板等自升式架设设施必须具有相应等级的资质。安装、拆卸施工起重机械和脚手架、模板等自升式架设设施，应当编制拆装方案，制订安全施工措施，并由专业技术人员现场监督。机械和设施安装完毕后，安装单位应当自检，出具自检合格证明，并向施工单位进行安全使用说明，办理签字手续。

(4)检验检测机构对检测合格的施工起重机械和整体提升脚手架、模板等自升式架设设施，应当出具安全合格证明文件，并对检测结果负责。

对在建设项目实施过程中出现的安全问题，监理工程师应根据相关方应承担的安全责任进行处理。

3　工程建设安全生产管理制度

安全生产管理制度包括安全生产责任制度、安全教育制度、安全检查制度、安全措施计划制度、安全监察制度、伤亡事故和职业病统计报告处理制度、“三同时”制度和安全与评价制度。

3.1　安全生产责任制度

安全生产责任制是最基本的安全管理制度，是所有安全生产制度的核心。安全生产责任制是按照安全生产管理方针和“管生产同时必须管安全”的原则，将各级负责人员、各职能部门及其工作人员和各岗位生产工人在安全生产方面应做的事情及应负的责任加以明确规定的一种制度。

施工企业实行安全生产责任制度必须做到在计划、布置、检查、总结、评比生产的时候，同时计划、布置、检查、总结、评比安全工作。其内容大体分为两个方面：纵向方面是各级人员的安全生产责任制，即各类人员（从最高管理者、管理者代表到项目经理）的安全生产责任制；横向方面是各个部门的安全生产责任制，即各职能部门（如安全环保、设备、技术、生产、财务等部门）的安全生产责任制。只有这样，才能建立健全安全生产责任制，做到群防群治。

3.2 安全教育制度

企业安全教育包括对管理人员、特种作业人员和企业员工的安全教育。

3.2.1 管理人员的安全教育

(1)企业领导的安全教育。对企业法定代表人安全教育的主要内容包括：国家有关安全生产的方针、政策、法律、法规及有关规章制度；安全生产管理职责、企业安全生产管理知识及安全文化；有关事故案例及事故应急处理措施等。

(2)项目经理、技术负责人和技术干部的安全教育。其主要内容包括：安全生产方针、政策和法律、法规；项目经理部安全生产责任；典型事故案例剖析；系统安全及其相应的安全技术知识。

(3)行政管理干部的安全教育。其主要内容包括：安全生产方针、政策和法律法规；基本的安全技术知识；本职的安全生产责任。

(4)企业安全管理人员的安全教育。其内容包括：国家有关安全生产的方针、政策、法律、法规和安全生产标准；企业安全生产管理、安全技术、职业病知识、安全文件；员工伤亡事故和职业病统计报告及调查处理程序；有关事故案例及事故应急处理措施等。

(5)班组长和安全员的安全教育。其内容包括：安全生产法律、法规、安全技术及技能、职业病和安全文化的知识；本企业、本班组和工作岗位的危险因素、安全注意事项；本岗位安全生产职责；典型事故案案例；事故抢救与应急处理措施。

3.2.2 特种作业人员的安全教育

(1)特种作业和特种作业人员的定义。对操作者本人，尤其是对他人或周围设施的安全有重大危险因素的作业，称为特种作业。直接从事特种作业者，称为特种作业人员。

(2)特种作业人员的范围。包括电工作业；锅炉司炉；压力容器操作；起重机械操作；爆破作业；金属焊接（气割）作业；煤矿井下瓦斯检验；机动车辆驾驶；机动船舶驾驶和轮机操作；建筑登高架设作业；其他符合特种作业基本定义的作业。

特种作业人员应具备的条件是：必须年满 18 周岁以上，而从事爆破作业和煤矿井下瓦斯检验的人员，年龄不得低于 20 周岁；工作认真负责，身体健康，没有妨碍从事本种作业的疾病和生理缺陷；具有本种作业所需的文化程度和安全、专业技术知识及实践经验。

(3)特种作业人员的安全教育。特种作业较一般作业的危险性更大，特种作业人员必须经过安全培训和严格考核。特种作业人员的安全教育应注意以下几点：①特种作业人员上岗作业前，必须进行专门的安全技术和操作技能的培训教育，要求理论教学与操作技术训练相结合，重点放在提高其安全操作技术和预防事故的实际能力上；②培训后，经考核合格后方可取得操作证，并准许独立作业；③取得操作证的特种作业人员，必须定期进行复审。复审期限除机动车辆驾驶按国家有关规定执行外，其他特殊作业人员两年进行一次。凡未经复审者不得继续独立作业。

3.2.3 企业员工的安全教育

企业员工的安全教育主要有新员工上岗前的三级安全教育、改变工艺和变换岗位安全教育和经常性安全教育三种形式。

(1)新员工上岗前的三级安全教育。三级安全教育通常是指进厂、进车间、进班组三级,对工程建设来说,具体指企业(公司)、项目(或工区、工程处、施工队)、班组三级。企业新员工上岗前必须进行三级安全教育,企业新员工须按规定通过三级安全教育和实际操作训练,经考核合格后方可上岗。

(2)改变工艺和变换岗位安全教育。企业(或工程项目)在实际新工艺、新技术或使用新设备、新材料时,必须对有关人员进行相应级别的安全教育,要按新的安全操作规程教育和培训参加操作的岗位员工及有关人员,使其了解新工艺、新设备、新产品的安全性能及安全技术,以适应新的岗位作业的安全要求。

当组织内部员工从一个岗位调到另外一个岗位,或从某工种改变为另一工种,或因放长假离岗一年以上重新上岗的情况,企业必须进行相应的安全技术培训和教育,以使其掌握现岗位的安全生产特点和要求。

(3)经常性安全教育。任何教育都不可能是一劳永逸的,安全教育同样如此,必须坚持不懈、经常不断地进行,这就是经常性安全教育。在经常性安全教育中,安全思想、安全态度教育最重要。必须通过采取多种形式的安全教育活动激发员工搞好安全生产的热情,促使员工重视和真正实现安全生产。

经常性安全教育形式有:每天的班前班后会上说明安全注意事项;安全活动日;安全生产会议;事故现场会;张贴安全生产招贴画、宣传标语及标志等。

3.3 安全检查制度

安全检查制度是清除隐患、防止事故、改善劳动条件的重要手段,是企业安全生产管理工作的一项重要内容。通过安全检查可以发现企业在生产过程中的危险因素,以便有计划地采取措施,保证安全生产。安全检查要深入现场,主要针对生产过程中的劳动条件、生产设备以及相应的安全卫生设施和员工的操作行为是否符合安全生产的要求进行检查。

3.4 安全措施计划制度

安全措施计划制度是指企业进行生产活动时,必须编制安全措施计划,它是企业有计划地改善劳动条件和安全卫生设施,防止工伤事故和职业病的重要措施之一,对企业加强劳动保护、改善劳动条件、保障职工的安全和健康、促进企业生产经营的发展都起着积极的作用。

3.4.1 制订依据

安全措施计划制度制订依据包括:①国家发布的有关职业健康安全政策、法规和标准;②在安全检查中发现的尚未解决的问题;③造成伤亡事故和职业病的主要原因和所采取的措施;④生产发展需要所应采取的安全措施;⑤安全技术革新项目和员工提出的合理化建议。

3.4.2 编制步骤

安全措施计划制度编制步骤包括：①工作活动分类；②危险源识别；③风险确定；④风险评价；⑤制订安全技术措施计划；⑥评价安全技术措施计划的充分性和合理性。

3.5 安全监察制度

安全监察制度是指国家法律、法规授权的行政部门，代表政府对企业的生产过程实施职业安全卫生监察，以政府的名义，运用国家权力对生产单位在履行职业安全卫生职责和执行职业安全卫生政策、法律、法规和标准的情况依法进行监督、检举和惩戒的制度。

安全监察具有特殊的法律地位。执行机构设在行政部门，设置原则、管理体制、职责、权限、监察人员任免均由国家法律、法规确定。职业安全卫生监察机构与被监察对象没有上下级关系，只有行政执法机构和法人之间的法律关系。

职业安全卫生监察机构的监察活动是从国家整体利益出发的，依据法律、法规对政府和法律负责，既不受行业部门或其他部门的限制，也不受用人单位的约束。该机构对违反职业安全卫生法律、法规、标准的行为有权采取行政措施，并具有一定的强制特点。这是因为它是以国家的法律、法规为后盾的，任何单位或个人必须服从，以保证法律的实施，维护法律的尊严。

3.6 伤亡事故和职业病统计报告处理制度

根据《中华人民共和国劳动法》规定，国家建立伤亡事故和职业病统计报告处理制度，对劳动者在劳动过程中发生的伤亡事故和劳动者的职业病状况，应当按照国家法律、法规的规定统计报告和处理。

伤亡事故的报告处理制度是我国劳动安全卫生工作的一项基本制度。这项制度的内容包括根据国家法律、法规的规定进行的报告、事故的统计、事故的调查和事故的处理。实行这项制度的目的是及时掌握职工在生产过程中的伤亡事故情况，研究事故发生的规律，总结经验教训，采取积极措施，防止事故重复发生。伤亡事故的报告、统计、调查和处理必须坚持实事求是、尊重科学的原则。

职业病报告必须是国家现行职业病范围内所列举的病种。根据卫生部的规定，地方各级卫生行政部门指定相应的职业病防治机构或卫生防疫机构负责职业病报告工作。职业病报告实行以地方为主，逐级上报的办法。所有企、事业单位发生的职业病都应报告当地卫生监督机构，由卫生监督机构统一汇总上报。职业病的处理，是政策性很强的一项工作，涉及职业病防治及妥善安置职业病患者、患者的劳保福利待遇、劳动能力鉴定及职业康复等工作。职工被确诊患有职业病后，其所在单位应根据职业病诊断机构的意见，安排其医治或疗养。在医治或疗养后被确认不宜继续从事原有害作业或工作的，应自确认之日起的两个月内将其调离原工作岗位，另行安排工作。

3.7 “三同时”制度

“三同时”制度是指凡是我国境内新建、改建、扩建的基本建设项目、技术改建项目和引进的建设项目，其安全生产设施必须符合国家规定的标准，必须与主体工程同时设计、同时施工、同时投入生产和使用。安全生产设施主要是安全技术方面的设施、职业卫生方面的设施、生产辅助性设施。《中华人民共和国劳动法》第五十三条规定：“新建、改建、扩建工程的劳动安全卫生设施必须与主体工程同时设计、同时施工、同时投入生产和使用。"《中华人民共和国安全生产法》第二十四条规定："生产经营单位新建、改建、扩建工程项目的安全设施，必须与主体工程同时设计、同时施工、同时投入生产和使用。安全设施投资应当纳入建设项目概算。"

新建、改建、扩建工程的初步设计要经过行业主管部门、安全生产管理部门、卫生部门和工会的审查，同意后方可进行施工；工程项目完成后，必须经过主管部门、安全生产管理行政部门、卫生部门和工会的竣工检验；建设工程项目投产后，不得将安全设施闲置不用，生产设施必须和安全设施同时使用。

3.8　安全预评价制度

安全预评价是在工程建设项目前期，应用安全评价的原理和方法对工程项目的危险性、危害性进行预测性的评价。

开展安全预评价工作，是贯彻落实"安全第一，预防为主"方针的重要手段，是企业实施科学化、规范化安全管理的工作基础。科学、系统地开展安全评价工作，不仅直接起到了消除危险有害因素、减少事故发生的作用，有利于全面提高企业的安全管理水平，而且有利于系统地、有针对性地加强对不安全状况的治理、改造，最大限度地降低安全生产风险。

课题 9.3　工程建设施工过程安全监理控制

1　施工准备阶段的安全监理

施工准备阶段安全监理是指监理工程师在正式施工前进行的安全预控。施工准备阶段的安全监理主要工作内容包括以下方面。

1.1　认真审查施工单位的资质

根据《建筑施工企业安全生产许可证管理规定》，进行工程建设施工的企业必须取得建设行政主管部门颁发的安全生产许可证，对于一些特种作业人员，必须经过专门的培训，并取得特种作业操作资格证书后方可上岗。监理单位应该认真审查施工单位的资质和项目管理人员及技术人员是否合格，对于不合格的人员，监理单位有权要求施工单位予以更换。

1.2　认真审查施工单位有关施工安全的工作文件

1.2.1　施工单位开工前提交的施工安全文件

施工单位在工程开工前，监理单位应当要求施工单位提交下列施工安全文件：①全场性工程建设施工组织或安全技术措施；②专项、专业或特种工程的施工方案和安全技术措施；③施工时用电、工地防火、围栏和环境保护措施；④安全文明工地管理办法；⑤全场和项目的安全施工的组织保证体系；⑥企业或项目的安全施工的制度保证体系；⑦项目施工的安全工作要点；⑧职工安全施工教育提纲或培训教材；⑨施工安全主管人员和专职安全人员的个人情况资料；⑩安全隐患整改和突发事件应急处置管理办法。

1.2.2　审查施工安全文件应注意的问题

监理单位应认真审查施工单位提交的施工安全文件，在审查过程中，应着重审查其是否具有真实性、可行性、可靠性和全面性。在审查过程中应注意以下问题：①是否具有健全有效的安全工作机制和管理制度；②是否安排了强有力的安全工作主管和合格、有经验的专职安全人员；③是否具有符合安全要求的平面布置，其工地临时用电、消防、危险品库、围栏防护等涉及安全的设施是否符合规定；④总体（全场、建设工程）和专项施工安全技术措施是否达到了全面、周到、细致、可行，并具有可靠的设计计算；⑤是否具有冬雨期等季节施工措施和符合要求的应对突发事件的预案；⑥是否具有能够实施的经常性的安全教育检查工作；⑦是否严格执行了对职工的安全防护品使用和健康保护的要求。

1.3 对分包单位的监控

正式开工前，监理工程师要检查、督促施工总承包单位对分包商在施工过程中所涉及的危险源是否予以识别、评价和控制策划，是否将与策划结果有关的文件和要求事先通知分包单位，以确保分包单位能遵守施工总承包单位的施工组织设计的相关要求。如对分包单位自带的机械设备的安装、验收、使用、维护和操作人员持证上岗的要求，相关安全风险及控制要求等。

1.4 严把工程开工关

在总监理工程师发出开工通知书之前，监理工程师应认真检查施工单位的施工人员、施工机械设备、施工现场、施工场地等是否存在安全隐患。经检查合格后，方可发出开工令，以避免在工程施工过程中发生安全事故。

2 施工过程中的安全监理

施工过程体现在一系列的现场施工作业和管理活动中，监理工程师对施工作业和管理活动的监督管理效果将直接影响到施工过程的安全控制效果，监理工程师对施工过程的安全控制应重点做好以下工作。

2.1 安全物资的控制

监理单位在安全物资进场时要认真核查，以保证安全物资的质量，严禁施工单位使用质量不合格的安全物资；在安全物资的使用过程中，监理单位应监督施工单位对安全物资的品牌、规格、型号和验收状态等作出识别标志，以避免安全物资的混用、错用，同时为了防止安全物资的损坏和变质，监理单位还应检查施工单位对安全物资的储存方式是否正确，并且在储存期间应要求施工单位对安全物资的防护和质量进行检查。

2.2 施工机械设备的安全监控

监理单位在施工过程中重点检查施工单位是否按规定选用、安装（拆除）、验收、检测、使用、保养、维修、改造或报废施工机械设备、租赁设备是否按合同规定履行各自的安全生产管理职责；对于大型设备，监理单位重点审查装拆大型设备的单位及人员是否具有相应的资质及资格，大型的起重设备装拆有无审批的专项方案，装拆工作是否按规定做好了监控和管理，安装后的大型设备是否经检测后才投入使用。

2.3 安全防护设施搭设、拆除及使用维护的监控

（1）监理单位应监督检查施工单位是否按照安全技术方案的要求搭设安全防护设施。

（2）监理单位要对洞口、临边、高处作业所采取的安全防护设施进行监控。如要对通

道、防护栏、电梯井内隔离网、楼层周边和预留洞口的防护设施、基坑临边防护设施、悬空或攀登作业防护设施的搭设、拆除进行监控。

(3)建设工程多为露天作业,且现场情况多变、多工种立体交叉作业,在施工过程中安全设施在投入使用后往往出现缺陷和问题,施工人员也往往会发生违章现象。因此,监理工程师要对安全防护设施在日常运行和使用过程中易发生事故的主要环节、部位进行动态的检查,对检查过程中发现的问题责成施工单位及时整改。情节严重的,应当要求施工单位暂停施工,并及时报告建设单位。确保安全防护设施完好有效,以达到安全的目标。

2.4 安全检测工具的监控

监理单位应督促施工单位按照有关规定配备相应的安全检测工具,如卡尺、塞尺、传感器、力矩扳手、电阻测试仪、绝缘电阻测试仪等,并且要对所配备的安全检测工具进行质量检验,严禁无生产许可证和产品合格证或证件不齐全的检测工具应用到工程建设的安全控制中;在工程建设的实施过程中,还应监督施工单位对安全检测工具要求复检,对达不到规定性能、精度状况的工具,严禁在工程建设中使用。

2.5 对重大危险源及与之相关的重点部位、过程和活动的监控

监理工程师要根据已识别的重大危险源,确定与之相关的需要进行重点监控的重点部位、过程和活动。如深基坑施工、大型构件吊装、高大模板施工等,监理单位应选派熟悉相应操作过程和操作规范的监理员对监控对象进行监控。对于重点监控对象,监理员必须进行连续的旁站监控,并做好记录。

2.6 施工现场临时用电的监控

监理单位应定期对施工现场临时用电进行检查,对变配电装置、架空线路或电缆干线的敷设、分配电箱等用电设施进行检查,并做好检查记录,对所出现的问题及时责成施工单位进行整改。情节严重的,应当要求施工单位暂停施工,并及时报告建设单位。在实施过程中,监理单位应督促施工单位对用电设备进行日常检查、维护和保养,以保证安全目标的实现。

2.7 施工现场消防安全的监控

监理单位应对施工现场木工间、油漆仓库、氧气与乙炔瓶仓库等重点防火部位进行定期检查,督促施工单位采取相应的防火措施。监理单位还应对施工单位的消防安全责任制的落实情况进行检查监督,并督促施工单位定期对消防设施、器材等进行检查、维护,以确保其完好、有效。

2.8 专项防护监控

监理单位应对施工现场毗邻区域地下管线,如供水、排水、供电等地下管线,所采取的专项防护措施的实施情况进行检查,在检查中所出现的问题应及时通知施工单位进行整改。情节严重的,应当要求施工单位暂时停止施工,并及时报告建设单位,做好检查记录。

2.9 安全自检工作的监控

监理单位对安全设施、临时用电设备等的验收核查,是对施工单位安全工作质量进行复核与确认,监理单位的核查不能代替施工单位的自检,且监理单位的核查必须是在施工单位自检的基础上进行的。为此,监理单位应监督施工单位安排专职安全生产管理人员

对安全设施及安全措施的落实情况进行检查。未经自检或检查不合格的，不能报送监理工程师进行检查，对于需经行业检测的安全设施、施工机械等，未经检测或检测不合格的，不能报送监理工程师进行检查。

2.10 安全记录资料的监控

在工程建设的实施过程中，施工安全记录资料应真实、齐全、完整，相关各方人员的签字齐备、字迹清楚、结论明确，与施工过程进展同步。由于安全记录资料是为证明施工现场满足安全要求的程度或为安全计划实施的有效性提供客观证据的文件，还可为由追溯要求的各类检查、验收和采取纠正措施及预防措施等提供依据，在每一阶段施工或安装工作完成时，监理单位认真检查施工单位安全资料的真实、齐全、可靠和完整性，督促施工单位安全资料的归档整理工作。

2.11 施工现场环境的安全监控

监理单位应对施工现场环境卫生安全定期进行监督检查，督促施工单位做好工作区的施工前期围挡、场地、道路、排水设施准备，按规划堆放物料，由专人负责场地清理、道路维护保洁、水沟与沉淀池的疏通和清理，督促施工作业人员做好班后清理工作以及对作业区域安全防护设施的检查维护工作。监理单位还应督促施工单位必须按卫生标准要求在施工现场设置宿舍、食堂等临时设施，要符合卫生、安全、健康的有关条件，杜绝由于卫生不符合标准所发生的事故。监理单位还应经常对临时建筑进行检查，保证临时建筑物的使用符合安全要求。

2.12 严把安全验收关

在安全设施搭设、施工机械设备安装完成后，施工单位自检合格才能报请监理单位进行验收，监理单位必须严格遵守国家相关标准、规范、规程等规定，按照专项施工方案和安全技术措施的设计要求进行验收，严格把关，并做好记录，对验收过程中所出现的问题及时要求施工单位整改，验收合格后方可同意施工单位投入使用。

课题9.4 工程建设施工过程安全监理方法

施工过程安全监理的方法主要有审核技术文件、报告和报表；现场安全检查；举行工地例会和安全专题会议。

1 审核技术文件、报告和报表

对技术文件、报告和报表的审核，是监理工程师对建设工程施工安全进行全面监督检查和控制的重要手段。审核的具体内容有：有关技术证明文件、专项施工方案；有关安全物资的检验报告；反映工序施工安全的图表；设计变更、修改图纸和技术核定书；有关应用新工艺、新材料、新技术和新结构的技术鉴定书；有关工序检查与验收资料；有关安全设施、施工机械验收检查资料；有关安全隐患、安全事故等安全问题的处理报告；与现场施工作业有关的安全技术签证、文件等。

2 现场安全检查

现场安全检查的主要内容包括：施工中作业和管理活动的监督检查与控制；对于重要

的和对工程施工安全有重大影响的工序、工程部位、作业活动，在进行现场施工过程中安排监理员进行监控；安全记录资料的检查；施工现场的日常安全检查、定期安全检查、冬季性安全检查、季节性及节假日后安全检查等。

3 现场安全检查的主要方式

3.1 旁站

旁站是指项目监理机构对工程的关键部位或关键工序的施工质量进行的监督活动。在施工阶段，许多建设工程安全事故隐患是由于现场施工或操作不当或不符合标准、规范、规程所致。违章操作或指挥往往带来安全事故的发生。因此，通过监理人员的现场旁站监督和检查，及时发现存在的安全问题并加以控制，可以保证施工安全。除规范规定的旁站监理项目外，还应根据每个工程的特点和施工单位的安全管理水平等因素综合确定旁站的工程部位、工艺或作业活动。

3.2 巡视

巡视是指项目监理机构对施工现场进行的定期或不定期的检查活动。巡视与旁站不同，一是巡视针对的不一定是关键部位或关键工序；二是巡视时间随机，并且不必事前通知施工单位。巡视检查的主要内容包括：①是否按照设计文件、施工规范和批准的施工方案施工；②是否使用合格的材料、构配件和设备；③施工现场管理人员，尤其是质检人员是否到岗到位；④施工操作人员的技术水平、操作条件是否满足工艺操作要求，特种作业人员是否持证上岗；⑤施工环境是否对工程质量产生不利影响；⑥已施工部位是否存在质量缺陷。

3.3 平行检验

平行检验是指项目监理机构在施工单位自检的同时，按有关规定、建设工程监理合同约定对同一检验项目进行的检测试验活动。平行检验在安全技术复核及复验工作中采用较多，是监理人员对安全设施、施工机械等进行安全验收核查的主要手段。

（1）目测法。目测法检查的手段可归纳为看、摸、敲、照四个字。看是指根据质量标准进行外观目测。摸是指用手感检查，主要适用于装饰工程的某些检查项目。敲是指运用工具进行音感检查，如对地面工程、装饰工程中的面砖镶贴等的检查。照是指对于难以看到的或光线较暗的部位，采用镜子反射或灯光照射的方法检查。

（2）实测法。实测法是通过实测数据与施工规范及质量标准所规定的允许偏差对照来判别质量是否合格，实测检查法的手段也可以归纳为靠、吊、量、套四个字。靠是指用靠尺对地面、墙面、屋面等的平整度进行检查的方法。吊是指用托线板以及线锤吊线检查垂直度的方法。量是指用测量工具和计量仪表监测断面尺寸、轴线、标高、湿度、温度等。套是指用量规、方尺等检测工具检验被测工程部位的尺寸，如对阴阳角的方正等。

（3）试验检验。试验检验是指必须通过试验手段才能对质量进行判断的检查方法，如对桩或地基的静荷载试验确定其承载力；对钢筋的焊接接头进行拉力试验，以检查焊接的质量等。

4　工地例会和专题工地会议

4.1　工地例会

工地例会是施工过程中参加工程建设各方沟通情况、解决分歧、达成共识、作出决定的主要渠道。通过工地例会，监理工程师检查分析施工过程的安全状况，指出存在的安全问题，提出整改的措施，要求施工单位限期整改完成。由于参加工地例会的人员层次较高，会上容易就安全问题的解决达成共识。

工地例会由项目监理机构专人负责记录并整理形成会议纪要，内容应准确、简明扼要，经总监理工程师审阅，与会各方代表签字，发至合同有关各方，并应有签收手续。

4.2　专题工地会议

专题工地会议是为解决施工过程中的专门问题而召开的会议。工程项目各主要参建单位均可向项目监理机构书面提出召开专题工地会议的动议，由总监理工程师或被授权的监理工程师根据需要及时组织专题工地会议，集中解决较重大或普遍存在的安全问题。

专题工地会议内容包括主要议题、与会单位人员、召开时间。专题工地会议纪要的形成过程与工地例会相同。

5　安全隐患的处理方法

(1)监理工程师应对检查出的安全事故隐患立即发出安全隐患整改通知单，施工单位应对安全隐患原因进行分析，制订纠正和预防措施。安全事故整改措施经监理工程师确认后实施，监理工程师对安全事故整改措施的实施过程和实施效果进行跟踪检查，保存验证记录。

(2)对在施工现场违章指挥和违章作业的工作人员，监理工程师应当场向责任人指出，立即纠正。

除以上两种方法外，监理工程师还可以通过执行安全生产协议书的安全生产奖惩制度来约束施工单位的安全生产行为，确保施工安全，促进施工安全生产顺利进行。

小　　结

工程建设安全管理是建设工程安全生产的重要保障，保证建设行为符合国家安全生产、劳动保护、环境保护、消防等法律法规、标准规范和有关方针、政策的要求，有效地将建设工程安全风险控制在允许的范围内，确保建设工程施工安全。工程建设安全监理的依据主要包括：有关安全生产、劳动保护、环境保护等相关的法律、法规和规范；建设工程的批准文件和设计文件；工程建设委托监理合同和有关的工程建设合同等。工程建设安全监理的措施主要有组织措施、技术措施、经济措施和合同措施。工程建设安全监理在工程建设中发挥了重要作用，也取得了显著的效果。

工程建设安全生产就是指生产经营活动中，为保证人身健康与生命安全，保证财产不受损失，确保生产经营活动得以顺利进行，促进社会经济发展、社会稳定和进步而采取的一系列措施和行为的总称。安全生产直接关系到人民群众生命安危，做好工程建设安全生产，除了强调坚持安全生产方针外，还必须强调坚持安全生产的一系列原则，即“管生产必须管安全”的原则、“三同时”的原则、“全员安全生产教育培训”的原则和“四不放过”的原则。根据《建设工程安全生产管理条例》，对建设单位、勘察单位、设计单位、施工单位、工程监理单位及其他与建设工程安全生产有关的单位安全生产责任做出了明确规定，建立并健全了安全生产管理制度，即安全生产责任制度、安全教育制度、安全监察制度、安全措施计划制度、“三同时”制度和安全与评价制度。

工程建设施工安全监理，包括施工准备阶段安全监理和施工过程安全监理。施工准备阶段安全监理，监理工程师要认真审查施工单位的资质和有关施工安全的工作文件，严把工程开工关。施工过程安全监理，监理工程师应重点做好安全物资的控制，施工机械设备的安全监控，安全防护设施搭设、拆除及使用维护的监控，安全检测工具的监控，对重大危险源及与之相关的重点部位、过程和活动的监控，施工现场临时用电的监控，施工现场消防安全的监控，施工现场及毗邻区域地下管线、建(构)筑物等专项防护的监控，安全自检工作的监控，安全记录资料的监控，施工现场环境的监控等，严把安全验收关。

施工过程安全监理，监理工程师要重点审核施工单位的技术文件、报告和报表，深入现场进行安全检查，举行工地例会和安全专题会议，集中解决重大或普遍存在的施工安全问题。监理工程师应对检查出的安全事故隐患立即发出安全隐患整改通知，施工单位应对安全隐患原因进行分析，制订纠正和预防措施。对在施工现场违章指挥和违章作业的工作人员，监理工程师应当场向责任人指出，立即纠正，确保施工安全。

习　题

一、名词解释

①工程建设安全管理；②工程建设安全监理；③工程建设安全生产；④特种作业；⑤安全预评价；⑥旁站；⑦巡视；⑧平行检验。

二、单项选择题

1.（　　）是指监理工程师对工程建设中的人、材料、机械、方法、环境及施工全过程的安全生产进行监督管理。

A. 安全管理　B. 安全生产　C. 安全监理　D. 特种作业

2. 目测法检查的手段可归纳为（　　）。

A. 看、摸、敲、照　B. 靠、吊、量、套

C. 看、摸、吊、量　D. 敲、照、试、检

3.（　　）是指项目监理机构对施工现场进行的定期或不定期的检查活动。

A. 旁站　B. 巡视　C. 平行检验　D. 抽验

4. 安全预评价是在（　　）应用安全评价的原理和方法对工程项目的危险性、危害性进行预测性的评价。

A. 工程建设项目前期　B. 工程建设项目中期

C. 工程建设项目后期　　D. 工程建设项目使用期

5. (　　)是指项目监理机构对工程的关键部位或关键工序的施工质量进行的监督活动。

A. 旁站　　B. 巡视　　C. 平行检验　　D. 抽验

三、多项选择题

1. 工程建设安全监理的措施主要有(　　)。

A. 组织措施　　B. 安全措施　　C. 技术措施

D. 经济措施　　E. 合同措施

2. 工程建设安全监理的主要依据是(　　)。

A. 有关安全生产、劳动保护、环境保护等相关的法律、法规和规范

B. 建设工程的批准文件　　C. 设计文件

D. 工程建设委托监理合同　　E. 其他有关的工程建设合同

3. 施工过程安全监理，监理工程师应重点做好的工作是(　　)。

A. 审核施工单位的技术文件、报告和报表　　B. 深入现场进行安全检查

C. 举行工地例会　　D. 举行安全专题会议

E. 集中解决重大或普遍存在的施工安全问题

4. 平行检验常采用的方法是(　　)。

A. 目测法　　B. 置换法　　C. 实测法　　D. 试验检验　　E. 定量法

5. 工程建设安全监理的作用包括(　　)。

A. 防止或减少生产安全事故，保障生命、财产安全

B. 规范工程参与方的安全生产行为，提高安全生产责任意识

C. 保证施工安全，提高安全生产管理水平

D. 形成良好的安全生产保证机制

E. 提供安全、稳定的社会环境和经济环境

四、简答题

1. 工程建设安全监理的依据是什么？
2. 工程建设安全监理的措施有哪些？
3. 工程建设安全监理的作用是什么？
4. 安全生产的指导方针是什么？
5. 安全生产的基本原则有哪些？
6. 工程建设安全责任体系包括哪些内容？
7. 工程建设安全生产管理制度有哪些？
8. 施工准备阶段安全监理的主要工作内容有哪些？
9. 监理工程师对施工过程的安全控制应做好哪些工作？
10. 施工过程安全监理的主要方法有哪些？
11. 监理工程师对工程建设安全隐患如何处理？

模块10　工程建设风险管理

【知识要点】 风险与风险管理的基本概念;风险识别的特点、原则、过程及方法;工程建设风险评价方法;工程建设风险对策。

【教学目标】 掌握工程建设风险管理的概念,风险管理的内容,风险识别的特点、原则和方法,风险评价的作用、内容和方法,风险对策的要点及决策过程;熟悉风险的类别、风险识别的过程、风险的分解方法、风险损失的类型;了解风险量函数、风险损失的衡量、风险概率的衡量、风险衡量。

课题10.1　风险与风险管理

1　风险的定义与风险相关概念

1.1　风险的定义

风险是指产生损失后果的不确定性。风险应具备两方面条件:一是不确定性,二是产生损失后果,否则就不能称为风险。因此,肯定发生损失后果的事件不是风险,没有损失后果的不确定性事件也不是风险。

1.2　与风险相关的概念

1.2.1　风险因素

风险因素是指能产生或增加损失概率和损失程度的条件或因素,它是风险事件发生的潜在原因,是造成损失的内在或间接原因。风险因素可分为以下三种:

(1)自然风险因素,也称为物理风险因素,或客观风险因素。该风险因素是指有形的并能直接导致某种风险的事务,如冰雪路面、汽车发动机性能不良或制动系统故障等均可能引发车祸而导致人员伤亡。

(2)道德风险因素。为无形因素,与人的品德修养有关,如人的品质缺陷或欺诈行为。

(3)心理风险因素。也是无形因素,与人的心理状态有关,例如,投保后疏于对损失的防范,自认为身强力壮而不注意健康。

1.2.2　风险事件

风险事件是指造成损失的偶发事件,是造成损失的外在原因或直接原因,如失火、雷电、地震、偷盗、抢劫等事件。要注意把风险事件与风险因素区分开来,例如,汽车的制动系统失灵导致车祸使人员伤亡,这里制动系统失灵是风险因素,而车祸是风险事件。不过,有时两者很难区别。

1.2.3　损失

损失是指非故意的、非计划的和非预期的经济价值的减少,通常以货币单位来衡量。

损失可分为直接损失和间接损失两种，也有的学者将损失分为直接损失、间接损失和隐蔽损失。在对损失后果进行分析时，对损失如何分类并不重要，重要的是要找出一切已经发生和可能发生的损失，尤其是对间接损失和隐蔽损失要进行深入分析，其中有些损失是长期起作用的，是难以在短期内弥补和扭转的，即使做不到定量分析，至少也要进行定性分析，以便对损失后果有一个比较全面而客观的估计。

1.2.4　损失机会

损失机会是指损失出现的概率。概率可分为客观概率和主观概率两种。

(1)客观概率。客观概率是指某事件在长时期内发生的频率。客观概率的确定主要有演绎法、归纳法和统计法三种。

(2)主观概率。主观概率是指个人对某事件发生可能性的估计。主观概率结果受到很多因素的影响，如个人的受教育程度、专业知识水平、实践经验等，还可能与年龄、性别、性格等有关。因此，如果采用主观概率，应当选择在某一特定事件方面专业知识水平较高、实践经验较为丰富的人来估计。对于工程风险的概率，在统计资料不够充分的情况下，以专家作出的主观概率代替客观概率是可行的，必要时可综合多个专家的估计结果。

对损失机会这个概念，要特别注意其与风险的区别。损失机会是风险事件出现的频率或可能性，而风险则是风险事件出现后损失的大小。

1.3　风险因素、风险事件、损失与风险之间的关系

风险因素、风险事件、损失与风险之间的关系如图10-1所示。

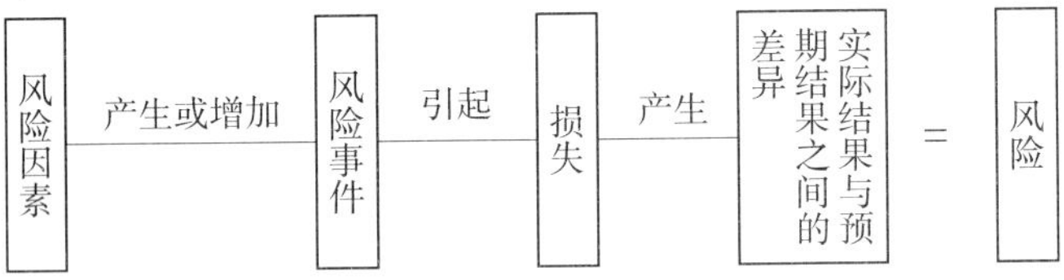

图10-1　风险因素、风险事件、损失与风险之间的关系

图10-1可形象地用“多米诺骨牌理论”来描述，即风险因素引发风险事件，风险事件导致损失，而损失所形成的结果就是风险，一旦风险因素这张“骨牌”倾倒，其他“骨牌”都将相继倾倒。因此，为了预防风险，降低风险损失，就需要从源头抓起，力求使风险因素这张“骨牌”不倾倒，同时尽可能提高其他“骨牌”的稳定性，即在前一张“骨牌”倾倒的情况下，其后的“骨牌”仅仅是倾斜而不倾倒，或即使倾倒，表现为缓慢倾倒而不是迅速倾倒。

2　风险的分类

2.1　按风险的后果分类

(1)纯风险。纯风险是指只会造成损失而不会带来收益的风险。例如自然灾害，一旦发生，将会导致重大损失，甚至人员伤亡，如果不发生，则不会造成损失，但也不会带来额外的收益。此外，政治、社会方面的风险一般也表现为纯风险。

(2)投机风险。投机风险是指既可能造成损失也可能创造额外收益的风险。例如，一项投资决策活动可能带来巨大的投资收益，也可能由于决策错误或因遇到不测事件而

造成损失。投机风险对于人们来说具有极大的诱惑力，人们常常注意其有利可图的一面，而忽视其带来厄运的可能。

纯风险和投机风险两者往往同时存在。例如，房产所有人就同时面临纯风险（如财产损害）和投机风险（如经济形势变化所引起的房产价值的升降）。

纯风险和投机风险还有一个重要区别。在相同的条件下，纯风险重复出现的概率较大，表现出一定的规律性，因而人们可能较成功地预测其发生的概率，从而相对容易采取预防措施。而投机风险则不然，其重复出现的概率小，规律性差，因而预测的准确性相对较差，也就较难预防。

2.2　按风险产生的原因分类

（1）政治风险。政治风险是指工程项目所在地的政治背景及其变化可能带来的风险。如不稳定的政治环境可能会给市场主体带来风险。

（2）经济风险。经济风险是指国家或社会一些大的经济因素变化带来的风险。如通货膨胀、汇率变化等带来的损失等。

（3）自然风险。自然风险是指自然因素带来的风险。如在工程实施过程中遇到地震、洪水等自然灾害而造成的损失。

（4）技术风险。技术风险是指一些技术的不确定性可能带来的风险。如设计文件的失误、采用新技术的失误等造成的损失。

（5）商务风险。商务风险是指合同条款中有关经济方面的条款和规定可能带来的风险。如风险分配、支付等方面的条款明示或隐含的风险等。

（6）信用风险。信用风险是指合同一方的业务能力、管理能力、财务能力等有缺陷或者没有圆满履行合同而给合同另一方带来的风险。

2.3　按风险的影响范围分类

（1）基本风险。基本风险是指作用于整个经济或大多数人群的风险。如战争、自然灾害、通货膨胀带来的风险。显然，基本风险的影响范围大，其后果严重，具有普遍性。

（2）特殊风险。特殊风险是指仅作用于某一个特定单体（如个人、企业）的风险。如房屋失火、银行遭抢、车被盗等。特殊风险的影响范围小，对整个社会的影响小。

3　工程建设风险与风险管理

3.1　工程建设风险

在任何工程建设中都存在风险，工程建设作为集经济、技术、组织等各方面于一体的综合性社会活动，在各方面都存在着不确定性，这些不确定性会造成工程建设实施的失控现象，如工期延长、成本增加、计划修改等，最终导致工程经济效益下降，甚至建设失败。因此，项目管理人员必须充分重视工程建设的风险管理，将其纳入到工程建设管理之中。

工程建设风险具有以下特点：

（1）工程建设风险大。工程建设周期持续时间长，所涉及的风险因素多。对工程建设的风险因素，最常用的是按风险产生的原因进行分类，即将工程建设的风险因素分为政治、社会、经济、自然、技术等因素。这些风险因素都会不同程度地作用于工程建设，产生错综复杂的影响。同时，每一种风险因素又都会产生许多不同的风险事件。这些风险事件虽然不会都发生，但总会有风险事件发生的。

(2)参与工程建设的各方均有风险，但各方的风险不尽相同。在对工程建设风险进行具体分析时，必须首先明确从哪一方面进行分析。由于监理企业是受建设单位委托，代表建设单位的利益来进行项目管理的，因此在这里主要考虑建设单位在工程建设实施阶段的风险及其相应的风险管理问题。同时，由于特定的工程项目风险，各方预防和处理的难易程度不同，通过平衡、分配，由最合适的当事人进行风险管理，可大大降低发生风险的可能性和风险带来的损失。由于建设单位在工程建设的过程中处于主导地位，因此建设单位可以通过合理选择承发包模式、合同类型和合同条款，进行风险的合理分配。

3.2 工程建设风险管理的概念

所谓风险管理，就是人们对潜在的意外损失进行辨识与评估，并根据具体情况采取相应措施进行处理的过程，从而在主观上尽可能做到有备无患，或在客观上无法避免时，能寻求切实可行的补救措施，减少或避免意外损失的发生。

工程建设风险管理是指参与工程项目建设的各方，如承包方和勘察、设计、监理企业等在工程项目的筹划、勘察设计、工程施工各阶段采取的辨识、评估、处理工程项目风险的管理过程。

为了准确把握工程建设风险，在对工程建设风险进行分析时，必须明确从哪一方的角度进行分析，分析的出发点不同，分析的结果就不同。对建设单位来说，工程建设决策阶段的风险主要表现为投机风险，而在实施阶段的风险主要表现为纯风险。本模块以下关于工程建设风险的内容，主要阐述建设单位在工程建设实施阶段的风险以及相应的风险管理问题。

3.3 工程建设风险管理过程

风险管理就是一个识别、确定和度量风险，并制订、选择和实施风险处理方案的过程。通常，风险管理过程包括风险识别、风险评价、风险对策决策、实施决策、检查五个方面内容。

(1)风险识别。风险识别是风险管理的第一步，也是风险管理的基础，只有在正确识别出自身所面临的风险的基础上，才能够主动选择适当有效的方法进行处理。风险识别是指通过一定的方式，系统而全面地识别出影响工程建设目标实现的风险事件，并加以适当归类的过程。必要时，还需要对风险事件的后果作出定性的估计。

(2)风险评价。风险评价是将工程建设风险事件的发生可能性和损失后果进行量化的过程。这个过程在系统地识别工程建设风险与合理地作出风险对策决策之间起着重要的桥梁作用。风险评价的结果主要在于确定各种风险事件发生的概率及其对工程建设目标影响的严重程度，如投资增加的数额、工期延误的天数等。

(3)风险对策决策。风险对策决策是确定工程建设风险事件最佳对策组合的过程。一般来说，风险管理中所运用的对策有以下四种：风险回避、损失控制、风险自留和风险转移。这些风险对策的适用对象都各不相同，需要根据风险评价的结果，对不同的风险事件选择最适宜的风险对策，从而形成最佳的风险对策组合。

(4)实施决策。对风险对策作出的决策还需要进一步落实到具体的计划和措施中，例如制订预防计划、灾难计划、应急计划等。在决定购买工程保险时，要选择保险公司，确定恰当的保险范围、免赔额、保险费等，这些都是实施风险对策决策的重要内容。

(5)检查。在工程建设实施过程中，要对各项风险对策的执行情况进行不断的检查，并评价各项风险对策的执行效果。在工程实施条件发生变化时，要确定是否需要提出不同的风险处理方案。此外，还需要检查是否有被遗漏的工程风险或者发现新的工程风险，也就是进入新一轮的风险识别，开始新一轮的风险管理过程。

3.4 工程建设风险管理的目标

风险管理是一项有目的的管理活动，只有目标明确，才能进行评价与考核，从而起到有效的作用，否则，风险管理就会流于形式，没有实际意义，也无法评价其效果。在确定风险管理的目标时，通常要考虑以下几个基本要求：风险管理目标与风险管理主体(如企业或工程建设的建设单位)的总体目标的一致性；目标的现实性，要使目标具有实现的客观可能性；目标的明确性，以便于正确选择和实施各种方案，并对其实施效果进行客观的评价；目标的层次性，以利于区分目标的主次，提高风险管理的综合效果。

从风险管理目标与风险管理主体的总目标相一致的角度出发，工程建设风险管理的目标可具体地表述为以下几个方面：实际投资不超过计划投资；实际工期不超过计划工期；实际质量满足预期的质量要求；工程建设过程安全。

因此，从风险管理目标的角度分析，工程建设风险可分为投资风险、进度风险、质量风险和安全风险。

3.5 工程建设项目管理与风险管理的关系

风险管理是项目管理理论体系的一个部分。但是，在项目管理理论体系中，风险管理并不是与造价控制、进度控制、质量控制、合同管理、信息管理、组织协调并列的一个独立部分，而是将以上六方面与风险有关的内容综合而成的一个独立部分。

工程建设项目管理的目标与风险管理的目标是一致的，可以认为风险管理是为目标控制服务的。

工程建设目标规划和计划都是着眼于未来，而未来充满着不确定因素，即充满着风险因素和风险事件。通过风险管理的一系列过程，可以定量分析和评价各种风险因素和风险事件对工程建设预期目标和计划的影响，从而使目标规划更合理，计划更可行。可以毫不夸张地说，对于大型、复杂的工程建设，如果不从早期开始进行风险管理的话，则很难保证其目标规划的合理性和计划的可行性。

风险对策都是为风险管理目标服务的，也就是为目标控制服务的。从这个角度看，风险对策是目标控制措施的重要内容。风险对策的具体内容体现了主动控制与被动控制相结合的要求，而且对于一般的目标控制措施而言，风险对策更强调主动控制，这不仅表现在预防计划和措施，而且表现在预先准备好但等到风险事件发生才及时采取的应对措施。因此，如果不从风险管理的角度选择适当的风险对策，目标控制的效果将大大降低。

课题 10.2 工程建设风险识别

1 风险识别的特点和原则

1.1 风险识别的特点

(1)个别性。任何风险都有与其他风险不同之处，没有两个风险是完全一致的。不同类型的工程建设风险不同，而同一工程建设如果建造地点不同，则其风险也不同，即使是建造地点确定的工程建设，如果由不同的承包商承建，其风险也会不同。因此，虽然不同工程建设风险有不少共同之处，但一定存在不同之处，在风险识别时尤其要注意这些不同之处，突出风险识别的个别性。

(2)主观性。风险识别都是由人来完成的，由于个人的专业知识水平(包括风险管理方面的知识)、实践经验等方面的差异，同一风险由不同的人识别出的结果也会有较大的差异。风险本身是客观存在的，但风险识别是主观行为，所以在风险识别时，要尽可能减少主观性对风险识别结果的影响，要做到这一点，关键在于提高风险识别的水平。

(3)复杂性。工程建设所涉及的风险因素和风险事件均很多，而且关系复杂、相互影响，这给风险识别带来很强的复杂性。因此，工程建设风险识别对风险管理人员要求很高，并且需要准确、详细的依据，尤其是定量的资料和数据。

(4)不确定性。此特点可以说是主观性和复杂性造成的。在实践中，可能因为风险识别的结果与实际不符而造成损失，这往往是风险识别结论错误导致风险对策决策错误而造成的。由风险的定义可知，风险识别本身也是风险，因而避免和减少风险识别的风险也是风险管理的内容。

1.2 风险识别的原则

(1)由粗及细，由细及粗。由粗及细是指对风险因素进行全面分析，并通过多种途径对工程风险进行分解，逐渐细化，以获得对工程风险的广泛认识，从而得到工程初始风险清单。而由细及粗是指从工程初始风险清单的众多风险中，根据同类工程建设的经验以及对拟建工程建设具体情况的分析和风险调查，确定那些对工程建设目标实现有较大影响的工程风险，作为主要风险，即作为风险评价以及风险对策决策的主要对象。

(2)严格界定风险内涵并考虑风险因素之间的相关性。对各种风险的内涵要严格加以界定，不要出现重复和交叉现象。另外，还要尽可能考虑各种风险因素之间的相关性，如主次关系、因果关系、互斥关系、正相关关系、负相关关系等。应当说，在风险识别阶段考虑风险因素之间的相关性具有一定的难度，但至少要做到严格界定风险内涵。

(3)先怀疑，后排除。对于所遇到的问题，都要考虑其是否存在不确定性，不要轻易否定或排除某些风险，要通过认真的分析进行排除和确认。

(4)排除与确认并重。对于肯定可以排除和肯定可以确认的风险应尽早予以排除与确认。对于一时既不能排除，又不能确认的风险再作进一步的分析，予以排除或确认。最后，对于肯定不能排除的但又不能肯定予以确认的风险按确认考虑。

(5)必要时，可作试验论证。对于某些按常规方式难以判定其是否存在，也难以确定其对工程建设目标影响程度的风险，尤其是技术方面的风险，必要时可做试验论证，如抗震试验、风洞试验等。这样作出的结论可靠，但要以付出费用为代价。

2 风险识别的过程

工程建设自身及其外部环境的复杂性，给人们全面地、系统地识别工程风险带来了许多具体的困难，同时也要求明确工程建设风险识别的过程。

由于工程建设风险识别的方法与风险管理理论中提出的一般的风险识别方法有所不同，因而其风险识别的过程也有所不同。工程建设的风险识别往往是通过对经验数据的分析、风险调查、专家咨询以及试验论证等方式，在对工程建设风险进行多维分解的过程中，认识工程风险，建立工程风险清单。

风险识别是风险管理的第一步，从风险初始清单入手，通过风险分解，不断找出新的风险，最终形成工程建设风险清单，作为风险识别过程的结束。

工程建设风险识别的过程如图 10-2 所示。其核心工作是工程建设风险分解和识别工程建设风险因素、风险事件及后果。

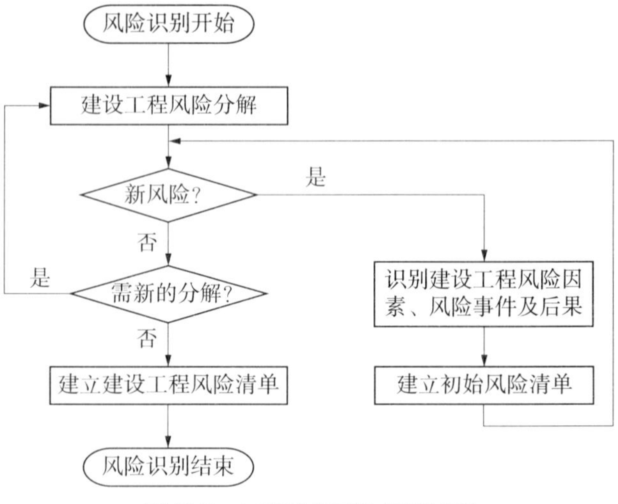

图 10-2 工程建设风险识别过程

3 工程建设风险分解

工程建设风险分解，是根据工程风险的相互关系将其分解成若干个子系统。分解的程度要足以使人们较容易地识别出工程建设的风险，使风险识别具有较好的准确性、完整性和系统性。

根据工程建设的特点，工程建设风险的分解可以按以下途径进行：

（1）目标维。它是指按照所确定的工程建设目标进行分解，即考虑影响工程建设造价、进度、质量和安全目标实现的各种风险。

（2）时间维。它是指按照基本建设程序的各个阶段进行分解，也就是分别考虑决策阶段、设计阶段、招标阶段、施工阶段、竣工验收阶段等各个阶段的风险。

（3）结构维。它是指按工程建设组成内容进行分解，如按照不同的单项工程、单位工程分别进行风险识别。

（4）因素维。它是指按照工程建设风险因素的分类进行分解，如政治、社会、经济、自然、技术和信用等方面的风险。

在风险分析过程中，有时并不仅仅是采用一种方法就能达到目的的，往往需要将几种分解方式组合起来使用，才能达到目的。常用的一种组合方式是由时间维、目标维、因素维三方面从总体上进行工程建设风险的分解，如图10-3所示。

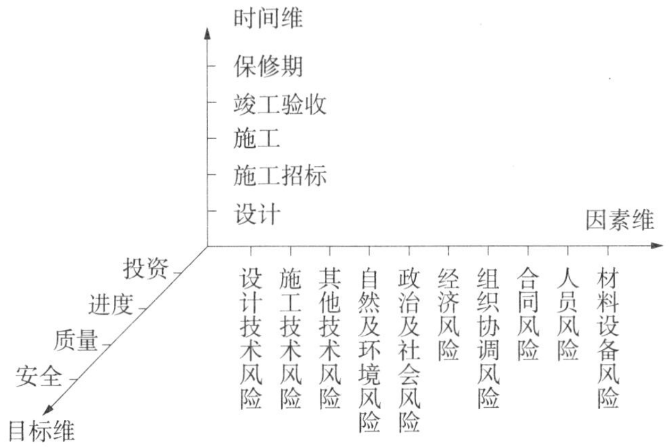

图10-3　工程建设风险三维分解图

4　风险识别的方法

工程建设风险识别的方法主要有专家调查法、财务报表法、流程图法、初始风险清单法、经验数据法和风险调查法，可以根据各自的特点采用相应方法。

4.1　专家调查法

专家调查法是指向有关专家提出问题，了解相关风险因素，并获得各种信息。调查的方式通常有两种：一种是召集有关专家开会，让专家充分发表意见，起到集思广益的作用；另一种方法是采用问卷调查，各专家根据自己的看法单独填写问卷。在采用专家调查法时，应注意所提出的问题应当具有指导性和代表性，并具有一定的深度，还要尽量具体一些。同时，还应注意专家所涉及的面应尽可能广泛些，有一定的代表性。最后，对专家发表的意见要由风险管理人员进行归纳、整理并分析专家意见。

4.2　财务报表法

财务报表法是指通过分析财务报表来识别风险的方法。财务报表法有助于确定一个特定企业或特定的工程建设可能遭受到哪些损失，以及在何种情况下遭受这些损失。因此，通过分析资产负债表、现金流量表、营业报表及有关补充资料，可以识别企业当前的所有资产、责任及人身损失风险。将这些报表与财务预测、预算结合起来，可以发现企业或工程建设未来的风险。

采用财务报表法进行风险识别时，要对财务报表中所列的各项会计科目做深入地分析研究，并提出分析研究报告，以确定可能产生的损失。此外，还应通过一些实地调查以及其他信息资料来补充财务记录。

4.3　流程图法

流程图法是将一项特定的生产或经营活动，按步骤或阶段顺序以若干个模块形式组成一个流程图系列，在每个模块中都标出各种潜在的风险因素或风险事件，从而给决策者一个清晰的总体印象。对于工程建设，可以按时间维划分各个阶段，再按照因素维识别各阶段的风险因素或风险事件。这样会给决策者一个清晰的总体印象。

4.4　初始风险清单法

由于工程建设面临的风险有些是共同的，因此对于每一个工程建设风险的识别不必均从头做起，只需要采取适当的风险分解方式，就可以找出工程建设中常发生的典型的风险因素和相应的风险事件，从而形成初始风险清单。在风险识别时就可以从初始风险清单入手，这样做既可以提高风险识别的效率，又可以降低风险识别的主观性。

初始风险清单的建立途径有两种：一种方法是常规途径，常规途径是指采用保险公司或风险管理学会（协会）公布的潜在损失一览表，即任何企业或工程都可能发生的所有损失一览表，以此作为基础，风险管理人员再结合本企业所面临的潜在损失予以具体化，从而建立特定企业的风险一览表。但是，目前在发达国家，潜在损失一览表也都是对企业风险进行公布的，还没有针对工程建设风险的一览表，因此这种方法对工程建设风险的识别作用不大。另一种方法是通过适当的风险分解方式来识别风险，是建立工程建设初始风险清单的有效途径。对于大型、复杂的工程建设，首先将其按单项工程、单位工程分解，再将其按照时间维、目标维和因素维进行分解，从而形成工程建设初始风险清单，可以较容易地识别出工程建设主要的、常见的风险。表 10-1 为工程建设初始风险清单示例。

表 10-1　工程建设初始风险清单

风险因素		典型风险事件
技术风险	设计	设计内容不全，设计缺陷、错误和遗漏，应用规范不恰当，地质条件考虑不周，未考虑施工可能性等
	施工	施工工艺落后、施工技术和方案不合理、施工安全措施不当、应用新技术失败、未考虑场地情况、技术措施不合理
	其他	工艺设计未达到先进性指标，工艺流程不合理，未考虑操作安全性
非技术风险	自然与环境	洪水、地震等自然灾害，不明的水文地质条件，复杂的地质条件，恶劣的气候条件
	政治法律	法律及规章的变化，战争、骚乱、罢工、经济制裁或禁运等
	经济	通货膨胀或紧缩，汇率变动，市场动荡，社会各种摊派和征费的变化，资金不到位，资金短缺等
	组织协调	建设单位与设计方的协调不充分、建设单位与政府相关管理部门未协调好、监理单位与施工单位未协调好等
	合同	合同条款表述错误、合同类型选择不当、合同纠纷处理不当
	人员	工人、建设单位、设计人员、技术员、管理人员素质（能力、效率、责任心、品德）差
	材料设备	材料和设备供货不及时、质量差，设备不配套、安装失误、选型不当等

在使用初始风险清单法时必须明确一点，初始风险清单并不是风险识别的最终结论，它必须结合特定工程建设的具体情况进一步识别风险，修正初始风险清单。因此，这种方

法必须与其他方法结合起来使用。

4.5 经验数据法

经验数据法是根据已建各类工程建设与风险有关的统计资料来识别拟建工程的风险,又称为统计资料法。

统计资料的来源主要是参与项目建设的各方主体,不同的风险管理主体都应具有自己的关于工程建设风险的经验数据或统计资料,如房地产开发商、施工单位、设计单位、监理企业,以及从事工程建设咨询的咨询单位等。虽然不同的风险管理主体从各自的角度保存着相应的数据资料,其各自的初始风险清单一般多少有些差异,但是,当统计资料足够多时,这种差异性就会大大减小。何况,风险识别只是对工程建设风险初步认识,还是一种定性分析,借此建立的初始风险清单基本可以满足对工程建设风险识别的需要。该方法一般与初始风险清单法相结合使用。

4.6 风险调查法

风险调查法就是从分析具体工程建设的特点入手,一是对通过其他方法已经识别出的风险进行鉴别和确认,二是通过风险调查,有可能发现此前尚未识别出的重要的工程风险。

风险调查可以从组织、技术、自然及环境、经济、合同等方面,分析拟建工程建设的特点以及相应的潜在风险,也可采用现场直接考察结合向有关行业或专家咨询等形式进行风险调查。

应当注意,风险调查不是一次性的行为,而应当在工程建设实施全过程中不断地进行,这样才能随时了解不断变化的条件对工程风险状态的影响。当然,随着工程的进展,风险调查的内容和重点会有所不同。

对于工程建设的风险识别来说,仅仅采用一种风险识别方法是远远不够的,一般都应综合采用两种或多种风险识别方法,才能取得较为满意的结果。而且,不论采用何种风险识别方法组合,都必须包含风险调查法。从某种意义上讲,前五种风险识别方法的主要作用在于建立初始风险清单,而风险调查法的作用则在于建立最终的风险清单。

课题 10.3 工程建设风险评价

风险评价是对项目风险进行综合分析,并依据风险对项目目标的影响程度进行项目风险分级、排序的过程。风险评价是在项目风险规划、识别和估计的基础上,通过建立项目风险的系统评价模型,对项目风险因素影响进行综合分析,并估算出各种风险发生的概率及其可能导致的损失大小,从而找到该项目的关键风险,确定项目的整体风险水平,为如何处置这些风险提供科学的依据,以保障项目的顺利进行。风险评价可以采用定性和定量两种方法来进行。

1 风险衡量

识别工程项目所面临的各种风险以后,就应当分别对各种风险进行衡量,从而进行比较,以确定各种风险的相对重要性。根据风险的基本概念可知,损失发生的概率和这些损失的严重性是影响风险大小的两个基本因素。因此，在定量评价工程建设风险时，首要工作是将各种风险的发生概率及其潜在损失定量化，这一工作就称为风险衡量。

2 风险量函数

在风险量函数中，风险量是指各种风险的量化结果，其数值大小取决于各种风险的发生概率及其潜在损失。以 R 代表风险量，以 p 表示风险的发生概率，以 q 表示潜在损失，则 R 可以表示为 p 和 q 的函数，即

$$R = f(p,q) \tag{10-1}$$

式(10-1)反映了风险量的基本原理，具有一定的通用性，其应用前提是通过适当的方式建立关于 p 和 q 的连续性函数。但是，这一点很难做到。在大多数情况下，以离散形式来定量表示风险的发生概率和潜在损失，此时风险量函数可用式(10-2)表示：

$$R = \sum p_i q_i \tag{10-2}$$

式中，i 为风险事件的数量，$i=1,2,\cdots,n$。

如果用横坐标表示潜在损失 q，用纵坐标表示风险发生的概率 p，就可以根据风险量函数在坐标上标出各种风险事件的风险量的点，将风险量相同的点连接而成的曲线，称为等风险量曲线，如图10-4所示。在图10-4中，R_1、R_2、R_3 为三条不同的等风险量曲线。不同的等风险量曲线所表示的风险量大小与风险坐标原点的距离成正比，即离原点越近，风险量曲线上的风险越小，反之越大。由此就可以将各种风险根据风险量排出大小顺序，$R_1 < R_2 < R_3$ 作为风险决策的依据。

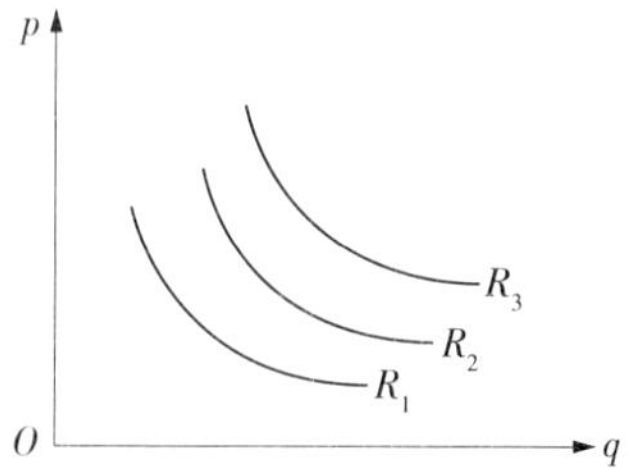

图10-4 等风险量曲线

3 风险损失的衡量

风险损失的衡量就是定量确定风险损失值的大小。工程建设风险损失包括投资风险损失、进度风险损失、质量风险损失和安全风险损失。

3.1 投资风险损失

投资风险导致的损失可以直接用货币的形式来表现，即法规、价格、汇率和利率变化或资金使用安排不当等风险事件所引起的实际投资超出计划投资的数额。

3.2 进度风险损失

进度的拖延属于时间范畴，同时也会导致经济损失。进度风险损失由以下几个部分内容组成：

(1)货币的时间价值。进度风险的发生可能会对现金流动造成影响，在利率作用下，引起经济损失。

(2)为赶上计划进度所需的额外费用。包括加班的人工费、机械使用费、管理费、夜间施工照明费等一切因赶进度所发生的非计划费用。

(3)延期投入使用的收入损失。这种损失不仅是延期期间的收入损失，还可能由于产品投入市场过迟而失去商机，从而大大降低市场份额的损失，因而这方面的损失有时是

相当大的。

3.3 质量风险损失

质量风险导致的损失包括事故引起的直接经济损失、修复和补救等措施发生的费用以及第三者责任的损失等，可分为以下几个方面：

(1)建筑物、构筑物或其他结构倒塌所造成的直接经济损失。

(2)复位纠偏、加固补强等补救措施和返工的费用。

(3)造成的工期延误的损失。

(4)永久性缺陷对工程建设使用造成的损失。

(5)第三者责任的损失。

3.4 安全风险损失

安全风险是由于安全事故所造成的人身财产损失、工程停工等遭受的损失，还可能包括法律责任。安全风险损失包括以下几个方面：

(1)受伤人员的医疗费用和补偿费用。

(2)财产损失，包括材料、设备等财产的损毁或被盗损失。

(3)因工期延误而带来的损失。

(4)为恢复工程建设的正常实施所发生的费用。

(5)第三者责任的损失。

在此，第三者责任的损失是工程建设在实施期间，因意外事故可能导致的第三者的人身伤亡和财产损失所作出的经济赔偿及必须承担的法律责任。

由以上四个方面的风险损失可知，投资增加或减少可以用货币来衡量，进度快慢属于时间范畴，也会导致经济损失，而质量和安全事故既会产生经济影响，又可能导致工期延长和第三者责任的损失，使风险更加复杂。因此，不论是投资风险损失，还是进度风险损失、质量风险损失，或者是安全风险损失，除第三者要负法律责任外，最终都可以归结为经济损失。

4 风险概率的衡量

衡量工程建设风险概率通常有两种方法：相对比较法和概率分布法。相对比较法主要依据主观概率，而概率分布法接近于客观概率。

4.1 相对比较法

相对比较法是由美国风险管理专家 Richard Prouty 提出的，这种方法是估计各种风险事件发生的概率，表示如下：

(1)“几乎为0”。这种风险事件可认为不会发生。

(2)“很小的”。这种风险事件虽然有可能发生，但现在没有发生，并且将来发生的可能性也不大。

(3)“中等的”。这种风险事件偶尔会发生，并且能预期将来有时会发生。

(4)“一定的”。这种风险事件一直有规律地发生，并且能够预期未来也是有规律地发生。因此，认为在这种情况下风险事件发生的概率较大。

在采用相对比较法时，工程建设风险导致的损失也将相应划分成轻度损失、中等损失和重大损失。

4.2 概率分布法

概率分布法可以较为全面地衡量工程建设风险。因为通过潜在损失的概率分布，有助于确定在一定情况下采用哪种风险对策或采用哪种风险对策组合最佳。

概率分布法常见的形式是建立概率分布表。为此，需参考外界资料和本企业相关的历史资料，依据理论上的概率分布，并借鉴其他的经验对自己的判断进行调整和补充。历史资料可以是外界资料，也可以是本企业历史资料。外界资料主要是保险公司、行业协会、统计部门等的资料。利用这些资料时应注意一点，那就是这些资料通常反映的是平均数字，且综合了众多企业或众多工程建设的损失经历，因而在许多方面不一定与本企业或本工程建设的情况相吻合，使用时必须作客观分析。本企业的历史资料比较有针对性，但应注意资料的数量可能偏少，甚至缺乏连续性，不能满足概率分析的需要。另外，即使本企业历史资料的数量、连续性均满足要求，其反映的也只是本企业的平均水平，在运用时还应当充分考虑资料的背景和拟建工程建设的特点。由此可见，概率分布表中的数字是因工程而异的。

理论概率分布也是风险衡量中所经常采用的一种估计方法。即根据工程建设风险的性质分析大量的统计数据，当损失值符合一定的理论概率分布或其近似吻合时，可由特定的几个参数来确定损失值的概率分布。

5 风险评价

在风险衡量的过程中，工程建设风险被量化为关于风险发生概率和损失严重性的函数，但在选择对策之前，还需要对工程建设风险量作出相对比较，以确定工程建设风险的相对严重性。

风险评价是指运用各种风险分析技术，用定量、定性或两者相结合的方式处理不确定的过程，其目的是评价风险的可能影响。

5.1 风险评价的作用

(1)准确地认识风险。风险识别的作用仅仅在于找出工程建设可能面临的风险因素和风险事件，其对风险的认识还是相当肤浅的。通过定量方法进行风险评价，可以定量地确定工程建设各种风险因素和风险事件发生的概率大小或概率分布，及其发生后对工程建设目标影响的严重程度或损失严重程度。其中，损失严重程度又可以从两个不同的方面来反应，一方面是不同风险的相对严重程度，据此可以区分主要风险和次要风险；另一方面是各种风险的绝对严重程度，据此可以了解各种风险所造成的损失后果。

(2)保证目标规划的合理性和计划的可行性。由于工程建设风险的个别性，只有对特定工程建设的风险进行定量评价，才能正确反映各种风险对工程建设目标的不同影响，才能使目标规划的结果更合理、更可靠，使在此基础上制订的计划具有现实的可行性。

(3)合理选择风险对策，形成最佳风险对策组合。不同风险对策的适用对象各不相同，风险对策的适用性需从效果和代价两个方面考虑。风险对策的效果表现在降低风险发生的概率和(或)降低损失严重程度的幅度，有些风险对策(如损失控制)在这一点上较难准确地量度。风险对策一般都要付出一定的代价，如采取损失控制时的措施费、投保工程险时的保险费等，这些代价一般都可准确地量度。而定量风险评价的结果是各种风险的发生概率及其损失严重程度。因此，在选择风险对策时，应将不同风险对策的适用性与不同风险的后果结合起来考虑，对不同的风险选择最适宜的风险对策，从而形成最佳的风险对策组合。

5.2 风险评价的主要内容

(1)风险存在和发生的时间分析。主要是分析各种风险可能在工程建设的哪个阶段发生，具体在哪个环节发生。

(2)风险的影响和损失分析。主要是分析风险的影响面和造成的损失大小。如通货膨胀引起物价上涨，就不仅会影响后期采购的材料、设备费支出，可能还会影响工人的工资，最终影响整个工程费用。

(3)风险发生的可能性分析。也就是分析各种风险发生的概率情况。

(4)风险级别分析。工程建设有许多风险，风险管理者不可能对所有风险采取同样的重视程度进行风险控制。这样做既不经济，也不可能办到。因此，在实际中必须对各种风险进行严重性大小排列，只对其中比较严重的风险实施控制。

(5)风险起因和可控性分析。风险的起因分析是为预测、对策和责任分析服务的。而可控性分析主要是对风险影响进行控制的可能性和控制成本的分析。如果是人力无法控制的风险，或控制成本十分巨大的风险是不能采用控制的手段进行风险管理的。

5.3 风险评价的主要方法

风险评价的方法有很多，在这里只对其中几种作简单介绍。

5.3.1 专家打分法

专家打分法是向专家发放风险调查表，由专家根据经验对风险因素的重要性进行评价，并对每个风险因素的等级值进行打分，最终确定风险因素总分的方法。其步骤如下：

(1)识别出某一特定工程建设项目可能会遇到的所有风险，列出风险调查表。

(2)选择专家，利用专家经验，对可能的风险因素的重要性进行评价，确定每个风险因素的权重 W，以表征其对项目风险的影响程度。

(3)确定每个风险因素发生的可能性 C 的等级值，即可能性很大、比较大、中等、不大、较小五个等级对应的分数为 1.0、0.8、0.6、0.4、0.2。由专家给出各个风险因素的分值。

(4)将每项风险因素的权重与等级值相乘，求出该项风险因素的得分，即风险度 $W\times C$。再求出此工程项目风险因素的总分 $\sum W\times C$。总分越高，则风险越大。表 10-2 是一个简单的示例。

利用这种方法可以对工程建设所面临的风险按照总分从大到小进行排队，从而找出风险管理的重点。这种方法适用于决策前期，因为决策前期往往缺乏工程建设的一些具体的数据资料，借助于专家的经验以得出一个大致的判断。

5.3.2 蒙特卡罗模拟技术

蒙特卡罗模拟技术又称为随机抽样技术或统计试验方法。应用蒙特卡罗模拟技术可以直接处理每一个风险因素的不确定性，并把这种不确定性在成本方面的影响以概率分布的形式表示出来。蒙特卡罗模拟技术的分析步骤如下：

表 10-2　风险调查表

可能发生的风险因素	权重 W	风险因素发生的可能性 C					$W \times C$
		很大,1.0	比较大,0.8	中等,0.6	不大,0.4	较小,0.2	
物价上涨	0.25	√					0.25
融资困难	0.10		√				0.08
新技术不成熟	0.15			√			0.09
工期紧迫	0.20		√				0.16
汇率浮动	0.30				√		0.12
总分 $\sum W \times C$							0.7

(1)通过结构优化方式,把已识别出来的影响工程建设项目目标的重要风险因素,构成一份标准化的风险清单。此清单应能充分反映出风险分类的结构和层次性。

(2)采用专家调查法确定风险的影响程序和发生概率,编制出风险评价表。

(3)采用模拟技术,确定风险组合,即对上一步专家的评价结果加以定量化。

(4)通过模拟技术得到项目总风险的概率分布曲线,从曲线上可看出项目总风险的变化规律,据此可确定应急费用的大小。

5.3.3　风险量函数

根据风险量函数,可以在坐标上画出许多等风险量曲线(见图 10-4)。在风险坐标图上,离坐标原点位置越近,则风险量越小。据此,将风险发生概率 p 和潜在损失 q 分别分为 L(小)、M(中)、H(大)三个区间,从而将等风险量图分为 LL、ML、HL、LM、MM、HM、LH、MH、HH 九个区域。在这九个不同区域中,有些区域的风险量是大致相等的,如图 10-5所示,可以将风险量的大小分为五个等级。

(1)VL(很小)——发生概率和潜在损失均为小(LL)。

(2)L(小)——发生概率为中,但潜在损失为小(ML);或发生概率为小,但潜在损失为中(LM)。

(3)M(中等)——发生概率和潜在损失为中(MM);或发生概率为大,但潜在损失为小(HL);或发生概率为小,但潜在损失为大(LH)。

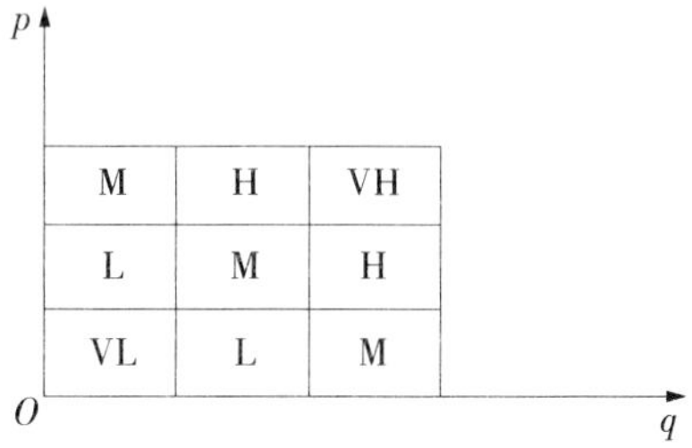

图 10-5　风险等级图

(4)H(大)——发生概率为中,但潜在损失为大(MH);或发生概率为大,但潜在损失为中(HM)。

(5)VH(很大)——发生概率和潜在损失均为大(HH)。

课题 10.4　工程建设风险对策

工程建设风险对策也称为风险防范手段或风险管理技术。工程建设风险对策可以划分为两大类，一类是风险控制的对策，另一类是风险的财务对策。通常情况下采取的措施有风险回避、风险损失控制、风险自留和风险转移四种。

1　风险回避

风险回避是指以一定的方式中断风险源，使其不发生或不再发展，从而避免可能产生的潜在损失。它属于风险控制对策中的一种。风险回避的途径有两种：一种是拒绝承担风险，例如，了解到某种新设备性能不够稳定，则决定不购置此种设备；另一种是放弃以前所承担的风险，例如，发现因市场环境的变化，正在建设的某个项目建成后将面临没有市场前景的风险，则决定中止项目以避免后续的风险。

采用风险回避这一对策时，有时需要作出一些牺牲。风险回避虽然是一种风险防范措施，但它是一种消极的防范手段。因为风险是广泛存在的，要想完全回避是不可能的。而且很多风险属于投机风险，如果采用风险回避的对策，在避免损失的同时，也失去了获利的机会。因此，在采取这种对策时，必须对这种对策的消极性有一个清醒的认识。同时，还应当注意到这样一点，那就是当回避一种风险的同时，可能会产生另一种新的风险。例如，在施工投标时，某施工单位害怕价报低了会亏损，于是决定回避这种风险，采用高价投标的策略。但是采用高价投标策略的同时，它又会面临中不了标的风险。此外，在许多情况下，风险回避是不可能或不实际的，因为工程建设过程中除风险回避外，各方还需要适当运用其他的风险对策。

2　风险损失控制

2.1　风险损失控制的概念

风险损失控制是指在风险损失不可避免地要发生的情况下，通过各种措施以遏制损失继续扩大或限制扩展的范围。损失控制是一种主动、积极的风险对策。风险损失控制可分为预防损失和减少损失两个方面的工作。预防损失措施的主要作用是降低或消除损失发生的概率，而减少损失措施的作用在于降低损失的严重性或遏制损失进一步发展，使损失最小化。一般来说，损失控制方案都应当是预防损失措施和减少损失措施的有机结合。

2.2　制订损失控制措施的依据和代价

制订损失控制措施必须以定量风险评价的结果为依据，才能确保损失控制措施具有针对性，取得预期的控制效果。

在制订损失控制措施时还必须考虑其付出的代价，包括费用和时间两方面的代价，而时间方面的代价往往还会引起费用方面的代价。损失控制措施的最终确定，需要综合考虑损失控制措施的效果及其相应的代价。因此，在选择控制措施时应当进行多方案的技术经济分析和比较，尽可能选择代价小且效果好的损失控制措施。

2.3 损失控制计划系统

在采用损失控制这一风险对策时，所制订的措施应当形成一个周密的、完整的损失控制计划系统。在施工阶段，该系统应当由预防计划、灾难计划和应急计划三个部分组成。

2.3.1 预防计划

预防计划是指为预防风险损失的发生而有针对性地制订的各种措施。它的目的在于有针对性地预防损失的发生，其主要作用是降低损失发生的概率，也能在一定程度上降低损失的严重性。

预防计划包括以下几方面的措施：

(1)组织措施。组织措施是指建立损失控制的责任制度，明确各部门和人员在损失控制方面的职责分工和协调方式，以使各方人员都能为实施预防计划而认真工作和有效配合。同时建立相应的工作制度和会议制度，还包括必要的人员培训等。

(2)技术措施。技术措施是指在工程建设施工过程中常用的预防措施，如在深基础施工时做好切实的深基础支护措施。技术措施通常都要花费时间和成本两个方面的代价，必须慎重比较后再作出选择。

(3)合同措施。合同措施包括选择合适的合同结构，严密制订每一合同条款，且作出特定风险的相应规定，如要求承包商提供履约担保等。

(4)管理措施。管理措施包括风险分离和风险分散。风险分离是指将各种风险单位分离间隔开，以避免发生连锁反应或相互牵连。这种处理方式可以将风险局限在一定范围内，从而达到减少损失的目的。例如，在进行设备采购时，为尽量减少因汇率波动而导致的汇率风险，在若干个不同的国家采购设备，就属于风险分离的措施。风险分散是指通过增加风险单位以减轻总体风险压力，达到共同分摊集体风险的目的。如施工承包时，对于规模大、施工复杂的项目采取联合承包的方式就是一种分散承包风险的方式。

2.3.2 灾难计划

灾难计划是一组事先编制好的、目的明确的工作程序和具体措施，为现场人员提供明确的行动指南，使其在紧急事件发生后，就有明确的行动指南，从而不至于惊慌失措，也不需要临时讨论研究应对措施，也就可以及时、妥善地进行事故处理，减少人员伤亡以及财产损失。

灾难计划是针对严重风险事件制订的，其内容主要有以下几个方面：

(1)安全撤离现场人员方案。

(2)援救和处理伤亡人员。

(3)控制事故的进一步发展，最大限度地减少资产和环境损害。

(4)保证受影响区域的安全，尽快恢复正常。

灾难计划通常是在严重风险事件发生时或即将发生时实施的。

2.3.3 应急计划

应急计划是在风险损失基本确定后的处理计划。其宗旨是要使因严重风险事件而中断的工程实施过程尽快全面恢复，并减少进一步的损失，使其影响程度减至最小。

应急计划中不仅要制订所要采取的措施，而且要规定不同工作部门的工作职责。所以内容一般应包括以下几个方面：

（1）调整整个工程建设的进度计划，并要求各承包商相应调整各自的进度计划。

（2）调整材料、设备的采购计划，并及时与供应商联系，必要时签订补充协议。

（3）准备保险索赔依据，确定保险索赔额，起草保险索赔报告。

（4）全面审查可使用资金的情况，必要时需调整筹资计划等。

三种损失控制计划之间的关系如图 10-6 所示。

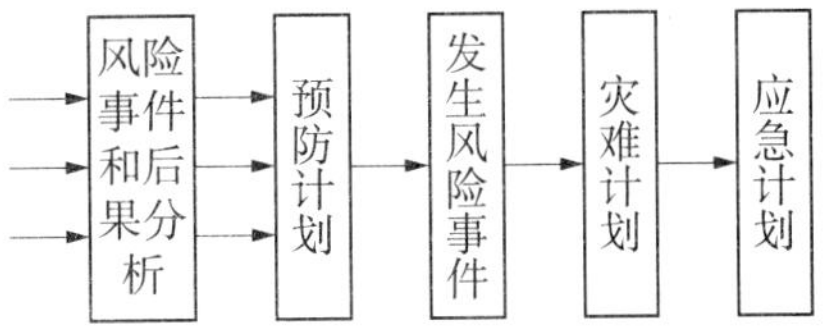

图 10-6　损失控制计划之间的关系

3　风险自留

3.1　风险自留的概念

工程项目风险自留（Risk Retention）是指将风险留给自己承担，即由项目主体自行承担风险后果的一种风险应对策略，是从企业内部财务的角度应对风险。这种策略意味着工程项目主体不改变项目计划去应对某一风险，或项目主体不能找到其他适当的风险应对策略，而采取的一种应对风险的方式。它是整个工程建设风险对策计划的一个组成部分。这种情况下，风险承担人必须做好处理风险的准备。

3.2　风险自留的类型

3.2.1　非计划性风险自留

由于风险管理人员没有意识到工程建设某些风险的存在，或者不曾有意识地采取有效措施，以致风险发生后只好自己承担。这样的风险自留是非计划性的和被动的。

导致非计划性风险自留的主要原因有缺乏风险意识、风险识别失误、风险评价失误和风险决策实施延误等。

非计划性风险自留有时是一种适用的风险处理策略。但是，风险管理人员应当尽量减少风险识别和风险评价的失误，要及时作出风险对策决策，并及时实施决策，从而避免被迫承担重大和较大的工程风险。总之，虽然非计划性风险自留不可能不用，但尽量少用。

3.2.2　计划性风险自留

计划性风险自留是主动的、有意识的、有计划的选择，是风险管理人员在经过正确的风险识别和风险评价后作出的风险对策，是整个工程建设风险对策计划的一个组成部分。也就是说，风险自留绝不可能单独运用，而应与其他风险对策结合使用。计划性的风险自留至少应当符合以下条件之一才予以考虑：①别无选择；②期望损失不严重；③损失可准确预测；④企业有短期内承受最大潜在或期望损失的经济能力；⑤投资机会很好；⑥内部服务或非保险人服务优良。

风险自留的计划性主要体现在风险自留水平和损失支付两方面。风险自留水平是指选择哪些风险事件作为风险自留的对象。可以从风险量大小的角度进行考虑，选择风险量比较小的风险事件作为自留的对象，而且应当从费用、期望损失、机会成本、服务质量和税收等方面与工程相比较后再作出决定。所谓损失支付方式，就是指在风险事件发生后，对所造成的损失通过什么方式或渠道来支付。有计划的风险自留通常应预先制订损失支付计划。

3.3 损失支付方式

计划性风险自留应预先制订损失支付计划，常见的损失支付方式有以下几种：

(1)从现金净收入中支出。采用这种方式时，在财务上并不对自留风险作特别的安排。在损失发生后从现金净收入中支出，或将损失费用记入当期成本。

(2)建立非基金储备。这种方式是指设立一定数量的备用金，但其用途不是专门用于支付风险自留损失的，而是将其他原因引起的额外费用也包括在内的备用金。

(3)自我保险。这种方式是设立一项专项基金(亦称为自我基金)，专门用于自留风险所造成的损失。该基金的设立不是一次性的，而是每期支出，相当于定期支付保险费，因而称为自我保险。自我保险是从财务角度为风险做准备，在计划保险合同中另外增加一笔费用，专门用于自留风险的损失支付。

(4)母公司保险。这种方式只适用于存在总公司与子公司关系的集团公司，往往是在难以投保或自保较为有利的情况下运用的。

4 风险转移

风险转移是工程建设风险管理中非常重要并得到广泛应用的一项对策，分为保险转移和非保险转移两种形式。根据风险管理的基本理论，工程建设风险应当由各有关方分担，而风险分担的原则就是：任何一种风险都应由最适宜承担该风险或最有能力进行损失控制的一方承担。

4.1 保险转移

保险转移简称保险，是指工程建设单位、承包商或监理企业通过购买保险，将本应由自己承担的工程风险，包括第三方责任，转移给保险公司，从而使自己免受风险损失。保险这种风险转移方式之所以得到越来越广泛的运用，原因在于保险人较投保人更适宜承担有关的风险。对于投保人来说，某些风险的不确定性很大，风险也很大，但对于保险人来说，这种风险的发生则趋近于客观概率，不确定性大大降低，因此风险降低。

保险转移是受到保险险种限制的。如果保险公司没有此类保险业务，则无法采用保险转移的方式。在工程建设方面，目前我国已实行人身保险中的意外伤害保险、财产保险中的工程建设一切险和安装工程的一切险。此外，职业责任保险对于监理工程师自身风险管理来说，也是非常重要的。

保险转移这种方式虽然有很多优点，但也存在很多缺点，如机会成本的增加、保险谈判常耗费较多的时间和精力，工程投保以后，投保人可能麻痹大意而疏于损失控制计划等。

4.2 非保险转移

非保险转移称为合同转移，是指通过签订合同的方式将工程风险转移给非保险人的对方当事人。工程建设风险常见的非保险转移有以下三种情况：

(1)建设单位将合同责任和风险转移给对方当事人。这种情况下，一般是建设单位将风险转移给承包商。如签订固定总价合同，将涨价风险转移给承包商。不过，这种转移方式建设单位应当慎重对待，建设单位不想承担任何风险的结果将会造成合同价格的增高或工程不能按期完成，从而给建设单位带来更大的风险。由于建设单位在选择合同形式和合同条件时占有绝对的主导地位，更应当全面考虑风险的合理分配，绝不能够滥用此种非保险转移的方式。

（2）承包商进行合同转让或工程分包。合同转让或工程分包是承包商转移风险的重要方式。但采用此方式时，承包商应当考虑将工程中专业技术要求高而自己缺乏相应技术的工程内容分包给专业分包商，从而以更低的成本、更好的质量完成工程。此时，分包商的选择成为一个至关重要的工作。

（3）第三方担保。第三方担保是指合同当事人的一方要求另一方为其履约行为提供第三方担保。担保方所承担的风险仅限于合同责任，即由于委托方不履行或不适当履行合同以及违约所产生的责任。目前，工程担保主要有投标保证担保、履约担保和预付款担保。

投标保证担保也称投标保证金，它是指投标人向招标人出具的，以一定金额表示的投标责任担保。常见的形式有银行保函和投标保证书两种。

履约担保是指招标人在招标文件中规定的要求中标人提交的保证履行合同义务的担保。常见的形式有银行保函、履约保证书和保留金三种。

预付款担保是指在合同签订以后，建设单位给承包人一定比例的预付款，但需要由承包商的开户银行向建设单位出具的预付款担保。其目的是保证承包商能按合同规定施工，偿还建设单位已支付的全部预付款。

非保险转移的优点主要体现在可以转移某些不可保险的潜在损失，如物价上涨的风险；其次体现在被转移者往往能更好地进行损失控制，如承包商能较建设单位更好地把握施工技术风险。

5 风险对策决策过程

工程建设风险处理的对策具有不同特点，风险管理人员在选择风险对策时，要根据工程建设的自身特点，从系统观点出发，从整体上考虑风险管理的思路和步骤，从而制订一个与工程建设总体目标相一致的风险管理原则。这种原则需要指出风险管理各基本对策之间的联系，为风险管理人员进行风险对策决策提供参考。

图 10-7 描述了风险对策决策过程以及这些风险对策之间的选择关系。

小　结

风险是指产生损失后果的不确定性。风险因素是指能产生或增加损失概率和损失程度的条件或因素。风险事件是指造成损失的偶发事件。损失是指非故意的、非计划的和非预期的经济价值的减少。损失机会是指损失出现的概率。

风险的分类方式有多种，按风险产生的后果可分为纯风险和投机风险，按风险产生的原因可分为政治风险、经济风险、自然风险和技术风险等，按风险的影响范围可分为基本风险和特殊风险。

任何工程建设都存在风险，工程建设风险大，参与工程建设的任何一方均有风险。

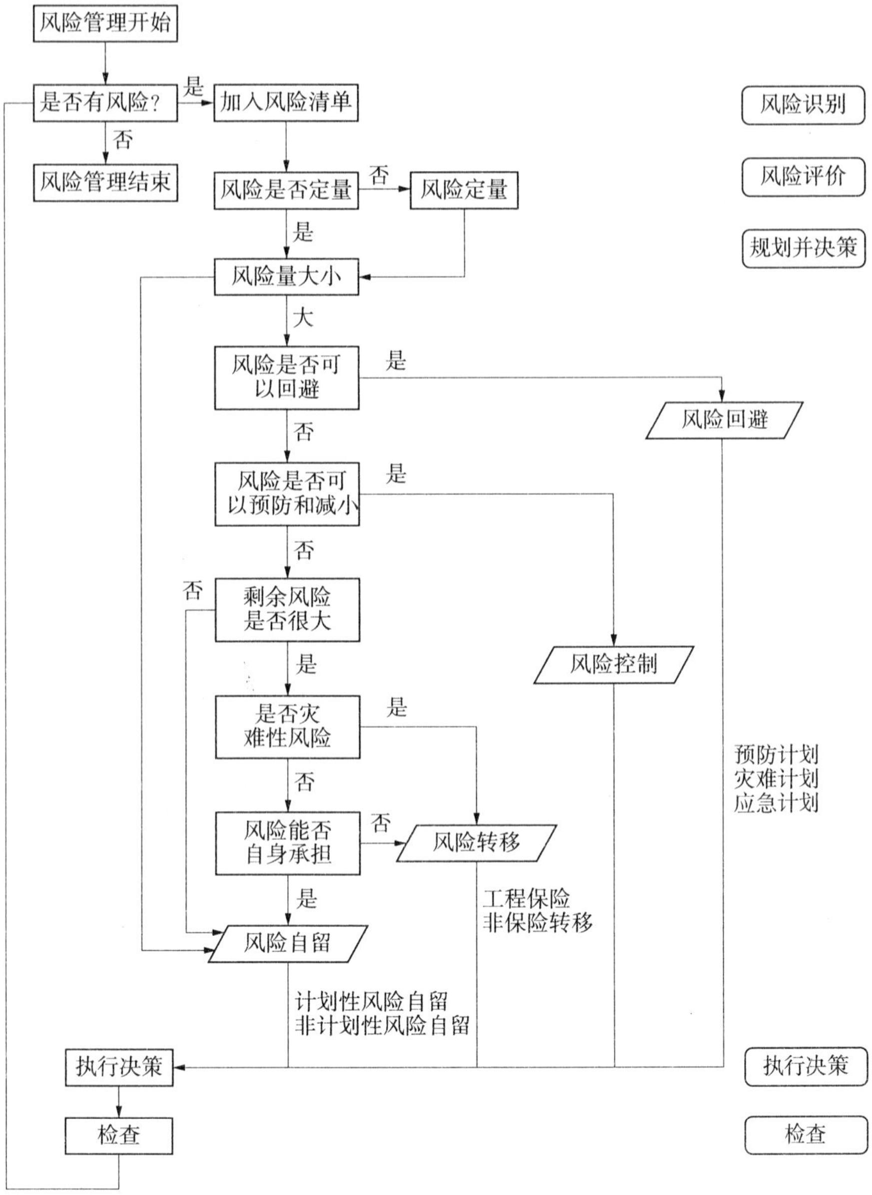

图 10-7　风险对策决策过程

风险管理，就是人们对潜在的意外损失进行辨识与评估，并根据具体情况采取相应措施进行处理的过程，从而在主观上尽可能做到有备无患，或在客观上无法避免时，能寻求切实可行的补救措施，减少或避免意外损失的发生。风险管理就是一个识别、确定和度量风险，并制订、选择和实施风险处理方案的过程。风险管理过程包括风险识别、风险评价、风险对策决策、实施决策和检查五个方面的内容。

风险识别具有个别性、主观性、复杂性、不确定性的特点，风险识别过程应遵循粗细相容，严格界定风险内涵并考虑风险因素之间的相关性，先怀疑、后排除、排除与确认并重等原则进行。由于工程建设自身及其外部环境的复杂性，给人们全面、系统地识别工程风险带来许多困难，工程建设的风险识别一般通过专家调查法、财务报表法、流程图法、初始风险清单法、经验数据法和风险调查法等方式进行。工程建设风险分解，是根据工程风险的相互关系将其分解成若干个子系统。分解的程度要足以使人们较容易地识别出工程建设的风险，使风险识别具有较好的准确性、完整性和系统性。在风险分析过程中，有时并不是采用一种方法就能达到目的的，往往需要将几种分解方式组合起来使用，才能达到目的。常用的一种组合方式是由时间维、目标维、结构维三方面从总体上进行工程建设风险的分解。

风险衡量是将各种风险的发生概率及其潜在损失定量化。在风险量函数曲线中，不同的等风险量曲线所表示的风险量大小与风险坐标原点的距离成正比，即离原点越近，风险量曲线上的风险越小，反之越大。风险损失的衡量就是定量确定风险损失值的大小。工程建设风险损失包括投资风险损失、进度风险损失、质量风险损失和安全风险损失。衡量工程建设风险概率有相对比较法和概率分布法，相对比较法主要是依据主观概率，而概率分布法的结果接近于客观概率。

风险评价是指运用各种风险分析技术，用定量、定性或两者相结合的方式处理不确定的过程，其目的是评价风险的可能影响。通过风险评价可以准确地认识风险，保证目标规划的合理性和计划的可行性，合理选择风险对策，形成最佳风险对策组合。风险评价主要是风险存在和发生的时间分析、风险的影响和损失分析、风险发生的可能性分析、风险级别分析和风险起因及可控性分析等。风险评价的方法有很多，常用的有专家打分法、蒙特卡罗模拟技术和风险量函数等。

工程建设风险对策可以划分为两大类，一类是风险控制对策，另一类是风险财务对策。通常情况下，采取的措施有风险回避、风险损失控制、风险自留和风险转移四种。风险回避是指以一定的方式中断风险源，使其不发生或不再发展，从而避免可能产生的潜在损失。风险回避是一种消极的防范手段，采用风险回避对策，在避免损失地同时，也失去了获利的机会。风险损失控制是指在风险损失不可避免地要发生的情况下，通过各种措施以遏制损失继续扩大或限制扩展的范围。损失控制是一种主动、积极的风险对策。风险自留是指将风险留给自己承担，即由项目主体自行承担风险后果的一种风险应对策略，是从企业内部财务的角度应对风险。这种策略意味着工程项目主体不改变项目计划去应对某一风险，或项目主体不能找到其他适当的风险应对策略，而采取的一种应对风险的方式。风险转移是工程建设风险管理中非常重要并得到广泛应用的一项对策，分为保险转移和非保险转移两种形式，风险分担的原则是任何一种风险都应由最适宜承担该风险或最有能力进行损失控制的一方承担。

习　题

一、名词解释

①风险；②风险因素；③风险事件；④损失；⑤损失机会；⑥纯风险；⑦投机风险；⑧风险管理；⑨风险衡量；⑩风险回避；⑪风险损失控制；⑫风险自留；⑬风险转移。

二、单项选择题

1. (　　)是指能产生或增加损失概率和损失程度的条件或因素。

A. 风险　B. 风险因素　C. 损失　D. 风险事件

2. 风险(　　)可分为纯风险和投机风险。

A. 按产生原因　B. 按影响范围　C. 按产生后果　D. 按产生时间

3. (　　)是将各种风险的发生概率及其潜在损失定量化。

A. 风险识别　B. 风险评价　C. 风险对策决策　D. 风险衡量

4. 风险回避是一种(　　)的防范手段。

A. 主动　B. 积极　C. 消极　D. 渐进

5. (　　)是指以一定的方式中断风险源,使其不发生或不再发展,从而避免可能产生的潜在损失。

A. 风险回避　B. 风险损失控制　C. 风险自留　D. 风险转移

三、多项选择题

1. 风险管理过程包括(　　)。

A. 风险识别　B. 风险评价　C. 风险决策　D. 实施决策

E. 风险检查

2. 工程建设风险对策采取的措施有(　　)。

A. 风险应急　B. 风险回避　C. 风险损失控制　D. 风险自留

E. 风险转移

3. 风险评价主要是对(　　)。

A. 风险存在和发生的时间分析　B. 风险的影响和损失分析

C. 风险发生的可能性分析　D. 风险级别分析

E. 风险起因和可控性分析

4. 下列说法正确的是(　　)。

A. 风险回避是一种消极的防范手段　B. 风险回避是一种积极的防范手段

C. 损失控制是一种主动的风险对策　D. 损失控制是一种积极的风险对策

E. 损失控制是一种被动的风险对策

5. 风险识别具有(　　)的特点。

A. 个别性　B. 主观性　C. 客观性　D. 复杂性

E. 不确定性

四、简答题

1. 简述风险因素、风险事件、损失与风险之间的关系。
2. 风险的分类方式有哪几种？如何分类？
3. 简述风险管理的基本过程。
4. 风险管理的目标确定应注意哪些问题？

5. 工程建设项目管理与风险管理的关系如何?
6. 风险识别有哪些特点? 应遵循哪些原则?
7. 简述风险识别各种方法的要点。
8. 工程建设投资风险损失有哪些?
9. 工程建设进度风险损失有哪些?
10. 工程建设质量风险损失有哪些?
11. 工程建设安全风险损失有哪些?
12. 如何运用概率分布法进行风险概率的衡量?
13. 风险评价的主要作用是什么?
14. 风险评价的主要内容有哪些?
15. 风险评价的主要方法有哪些?
16. 简述各种风险对策的要点。
17. 简述风险对策决策过程。

模块 11　工程建设信息管理

【知识要点】 信息与系统的基本概念；工程建设监理信息的收集、加工与处理方法；工程建设监理信息系统；建设工程文件档案资料管理；建设工程监理文件档案资料管理。

【教学目标】 掌握信息、系统与信息系统集成的概念，工程建设监理信息的收集、加工与处理方法，建设工程监理文件档案资料管理的主要内容及监理文件资料内容；熟悉工程建设项目信息的分类和项目信息管理内容，工程建设项目信息的构成，监理信息系统，建设工程文件档案资料管理的基本概念、档案验收与移交；了解信息技术对建设工程的影响，工程建设项目信息的分类原则和方法。

课题 11.1　信息与信息系统

信息是各项管理工作的基础和依据，没有及时、准确和满足需要的信息，管理工作就不能有效地起到计划、组织、控制和协调的作用。随着现代化的生产和建设日益复杂化，社会分工越来越细，管理工作不仅对信息的及时和准确性提出了更高的要求，而且对信息的需求量也大大增加，这些都对信息的组织和管理工作提出了更高的要求。即信息管理变得越来越重要，任务越来越繁重。实践证明，如果继续沿用传统的手工处理数据和传递信息的方式，那么往往不能在需要的时间和范围内，把有用的信息送到有关人员手中，从而影响管理工作的正常进行。由此可见，信息管理是现代管理中不可缺少的内容。

在建设工程项目管理中，信息管理同样必不可少。只有切实做好工程项目的信息管理工作，才能保证项目的有关人员及时获得各自所需的信息，在此基础上才能够进一步做好成本管理、进度管理、质量和安全管理、合同管理等各项管理工作，最终达到优质、低价、快速地完成项目施工任务的目标。同时，由于工程项目管理是一种动态的管理，需要及时对大量的动态信息进行快速处理，这就需要借助于电子计算机这一现代化的工具来进行，因此在工程项目管理中必须把信息管理和计算机的应用有机地结合起来，充分发挥计算机在信息管理中的优势，为实现工程项目的动态管理服务。

1　数据、信息的概念

1.1　数据

数据是一组表示数量、行为和目标，可以记录下来加以鉴别的符号。

数据是客观实体属性的反映，客观实体通过各个角度的属性描述，反映与其他实体的区别。例如，在反映某个建筑工程质量时，通过对设计、施工等单位资质、人员、材料、施工设备、构配件、施工方法、工程地质、天气、水文等各个角度的数据收集汇总，就能很好地反映该工程的总体质量。这里，各个角度的数据，即是建筑工程这个实体的各种属性的反映。

1.2 信息

信息和数据是不可分割的。信息来源于数据，又高于数据，信息是数据的灵魂，数据是信息的载体。信息反映事物的客观状态和规律，能为使用者提供决策和管理服务。

信息是对数据的解释，数据通过某种处理，并经过人的进一步解释后得到信息。信息来源于数据又不同于数据，数据经过不同的人解释会有不同的结论，因为不同的人对客观规律的认识有差距，会得到不同的信息。人的因素是第一位的，要得到真实的信息和掌握事物的客观规律，需要提高对数据进行处理的人的素质。

信息是决策和管理的基础，决策和管理依赖信息，正确的信息才能保证决策的正确，管理则更离不开信息。传统的管理是定性分析，现代的管理则是定量管理，定量管理离不开系统信息的支持。

1.3 信息的时态

信息有三个时态，信息的过去时是知识，现代时是数据，将来时是情报。

(1)信息的过去时是知识。知识是前人经验的总结，是人类对自然界规律的认识和掌握，是一种系统化的信息。在人类实践过程中，一方面保存、总结原有的知识，另一方面继承、发展、创新，从而产生新的知识，它是无止境的。知识是我们必须掌握的，但不能仅仅局限于原有的知识，要对知识创新，用发展的眼光看待知识。

(2)信息的现代时是数据。数据是人类生产实践中不断产生信息的载体，要用发展的眼光来看待数据，把握住数据的动态节奏，就掌握了信息的变化。通过数据我们也进一步加工产生知识。数据是信息的主体，比知识更难掌握，也是信息系统的主要组成部分。我们采用计算机处理数据的目的，就是要用现代手段把握好数据的节奏，及时提供信息。

(3)信息的将来时是情报。情报代表信息的趋势和前沿，情报往往要用特定的手段获取，有特定的使用范围、特定的目的、特定的时间、特定的传递方式，带有特定的机密性。在实际工作中，一方面要重视科技、经济、商业情报的收集，另一方面也要重视工程范围内情报的保密。从信息处理的角度，情报往往是最容易被工程技术人员忽视的信息部分，对科技情报更是监理工程师应该重视的。通过网络，可以及时获得相应的当前世界最新科技情报。

1.4 信息的特点

(1)真实性。事实是信息的基本特点，也是信息的价值所在。要想方设法找到事物的真实的一面，为决策和管理服务。不符合事实的信息不仅无用而且有害，真实、准确地把握好信息是我们处理数据的最终目的。

(2)系统性。在工程实际中，不能片面地处理数据，片面地产生、使用信息。信息本身就需要全面地掌握各方面的数据后才能得到。信息也是系统的组成部分，要从系统的观点来对待各种信息，才能避免工作的片面性。监理工作中要求我们全面掌握造价、进度、质量、合同各个角度的信息，才能做好工作。

(3)时效性。由于信息在工程实际中是动态、不断变化、不断产生的，信息本身有强烈的时效性，要求我们要及时处理数据，及时得到信息，才能做好决策和工程管理工作，避免事故的发生，真正做到事前管理。

(4)不完全性。由于使用数据的人对客观事物认识的局限性，不完全性是难免的，应该全面提高对客观规律的认识,避免不完全性。

(5)层次性。信息对使用者是有不同的对象的,不同的决策和管理需要不同的信息,因此针对不同的信息需求必须分类提供相应的信息。一般,我们把信息分成决策层、管理层、作业层三个层次,不同层次的信息在内容、来源、精度、使用时间、使用频率上是不同的。决策层需要更多的外部信息和深度加工的内部信息,例如对设计方案、新技术、新材料、新设备、新工艺的采用,工程完工后的市场前景;管理层需要较多的内部数据和信息,例如在编制监理月报时汇总的材料、进度、造价、合同执行的信息;作业层需要掌握工程各个分部分项、每时每刻实际产生的数据和信息,该部分数据加工量大、精度高、时效性强,例如土方开挖量、混凝土浇筑量、浇筑质量、材料供应保证性等具体事务的数据。

2 系统与信息系统集成化

2.1 系统的基本概念

系统是一个由相互有关联的多个要素,按照特定的规律集合起来,具有特定功能的有机整体,它又是另一个更大系统的组成部分。

信息的产生和应用是通过信息系统实现的,信息系统是整个工程系统的一个子系统,信息系统具有所有系统的一切特征。

2.2 系统的特征

(1)整体性。系统内各个要素集合在一起,共同协作,完成特定的任务。每个要素都是系统的一个子系统,完成系统分配给它的任务,在共同完成各自任务的基础上,达到整个系统目标的实现。每个子系统都必须服从系统总体目标,达到总体优化。

(2)相关性。系统的各个组成部分既是相互依赖,又是相互独立、相互联系的,各自有自己的特定目标,目标的实现又必须依靠其他子系统提供支持。子系统在完成自己目标的过程中,又必须为其他子系统提供必要的支持和对其他子系统进行必要的制约。

(3)目的性。任何一个子系统都有自己的特定目标,即有特定的功能,是为了完成特定的任务而存在的。

(4)层次性。一个系统有多个子系统,一个子系统又把目标细分成自己的目标体系,由各个子系统独立完成其中的一部分目标。子系统为了完成自己的目标往往又再划分出更多的子系统,一个系统又是另一个更大系统的组成部分,形成必要的层次。

(5)环境适应性。任何一个系统都不是孤立存在于社会环境中的,它与社会环境有密切的联系,既需要社会环境提供必要的支持,又必须为社会环境提供服务,受到周围环境的影响,也给社会环境带来影响,每个系统要抑制对社会环境的不利影响,产生有利影响,要学会适应环境。

2.3 系统的基本观点

要正确认识、分析任何系统都必须运用系统的方法进行,系统的基本观点包括以下几个方面:

(1)系统必须实现特定的目标体系。

(2)系统与外界环境有明确的界线。

(3)系统可以划分相互有联系的、有一定层次的多个子系统,每个子系统都有自己的目标体系和边界。

(4)子系统之间存在物质和信息交换，即物质流和信息流，反映了系统的运行状况，信息流正常与否关系到子系统的正常运转。

(5)系统是动态、发展的，要用动态的眼光去分析、优化、控制、重组，才能使系统满足客观规律，达到既定的目标。

2.4 信息系统

信息是一切工作的基础，信息只有组织起来才能发挥作用。信息的组织由信息系统完成，信息系统是收集、组织数据产生信息的系统。

信息系统是由人和计算机等组成，以系统思想为依据，以计算机为手段，进行数据收集、传递、处理、存储、分发，加工产生信息，为决策、预测和管理提供依据的系统。

信息系统是一个系统，具有系统的一切特点。信息系统的目的是对数据进行综合处理，得到信息，它也是一个更大系统的组成部分。它能够再分多个子系统，与其他子系统有相关性，也与环境有联系。它的对象是数据和信息，通过对数据的加工得到信息，而信息是为决策、预测、管理服务的，是它们的工作依据。

2.5 信息系统的集成化

信息系统的集成化是信息社会的必然趋势，也为信息社会提供了集成化的可能性。信息系统集成化是建立在系统化和工程化的基础上的。信息系统集成化通过系统开发工具 CASE(计算机辅助系统工程 Computer Aided System Engineering)实现，CASE 对全面收集信息提供了有效手段，对系统完整、统一提供了必要的保证。集成化，即让参加建设工程各方在信息使用的过程中做到一体化、规范化、标准化、通用化、系列化。例如标准化就包括代码体系标准化、指标体系标准化、系统模式标准化、描述工具标准化、研制开发过程标准化。

总之，建设领域信息系统集成化，要求提供的工程管理软件必须标准化，这是监理单位采用工程管理软件时必须考虑的。

课题 11.2 工程建设信息管理

1 信息技术对建设工程的影响

随着信息技术的高速发展和不断应用，其影响已波及建筑业的方方面面。在建筑业中信息技术不断更新和发展，建设工程的手段与建设工程思想、方法和组织不断互动，产生了许多新的管理理论，并对建设工程的实践起到了十分深远的影响，如图 11-1 所示。项目控制(Project Controlling)、集成化管理(Integrated Management)、虚拟建筑(Virtual Construction)都是在此背景下产生和发展的。信息技术对工程项目管理的影响主要表现在以下几个方面：

(1)建设工程系统的集成化，包括各方建设工程系统的集成以及建设工程系统与其他管理系统(项目开发管理、物业管理)在时间上的集成。

(2)建设工程组织的虚拟化。在大型项目中，建设工程组织在地理上分散，但在工作

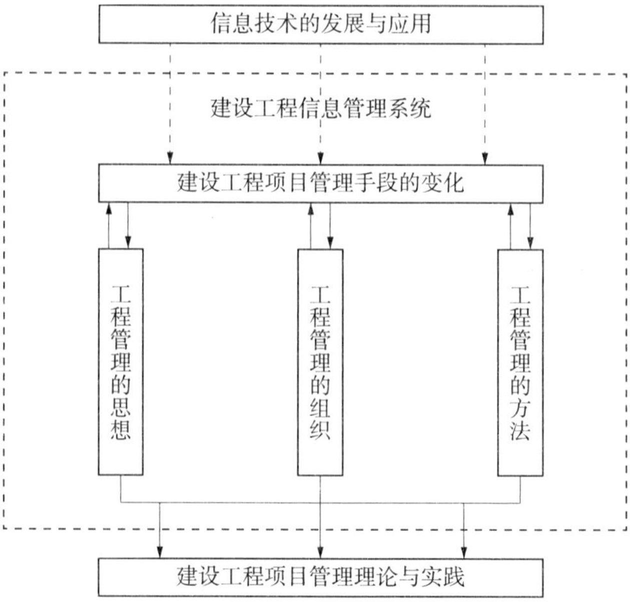

图 11-1 信息技术对建设工程的影响

上协同。

(3)在建设工程的方法上,由于信息沟通技术的应用,项目实施中有效的信息沟通与组织协调使工程建设各方可以更多地采用主动控制,避免了许多不必要的工期延迟和费用损失,目标控制更为有效。

工程建设任务的变化,信息管理更为重要,甚至产生了以信息处理和项目战略规划为主要任务的新型管理模式——项目控制(Project Controlling)。

2 工程建设项目管理中的信息

2.1 工程建设项目信息的构成

由于工程建设信息管理工作涉及多部门、多环节、多专业、多渠道,工程信息量大,来源广泛,形式多样,工程建设项目信息形态主要有以下几种形式:

(1)文字图形信息。包括勘察、测绘、设计图纸及说明书、计算书、合同、工作条例及规定、施工组织设计、情况报告、原始记录、统计图表报表、信函等信息。

(2)语言信息。包括口头分配任务、工作指示、汇报、工作检查、介绍情况、谈判交涉、建议、批评、工作讨论研究、会议等信息。

(3)新技术信息。包括通过网络、电话、电报、电传、计算机、电视、录像、录音、广播等现代化手段收集及处理的一部分信息。

工程建设项目干系人应当捕捉各种信息并加工处理和运用各种信息。

2.2 工程建设项目信息的分类原则和方法

信息的分类是指在一个信息管理系统中,将各种信息按一定的原则和方法进行区分和归类,并建立起一定的分类系统和排列顺序,以便管理和使用信息。在工程管理领域,针对不同的应用需求,各国的研究者也开发、设计了各种信息分类标准。

2.2.1 信息分类的原则

建设项目信息分类必须遵循以下基本原则：

(1)稳定性。信息分类应选择分类对象最稳定的本质属性或特征作为分类的基础和标准。信息分类体系应建立在对基本概念和划分对象的透彻理解基础之上。

(2)兼容性。项目信息分类体系必须考虑到项目各参与方所应用的编码体系的情况，项目信息分类体系应能满足不同项目参与方高效信息交换的需要。同时，与有关国际、国内标准的一致性也是兼容性应考虑的内容。

(3)可扩展性。项目信息分类体系应具备较强的灵活性，以便在使用过程中进行扩展。在分类中通常应设置收容类目，以保证增加新的信息类型时，不至于打乱已建立的分类体系。同时，一个通用的信息分类体系还应为具体环境中信息分类体系的拓展和细化创造条件。

(4)逻辑性。项目信息分类体系中信息类目的设置有着极强的逻辑性，如要求同一层面上各个子类互相排斥。

(5)综合实用性。信息分类应从系统工程的角度出发，放在具体的应用环境中进行整体考虑。这体现在信息分类的标准与方法的选择上，应综合考虑项目的实施环境和信息技术工具。确定具体应用环境中的项目信息分类体系，应避免对通用信息分类体系的生搬硬套。

2.2.2 信息分类的方法

根据国际上的发展和研究，工程建设项目信息分类有两种基本方法：

(1)线分类法。又称层级分类法或树状结构分类法。是将分类对象按所选定的若干属性或特征逐次地分成若干个层级目录，并排列成一个有层次的、逐级展开的树状信息分类体系。在这一分类体系中，同一层面的同位类目间存在并列关系，同位类目间不重复、不交叉。线分类法具有良好的逻辑性，是最为常见的信息分类方法。

(2)面分类法。是将所选定的分类对象的若干属性或特征视为若干个“面”，每个“面”中又可以分成许多彼此独立的若干个类目。在使用时，可根据需要将这些“面”中的类目组合在一起，形成一个复合的类目。面分类法具有良好的适应性，而且十分利于计算机处理信息。

在工程实践中，由于工程项目信息的复杂性，单独使用一种信息分类方法往往不能满足使用者的需求。在实际应用中往往根据应用环境组合使用，以某一种分类方法为主，辅以其他方法，同时进行一些人为的特殊规定以满足信息使用者的要求。

2.3 工程建设项目信息的分类

2.3.1 按照建设工程的控制目标划分

(1)造价控制信息。指与造价控制直接有关的信息，如各种估算指标、类似工程造价、物价指数；设计概算、概算定额；施工图预算、预算定额；工程项目造价估算；合同价组成；造价目标体系；计划工程量、已完工程量、单位时间付款报表、工程量变化表、人工、材料价差表；索赔费用表；造价偏差、已完工程结算；竣工决算、施工阶段的支付账单；原材料价格、机械设备台班费、人工费、运杂费等。

(2)质量控制信息。指与建设工程项目质量有关的信息，如国家有关的质量法规、政策及质量标准、项目建设标准；质量目标体系和质量目标的分解；质量控制工作流程、质量控制的工作制度、质量控制的方法；质量控制的风险分析；质量抽样检查的数据；各个环节工作的质量（工程项目造价决策的质量、设计的质量、施工的质量）；质量事故记录和处理报告等。

（3）进度控制信息。指与进度相关的信息，如施工定额；项目总进度计划、进度目标分解、项目年度计划、工程总网络计划和子网络计划、计划进度与实际进度偏差；网络计划的优化、调整情况；进度控制的工作流程、进度控制的工作制度、进度控制的风险分析等。

（4）合同管理信息。指建设工程相关的各种合同信息，如工程招标投标文件；工程建设施工承包合同，物资设备供应合同，咨询、监理合同；合同的指标分解体系；合同签订、变更、执行情况；合同的索赔等。

2.3.2　按照工程建设项目信息的来源划分

（1）项目内部信息。指建设工程项目各个阶段、各个环节、各有关单位发生的信息总和。内部信息取自建设项目本身，如工程概况、设计文件、施工方案、合同结构、合同管理制度，信息资料的编码系统、信息目录表，会议制度，监理班子的组织，项目的造价目标、项目的质量目标、项目的进度目标等。

（2）项目外部信息。来自项目外部环境的信息称为外部信息。如国家有关的政策及法规；国内及国际市场的原材料及设备价格、市场变化；物价指数；类似工程造价、进度；投标单位的实力、投标单位的信誉、毗邻单位情况；新技术、新材料、新方法；国际环境的变化；资金市场变化等。

2.3.3　按照信息的稳定程度划分

（1）固定信息。指在一定时间内相对稳定不变的信息，包括标准信息、计划信息和查询信息。标准信息主要指各种定额和标准，如施工定额、原材料消耗定额、生产作业计划标准、设备和工具的耗损程度等。计划信息反映在计划期内已定任务的各项指标情况。查询信息主要指国家和行业颁发的技术标准、不变价格、监理工作制度、监理工程师的人事卡片等。

（2）流动信息。是指在不断变化的动态信息。如项目实施阶段的质量、造价及进度的统计信息；反映在某一时刻，项目建设的实际进程及计划完成情况；项目实施阶段的原材料实际消耗量、机械台班数、人工工日数等。

2.3.4　按照信息的层次划分

（1）战略性信息。指该项目建设过程中的战略决策所需的信息、造价总额、建设总工期、承包商的选定、合同价的确定等信息。

（2）管理性信息。指项目年度进度计划、财务计划等。

（3）业务性信息。指的是各业务部门的日常信息，较具体，精度较高。

2.3.5　按照信息的性质划分

建设项目信息按信息的性质（项目管理功能）可划分为组织类信息、管理类信息、经济类信息和技术类信息。

2.3.6　按其他标准划分

（1）按照信息范围的不同，可以把建设工程项目信息分为精细的信息和摘要的信息两类。

(2)按照信息时间的不同,可以把建设工程项目信息分为历史性信息、即时信息和预测性信息三大类。

(3)按照时间阶段的不同,可以把建设工程项目信息分为计划的、作业的、核算的、报告的信息。

(4)按照对信息的期待性不同,可以把建设工程项目信息分为预知的和突发的信息两类。预知的信息是监理工程师可以估计到的,它产生在正常情况下;突发的信息是监理工程师难以预计的,它发生在特殊情况下。

3 工程建设项目信息管理

3.1 信息管理的概念

信息管理是指对信息的收集、加工整理、储存、传递与应用等一系列工作的总称。信息管理的目的就是通过有组织的信息流通,使决策者能及时、准确地获得相应的信息。为了达到信息管理的目的,就要把握好信息管理的各个环节,并做到:①了解和掌握信息来源;②正确运用信息管理的手段;③掌握信息流程的不同环节;④建立信息管理系统。

3.2 信息管理的基本任务

工程建设项目信息管理的任务主要包括:

(1)组织项目基本情况信息的收集并系统化,编制项目手册。

(2)项目报告及各种资料的规定,例如资料的格式、内容、数据结构要求。

(3)按照项目实施、项目组织、项目管理工作过程建立项目管理信息系统流程,在实际工作中保证这个系统正常运行,并控制信息流。

(4)文件档案管理工作。

有效的项目管理需要更多地依靠信息系统的结构和维护。信息管理影响组织和整个项目管理系统的运行效率,是项目干系人沟通的桥梁,管理者应对它有足够的重视。

3.3 信息编码的原则

在信息分类的基础上,可以对项目信息进行编码。信息编码是将事物或概念(编码对象)赋予一定规律性的、易于计算机和人识别与处理的符号。信息编码具有标识、分类、排序等基本功能。项目信息编码是项目信息分类体系的体现,是项目管理工作的基础。项目信息编码应遵循以下基本原则:

(1)唯一性。一个编码对象可有多个名称,也可按不同的方式进行描述,但是在一个分类编码标准中,每个编码对象仅有一个代码,每一个代码唯一表示一个编码对象。

(2)合理性。项目信息编码结构应与项目信息分类体系相适应。

(3)可扩充性。项目信息编码必须留有适当的后备容量,以便适应不断扩充的需要。

(4)简单性。项目信息编码结构应尽量简单,长度尽量短,以提高信息处理的效率。

(5)适用性。项目信息编码应能反映项目信息对象的特点,便于记忆和使用。

(6)规范性。在同一个项目的信息编码标准中,代码的类型、结构及编写格式都必须统一。

3.4　信息编码的方法

(1)顺序编码法。顺序编码法是一种按对象出现的顺序进行排列编码的方法。例如,土方工程 01、基础工程 02、外墙工程 03、内墙与柱 04、楼板与楼梯 05、屋面工程 06 等。顺序编码法简单易懂,用途广泛。但是,顺序编码法缺乏逻辑性,不易分类,而且当增加新数据时,只能在最后进行排列,删除数据时又会出现空码。所以,此法一般不单独使用,只能用来作为其他分类编码后进行细分类的一种手段。

(2)分组编码法。分组编码法是在顺序编码法的基础上发展起来的,是先将数据信息进行分组,然后对每组的信息进行顺序编码。每个组内留有后备编码,便于增加新的数据。

(3)十进制编码法。十进制编码法是先将数据对象分成十大类,编以 0 ~ 9 的号码;每类中再分成十小类,给以第二个 0 ~ 9 的号码,以此类推。这种方法可以无限地扩充下去,直观性能较好。

(4)文字数字加码法。文字数字加码法是用文字表明数字属性,而文字一般用英文缩写或汉语拼音的字母。这种编码直观性好,记忆使用方便,但数据较多时,单靠字母很容易使含义模糊,造成错误的理解。

(5)多面码法。一个事物可能有多个属性,如果在编码中能为这些属性各规定一个位置,就形成了多面码。这种方法的优点是逻辑性能好,便于扩充。但是,这种编码数位较长,会有较多的空码。

上述几种编码方法各有其优缺点,在实际工作中,要针对具体情况灵活应用,也可以结合具体情况组合使用。

3.5　建设工程信息流程的组成

建设工程是一个由多个单位、多个部门组成的复杂系统,这是由其本身的复杂性决定的。参与建设的各方要能够实现随时沟通,必须规范相互之间的信息流程,组织合理的信息流。各方需要数据和信息时,能够从相关的部门、相关的人员处及时得到,而且数据和信息是按照规范的形式提供的。相应地,有关各方也必须在规定的时间提供规定形式的数据和信息给其他需要的部门与使用的人,达到信息管理的规范化。

建设工程的信息流由建设各方各自的信息流组成,如图 11-2 所示。

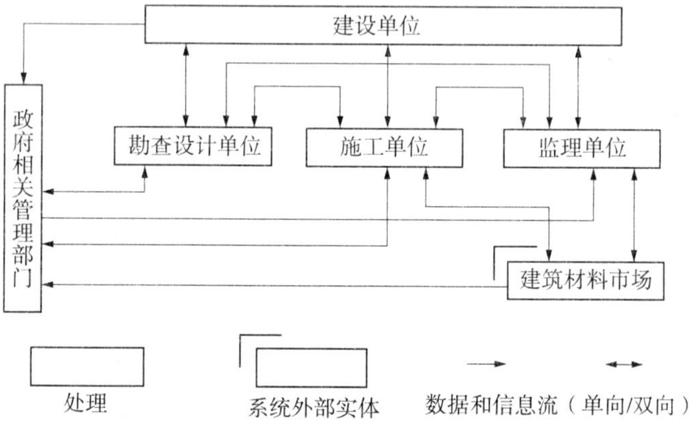

图 11-2　建设工程信息流程

课题 11.3　工程建设监理信息系统

1　工程建设监理信息的收集

建立一套完善的信息采集制度，收集工程建设监理的各阶段、各类信息是监理工作所必需的。根据工程建设程序监理工作的内容讨论监理信息的收集。

1.1　项目决策阶段的信息收集

项目决策阶段主要收集外部宏观信息，要收集历史、现代和未来三个时态的信息，此阶段具有较多的不确定性。在项目决策阶段，信息收集从以下几方面进行：

(1)项目相关市场方面的信息。如相关产品预计进入市场后的市场占有率、社会需求量、预制产品价格变化趋势、影响市场渗透的因素、产品的生命周期等。

(2)项目资源相关方面的信息。如资金筹措渠道、方式、原材料、辅助材料等。

(3)自然环境相关方面的信息。如城市交通、运输、气象、地质、水文、地形地貌、废料处理可能性等。

(4)新技术、新设备、新工艺、新材料，专业配套能力方面的信息。

(5)政治环境，社会治安状况，当地法律、政策、教育的信息。

项目决策阶段信息收集，可避免建设单位决策失误，进一步开展调查和投资机会研究，编写可行性报告，进行造价估算和工程建设经济评价。

1.2　设计阶段的信息收集

监理单位在设计阶段的信息收集主要从以下几方面进行：

(1)可行性研究报告，前期相关文件资料，存在的疑点和建设单位的意图，建设单位前期准备和项目审批完成的情况。

(2)同类工程相关信息(建筑规模、结构形式、造价构成、工艺设备的选型、地质处理方式及实际效果、建设工期、新材料、新工艺、新设备和新技术的实际效果及存在的问题)。

(3)拟建工程所在地相关信息。如地质、水文情况，地形地貌、地下埋设和人防设施情况，城市拆迁政策和拆迁户数，青苗补偿，周围环境等。

(4)勘察、测量、设计单位相关信息。如同类工程完成情况、实际效果，完成该工程的能力，人员构成，设备投入，质量管理体系完善情况，创新能力，收费情况，施工期技术服务主动性和处理发生问题的能力，设计深度和技术文件质量，专业配套能力，设计概算和施工图预算能力，合同履约情况等。

(5)工程所在地政府相关信息。如国家和地方政策、法律、法规、规范规程、环保政策、政府服务情况和限制等。

(6)设计中的设计进度计划，设计质量保证体系，设计合同执行情况，偏差产生的原因，纠偏措施，专业间设计交接情况，执行规范、规程、技术标准，特别是强制性规范执行的情况，设计概算和施工图预算结果，了解超限额的原因，了解各设计工序对造价的控制等。

1.3 施工招标投标阶段的信息收集

施工招标投标阶段的信息收集从以下几方面进行：

(1)工程地质、水文地质勘察报告，施工图设计及施工图预算、设计概算，设计、地质勘察、测绘的审批报告等方面的信息，特别是该建设工程有别于其他同类工程的技术要求、材料、设备、工艺、质量要求有关信息。

(2)建设单位建设前期报审文件。如立项文件、建设用地、征地、拆迁文件。

(3)工程造价的市场变化规律及所在地区的材料、构件、设备、劳动力差异。

(4)当地施工单位管理水平，质量保证体系、施工质量、设备、机具能力。

(5)本工程适用的规范、规程、标准，特别是强制性规范。

(6)所在地关于招标投标的有关法规、规定，国际招标、国际贷款指定适用的范本，本工程适用的建筑施工合同范本及特殊条款。

(7)所在地招标投标代理机构能力、特点，所在地招标投标管理机构及管理程序。

(8)该建设工程采用的新技术、新设备、新材料、新工艺，投标单位对“四新”的处理能力和了解程度、经验、措施。

1.4 施工阶段的信息收集

施工阶段的信息收集，可从施工准备期、施工期、竣工保修期三个子阶段分别进行。

1.4.1 施工准备期

施工准备期是指从建设工程合同签订到项目开工为止。在施工招标投标阶段监理未介入时，本阶段是施工监理信息收集的关键阶段，监理工程师应从如下几点收集信息：

(1)监理大纲；施工图设计及施工图预算；项目结构特点、难点、要点；工业工程的工艺流程特点、设备特点；工程预算体系(按单位工程、分部工程、分项工程分解)；施工合同。

(2)施工单位项目经理部组成，进场人员资质；进场设备的规格型号、保修记录；施工场地的准备情况；施工单位质量保证体系及施工单位的施工组织设计，特殊工程的技术方案，施工进度网络计划图表；进场材料、构件管理制度；安全保安措施；数据和信息管理制度；检测和检验、试验程序和设备；承包单位和分包单位的资质等施工单位信息。

(3)建设工程场地的地质、水文、测量、气象数据；地上、地下管线，地下洞室，地上原有建筑物及周围建筑物、树木、道路；建筑红线，标高、坐标；水、电、气管道的引入标志；地质勘察报告、地形测量图及标桩等环境信息。

(4)施工图的会审和交底记录；开工前的监理交底记录；对施工单位提交的施工组织设计按照项目监理部要求进行修改的情况；施工单位提交的开工报告及实际准备情况。

(5)与本工程相关的建筑法律、法规和规范、规程；有关质量检验、控制的技术法规和质量验收标准。

在施工准备期，信息的来源较多、较杂，由于参建各方相互了解还不够，信息渠道没有建立，收集有一定困难。因此，更应该组建工程信息合理的流程，确定合理的信息源，规范各方的信息行为，建立必要的信息秩序。

1.4.2 施工期

施工实施期，信息来源相对比较稳定，主要是施工过程中随时产生的数据，由施工单位层层收集上来，比较单纯，容易实现规范化。相对容易实现信息管理的规范化，关键是施工单位和监理单位、建设单位在信息形式上和汇总上不统一。统一建设各方的信息格式，实现标准化、代码化、规范化是我国目前建设工程必须解决的问题。

施工期收集的信息应该分类并由专门的部门或专人分级管理，项目监理部可从以下几方面收集信息：

(1)施工单位人员、设备、水、电、气等能源的动态信息。

(2)施工期气象的中长期趋势及同期历史数据，每天不同时段的动态信息，特别在气候对施工质量影响较大的情况下，更要加强收集气象数据。

(3)建筑原材料、半成品、成品、构配件等工程物资的进场、加工、保管、使用等信息。

(4)项目经理部管理程序；质量、进度、造价的事前、事中、事后控制措施；数据采集来源及采集、处理、存储、传递方式；工序间交接制度；事故处理制度；施工组织设计及技术方案执行的情况；工地文明施工及安全措施等。

(5)施工中需要执行的国家和地方规范、规程、标准；施工合同执行情况。

(6)施工中发生的工程数据。如地基验槽及处理记录、工序间交接记录、隐蔽工程检查记录等。

(7)建筑材料检验项目的有关信息。如水泥、砖、砂石、钢筋、外加剂、混凝土、防水材料、回填土、饰面板、玻璃幕墙等。

(8)设备安装的试运行和测试项目有关信息。如电气接地电阻、绝缘电阻测试，管道通水、通气、通风试验，电梯施工试验，消防报警、自动喷淋系统联动试验等。

(9)施工索赔相关信息。如索赔程序、索赔依据、索赔证据、索赔处理意见等。

1.4.3 竣工保修期

竣工保修阶段的信息是监理在施工期日常信息积累的基础上，对数据进行及时收集整理，是建设各方信息的汇总和总结。竣工保修期要求数据实时记录，真实反映施工过程，真正做到信息积累在平时。竣工保修期收集的信息包括以下内容：

(1)工程准备阶段文件。如立项文件，建设用地、征地、拆迁文件，开工审批文件等。

(2)监理文件。如监理规划、监理实施细则、有关质量问题和质量事故的相关记录、监理工作总结以及监理过程中各种控制和审批文件等。

(3)施工资料。分为建筑安装工程和市政基础设施工程两大类分别收集。

(4)竣工图。分建筑安装工程和市政基础设施工程两大类分别收集。

(5)竣工验收资料。如工程竣工总结、竣工验收备案表、电子档案等。

在竣工保修期，监理单位应按照现行《建设工程文件归档整理规范》(GB/T 50328—2001)收集监理文件，并协助建设单位督促施工单位完善全部资料的收集、汇总和归类整理。

2 工程建设监理信息的处理

现代管理主要是建立在信息处理的基础上，所以监理工程师除应注意各种原始资料的收集外，还要对收集来的资料进行加工整理。要使得信息能有效发挥作用，就必须按照迅速、准确、及时的要求反馈和处理信息。监理工程师对收集到的原始信息进行处理的内容包括加工、传递、储存、检索、输出几个环节。

2.1 监理信息的加工

监理信息的加工是信息处理的基本内容，是指将原始信息进行分类、排队、筛选、计算、比较和选择等工作。

(1)分类。如监理单位内部、外部、日常、突发等类别。

(2)排队。排队、分级，决定传递到哪一级，是立即传递还是留待例会。

(3)筛选。检查核实，把失真信息剔除。

(4)计算。利用数理统计和管理图表方法进行必要的计算分析。

(5)比较。与“标准”进行比较，如实际进度与计划进度的比较等。

(6)选择。根据比较的结果进行分析判断。

以上工作都需要按监理任务的要求，通过加工处理为监理工程师提供有用的信息。为便于计算和应用，信息加工形式一定要标准化。在反映的形式上，如记录、台账、报表等都要有统一的标准。经过加工处理后，这些表格就成为管理决策所必需的信息。

2.2 监理信息的传递

监理信息的传递是借助一定的载体(如纸张、优盘、磁带等)，在监理工作的各部门、各单位之间的传递。通过传递，形成各种信息流。畅通的信息流，将利用报表、图表、文字、记录、各种收发、会议、审批及电子计算机等传递手段，不断地将监理信息输送到监理工程师的手中，成为监理工程师完成监理工作的重要依据。

2.3 监理信息的储存

监理信息的储存是指将加工处理后的信息作为档案保存起来以备将来使用。要建立一套科学的储存系统，对有价值的原始材料、数据及经过加工整理的信息，要长期积累以备查阅。信息储存的方法主要有三种:纸、胶卷和计算机存储器。随着计算机的普及，应尽量利用计算机存储器来存储信息。

2.4 监理信息的检索

无论是存入城建档案馆或计算机存储器的信息、资料，为了查找方便，在入库前都要拟订一套科学的查找方法和手段，这就是信息的检索。做好编目分类工作，健全检索系统可以使报表、文件、资料、技术档案既保存完好，又保证迅速查找。

2.5 监理信息的输出

信息管理的目的是更好地使用信息，为决策服务。处理好的信息，要按照需要和要求编印成各类报表和文件，以供监理工作使用。随着计算机的普及和提高，存储于计算机数据库中的数据，已成为重要的信息资源，可为各个部门所共享。因此，利用计算机做好信息的加工储存工作，是更好地使用信息的前提。

3 监理信息系统简介

在工程建设过程中，时时刻刻都在产生信息(数据)，而且数量是相当大的，需要迅速收集、整理与使用。传统的处理方法是依靠监理工程师的经验，对问题进行分析与处理。面对当今复杂、庞大的工程，传统的方法就显得不足，难免给工程建设带来损失。计算机技术的发展，给信息管理提供了一个高效率的平台，监理管理信息系统开发，使信息处理变得更快捷。

监理工程师的主要工作是控制建设工程的造价、进度、质量和安全，进行建设工程合同管理，协调参与建设单位间的工作关系。监理管理信息系统的构成应当与这些主要的工作内容相对应。另外，每个工程项目都有大量的公文信函，作为一个信息系统，也应对这些内容进行辅助管理。因此，监理管理信息系统一般由文档管理子系统、合同管理子系统、组织协调子系统、造价控制子系统、质量控制子系统、进度控制子系统和安全生产管理子系统构成。

4　监理信息系统的开发

在工程建设监理工作中产生的信息量大，而且信息类型复杂。要使监理工作实现高效、快速的信息管理，使监理工作流程程序化、监理记录标准化、监理报告系统化，监理信息系统必须以计算机作为辅助手段。建立工程监理中的各类信息收集、加工、传递、储存、检索、输出的计算机辅助系统，其目的是实现信息的全面、系统、规范和科学管理。

目前，很多监理单位已不同程度地运用计算机到监理工作中，对监理信息进行信息管理，但多数单位还停留在文字处理、编制表格及一般数据处理和计算阶段。而计算机运用更高级的方式是借助专门的软件或软件包（如建设监理软件包），完成大量数据（包括文字、图形、图像等）的录入、编辑、加工整理、统计计算、储存、检索、传递等工作，实现信息的快速、准确、全面、系统、规范管理。

在造价控制方面，可以利用软件包的造价控制模块或工程概预算软件，来完成施工过程中的费用统计计算、分类汇总、多功能查询、报表和统计图形的打印等工作。

在进度控制方面，可以利用软件包的进度控制模块或专门的施工网络分析、编制等软件，将大量复杂的工序数据输入，由软件完成关键工作（关键线路）的计算、网络图的显示与打印等工作。通过对关键工作的高度重视，以实现缩短工期的目的。同时，通常在实施进度计划的过程中，需要根据实际情况的变化调整原有网络系统，而调整的时间又比较紧迫。因此，在建立大型的多级网络及对其进行调整的过程中是离不开计算机辅助的。

在质量控制方面，可以利用专门的软件完成质量数据的录入、统计分析、储存、查询、报表打印等工作，实现质量监督与控制。对工程施工中存在的质量问题及时地分析，为确定质量控制目标，制订质量管理计划提供依据。同时，便于及时反馈质量信息，为质量管理计划的实施和质量控制提供依据。

在合同管理方面，可以利用软件包的合同管理模块或专门的软件对各类合同文件、法律条文、来往信函、会议纪要、变更等各种通知、电话记录等进行登记，提供完善的、多功能的、方便的查询手段，给出实施合同提示信息，实现合同的全面、及时、自动控制与管理。即在监理单位接受建设单位的委托后，按照工程承包合同的要求，以及工程监理合同中建设单位的授权范围，监理工程师完成监理工作的合同管理任务。

总之，建设工程监理信息系统要满足监理工程师的工作需要，提供一切所需要的信息，排除不必要的信息干扰，利用监理信息系统，帮助完成预测、决策，最大限度地发挥工程建设监理信息系统在监理系统组织中的“大脑”及“神经”系统作用。

课题 11.4　工程建设文件档案资料管理

工程建设文件档案资料管理是建设工程信息管理的一项重要工作。建设工程文件档案资料具有随机性、全面性、真实性、分散性、复杂性、专业性和综合性等特征，项目监理机构必须配备专门人员负责监理文件档案资料的管理工作。

1　工程建设文件档案资料

1.1　工程建设文件的概念

工程建设文件简称工程文件，是指在工程建设过程中形成的各种形式的记录信息，包括工程准备阶段文件、监理文件、施工文件、竣工图和竣工验收文件等。

1.2　工程建设档案的概念

工程建设档案简称工程档案，是指在工程建设活动中直接形成的具有归档保存价值的文字、图表、声像等各种形式的历史记录。

1.3　工程建设文件档案资料的概念

工程建设文件档案资料是指建设工程文件和档案的组成。

1.4　工程建设文件档案资料载体

（1）纸质载体。以纸张为基础的载体形式。

（2）缩微品载体。以胶片为基础，利用缩微技术对工程资料进行保存的载体形式。

（3）光盘载体。以光盘为基础，利用计算机技术对工程资料进行存储的形式。

（4）磁性载体。以磁性记录材料（磁带、磁盘等）为基础，对工程资料的电子文件、声音、图像进行存储的形式。

1.5　文件归档范围

（1）对于与工程建设有关的重要活动，记载工程建设主要过程和现状、具有保存价值的各种载体的文件，均应收集齐全，整理立卷后归档。

（2）工程文件的具体归档范围按照现行《建设工程文件归档整理规范》中“建设工程文件归档范围和保管期限表”执行。

2　工程建设文件档案资料归档

工程建设档案资料的管理涉及建设单位、监理单位、施工单位等以及地方城建档案管理部门。

（1）建设、勘察、设计、施工、监理等单位将本单位在工程建设过程中形成的文件向本单位档案管理机构移交。

（2）勘察、设计、施工、监理等单位将本单位在工程建设过程中形成的文件向建设单位档案管理机构移交。

（3）建设单位按照现行《建设工程文件归档整理规范》要求将汇总的该建设工程文件档案向地方城建档案管理部门移交。

3　工程建设档案验收与移交

3.1　验收

（1）列入城建档案管理部门档案接收范围的工程，建设单位在组织工程竣工验收前，应提请城建档案管理部门对工程档案进行预验收。建设单位未取得城建档案管理部门出具的认可文件，不得组织工程竣工验收。

（2）城建档案管理部门在进行工程档案预验收时，应重点验收以下内容：①工程档案分类齐全、系统完整；②工程档案的内容真实、准确地反映工程建设活动和工程实际状况；③工程档案已整理立卷，立卷符合现行《建设工程文件归档整理规范》的规定；④竣工图绘制方法、图式及规格等符合专业技术要求，图面整洁，盖有竣工图章；⑤文件的形成、来源符合实际，要求单位或个人签章的文件，其签章手续完备；⑥文件材质、幅面、书写、绘图、用墨、托裱等符合要求。

（3）国家、省市重点工程项目或一些特大型、大型的工程项目的预验收和验收，必须有地方城建档案管理部门参加。

（4）为确保工程档案的质量，各编制单位、地方城建档案管理部门、建设行政管理部门等要对工程档案进行严格检查、验收。编制单位、制图人、审核人、技术负责人必须进行签字或盖章。对不符合技术要求的，一律退回编制单位进行改正、补齐，问题严重者可令其重做。不符合要求者，不能交工验收。

（5）报送的工程档案如验收不合格，则将其退回建设单位，由建设单位责成责任者重新进行编制，待达到要求后重新报送。检查验收人员应对接收的档案负责。

（6）地方城建档案管理部门负责工程档案的最后验收，并对编制报送工程档案进行业务指导、督促和检查。

3.2　移交

（1）列入城建档案管理部门接收范围的工程，建设单位在工程竣工验收后3个月内向城建档案管理部门移交一套符合规定的工程档案。

（2）停建、缓建工程的工程档案，暂由建设单位保管。

（3）对改建、扩建和维修工程，建设单位应当组织设计单位、监理单位、施工单位据实修改、补充和完善工程档案。对改变的部位，应当重新编写工程档案，并在工程竣工验收后3个月内向城建档案管理部门移交。

（4）建设单位向城建档案管理部门移交工程档案时，应办理移交手续，填写移交目录，双方签字、盖章后交接。

（5）施工单位、监理单位等有关单位应在工程竣工验收前将工程档案按合同或协议规定的时间、套数移交给建设单位，办理移交手续。

课题11.5　工程建设监理文件档案资料管理

工程建设监理文档管理是指监理企业受建设单位的委托，在进行监理工作期间，对建设工程实施过程中形成的文件资料进行收集积累、加工整理、立卷归档和检索利用等一系列的工作。

1 监理文件档案资料管理

工程建设监理文档管理的对象是监理文件资料，监理文件资料是建设工程监理信息的载体，项目监理机构应配备专人对监理文件资料进行系统、科学的管理。工程建设监理文件档案资料管理的主要内容包括：①监理文件和档案的收文与登记；②监理文件档案资料的传阅与登记；③监理文件资料的发放与登记；④监理文件档案资料的分类存放；⑤监理文件档案资料的归档；⑥监理文件档案资料借阅、更改与作废。

项目监理机构应建立完善监理文件资料管理制度，宜设专人管理监理文件资料，应及时、准确、完整地收集、整理、编制、传递监理文件，采用信息技术进行监理文件资料管理。

2 监理文件资料

2.1 监理文件资料内容

监理文件资料应包括下列主要内容：①勘察设计文件、建设工程监理合同及其他合同文件；②监理规划、监理实施细则；③设计交底和图纸会审会议纪要；④施工组织设计、(专项)施工方案、施工进度计划报审文件资料；⑤分包单位资格报审文件资料；⑥施工控制测量成果报验文件资料；⑦总监理工程师任命书，开工令、暂停令、复工令，工程开工或复工报审文件资料；⑧工程材料、构配件、设备报验文件资料；⑨见证取样和平行检验文件资料；⑩工程质量检查报验资料及工程有关验收资料；⑪工程变更、费用索赔及工程延期文件资料；⑫工程计量、工程款支付文件资料；⑬监理通知单、工作联系单与监理报告；⑭第一次工地会议、监理例会、专题会议等会议纪要；⑮监理月报、监理日志、旁站记录；⑯工程质量或生产安全事故处理文件资料；⑰工程质量评估报告及竣工验收监理文件资料；⑱监理工作总结。

项目监理机构应及时整理、分类汇总监理文件资料，并应按规定组卷，形成监理档案。工程监理单位应根据工程特点和有关规定，保存监理档案，并应向有关单位、部门移交需要存档的监理文件资料。

2.2 监理工作基本表示

工程建设监理在施工阶段的基本表示严格按照《建设工程监理规范》(GB/T 50319—2013)附录执行，规范中基本表示有以下三类。

2.2.1 A类表

A类表共8个，为工程监理单位用表，是监理单位与承包单位之间的联系用表，监理单位填写，向承包单位发出指令或批复。A类表包括：表A.0.1 总监理工程师任命书；表A.0.2 工程开工令；表A.0.3 监理通知单；表A.0.4 监理报告；表A.0.5 工程暂停令；表A.0.6 旁站记录；表A.0.7 工程复工令；表A.0.8 工程款支付证书。

2.2.2 B类表

B类表共14个，为施工单位报审、报验用表，是承包单位与监理单位之间的联系用表，由承包单位填写，向监理单位提交申请或批复。B类表包括：表B.0.1 施工组织设计/(专项)施工方案报审表；表B.0.2 工程开工报审表；表B.0.3 工程复工报审表；表

B.0.4　分包单位资格报审表；表 B.0.5　施工控制测量成果报验表；表 B.0.6　工程材料、构配件、设备报审表；表 B.0.7　报审、报验表；表 B.0.8　分部工程报验表；表 B.0.9　监理通知回复单；表 B.0.10　单位工程竣工验收报审表；表 B.0.11　工程款支付报审表；表 B.0.12　施工进度计划报审表；表 B.0.13　费用索赔报审表；表 B.0.14　工程临时/最终延期报审表。

2.2.3　C 类表

C 类表共 3 个，为各方通用表，是工程监理单位、承包单位、建设单位等各有关单位之间的联系表。C 类表包括：表 C.0.1　工作联系单；表 C.0.2　工程变更单；表 C.0.3　索赔意向通知书。

小　　结

工程建设监理的主要方法是控制，控制的基础是信息，没有及时、准确和满足需要的信息，管理工作就不能有效地起到计划、组织、控制和协调的作用。信息管理是工程监理任务的主要内容之一，及时掌握准确、完整的信息，可以使监理工程师耳聪目明，可以更加卓有成效地完成监理任务。信息管理工作的好坏，将会直接影响监理工作的成败。监理工程师应重视工程建设项目的信息管理工作，掌握信息管理方法。

信息系统的集成化是信息社会的必然趋势，也为信息社会提供了集成化的可能性。信息系统集成化建立在系统化和工程化基础上。信息系统集成化通过系统开发工具 CASE 实现，CASE 对全面收集信息提供了有效手段，对系统完整、统一提供了必要的保证。工程建设信息管理工作涉及多部门、多环节、多专业、多渠道，工程信息量大，来源广泛，形式多样，主要信息形态有文字图形信息、语言信息、新技术信息等。工程建设项目管理人员应当捕捉各种信息并加工处理和运用各种信息。

在工程管理领域，针对不同的应用需求，各国的研究者也开发、设计了各种信息分类标准。在工程实践中，由于工程项目信息的复杂性，单独使用一种信息分类方法往往不能满足使用者的需求。在实际应用中往往根据应用环境组合使用，以某一种分类方法为主，辅以其他方法，同时进行一些人为的特殊规定以满足信息使用者的要求。

信息管理的目的就是通过有组织的信息流通，使决策者能及时、准确地获得相应的信息。为了达到信息管理的目的，就要把握好信息管理的各个环节，并要做到了解和掌握信息来源，正确运用信息管理的手段，掌握信息流程的不同环节，建立信息管理系统。参与建设的各方要能够实现随时沟通，必须规范相互之间的信息流程，组织合理的信息流。各方需要数据和信息时，能够从相关的部门、相关的人员处及时得到，而且数据和信息是按照规范的形式提供的。

建立一套完善的信息采集制度，收集工程建设监理各阶段、各类信息是监理工作所必需的。现代管理主要建立在信息处理的基础上，所以监理工程师除应注意各种原始资料的收集外，还应对收集来的资料进行加工整理。要使得信息能有效发挥作用，就必须按照迅速、准确、及时的要求反馈和处理信息。监理工程师对收集到的原始信息进行处理包括加工、传递、储存、检索、输出几个环节。

监理工程师的主要工作是控制建设工程的造价、进度、质量和安全，进行建设工程合同管理，协调参与建设单位之间的工作关系。监理管理信息系统的构成应当与这些主要的工作内容相对应。面对当今复杂、庞大的工程，传统的方法就显得不足，难免给工程建设带来损失。计算机技术的发展，给信息管理提供了一个高效率的平台，监理管理信息系统开发，使信息处理变得更快捷。

建立工程监理中的各类信息收集、加工、传递、储存、检索、输出的计算机辅助系统，其目的是实现信息的全面、系统、规范和科学管理。总之，建设工程监理信息系统要满足监理工程师的工作需要，提供一切所需要的信息、排除不必要的信息干扰，利用监理信息系统，帮助完成预测、决策，最大限度地发挥工程建设监理信息系统在监理系统组织中的"大脑"及"神经"系统作用。

工程建设文件档案资料管理是建设工程信息管理的一项重要工作。工程建设文件是指在工程建设过程中形成的各种形式的记录信息，包括工程准备阶段文件、监理文件、施工文件、竣工图和竣工验收文件等。工程建设监理文档管理是指监理企业受建设单位的委托，在进行监理工作期间，对建设工程实施过程中形成的文件资料进行收集积累、加工整理、立卷归档和检索利用等一系列的工作。项目监理机构应及时整理、分类汇总监理文件资料，并应按规定组卷，形成监理档案。工程监理单位应根据工程特点和有关规定，保存监理档案，并应向有关单位、部门移交需要存档的监理文件资料。

习　题

一、名词解释

①信息；②数据；③系统信息；④系统信息管理；⑤监理信息的加工；⑥工程建设文件；⑦工程建设文件档案资料管理；⑧工程建设档案；⑨工程建设监理文档管理。

二、单项选择题

1. 工程建设监理的主要方法是控制，控制的基础是(　　)。

A. 数据　　B. 管理　　C. 协调　　D. 信息

2. (　　)是一组表示数量、行为和目标，可以记录下来加以鉴别的符号。

A. 信息　　B. 数据　　C. 集成　　D. 要素

3. 以下有关信息时态的说法中，正确的是(　　)。

A. 信息的过去时是数据，现在时是情报，将来时是知识

B. 信息的过去时是数据，现在时是知识，将来时是情报

C. 信息的过去时是知识，现在时是数据，将来时是情报

D. 信息的过去时是消息，现在时是数据，将来时是情报

4. 按照信息的性质划分，可以将信息分为(　　)。

A. 战略性信息、管理性信息、业务性信息　　B. 固定信息、流动信息

C. 组织类信息、管理类信息、经济类信息和技术类信息

D. 投资控制信息、进度控制信息、质量控制信息、合同管理信息

5. 监理工程师对收集到的原始信息进行处理包括(　　)等环节。

A. 储存、加工、传递、检索、输出　　B. 加工、传递、储存、检索、输出

C. 加工、储存、传递、检索、输出　　D. 检索、加工、传递、储存、输出

三、多项选择题

1. 信息和数据关系描述正确的是(　　)

A. 信息和数据是不可分割的　　B. 信息来源于数据，又高于数据

C. 信息是数据的灵魂　　D. 数据是信息的载体

E. 信息是对数据的解释

2. (　　)是监理工程师在施工招投标阶段应收集的信息。

A. 立项文件　　B. 建设用地、征地、拆迁文件

C. 工程造价的市场变化规律及所在地区的材料、构件、设备、劳动力差异

D. 本工程适用的规范、规程、标准，特别是强制性规范

E. 建筑原材料、半成品、成品、构配件等工程物资的加工、保管、使用等信息

3. 在建设工程文件档案资料管理上，(　　)不属于地方城建档案管理部门的职责。

A. 按照施工合同的约定，接受建设单位的委托，进行工程档案的组织、编制工作

B. 按要求在竣工前将施工文件整理汇总完毕，再移交建设单位进行工程竣工验收

C. 及时整理归档各个阶段的监理资料

D. 负责接收和保管所辖范围应当永久和长期保存的工程档案和有关资料

E. 负责对城建档案工作进行业务指导，监督和检查有关城建档案法规的实施

4. 监理工程师在施工实施期应收集的信息是(　　)。

A. 施工单位人员、设备、水、电、气等能源的动态信息

B. 施工单位项目经理部组成，进场设备的规格型号，进场材料、构件管理制度等

C. 施工单位提交的施工组织设计按照项目监理部要求进行修改的情况

D. 建筑原材料、半成品、成品、构配件等工程物资的进场、加工、保管、适用等信息

E. 施工中需要执行的国家和地方规范、规程、标准

5. 在下列监理文件档案资料存放的解释中，不正确的是(　　)。

A. 监理文件档案经收/发文、登记和传阅后，必须使用科学的分类方法进行存放

B. 项目监理部应备有存放监理信息的专用资料柜和专用资料夹

C. 无论何种类型的项目，均应采用计算机对监理信息进行辅助管理

D. 信息管理人员应根据项目类型规划各资料柜和资料夹内容

E. 文件和档案资料应保持清晰，不得随意涂改记录

四、简答题

1. 数据和信息之间的关系如何？

2. 工程建设项目信息如何分类？可从哪些角度进行分类？

3. 监理工程师进行建设工程项目信息管理的基本任务是什么？

4. 工程建设信息在工程建设的各个阶段如何进行收集?
5. 工程建设信息的加工、整理、分发、检索、储存各有什么要求?
6. 建设工程档案验收与移交有何规定?
7. 建设工程监理文件档案资料管理的主要内容有哪些?
8. 监理文件资料应包括哪些内容?

模块 12　工程建设监理的组织协调

【知识要点】 组织协调的概念、作用和目的；项目监理机构内部协调、与近外层协调、与远外层协调；组织协调的特点、原则和方法。

【教学目标】 掌握组织协调的含义与作用，工程建设监理的组织协调方法（会议协调法、交谈协调法、书面协调法、访问协调法和情况介绍法）；熟悉项目监理机构内部人员、组织机构、需求关系协调的工作内容，监理工程师与建设单位、承包商、设计单位等部门之间协调的工作内容；了解组织协调在项目监理工作中的地位，组织协调的范围、层次、目的，监理协调工作的特点与原则。

课题 12.1　组织协调的概念与作用

工程建设监理目标的实现，需要监理工程师有扎实的专业知识和对监理程序的有效执行。此外，还要求监理工程师有较强的组织协调能力。通过组织协调，使得影响项目监理目标实现的各个方面处于统一体中，使得项目体系结构均衡，监理工作实施和运行过程顺利。

1　组织协调的概念

组织协调是指联结、联合、调和所有的活动及力量，使各方配合得适当，其目的是促使各方协同一致，以实现预定目标。协调工作应贯穿于整个工程建设实施及其管理过程中。

工程建设系统是一个由人员、物质、信息等构成的人为组织系统。用系统方法分析，工程建设组织协调一般有三类：

（1）“人员/人员界面”。项目组织是由各类人员组成的工作班子，由于每个人的性格、习惯、能力、岗位、任务、作用不同，即使只有两个人在一起工作，也有潜在的人员矛盾或危机。这种人和人之间的间隔，就是所谓的“人员/人员界面”。

（2）“系统/系统界面”。项目系统是由若干个项目组组成的完整体系，项目组即子系统。由于子系统的功能不同、目标不同，容易产生各自为政的趋势和相互推诿的现象。这种子系统和子系统之间的间隔，就是所谓的“系统/系统界面”。

（3）“系统/环境界面”。项目系统是一个典型的开放系统。它具有环境适应性，能主动地向外部世界取得必要的能量、物质和信息。在“取”的过程中，不可能没有障碍和阻力。这种系统与环境之间的间隔，就是所谓的“系统/环境界面”。

工程项目建设协调管理就是在“人员/人员界面”、“系统/系统界面”、“系统/环境界面”之间，对所有的活动及力量进行联结、联合、调和的工作。系统方法强调，要把系统作为一个整体来研究和处理，因为总体的作用规模要比各子系统的作用规模之和大。为了顺利实现工程项目建设系统目标，必须重视协调管理，发挥系统整体功能。在工程项目建设监理中,要保证项目的各参与方围绕项目开展工作,使项目目标顺利实现,组织协调最为重要,最为困难,也是监理工作是否成功的关键。只有通过积极的组织协调,才能实现整个系统全面协调的目的。成功的监理工程师应是一个善于"通过别人的工作把事情做好的管理者"。

2 组织协调的范围与层次

从系统方法的角度看,项目监理机构协调的范围分为系统内部的协调和系统外部的协调,系统外部协调又可以分为近外层协调和远外层协调。一般来说,"系统内部的协调"和"近外层的协调"由监理机构主持,"远外层的协调"由建设单位主持。近外层和远外层的主要区别是,工程项目与近外层关联单位一般有合同关系,包括直接的和间接的合同关系(如与建设单位、设计单位、总包单位、分包单位等),和远外层关联单位一般没有合同关系,但却有着法律、法规和社会公德等约束的关系(如与政府、项目周边居民社区组织、环保、交通、环卫、绿化、文物、消防公安等)。

3 组织协调的作用

按照现代的组织论观点,为了保持组织的内部整体平衡,使各层次、各全体系之间步调一致,协同活动,共同实现所确定的目标,整个组织结构系统需要进行纵向协调和横向协调。协调是管理的本质,各项管理职能都需要进行协调。由于项目的不同部门、不同层次、不同阶段往往存在大量的结合部,因此结合部之间的沟通、协调是项目管理的一项重要工作。协调具有以下三个方面的作用:

(1)纠编和预控错位。施工中经常出现作业行为偏离合同和规范的标准,如工期的超前和滞后、后继工序的脱节,设计修改、工程变更和材料代用给下阶段施工带来的影响变更,以及地质水文条件的突然变化造成的影响,或人为干扰因素对工期质量造成的障碍等,都会造成计划序列脱节,这种情况在作业面越广、人员越多时发生的概率就越大。监理协调的重要作用之一就是及时纠编,或采用预控措施,事前调整错位。

(2)控制进度的关键是协调。在建设施工中,有许多单位工程是由不同专业的工程组成的。比如煤矿矿井工程建设分为矿建、土建和机电安装三大类工程,通常又都是分别由专业化施工处、队进行施工,这必然就存在着三类工程的相互衔接和队伍相互协作的问题,而进度控制的关键是搞好协调。

(3)协调不平衡的手段。多头施工队伍必然存在着一定的协调平衡问题,在一些工程施工过程中,一项工程往往有许多队伍同时上阵,形成会战局面,比如丰准铁路就由七支队伍同时上阵承包。一条专用铁路,往往隧道掘进是一家或几家,桥梁涵洞是几家,路基、铺轨工程又是一家,通信、信号又是一家,再加上设计单位、安装单位、材料供应单位等,既有总包又有分包,既有纵向串接又有横向联合,各自又均制订有作业计划、质量目标,而集中这些计划后,必然存在一个协调问题。作为监理工程师,从工程内部分析,既有各子系统之间的平衡协调,又有不同类工程的平衡协调,还有队伍之间的协调。此外,还有上下之间、内外之间的一些协调。总之,由于监理工程师在工程项目中的特殊地位和现场项目管理中具有核心作用,必须突出其"协调"功能。

4　组织协调的目的

项目监理工作中，组织协调的目的是实现质量高、造价少、工期短的三大目标。按工程合同做好协调工作，固然为三大目标的实现创造了很好的条件，但仅有这方面的条件还不够，还需要通过更大范围的协调，创造良好的人际、组织关系以及与政府和社团组织的良好关系等多方面的内外条件。

在工程项目建设监理中，要保证项目的各参与方围绕项目开展工作，使项目目标顺利实现，组织协调最为重要、最为困难，也是监理工作成功与否的关键。只能通过积极地组织协调，才能实现整个系统全面协调的目的。

课题 12.2　组织协调的工作内容

1　项目监理机构内部的协调

1.1　项目监理机构内部人际关系的协调

项目监理机构是由人组成的工作体系，工作效率很大程度上取决于人际关系的协调程度，总监理工程师应首先抓好人际关系的协调，激励项目监理机构成员。

(1)在人员安排上要量才录用。对项目监理机构各种人员，要根据每个人的专长进行安排，做到人尽其才，才尽其用，用得其所。人员的搭配应注意能力互补和性格互补。人员配置应尽可能少而精干，防止力不胜任和忙闲不均等现象。

(2)在工作委任上要职责分明。对项目监理机构组织内的每一个岗位，都应订立明确的目标和岗位职责。还应通过职能清理，使管理职责不重不漏，做到事事有人管，人人有专责，同时要明确岗位职权。

(3)在成绩评价上要实事求是。谁都希望自己作出成绩，并得到组织的肯定。但工作成绩的取得，不仅需要主观努力，而且需要一定的工作条件和相互配合。评价一个人的成绩应实事求是，以免无功自傲或有功受屈。这样才能使每个人热爱自己的工作，并对工作充满信心和希望。

(4)在矛盾调解上要恰到好处。人员之间的矛盾是难免的，一旦出现矛盾就应该进行调解。调解要恰到好处，一要掌握主动权，二要注意方法。如果通过及时沟通、个别谈话、必要的批评还无法解决矛盾，应采取必要的岗位变动措施。对上下级之间的矛盾要区别对待，是上级的问题，应做自我批评；是下级的问题，应启发诱导。对无原则的纷争，应当批评制止。这样才能使人们始终处于团结、和谐、热情高涨的气氛之中。

1.2　项目监理机构内部组织关系的协调

项目监理机构是由若干部门(专业组)组成的工作体系，每个专业组都有自己的目标和任务，如果每个子系统都从工程建设的整体利益出发，理解和履行自己的职责，则整个系统就处于有序的良性状态，否则，整个系统便处于无序的紊乱状态，导致功能失调，效率下降。项目监理机构内部组织关系的协调可从以下几方面进行：

(1)在职能划分的基础上设置组织机构。根据工程对象及委托监理合同所规定的工作内容，确定职责划分，并相应设置配套的组织机构。

(2)明确规定每个部门的目标、职责和权限。最好以规章制度的形式作出明文规定。

(3)事先约定各个部门在工作中的相互关系。在工程项目建设中许多工作不是一个项目组（机构）可以完成的，其中有主办、牵头和协作、配合之分，要分工合作，绝不允许出现误事、脱节等贻误工作的现象。

(4)建立内部信息沟通制度。如采用工作例会、业务碰头会、发会议纪要、采用工作流程图或信息传递卡等方式来沟通信息，这样可使局部了解全局，服从并适应全局需要。

(5)及时消除工作中的矛盾或冲突。消除方法应根据矛盾或冲突的具体情况灵活掌握，例如，配合不佳导致的矛盾或冲突，应从明确配合关系入手来消除；争功诿过导致的矛盾或冲突，应从明确考核评价标准入手来消除；奖罚不公导致的矛盾或冲突，应从明确奖罚原则入手来消除；过高要求导致的矛盾或冲突，应从改进领导的思想方法和工作方法入手来消除等。

1.3　项目监理机构内部需求关系的协调

工程建设监理实施中有人员需求、试验设备需求、材料需求等，而资源是有限的，因此内部需求平衡至关重要。需求关系的协调可从以下几个环节进行：

(1)对监理设备、材料的平衡。工程建设监理开始时，要做好监理规划和监理实施细则的编写工作，提出合理的监理资源配置，要注意抓住期限上的及时性、规格上的明确性、数量上的准确性、质量上的规定性。

(2)对监理人员的平衡。要抓住调度环节，注意各监理工程师的配合。一个工程包括多个分部分项工程，复杂性和技术要求各不相同，这就存在监理人员配备、衔接和调度问题。监理力量的安排必须考虑到工程进展情况，作出合理安排，以保证工程项目监理目标的实现。

2　与近外层的协调

工程项目系统与外部环境的关系，主要是建设单位与承包商、监理单位等的合同关系。因此，总监理工程师对项目外部环境的协调，主要是使其相互配合，顺利履行合同义务，共同保证工程项目建设目标的实现。

2.1　与建设单位的协调

监理实践证明，监理目标的顺利实现和与建设单位协调的好坏有很大的关系。我国长期的计划经济体制使得建设单位合同意识差、随意性大，主要体现在：一是沿袭计划经济时期的基建管理模式，搞“大统筹，小监理”，在一个工程建设上，建设单位的管理人员比监理人员多或管理层次多，对监理工作干涉多，并插手监理人员应做的具体工作；二是不把合同中规定的权力交给监理单位，致使监理工程师有职无权，发挥不了作用；三是科学管理意识差，在工程建设目标确定上压工期、压造价，在工程建设实施过程中变更多或时效不按要求，给监理工作的质量、进度、造价控制带来困难。因此，与建设单位的协调是监理工作的重点和难点。监理工程师应从以下几方面加强与建设单位的协调：

(1)监理工程师首先要理解工程建设总目标、理解建设单位的意图。对于未能参加项目决策过程的监理工程师，必须了解项目构思的基础、起因、出发点，否则可能对监理目标及完成任务有不完整的理解，会给他的工作造成很大的困难。

(2)利用工作之便做好监理宣传工作，增进建设单位对监理工作的理解，特别是对工程建设管理各方职责及监理程序的理解。主动帮助建设单位处理工程建设中的事务性工作，以自己规范化、标准化、制度化的工作去影响和促进双方工作的协调一致。

(3)尊重建设单位，让建设单位一起投入工程建设全过程。尽管有预定的目标，但工程建设实施必须执行建设单位的指令，使建设单位满意。对建设单位提出的某些不适当的要求，只要不属于原则问题，都可先执行，然后利用适当时机、采取适当方式加以说明或解释。对于原则性问题，可采取书面报告等方式说明原委，尽量避免发生误解，以使工程建设顺利实施。

2.2 与承包商的协调

监理工程师对质量、进度和造价的控制都是通过承包商的工作来实现的，所以做好与承包商的协调工作是监理工程师组织协调工作的重要内容。

坚持原则，实事求是，严格按规范、规程办事，讲究科学态度。监理工程师在监理工作中应强调各方面利益的一致性和工程建设总目标。总监理工程师应鼓励承包商将工程建设实施状况、实施结果和遇到的困难及意见向他汇报，以寻找对目标控制可能的干扰。双方了解得越多、越深刻，监理工作中的对抗和争执就越少。

施工阶段协调工作的主要内容如下：

(1)与承包商项目经理关系的协调。从承包商项目经理及其工地工程师的角度来说，他们最希望监理工程师是公正、通情达理并容易理解别人的，希望从监理工程师处得到明确而不是含糊的指示，并且能够对他们所询问的问题给予及时的答复，希望监理工程师的指示能够在他们工作之前发出。他们可能对本本主义者以及工作方法僵硬的监理工程师最为反感。这些心理现象，对于监理工程师来说，应该非常清楚。一个既懂得坚持原则，又善于理解承包商项目经理的意见，工作方法灵活，随时可能提出或愿意接受变通办法的监理工程师肯定是受欢迎的。

(2)进度问题的协调。由于影响进度的因素错综复杂，因而进度问题的协调工作也十分复杂。实践证明，有两项协调工作很有效，一是建设单位和承包商双方共同商定一级网络计划，并由双方主要负责人签字，作为工程施工合同的附件，二是设立提前竣工奖，由监理工程师按一级网络计划节点考核，分期支付阶段工期奖，如果整个工程最终不能保证工期，由建设单位从工程款中将已付的阶段工期奖扣回，并按合同规定予以罚款。

(3)质量问题的协调。在质量控制方面，应实行监理工程师质量签字认可制度。对没有出厂证明、不符合使用要求的原材料、设备和构件，不准使用；对工序交接实行报验签证；对不合格的工程部位不予验收签证，也不予计算工程量，不予支付进度款。

(4)签证的协调。设计变更或工程项目的增减是不可避免的，且是合同签订时无法预料的和未明确规定的。对于这种变更，监理工程师要仔细研究，认真分析，合理计算价格，与有关各方充分协商，达成一致意见，并实行监理工程师签证制度。

(5)对承包商违约行为的处理。在施工过程中，监理工程师对承包商的某些违约行为除立即制止外，可能还要采取相应的处理措施。遇到这种情况，监理工程师应该考虑的是自己的处理意见是否是监理权限以内的，根据合同要求，自己应该怎么做，等等。在发现质量缺陷并需要采取措施时,监理工程师必须立即通知承包商。监理工程师要有时间期限的概念,否则承包商有权认为监理工程师对已完成的工程内容是满意或认可的。

监理工程师最担心的可能是工程总进度和质量受到影响。有时监理工程师会发现,承包商的项目经理或某个工地工程师不称职。此时,明智的做法是继续观察一段时间,待掌握足够的证据时,总监理工程师可以正式向承包商发出警告。万不得已时,总监理工程师有权要求撤换承包商的项目经理或工地工程师。

(6)合同争议的协调。对于工程中的合同争议,监理工程师应首先采用协商解决的方式,协商不成时才由当事人向合同管理机关申请调解。只有当对方严重违约而造成重大损失且不能得到补偿时,才采用仲裁或诉讼手段。如果遇到非常棘手的合同争议问题,不妨暂时搁置,等待时机,另谋良策。

(7)对分包单位的管理。主要是对分包单位明确合同管理范围,分层次管理。将总包合同作为一个独立的合同单元进行造价、进度、质量控制和合同管理,不直接和分包合同发生关系。对分包合同中的工程质量、进度进行直接跟踪监控,通过总包商进行调控、纠偏。分包商在施工中发生的问题,由总包商负责协调处理,必要时,监理工程师帮助协调。当分包合同条款与总包合同发生抵触,以总包合同条款为准。分包合同不能解除总包商对总包合同所承担的任何责任和义务。分包合同发生的索赔问题,一般由总包商负责,涉及总包合同中建设单位义务和责任时,由总包商通过监理工程师向建设单位提出索赔,由监理工程师进行协调。

在监理过程中,监理工程师处于一种十分特殊的位置。建设单位希望得到独立、专业的高质量服务,而承包商则希望监理单位能对合同条件有一个公正的解释。因此,监理工程师必须善于处理各种人际关系,既要严格遵守职业道德,礼貌而坚决地拒收任何礼物,以保证行为的公正性,也要利用各种机会增进与各方面人员的友谊与合作,以利于工程的进展。否则,便有可能引起建设单位或承包商对其可信赖程度的怀疑。

协调不仅是方法、技术问题,更多的是语言艺术、感情交流和用权适度问题。有时尽管协调意见是正确的,但由于方式或表达不妥,反而会激化矛盾,而高超的协调能力则往往能起到事半功倍的效果,令各方面都满意。

2.3　与设计单位的协调

设计单位为工程项目建设提供图纸,做出工程概算,以至修改设计等。监理单位必须协调与设计单位的工作,以加快工程进度,确保质量,降低消耗。协调设计单位的关系可以从以下几方面入手:

(1)真诚尊重设计单位的意见。例如,组织设计单位向承包商介绍工程概况、设计意图、技术要求、施工难点等,图纸会审时,请设计单位交底,明确技术要求,把标准过高、设计遗漏、图纸差错等问题解决在施工之前;施工阶段,严格按图施工;结构工程验收、专业工程验收、竣工验收等工作,约请设计代表参加;若发生质量事故,认真听取设计单位的处理意见等。

(2)主动向设计单位介绍工程进展情况,以促使设计单位按合同规定出图或提前出图。施工中发现设计问题,应及时向设计单位提出,以免造成大的直接损失。当监理单位掌握比原设计更先进的新技术、新工艺、新材料、新结构、新设备时,可主动向设计单位推荐。为使设计单位有修改设计的余地而不影响施工进度，可与设计单位达成协议，限定一个期限，争取设计单位、承包商的理解和配合，如果逾期，设计单位要负责由此造成的经济损失。

(3)注意信息传递的及时性和程序性。监理工程师联系单、设计单位申报表或设计变更通知单传递，要按设计单位（经建设单位同意）→监理单位→承包商之间的程序进行。

这里要注意的是，监理单位与设计单位都是受建设单位委托，两者之间并没有合同关系，所以监理单位主要是和设计单位做好交流工作，协调要靠建设单位的支持。设计单位应就其设计质量对建设单位负责，工程监理人员发现工程设计不符合建筑工程质量标准或合同约定的质量要求的，应当报告建设单位要求设计单位改正。

3　与远外层的协调

工程项目系统与远外层的关系，一般是指非合同关系。如政府部门、金融组织、社会团体、服务单位、新闻媒介等，它们对工程项目建设起着一定的或决定性的控制、监督、支持、帮助作用，这些关系若协调不好，工程建设实施可能严重受阻。

按照国际惯例，协调工程项目系统与远外层关系是监理工程师的职责之一。但从我国目前工程项目建设管理的实际情况和我国的国情来看，主要是由政府建设管理部门和建设单位来负责协调工程项目远外层的关系，监理工程师则主要负责协调工程项目内部和近外层的协调关系，亦即"建设单位管外，监理管内"。

协调远外层关系的方法，主要是运用请示、报告、汇报、送审、取证、宣传、说明等协调方法和信息沟通手段。

3.1　与政府部门的协调

工程合同直接送公证机关公证，并报政府建设管理部门和开户银行备案。征地、拆迁、移民要争取政府有关部门支持，必要时争取由政府部门组织"建设项目协调办公室"或"重点工程建设管理委员会"负责此类问题的协调。

现场消防设施的配置，宜请当地公安消防部门检查认可。若运输产生交通阻塞问题，应经交通部门批准。质量等级论证应请质检部门认可。重大质量、安全事故，在配合施工部门采取急救、补救措施的同时，应敦促施工单位立即向政府有关部门报告情况，接受检查和处理。施工中还要注意防止环境污染，特别要防止噪声污染，坚持做到施工不扰民，特殊情况的短期骚扰，应敦促施工单位与毗邻单位搞好关系，求得谅解。特别是大型爆破作业，对居民区、风景名胜区、重要市政、工业设施有影响时，爆破作业方案必须经过批准，并征得所在地公安部门现场察看同意后才能实施。

3.2　与社会团体关系的协调

工程项目建设资金的收支离不开开户银行，建设单位和承包商双方都要通过开户银行进行结算。因此，合同副本应报送开户银行备案，经开户银行审查同意后作为拨付工程价款的依据。若遇到其他专业银行开户的建设单位拖欠工程款，监理工程师除应站在公正的立场上，按合同规定维护承包商利益外，还可商请开户银行协助解决付款问题。

一些大中型工程建设建成后，不仅会给建设单位带来效益，还会给该地区的经济发展带来好处，同时给当地人民生活带来方便，因此必然会引起社会各界关注。建设单位和监理单位应把握机会，争取社会各界对工程建设的关心和支持，这是一种争取良好社会环境的协调。对此类外部环境协调，应由建设单位负责主持，监理单位主要是针对一些技术性工作进行协调，重要协调事项应当事先向建设单位报告。如建设单位和监理单位对此有分歧，可在委托监理合同中详细注明。

课题12.3 组织协调的方法

在工程建设监理过程中，监理工程师主要是协调工程建设的有关各方的责任、权力、义务和风险。监理工程师带领监理人员实现项目目标，要上下合作共事，要与不同地位和知识背景的人打交道，要把各方面的关系协调好，要注意不应过分强调“控制、监督、管理、制约”而忽视“友好合作、支持、协调、统一服务、帮助”的问题。

1 监理协调的特点和原则

1.1 监理协调的特点

(1)监理协调工作涉及的部门与单位多。工程建设监理除要与委托人和被监理单位发生工作的协调关系外，还会与勘察设计单位(施工阶段监理)、政府建设主管部门、工程建设质量安全监督站、建设方委托的工程检测单位、造价咨询单位，以及投资主体委托的审计部门、被监理单位的分包合同所确定的分包单位等部门和单位发生工作上的协调关系。监理单位在与以上单位的工作协调中，由于相互间的工作性质与工作关系不同，而要求监理的协调方式和方法有所不同。

(2)监理项目具有工作协调的“磨合期”。监理单位在接受委托、签订监理合同后，即进入监理工作的服务期。在此期间，监理人员既要熟悉合同内工程对象的内外部环境和条件，又要与各方人员发生工作上的接触与交流。由于各方人员的工作经历、处事阅历、待事方法与方式、工作地位与工作作风等不尽相同，形成了各自的办事作风、态度与风格，因此监理工作要形成有效的协调机制，必然要经历一个相互了解、相互适应的“磨合期”过程。

(3)监理协调的对象以人为主体。监理的工作性质体现为既不是工程产品勘察设计成果的完成者，也不是工程产品的生产操作者，是用监理人员的知识与经验在工程产品的建造生产过程中代表委托者履行监督管理的职能。因此，监理的工作无论是对服务者，还是对被监理者，主要是通过与有关方的人员接触实现监理工作的沟通，即监理协调的对象是各个有关方的人员。在管理学上，有不同的管理与协调对象，而最难以协调和管理的就是人际管理，比对事物、材料、设备等方面的管理要困难得多，这就要求监理工作的协调一定要了解行为心理学，熟悉人际关系中的科学管理方法。

(4)监理协调重在沟通联络。沟通联络即为通常所说的信息交流，是管理学原理中所强调的基本的现代管理学研究的内容之一，它表现为人与人之间的、组织与组织之间的、通信工具之间的和人与机器之间的信息交流。监理工作对外的协调体现为组织与组织之间及人与人之间的信息交流，对内体现为人与人之间的信息交流。而监理工作的特性决定了监理工作必须通过经常性的沟通联络、信息交流来达到各方对监理项目各方工作的情况了解与正确认识，从而才能对工程建设中的问题作出相应而及时的决策。因此，监理工作的协调应重视沟通联络的重要性。

(5)监理工作协调的方式是多样的。监理工作协调的方式必须采用多种形式，从而达到协调的效果，协调可以以多种方式进行，可以是“口头语言”的协调，也可以是“书面函件”的协调，可以是正式的会议协调，也可以是非正式的“碰头”协调，但无论采用何种方式，都以达到协调的目的为要求。一般正式的会议和书面形式更能引起被协调的有关方的重视，但监理工作中经常性的正式会议和书面形式的协调，可能会因时间紧张而不允许，同时亦可能会导致被协调方的误解。因此，要善于运用不同的协调方式。

1.2 监理协调的原则

(1)以监理委托合同为工作依据。监理人员在履行监理委托合同中约定的义务时，应在委托人授权的范围内，运用合理的技能，以正常的检查、监督、确认或评审的方式，谨慎、勤勉地工作，为委托人提供技术及管理的公正和科学的服务。

(2)规范化、标准化工作。监理人员正常的检查、监督、确认或评审，是指按照有关法律法规、技术规范、合同文件，以及监理工作文件规定的内容、方法和程序进行。

(3)正确把握监理权力。根据我国监理制度的规定及监理委托合同的授权，监理人员在监理工作中根据工作性质、作用和要求，监理合同范围的工作内容的不同，表现为建议权、确认权、检验权、检查签证权、指令权、审查验收签认权、否决权等多项权力。因此，正确把握和运用委托人授予的各项权力，既不越权、侵权，也不弃权、缩权，是进行有效协调的基本保证。

(4)不应替代原则。监理人员对其他设计、咨询人员的工作做出的任何判断或意见，均应以专业建议的方式提出，不应对设计、咨询人员应承担的义务实施任何程度的替代。监理人员在对承包人的工作进行正常的检查、监督、确认或评审时，不应对承包人应承担的义务实施任何程度的替代，但亦不应妨碍监理人员对承包人的工作目标做出指令。

(5)制度化、程序化监理。工程项目建设管理制度是对工程建设有关各方的约束。监理工作的顺利开展必须以各项规章制度为依据，建立监理的内外工作制度，并根据工程建设的客观规律建立行之有效的监理工作程序。以制度和程序协调约束工程建设有关方的工作关系，是各方工作开展的前提之一。

2 组织协调的方法

协调作为项目管理的一项重要职能，在工程项目建设过程中发挥着重要作用。协调的方法和艺术，是协调是否富有成效、发挥作用的关键。在工程项目建设的实践中，不少建设单位和监理工程师对协调工作进行了有益的探索，逐步形成了条块结合、多层次、全方位、全过程的协调模式和经济调控、思想工作、行政干预相结合的协调方法。其主要方法有以下几种。

2.1 会议协调法

会议协调法是工程建设监理中最常用的一种协调方法，实践中常用的会议协调法包括第一次工地会议、监理例会、专业性监理会议等。

2.1.1 第一次工地会议

第一次工地会议是工程建设尚未全面展开前,履约各方相互认识、确定联络方式的会议,也是检查开工前各项准备工作是否就绪并明确监理程序的会议。第一次工地会议应在项目总监理工程师下达开工令之前举行,会议由建设单位主持召开,监理单位、总承包单位的授权代表参加,也可要求分包单位参加,必要时邀请有关设计单位人员参加。

2.1.2 监理例会

监理例会是由总监理工程师主持,按一定程序召开研究施工中出现的计划、进度、质量及工程款支付等问题的工地会议。监理例会应当定期召开,宜每周召开一次。会议的主要议题:对上次会议存在问题的解决和纪要的执行情况进行检查;工程进展情况;对下月(或下周)的进度预测;施工单位投入的人力、设备情况;施工质量、加工订货、材料的质量与供应情况;有关技术问题;索赔工程款支付;建设单位对施工单位提出的违约罚款要求。

2.1.3 专业性监理会议

除定期召开工地监理例会以外,还应根据需要组织召开一些专业性协调会议,例如加工订货会、建设单位直接分包的工程内容承包单位与总包单位的协调会、专业性较强的分包单位进场协调会等,均由监理工程师主持会议。

2.2 交谈协调法

在实践中,并不是所有问题都需要开会来解决,有时可采用交谈法协调。交谈协调包括面对面的交谈协调和电话交谈协调两种形式。无论是内部协调还是外部协调,交谈协调法使用频率都是相当高的。其原因在于:

(1)交谈协调法是一条保持信息畅通的最好渠道。由于交谈本身没有合同效力,该法使用方便和及时,所以工程建设参与各方之间及监理机构内部都愿意采用这一方法进行。

(2)交谈协调法是寻求协作和帮助的最好方法。在寻求别人帮助和协作时,往往要及时了解对方的反应和意见,以便采取相应的对策。另外,相对于书面寻求协作,人们更难以拒绝面对面的请求。因此,采用交谈方式请求协作和帮助比采用书面方法实现的可能性要大。

(3)交谈协调法是正确及时地发布工程指令的有效方法。在实践中,监理工程师一般都采用交谈方式先发布口头指令。这样,一方面可以使对方及时地执行指令,另一方面可以和对方进行交流,了解对方是否正确理解了指令,随后,再以书面形式加以确认。

2.3 书面协调法

当会议或者交谈不方便或不需要时,或者需要精确地表达自己的意见时,就会用到书面协调的方法。书面协调方法的特点是具有合同效力,一般常用于以下几方面:

(1)不需双方直接交流的书面报告、报表、指令和通知等。

(2)需要以书面形式向各方提供详细信息和情况通报的报告、信函和备忘录等。

(3)事后对会议记录、交谈内容或口头指令的书面确认。

2.4 访问协调法

访问协调法主要用于外部协调,有走访和邀访两种形式。走访是指监理工程师在工程建设施工前或施工过程中，对与工程施工有关的各政府部门、公共事业机构、新闻媒介或工程毗邻单位等进行访问，向他们解释工程的情况，了解他们的意见。邀访是指监理工程师邀请上述各单位（包括建设单位）代表到施工现场对工程进行指导性巡视，了解现场工作。因为在多数情况下，有关各方并不了解工程，不清楚现场的实际情况，如果进行一些不恰当的干预，会对工程产生不利影响。这个时候，采用访问法可能是一个相当有效的协调方法。

2.5 情况介绍法

情况介绍法通常是与其他协调方法紧密结合在一起的，它可能是在一次会议前，或者是一次交谈前，或者是一次走访或邀访前向对方进行的情况介绍。形式上主要是口头的，有时也伴有书面的。介绍往往作为其他协调的引导，目的是使别人首先了解情况。因此，监理工程师应重视任何场合下的每一次介绍，要使别人能够理解其介绍的内容、问题和困难、想得到的协助等。

小　　结

组织协调是指联结、联合、调和所有的活动及力量，使各方配合得适当，其目的是促使各方协同一致，以实现预定目标。协调分为系统内部的协调和系统外部的协调，系统外部协调又分为近外层协调和远外层协调。协调工作应贯穿于整个工程建设实施及其管理过程中。监理工程师的协调就是帮助建设单位、施工承包商、设计承包商等各方出主意和想办法，解决具体的实际问题。

项目监理机构是由人组成的工作体系，工作效率很大程度上取决于人际关系的协调程度，总监理工程师应首先抓好人际关系的协调，在人员安排上要量才录用，成绩评价上要实事求是。同时，要做好项目监理机构内部组织关系的协调，在职能划分的基础上设置组织机构，明确规定每个部门的目标、职责、权限和各个部门在工作中的相互关系，建立内部信息沟通制度，及时消除工作中的矛盾或冲突。工程建设监理实施中有人员需求、试验设备需求、材料需求等，而资源是有限的，要抓住调度环节，注意各监理工程师的配合。

监理工程师应加强与建设单位的协调，要理解工程建设总目标、理解建设单位的意图，在工作中做好监理宣传工作，增进建设单位对监理工作的理解，让建设单位一起投入工程建设全过程。监理工程师与承包商的协调应坚持原则，实事求是，严格按规范、规程办事，讲究科学态度，同时注意语言艺术、感情交流和用权适度问题。监理单位与设计单位的协调，要注意工作方法，真诚尊重设计单位的意见，主动向设计单位介绍工程进展情况，以促使设计单位按合同规定出图或提前出图。一个建设工程的开展还存在政府部门及其他单位的影响，如政府部门、金融组织、社会团体、服务单位、新闻媒介等，它们对工程项目建设起着一定的或决定性的控制、监督、支持、帮助作用，这些关系若协调不好，工程建设实施可能严重受阻。对本部分的协调工作，从组织协调的范围看属于远外层管理，监理单位有组织协调的主持权，但重要协调事项应当事先向建设单位报告。根据目前工程监理实践，对外部环境的协调应由建设单位负责主持，监理单位主要是针对一些技术性工作协调。

监理协调工作涉及的部门与单位多，要做到在监理工作中游刃有余，监理工作协调必须经过一定的“磨合期”，以人为主体，加强沟通联络，采用多种协调的方式进行。监理协调必须以监理委托合同为工作依据，积极开展规范化、标准化工作，正确把握监理权力，加强制度化、程序化监理建设。

监理工程师在协调过程中，主要是协调工程建设的有关各方的责任、权力、义务和风险。监理工程师带领监理人员实现项目目标，要上下合作共事，要与不同地位和知识背景的人打交道，要把各方面的关系协调好，要注意不应过分强调“控制、监督、管理、制约”而忽视“友好合作、支持、协调、统一服务、帮助”的问题。协调作为项目管理的一项重要职能，在工程项目建设过程中，发挥着重要作用。协调的方法和艺术，是协调是否富有成效、发挥作用的关键。在工程项目建设的实践中，不少建设单位和监理工程师对协调工作进行了有益的探索，逐步形成了条块结合、多层次、全方位、全过程的协调模式和经济调控、思想工作、行政干预相结合的协调方法。其主要方法有：会议协调法、交谈协调法、书面协调法、访问协调法和情况介绍法。总之，组织协调是一种管理艺术和技巧，监理工程师尤其是总监理工程师需要掌握领导科学、心理学、行为科学方面的知识和技能，如激励、交际、表扬和批评的艺术、开会的艺术、谈话的艺术、谈判的技巧等。只有这样，监理工程师才能进行有效的协调。

习　　题

一、名词解释

①组织协调；②人员/人员界面；③系统/系统界面；④系统/环境界面；⑤近外层协调；⑥远外层协调；⑦会议协调法；⑧交谈协调法；⑨书面协调法；⑩访问协调法；⑪情况介绍法。

二、单项选择题

1. (　　)是指联结、联合、调和所有的活动及力量，使各方配合得适当，其目的是促使各方协同一致，以实现预定目标。

A. 组织　　B. 协调　　C. 组织协调　　D. 控制

2. 控制(　　)的关键是协调。

A. 进度　　B. 质量　　C. 造价　　D. 安全

3. 监理工程师邀请建设行政主管部门的负责人员到施工现场对工程进行指导性巡视，属于组织协调方法中的(　　)。

A. 专家会议法　　B. 书面协调法　　C. 情况介绍法　　D. 访问协调法

4. 协调工作应贯穿于(　　)过程中。

A. 可行性研究　　B. 勘察、设计阶段　　C. 整个工程建设实施　　D. 施工阶段

5. 系统内部协调和近外层协调应由(　　)主持。

A. 监理机构　　B. 建设单位　　C. 设计单位　　D. 政府主管部门

三、多项选择题

1. 属于近外层协调的是(　　)。
A. 建设单位　B. 政府部门　C. 社会团体　D. 承包商
E. 设计单位
2. 项目监理机构协调远外层关系常采用(　　)等协调方法和信息沟通手段。
A. 请示　B. 报告、汇报　C. 送审　D. 取证
E. 宣传、说明
3. 监理工程师常采用组织协调的方法有(　　)。
A. 会议协调法　B. 交谈协调法　C. 书面协调法　D. 访问协调法
E. 情况介绍法
4. 会议协调法是工程建设监理中最常用的一种协调方法，实践中常用的会议协调法有(　　)。
A. 第一次工地会议　B. 监理例会　C. 交谈协调法
D. 学术讨论法　E. 专业性监理会议
5. 下列说法正确的是(　　)。
A. 监理协调的对象以人为主体　B. 监理协调重在沟通联络
C. 监理工作协调的方式多样化　D. 监理协调工作涉及的部门与单位多
E. 监理协调应以监理委托合同为工作依据

四、简答题

1. 近外层协调和远外层协调的主要区别是什么？
2. 组织协调的作用是什么？其协调目的如何？
3. 项目监理机构内部人际关系的协调应注意哪些问题？
4. 项目监理机构内部组织关系的协调应从哪几个方面进行？
5. 监理工程师与建设单位之间协调的工作内容有哪些？
6. 监理工程师与承包商之间协调的工作内容有哪些？
7. 监理工程师与设计单位之间协调的工作内容有哪些？
8. 监理协调有哪些特点？遵循何原则进行？
9. 组织协调的主要工作方法有哪些？

模块 13　国外工程项目管理简介

【知识要点】　建设项目管理分类；工程咨询、咨询工程师的基本概念；咨询工程师的素质，工程咨询公司服务对象和内容；建设工程组织管理模式。

【教学目标】　掌握工程咨询、咨询工程师含义，咨询工程师素质，工程咨询公司服务对象和内容；熟悉建设项目管理类型；了解 CM 模式、EPC 模式、Partnering 模式和 Project Controlling 模式特征和使用范围。

课题 13.1　建设项目管理

建设项目管理（Project Management for Construction）在我国亦称为工程项目管理。从广义上讲，任何时候、任何建设工程都需要相应的管理活动，无论是埃及的金字塔、罗马的竞技场，还是中国的长城、故宫，都存在相应的建设项目管理活动。但是，人们通常所说的建设项目管理，是指以现代建设项目管理理论为指导的建设项目管理活动。

1　建设项目管理的发展过程

第二次世界大战以前，在工程建设领域占绝对主导地位的是传统的建设工程组织管理模式，即设计—招标—建造模式（Design - Bid - Build），采用这种模式时，业主与建筑师或工程师（房屋建筑工程适用建筑师，其他土木工程适用工程师）签订专业服务合同。建筑师或工程师不仅负责提供设计文件，而且负责组织施工招标工作来选择总包商，还要在施工阶段对施工单位的施工活动进行监督并对工程结算报告进行审核和签署。

第二次世界大战以后，世界上大多数国家的建设规模和发展速度都达到了历史的最高水平，出现了一大批大型和特大型建设工程，其技术和管理的难度大幅度提高，对工程建设管理者水平和能力的要求亦相应提高。在这种新形势下，传统的建设工程组织管理模式已不能满足业主对建设工程目标进行全面控制和对建设工程实施进行全过程控制的新需求，其固有的缺陷日益显得突出。主要表现在：相对于质量控制而言，对造价和进度的控制以及合同管理较为薄弱，效果较差；难以发现设计本身的错误或缺陷，常常因为设计方面的原因而导致投资增加和工期拖延。正是在这样的背景下，一种不承担建设工程的具体设计任务、专门为业主提供建设项目管理服务的咨询公司应运而生了，并且迅速发展壮大，成为工程建设领域一个新的专业化方向。

建设项目管理专业化的形成和发展在工程建设领域专业化发展史上具有里程碑意义。因为在此之前，工程建设领域专业化的发展都表现为技术方面的专业化。首先是由设计、施工一体化发展到设计与施工分离，形成设计专业化和施工专业化。设计专业化的进一步发展导致建筑设计与结构设计分离，形成建筑设计专业化和结构设计专业化，以后又逐渐形成各种工程设备设计的专业化。施工专业化的发展形成了各种施工对象专业化、施工阶段专业化和施工工种专业化。建设项目管理专业化的形成符合建设项目一次性的特点，符合工程建设活动的客观规律，取得了非常显著的经济效果，从而显示出强大的生命力。

建设项目管理专业化发展的初期仅局限在施工阶段，即由建筑师或工程师为业主提供设计服务，而由建设项目管理公司为业主提供施工招标服务以及施工阶段的监督和管理服务。应用这种方式虽然能在施工阶段发现设计的一些错误或缺陷，但是有时对造价和进度造成的损失已无法挽回，因而对设计的控制和建设工程总目标的控制效果不甚理想。因此，建设项目管理的服务范围又逐渐扩大到建设工程实施的全过程，加强了对设计的控制，充分体现了早期控制的思想，取得了更好的控制效果。建设项目管理的进一步发展是将服务范围扩大到工程建设的全过程，即既包括实施阶段，又包括决策阶段，最大限度地发挥了全过程控制和早期控制的作用。

需要说明的是，虽然专业化的建设项目管理公司得到了迅速发展，其占建筑咨询服务市场的比例也日益扩大，但至今并未完全取代传统模式中的建筑师或工程师。当前，无论是在各国的国内建设工程中，还是在国际工程中，传统的建设工程组织管理模式仍然得到广泛的应用。没有任何资料表明，专业化的建设项目管理与传统模式究竟哪一种方式占主导地位。这一方面是因为传统模式中建筑师或工程师在设计方面的作用和优势是专业化建设项目管理人员所无法取代的，另一方面则是因为传统模式中的建筑师或工程师也在不断提高他们在造价控制、进度控制和合同管理方面的水平和能力，实际上也是以现代建设项目管理理论为指导，为业主提供更全面、效果更好的服务。在一个确定的建设工程上，究竟是采用专业化的建设项目管理还是传统模式，完全取决于业主的选择。

2　建设项目管理的类型

2.1　按管理主体分

参与工程建设的各方都有自己的项目管理任务。除专业化的建设项目管理公司外，参与工程建设的各方主要是指业主、设计单位、施工单位以及材料、设备供应单位。按管理主体分，建设项目管理可以分为业主方的项目管理、设计单位的项目管理、施工单位的项目管理以及材料、设备供应单位的项目管理。其中，在大多数情况下，业主没有能力自己实施建设项目管理，需要委托专业化的建设项目管理公司为其服务。另外，除特大型建设工程的设备系统外，在大多数情况下，材料、设备供应单位的项目管理比较简单，主要表现在按时、按质、按量供货，一般不作专门研究。就设计单位和施工单位两者比较而言，施工单位的项目管理所涉及的问题要复杂得多，对项目管理人员的要求亦高得多，因而也是建设项目管理理论研究和实践的重要方面。

2.2　按服务对象分

专业化建设项目管理公司的出现是适应业主新需求的产物，但是在其发展过程中，并不仅局限于为业主提供项目管理服务，也可能为设计单位和施工单位提供项目管理服务。因此，按专业化建设项目管理公司的服务对象分，建设项目管理可以分为为业主服务的项目管理、为设计单位服务的项目管理和为施工单位服务的项目管理。其中，为业主服务的项目管理最为普遍，所涉及的问题最多，也最复杂，需要系统运用建设项目管理的基本理论。为设计单位服务的项目管理主要是为设计总包单位服务,这是因为发达国家的设计单位通常规模较小、专业性较强,对于房屋建筑来说,往往是由建筑师事务所担任设计总包单位,由结构、工程设备等专业设计事务所担任设计分包单位。如果面对一项大型、复杂的建设工程,作为设计总包单位的某建筑师事务所可能感到难以胜任设计阶段的项目管理工作,就需要委托专业化的建设项目管理公司为其服务。从国际上建设项目管理的实践来看,这种情况很少见。至于为施工单位服务的项目管理,应用虽然较为普遍,但服务范围却较为狭窄。通常施工单位都具有自行实施项目管理的水平和能力,因而一般没有必要委托专业化建设项目管理公司为其提供全过程、全方位的项目管理服务。但是,即使是具有相当高的项目管理水平和能力的大型施工单位,当遇到复杂的工程合同争议和索赔问题时,也可能需要委托专业化建设项目管理公司为其提供相应的服务。在国际工程承包中,由于合同争议和索赔的处理涉及适用法律(往往不是施工单位所在国法律)的问题,因而这种情况较为常见。

2.3　按服务阶段分

这种划分主要是从专业化建设项目管理公司为业主服务的角度考虑。根据为业主服务的时间范围,建设项目管理可分为施工阶段的项目管理、实施阶段全过程的项目管理和工程建设全过程的项目管理。其中,实施阶段全过程的项目管理和工程建设全过程的项目管理更能体现建设项目管理基本理论的指导作用,对建设工程目标控制的效果亦更为突出。因此,这两种全过程项目管理所占的比例越来越大,成为专业化建设项目管理公司主要的服务领域。

3　建设项目管理理论体系的发展

建设项目管理是一门较为年轻的学科,从其形成到现在只有 40 多年的历史,目前仍然在继续发展。无论是国内还是国外,不同学者关于建设项目管理的专著从结构体系到具体内容往往有较大的差异,至今没有一本绝对权威的专著被普遍接受。因此,这里只能概要性地描述一下建设项目管理理论体系的发展轨迹,突出其主要内容的形成和发展过程,而不涉及具体的内容、方法和观点。

建设项目管理的基本理论体系形成于 20 世纪 50 年代末、60 年代初。它是以当时已经比较成熟的组织论(亦称组织学)、控制论和管理学作为理论基础,结合建设工程和建筑市场的特点而形成的一门新兴学科。当时,建设项目管理学的主要内容有建设项目管理的组织、造价控制(或成本控制)、进度控制、质量控制、合同管理。建设项目管理理论体系的形成过程与建设项目管理专业化的形成过程大致是同步的,两者是相互促进的,真正体现了理论指导实践,实践又反作用于理论,使理论进一步发展和提高的客观规律。

20 世纪 70 年代,随着计算机技术的发展,计算机辅助管理的重要性日益显露出来,因而计算机辅助建设项目管理或信息管理(注意:计算机辅助建设项目管理与信息管理是两个不同范畴的问题)成为建设项目管理学的新内容。在这期间,原有的内容也在进一步发展。例如,有关组织的内容扩大到工作流程的组织和信息流程的组织,合同管理中深化了索赔内容,进度控制方面开始出现商品化软件等。而且,随着网络计划技术理论和方法的发展,开始出现进度控制方面的专著。

20 世纪 80 年代，建设项目管理学在宽度和深度两方面都有重大发展。在宽度方面，组织协调和建设工程风险管理成为建设项目管理学的重要内容。在深度方面，造价控制方面出现一些新的理念，如全面造价控制（Total Cost Control）、造价控制的费用（Cost of Cost Control）等；进度控制方面出现多平面（又称多阶）网络理论和方法；合同管理和索赔方面的研究日益深入，出现许多专著，等等。

20 世纪 90 年代和 21 世纪初，建设项目管理学主要是在深度方面发展。例如，造价控制方面的偏差分析形成系统的理论和方法，质量控制方面由经典的质量管理方法向 ISO9000 和 ISO14000 系列发展，建设工程风险管理方面的研究越来越受到重视，在组织协调方面出现沟通管理（Communication Management）的理念和方法等。这一时期，建设项目管理学的各个主要内容都出现了众多的专著，产生了大批研究成果，而且这一时期也是与建设项目管理有关的商品化软件的大发展期，尤其在进度控制和造价控制方面出现了不少功能强大、比较成熟和完善的商品化软件，其在建设项目管理实践中得到广泛运用，提高了建设项目管理实际工作的效率和水平。

应当特别提到的是，美国项目管理学会（PMI）对总结项目管理（注意：并不局限于建设项目管理）的理论和扩展项目管理的应用领域发挥了重要作用。PMI 编制的《项目管理知识体系指南》（A Guide to the Project Management Body of Knowledge，简称 PMBOK）被许多国家在不同专业领域进行项目管理培训时广泛采用。在 PMBOK2000 版中，把项目管理的知识领域归纳为九个方面，即项目整体（或集成）管理、项目范围管理、项目进度（或时间）管理、项目费用管理、项目质量管理、项目人力资源管理、项目沟通管理、项目风险管理和项目采购管理（含合同管理）。

4 美国项目管理专业人员资格认证（PMP）

PMP（Project Management Professional）是指项目管理专业人员资格认证。它是由美国项目管理学会（PMI）发起的，目的是给项目管理专业人员提供统一的行业标准，使之掌握科学化的项目管理知识，以提高项目管理专业的工作水平。目前，PMP 考试同时用英语、德语、法语、日语、朝语、西班牙语、葡萄牙语和中文等多种语言进行，很多国家都在效仿美国的项目管理认证制度。

4.1 PMI 对项目经理职业道德、技能方面的要求

（1）具备较高的个人和职业道德标准，对自己的行为承担责任。

（2）只有通过培训、获得任职资格，才能从事项目管理。

（3）在专业和业务方面，对雇主和客户诚实。

（4）向最新专业技能看齐，不断发展自身的继续教育。

（5）遵守所在国家的法律。

（6）具备相应的领导才能，能够最大限度地提高生产率并最大限度地缩减成本。

（7）应用当今先进的项目管理工具和技术，以保证达到项目计划规定的质量、费用和进度等控制目标。

（8）为项目团队成员提供适当的工作条件和机会，公平待人。

（9）乐于接受他人的批评，善于提出诚恳的意见，并能正确地评价他人的贡献。

(10)帮助团队成员、同行和同事提高专业知识水平。

(11)对雇主和客户没有被正式公开的业务和技术工艺信息应予以保密。

(12)告知雇主、客户可能会发生的利益冲突。

(13)不得直接或间接对有业务关系的雇主和客户行贿、受贿。

(14)真实地报告项目质量、费用和进度。

4.2 PMP 知识结构

(1)掌握项目生命周期,即项目启动、项目计划、项目执行、项目控制、项目竣工。

(2)具有以下九个方面的基本能力,即整体(或集成)管理、范围管理、进度(或时间)管理、费用管理、质量管理、资源管理、沟通管理、风险管理、采购管理。

4.3 报考条件与要求

PMP 认证申请者必须满足以下条件之一规定的教育背景和专业经历:

(1)申请者需具有学士学位或同等的大学学历或以上者。申请者需至少连续3年以上,具有4 500小时的项目管理经历。仅在申请日之前6年之内的经历有效。需要提交的文件:一份详细描述工作经历和教育背景的最新简历(需提供所有雇主和学校的名称及详细地址);一份学士学位或同等大学学历证书或复印件;能说明至少3年以上,4 500小时的经历审查表。

(2)申请者不具备学士学位或同等大学学历或以上者。申请者需至少连续5年以上,具有7 500小时的项目管理经历。仅在申请日之前8年之内的经历有效。所需提交文件:一份详细描述工作经历和教育背景的最新简历(需提供所有雇主和学校的名称及详细地址);能说明至少5年以上,7 500小时的经历审查表。

4.4 考试形式和内容

在我国举办的 PMP 考试为中英文对照形式,共200道单项选择题,考试时间为4.5小时。考试的内容涉及 PMBOK 中的知识内容,包括项目管理的五个过程和九个知识领域。其中,项目启动4%,项目计划37%,项目执行24%,项目控制28%,项目竣工7%。

课题13.2 工程咨询

1 工程咨询概述

1.1 工程咨询的概念

工程咨询在国际上没有一个统一的、规范化的定义,综合各种关于工程咨询的表述,工程咨询可定义为:工程咨询是指适应现代经济发展和社会进步的需要,集中专家群体或个人的智慧和经验,运用现代科学技术和工程技术以及经济、管理、法律等方面的知识,为建设工程决策和管理提供的智力服务。

需要说明的是,如果某项工作的任务主要是采用常规的技术且属于设备密集型的工作,那么该项工作就不应列为咨询服务,在国际上通常将其列为劳务服务。例如,卫星测绘、地质钻探、计算机服务等就属于这类劳务服务。

1.2 工程咨询的作用

工程咨询是智力服务，是知识的转让，可有针对性地向客户（Client）提供可供选择的方案、计划或有参考价值的数据、调查结果、预测分析等，亦可实际参与工程实施过程的管理，其作用可归纳为以下几个方面。

1.2.1 为决策者提供科学合理的建议

工程咨询本身通常并不决策，但它可以弥补决策者职责与能力之间的差距。根据决策者的委托，咨询者利用自己的知识、经验和已掌握的调查资料，为决策者提供科学合理的一种或多种可供选择的建议或方案，从而减少决策失误。这里的决策者既可以是各级政府机构，也可以是企业领导或具体建设工程的业主。

1.2.2 保证工程的顺利实施

由于建设工程具有一次性的特点，而且其实施过程中有众多复杂的管理工作，业主通常没有能力自行管理。工程咨询公司和人员则在这方面具有专业化的知识与经验，由他们负责工程实施过程的管理，可以及时发现和处理所出现的问题，大大提高工程实施过程管理的效率和效果，从而保证工程的顺利实施。

1.2.3 为客户提供信息和先进技术

工程咨询机构往往集中了一定数量的专家、学者，拥有大量的信息、知识、经验和先进技术，可以随时根据客户需要提供信息和技术服务，弥补客户在科技和信息方面的不足。从全社会来说，这对于促进科学技术和情报信息的交流和转移，更好地发挥科学技术作为生产力的作用，都起到十分积极的作用。

1.2.4 发挥准仲裁人的作用

由于相互利益关系的不同和认识水平的不同，在建设工程实施过程中，业主与建设工程的其他参与方之间，尤其是与承包商之间，往往会产生合同争议，需要第三方来合理解决所出现的争议。工程咨询机构是独立的法人，不受其他机构的约束和控制，只对自己咨询活动的结果负责，因而可以公正、客观地为客户提供解决争议的方案和建议。而且，由于工程咨询公司所具备的知识、经验、社会声誉及其所处的第三方地位，因而其所提出的方案和建议易于为争议双方所接受。

1.2.5 促进国际间工程领域的交流和合作

随着全球经济一体化的发展，境外投资的数额和比例越来越大，相应地，境外工程咨询（往往又称为国际工程咨询）业务亦越来越多。在这些业务中，工程咨询公司和人员往往表现出他们自己在工程咨询与管理方面的理念及方法，以及所掌握的工程技术和建设工程组织管理的新型模式，这对促进国际间在工程领域技术、经济、管理和法律等方面的交流和合作无疑起到十分积极的作用，有利于加强各国工程咨询界的相互了解和沟通。另外，虽然目前在国际工程咨询市场中发达国家工程咨询公司占绝对主导地位，但他们境外工程咨询业务的拓展在客观上也是有利于提高发展中国家工程咨询水平的。

1.3 工程咨询的发展趋势

工程咨询是近代工业化的产物，于19世纪初首先出现在建筑业。

工程咨询从出现伊始就是相对于工程承包而存在的，即工程咨询公司和人员不从事建设工程实际的建造和维修活动。工程咨询与工程承包的业务界限可以说是泾渭分明，即工程咨询公司不从事工程承包活动，而工程承包公司则不从事工程咨询活动。这种状况一直持续到20世纪60年代而没有发生本质的变化。

20世纪70年代，尤其是80年代以来，建设工程日趋大型化和复杂化，工程咨询和工程承包业务日趋国际化。与此同时，建设工程组织管理模式不断发展，出现了CM模式、项目总承包模式、EPC模式等新型模式。建设工程投融资方式也在不断发展，出现了BOT、PFI(Private Finance Initiative)、TOT、BT等方式。国际工程市场的这些变化使得工程咨询和工程承包业务也相应发生变化，两者之间的界限不再像过去那样严格分开，开始出现相互渗透、相互融合的新趋势。从工程咨询方面来看，这一趋势的具体表现主要是两种情况：一是工程咨询公司与工程承包公司相结合，组成大的集团企业或采用临时联合方式，承接"交钥匙工程"(或项目总承包工程)；二是工程咨询公司与国际大财团或金融机构紧密联系，通过项目融资取得项目的咨询业务。

从工程咨询本身的发展情况来看，总的趋势是向全过程服务和全方位服务方向发展。其中，全过程服务分为实施阶段全过程服务和工程建设全过程服务两种情况，这与本章第一节建设项目管理所述内容是一致的，在此不再赘述。至于全方位服务，则比建设项目管理中对建设项目目标的全方位控制的内涵宽得多。除对建设项目三大目标的控制外，全方位服务还可能包括决策支持、项目策划、项目融资或筹资、项目规划和设计、重要工程设备和材料的国际采购等。当然，真正能提供上述所有内容全方位服务的工程咨询公司是不多见的。但是，如果某工程咨询公司除能提供常规的建设项目管理服务外，还能提供其他一个或几个方面的服务，亦可归入全方位服务之列。

此外，还有一个不容忽视的趋势是以工程咨询为纽带，带动本国工程设备、材料和劳务的出口，这种情况通常是在全过程服务和全方位服务条件下才会发生。由于业主最先选定了工程咨询公司(一般是国际著名的有实力的工程咨询公司)，出于对该工程咨询公司的信任，在不损害业主利益的前提下，业主会乐意接受该工程咨询公司所推荐的其所在国的工程设备、材料和劳务。

2　咨询工程师

2.1　咨询工程师的概念

咨询工程师(Consulting Engineer)是以从事工程咨询业务为职业的工程技术人员和其他专业(如经济、管理)人员的统称。

国际上对咨询工程师的理解与我国习惯上的理解有很大不同。按国际上的理解，我国的建筑师、结构工程师、各种专业设备工程师、监理工程师、造价工程师、从事工程招标业务的专业人员等都属于咨询工程师，甚至从事工程咨询业务有关工作(如处理索赔时可能需要审查承包商的财务账簿和财务记录)的审计师、会计师也属于咨询工程师之列。因此，不要把咨询工程师理解为"从事咨询工作的工程师"。也许是出于以上原因，1990年国际咨询工程师联合会(FIDIC)在其出版的《业主/咨询工程师标准服务协议书条件》(简称"白皮书")中已用"Consultant"取代了"Consulting Engineer"。Consultant一词可译为咨询人员或咨询专家，但我国对"白皮书"的翻译仍按原习惯译为咨询工程师。

另外，需要说明的是，由于绝大多数咨询工程师都是以公司的形式开展工作，所以

“咨询工程师”一词在很多场合也用于指工程咨询公司。例如，从“白皮书”的名称来看，业主显然不是与咨询工程师个人而是与工程咨询公司签订合同，从工程咨询合同（如“白皮书”）的具体条款来看，也有类似情况。因此，在阅读有关工程咨询的外文资料时，要注意鉴别咨询工程师一词的确切含义。应当说在大多数情况下不会产生歧义，但有时可能需要仔细琢磨才能准确把握其含义。

2.2 咨询工程师的素质

工程咨询是科学性、综合性、系统性、实践性均很强的职业。作为从事这一职业的主体，咨询工程师应具备以下素质才能胜任这一职业。

（1）知识面宽。建设工程自身的复杂程度及其不同的环境和背景，工程咨询公司服务内容的广泛性，要求咨询工程师具有较宽的知识面。除掌握建设工程的专业技术知识外，还应熟悉与工程建设有关的经济、管理、金融和法律等方面的知识，对工程建设的管理过程有深入的了解，并熟悉项目融资、设备采购、招标咨询的具体运作和有关规定。

在工程技术方面，咨询工程师不仅要掌握建设工程的专业应用技术，而且要有较深的理论基础，并了解当前最新技术水平和发展趋势；不仅掌握建设工程的一般设计原则和方法，而且掌握优化设计、可靠性设计、功能－成本设计等系统设计方法；不仅熟谙工程设计各方面的技术要点和难点，而且熟悉主要的施工技术和方法，能充分考虑设计与施工的结合，从而保证顺利地建成工程。

（2）精通业务。工程咨询公司的业务范围很宽，作为咨询工程师个人来说，不可能从事本公司所有业务范围内的工作。但是，每个咨询工程师都应有自己比较擅长的一个或多个业务领域，成为该领域的专家。对精通业务的要求，首先意味着要具有实际动手能力。工程咨询业务的许多工作都需要实际操作，如工程设计、项目财务评价、技术经济分析等，不仅要会做，而且要做得对、做得好、做得快。其次，要具有丰富的工程实践经验。只有通过不断的实践经验积累，才能提高业务水平和熟练程度，才能总结经验，找出规律，指导今后的工程咨询工作。此外，在当今社会，计算机应用和外语已成为必要的工作技能，作为咨询工程师也应在这两方面具备一定的水平和能力。

（3）协调、管理能力强。工程咨询业务中有些工作并不是咨询工程师自己直接去做，而是组织、管理其他人员去做。不仅涉及与本公司各方面人员的协同工作，而且经常与客户、建设工程参与各方、政府部门、金融机构等发生联系，处理各种面临的问题。在这方面，需要的不是专业技术和理论知识，而是组织、协调和管理的能力。这表明，咨询工程师不仅要成为技术方面的专家，而且要成为组织、管理方面的专家。

（4）责任心强。咨询工程师的责任心首先表现在职业责任感和敬业精神，要通过自己的实际行动来维护个人、本公司、本职业的尊严和名誉，同时，咨询工程师还负有社会责任，即应在维护国家和社会公众利益的前提下为客户提供服务。

责任心并不是空洞、抽象的，它可以在实际的咨询工作中得到充分的体现。工程咨询业务往往由多个咨询工程师协同完成，每个咨询工程师独立完成其中某一部分工作。这时，咨询工程师的责任心就显得尤为重要。因为每个咨询工程师的工作成果都与其他咨询工程师的工作有密切联系，任何一个环节的错误或延误都会给该项咨询业务带来严重后果。因此，每个咨询工程师都必须确保按时、按质地完成预定工作，并对自己的工作成果负责。

(5)不断进取,勇于开拓。当今世界,科学技术日新月异,经济发展一日千里,新思想、新理论、新技术、新产品、新方法等层出不穷,对工程咨询不断提出新的挑战。如果咨询工程师不能以积极的姿态面对这些挑战,终将被时代所淘汰。因此,咨询工程师必须及时更新知识,了解、熟悉乃至掌握与工程咨询相关领域的新进展。同时,要勇于开拓新的工程咨询领域(包括业务领域和地区领域),以适应客户的新需求,顺应工程咨询市场发展的趋势。

2.3 咨询工程师的职业道德

国际上许多国家(尤其是发达国家)的工程咨询业已相当发达,相应地制定了各自的行业规范和职业道德规范,以指导和规范咨询工程师的职业行为。这些众多的咨询行业规范和职业道德规范虽然各不相同,但基本上是大同小异,其中在国际上最具普遍意义和权威性的是 FIDIC 道德准则。

咨询工程师的职业道德规范或准则虽然不是法律,但是对咨询工程师的行为却具有相当大的约束力,不少国家的工程咨询行业协会都明确规定,一旦咨询工程师的行为违背了职业道德规范或准则,就将终身不得再从事该职业。

3 工程咨询公司的服务对象和内容

工程咨询公司的业务范围很广泛,其服务对象可以是业主、承包商、国际金融机构和贷款银行,工程咨询公司也可以与承包商联合投标承包工程。工程咨询公司的服务对象不同,相应的具体服务内容也有所不同。

3.1 为业主服务

为业主服务是工程咨询公司最基本、最广泛的业务,这里所说的业主包括各级政府(此时不是以管理者身份出现)、企业和个人。

工程咨询公司为业主服务既可以是全过程服务(包括实施阶段全过程和工程建设全过程),也可以是阶段性服务。

工程建设全过程服务的内容包括可行性研究(投资机会研究、初步可行性研究、详细可行性研究)、工程设计(概念设计、基本设计、详细设计)、工程招标(编制招标文件、评标、合同谈判)、材料设备采购、施工管理(监理)、生产准备、调试验收、后评价等一系列工作。在全过程服务的条件下,咨询工程师不仅作为业主的受雇人开展工作,而且代行了业主的部分职责。

所谓阶段性服务,就是工程咨询公司仅承担上述工程建设全过程服务中某一阶段的服务工作。一般来说,除生产准备和调试验收外,其余各阶段工作业主都可能单独委托工程咨询公司来完成。阶段性服务又分为两种不同的情况:一种是业主已经委托某工程咨询公司进行全过程服务,但同时又委托其他工程咨询公司对其中某一或某些阶段的工作成果进行审查、评价,例如,对可行性研究报告、设计文件都可以采取这种方式。另一种是业主分别委托多个工程咨询公司完成不同阶段的工作,在这种情况下,业主仍然可能将某一阶段工作委托某一工程咨询公司完成,再委托另一工程咨询公司审查、评价其工作成果。业主还可能将某一阶段工作(如施工监理)分别委托多个工程咨询公司来完成。

工程咨询公司为业主服务既可以是全方位服务，也可以是某一方面的服务，例如，仅提供决策支持服务、仅承担施工质量监理、仅从事工程造价控制等。

3.2 为承包商服务

工程咨询公司为承包商服务主要有以下几种情况：

(1)为承包商提供合同咨询和索赔服务。如果承包商对建设工程的某种组织管理模式不了解，如CM模式、EPC模式，或对招标文件中所选择的合同条件体系很陌生，如从未接触过AIA合同条件和JCT合同条件，就需要工程咨询公司为其提供合同咨询，以便了解和把握该模式或该合同条件的特点、要点以及需要注意的问题，从而避免或减少合同风险，提高自己合同管理的水平。另外，当承包商对合同所规定的适用法律不熟悉甚至根本不了解，或发生了重大、特殊的索赔事件而承包商自己又缺乏相应的索赔经验时，承包商都可能委托工程咨询公司为其提供索赔服务。

(2)为承包商提供技术咨询服务。当承包商遇到施工技术难题，或工业项目中工艺系统设计和生产流程设计方面的问题时，工程咨询公司可以为其提供相应的技术咨询服务。在这种情况下，工程咨询公司的服务对象大多是技术实力不太强的中小承包商。

(3)为承包商提供工程设计服务。在这种情况下，工程咨询公司实质上是承包商的设计分包商，其具体表现又有两种方式：一种是工程咨询公司仅承担详细设计（相当于我国的施工图设计）工作。在国际工程招标时，在不少情况下仅达到基本设计（相当于我国的初扩设计），承包商不仅要完成施工任务，而且要完成详细设计。如果承包商不具备完成详细设计的能力，就需要委托工程咨询公司来完成。需要说明的是，这种情况在国际上仍然属于施工承包，而不属于项目总承包。另一种是工程咨询公司承担全部或绝大部分设计工作。其前提是承包商以项目总承包或交钥匙方式承包工程，且承包商没有能力自己完成工程设计。这时，工程咨询公司通常在投标阶段完成到概念设计或基本设计，中标后进一步深化设计。此外，还要协助承包商编制成本估算、投标估价、编制设备安装计划、参与设备的检验和验收、参与系统调试和试生产等。

3.3 为贷款方服务

这里所说的贷款方包括一般的贷款银行、国际金融机构（如世界银行、亚洲开发银行等）和国际援助机构（如联合国开发计划署、粮农组织等）。

工程咨询公司为贷款方服务的常见形式有两种：一是对申请贷款的项目进行评估。工程咨询公司的评估侧重于项目的工艺方案、系统设计的可靠性和投资估算的准确性，核算项目的财务评价指标并进行敏感性分析，最终提出客观、公正的评估报告。由于申请贷款项目通常都已完成了可行性研究，因此工程咨询公司的工作主要是对该项目的可行性研究报告进行审查、复核和评估。二是对已接受贷款的项目的执行情况进行检查和监督。国际金融或援助机构为了了解已接受贷款的项目是否按照有关的贷款规定执行，确保工程和设备在国际招标过程中的公开性和公证性，保证贷款资金的合理使用、按项目实施的实际进度拨付，并能对贷款项目的实施进行必要的干预和控制，就需要委托工程咨询公司为其服务，对已接受贷款的项目的执行情况进行检查和监督，提出阶段性工作报告，以及时、准确地掌握贷款项目的动态，从而能作出正确的决策（如停贷、缓贷）。

3.4　联合承包工程

在国际上，一些大型工程咨询公司往往与设备制造商和土木工程承包商组成联合体，参与项目总承包或交钥匙工程的投标，中标后共同完成项目建设的全部任务。在少数情况下，工程咨询公司甚至可以作为总承包商，承担项目的主要责任和风险，而承包商则成为分包商。工程咨询公司还可能参与 BOT 项目，甚至作为这类项目的发起人和策划公司。

虽然联合承包工程的风险相对较大，但可以给工程咨询公司带来更多的利润，而且在有些项目上可以更好地发挥工程咨询公司在技术、信息、管理等方面的优势。如前所述，采用多种形式参与联合承包工程，已成为国际上大型工程咨询公司拓展业务的一个趋势。

课题 13.3　建设工程组织管理新型模式

随着社会技术经济水平的发展，建设工程业主的需求也在不断变化和发展，总的趋势是希望简化自身的管理工作，得到更全面、更高效的服务，更好地实现建设工程预定的目标。与此相适应，建设工程组织管理模式也在不断地发展，国际上出现了许多新型模式。本节介绍 CM 模式、EPC 模式、Partnering 模式和 Project Controlling 模式。

1　CM 模式

1.1　CM 模式的概念和产生背景

CM 是英文 Construction Management 的缩写，若直译成中文，为"施工管理"或"建设管理"。但是，这两个概念在我国均有其明确的内涵，显然不宜这样直译。有鉴于此，我国有些学者将其翻译为建筑工程管理。但从中文的词义来看，"建筑工程管理"的内涵很宽，难以准确反映 CM 模式的含义，故本书直接用其英文字母缩写表示。

即使在 CM 的发源地美国，对 CM 模式也没有完全统一的定义。而要准确理解 CM 模式的含义，就需要了解其产生的背景。

1968 年，汤姆森（Charles B. Thomson）等受美国建筑基金会的委托，在美国纽约州立大学研究关于如何加快设计和施工速度以及如何改进控制方法的报告中，通过对许多大建筑公司的调查，在综合各方面经验的基础上，提出了快速路径法（Fast - Track Method，国内也有学者译为快速轨道法），又称为阶段施工法（Phased Construction Method）。这种方法的基本特征是将设计工作分为若干阶段（如基础工程、上部结构工程、装修工程、安装工程）完成，每一阶段设计工作完成后，就组织相应工程内容的施工招标，确定施工单位后即开始相应工程内容的施工。与此同时，下一阶段设计工作继续进行，完成后再组织相应的施工招标，确定相应的施工单位……快速路径法如图 13-1 所示。

由图 13-1 可以看出，采用快速路径法可以将设计工作和施工招标工作与施工搭接起来，整个建设周期是第一阶段设计工作和第一次施工招标工作所需要的时间与整个工程施工所需要的时间之和。与传统模式相比，快速路径法可以缩短建设周期。从理论上讲，其缩短的时间应为传统模式条件下设计工作和施工招标工作所需时间与快速路径法条件下第一阶段设计工作和第一次施工招标工作所需时间之差。对于大型、复杂的建设工程

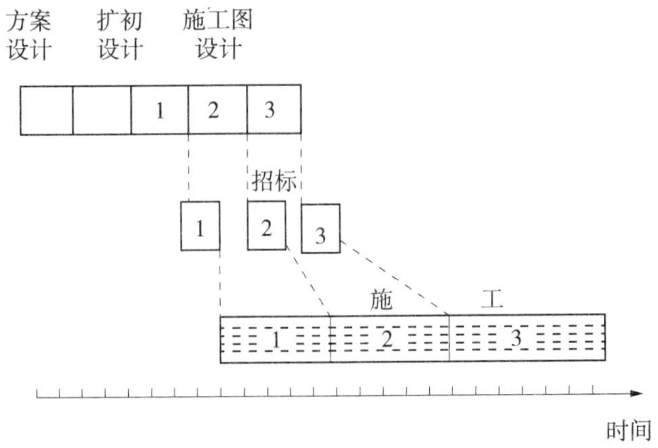

图 13-1 快速路径法

来说，这一时间差额很长，甚至可能超过 1 年。但实际上，与传统模式相比，快速路径法大大增加了施工阶段组织协调和目标控制的难度，例如，设计变更增多，施工现场多个施工单位同时分别施工导致工效降低等。这表明，在采用快速路径法时，如果管理不当，就可能欲速则不达。因此，迫切需要采用一种与快速路径法相适应的新的组织管理模式，CM 模式就是在这样的背景下应运而生的。

CM 模式，是在采用快速路径法时，从建设工程的开始阶段就雇用具有施工经验的 CM 单位（或 CM 经理）参与到建设工程实施过程中来，以便为设计人员提供施工方面的建议且随后负责管理施工过程。这种安排的目的是将建设工程的实施作为一个完整的过程来对待，并同时考虑设计和施工的因素，力求使建设工程在尽可能短的时间内、以尽可能经济的费用和满足要求的质量建成并投入使用。

要注意的是，不要将 CM 模式与快速路径法混为一谈。因为快速路径法只是改进了传统模式条件下建设工程的实施顺序，不仅可在 CM 模式中使用，也可在其他模式中使用，如平行承发包模式、项目总承包模式（此时设计与施工的搭接是在项目总承包商内部完成的，且不存在施工与招标的搭接）。而 CM 模式则是以使用 CM 单位为特征的建设工程组织管理模式，具有独特的合同关系和组织形式。

美国建筑师学会（AIA）和美国总承包商联合会（AGC）于 20 世纪 90 年代初共同制订了 CM 标准合同条件。但是，FIDIC 等合同条件体系至今尚没有 CM 标准合同条件。

1.2 CM 模式的类型

CM 模式分为代理型 CM 模式和非代理型 CM 模式两种类型。

1.2.1 代理型 CM 模式（CM/Agency）

这种模式又称为纯粹的 CM 模式。采用代理型 CM 模式时，CM 单位是业主的咨询单位，业主与 CM 单位签订咨询服务合同，CM 合同价就是 CM 费，其表现形式可以是百分率（以今后陆续确定的工程费用总额为基数）或固定数额的费用；业主分别与多个施工单位签订所有的工程施工合同。其合同关系和协调管理关系如图 13-2 所示。图中 C 表示施工单位，S 表示材料设备供应单位。需要说明的是，CM 单位对设计单位没有指令权，只能向设计单位提出一些合理化建议，因而 CM 单位与设计单位之间是协调关系。这一点同样适用于非代理型 CM 模式。这也是 CM 模式与全过程建设项目管理的重要区别。

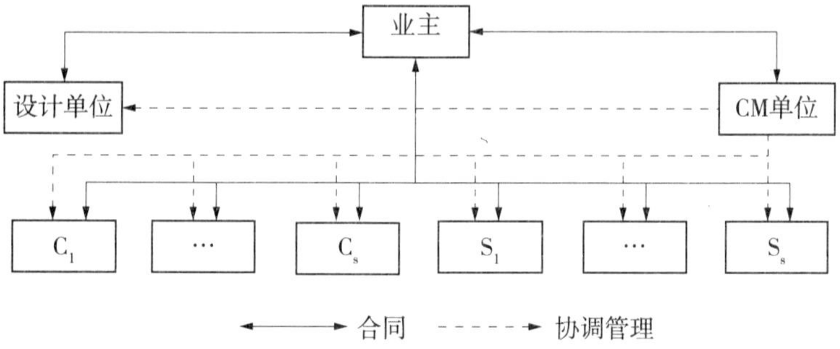

图 13-2　代理型 CM 模式的合同关系和协调管理关系

代理型 CM 标准合同条件被 AIA 定为“B801/Cma”,同时被 AGC 定为“AGC510”。

代理型 CM 模式中的 CM 单位通常是由具有较丰富的施工经验的专业 CM 单位或咨询单位担任。

1.2.2　非代理型 CM 模式(CM/Non – Agency)

这种模式又称为风险型 CM 模式(At – Risk CM),在英国则称为管理承包(Management Contracting)。据英国有关文献介绍,这种模式在英国早在 20 世纪 50 年代即已出现。采用非代理型 CM 模式时,业主一般不与施工单位签订工程施工合同,但也可能在某些情况下,对某些专业性很强的工程内容和工程专用材料、设备,业主与少数施工单位和材料、设备供应单位签订合同。业主与 CM 单位所签订的合同既包括 CM 服务的内容,也包括工程施工承包的内容,而 CM 单位则与施工单位和材料、设备供应单位签订合同。其合同关系和协调管理关系如图 13-3 所示。

在图 13-3 中,CM 单位与施工单位之间似乎是总分包关系,但实际上却与总分包模式有本质的不同。其根本区别主要表现在:一是虽然 CM 单位与各个分包商直接签订合同,但 CM 单位对各分包商的资格预审、招标、议标和签约都对业主公开,并必须经过业主的确认才有效。二是由于 CM 单位介入工程时间较早(一般在设计阶段介入)且不承担设计任务,所以 CM 单位并不向业主直接报出具体数额的价格,而是报 CM 费,至于工程本身的费用则是今后 CM 单位与各分包商、供应商的合同价之和。也就是说,CM 合同价由以上两部分组成,但在签订 CM 合同时,该合同价尚不是一个确定的具体数据,而主要是确定计价原则和方式,本质上属于成本加酬金合同的一种特殊形式。

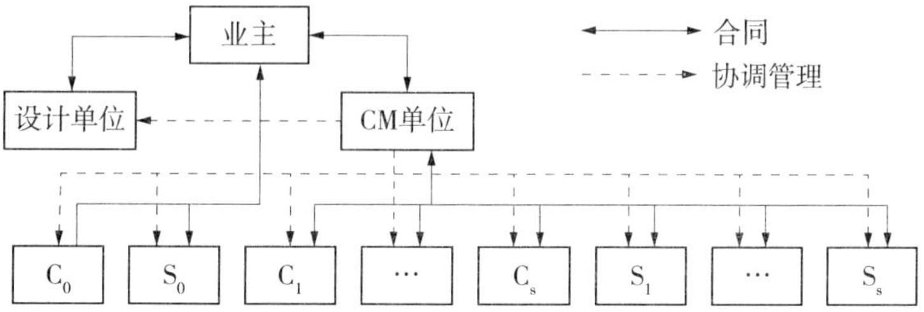

图 13-3　非代理型 CM 模式的合同关系和协调管理关系

由此可见,在采用非代理型 CM 模式时,业主对工程费用不能直接控制,因而在这方面存在很大风险。为了促使CM单位加强费用控制工作,业主往往要求在CM合同中预先确定一个具体数额的保证最大价格(Guaranteed Maximum Price,简称GMP,包括总的工程费用和CM费)。而且,合同条款中通常规定,如果实际工程费用加CM费超过了GMP,超出部分由CM单位承担,反之,节余部分归业主。为了鼓励CM单位控制工程费用的积极性,也可在合同中约定对节余部分由业主和CM单位按一定比例分成。

不难理解,如果GMP的数额过高,就失去了控制工程费用的意义,业主所承担的风险增大;反之,GMP的数额过低,则CM单位所承担的风险加大。因此,GMP具体数额的确定就成为CM合同谈判中的一个焦点和难点。确定一个合理的GMP,一方面取决于CM单位的水平和经验,另一方面更主要的是取决于设计所达到的深度。因此,如果CM单位介入时间较早(如在方案设计阶段即介入),则可能在CM合同中暂不确定GMP的具体数额,而是规定确定GMP的时间(不是从日历时间而是从设计进度和深度考虑)。但是,这样会大大增加GMP谈判的难度和复杂性。

非代理型CM标准合同条件被A1A定为“A121/CMc”,同时被ACC定为“AGC565”。

非代理型CM模式中的CM单位通常是由从过去的总承包商演化而来的专业CM单位或总承包商担任。

1.3 CM模式的适用情况

(1)设计变更可能性较大的建设工程。某些建设工程即使采用传统模式,即等全部设计图纸完成后再进行施工招标,在施工过程中仍然会有较多的设计变更(不包括因设计本身缺陷引起的变更)。在这种情况下,传统模式利于造价控制的优点体现不出来,而CM模式则能充分发挥其缩短建设周期的优点。

(2)时间因素最为重要的建设工程。尽管建设工程的造价、进度、质量三者是一个目标系统,三大目标之间存在对立统一的关系,但是某些建设工程的进度目标可能是第一位的,如生产某些急于占领市场的产品的建设工程。如果采用传统模式组织实施,建设周期太长,虽然总造价可能较低,但可能因此而失去市场,导致投资效益降低。

(3)因总的范围和规模不确定而无法准确定价的建设工程。这种情况表明业主的前期项目策划工作做得不好,如果等到建设工程总的范围和规模确定后再组织实施,持续时间太长。因此,可采取确定一部分工程内容即进行相应的施工招标,从而选定施工单位开始施工。但是,由于建设工程总体策划存在缺陷,因而CM模式应用的局部效果可能较好,而总体效果可能不理想。

以上都是从建设工程本身的情况说明CM模式的适用情况。不论哪一种情况,应用CM模式都需要有具备丰富施工经验的高水平的CM单位,这可以说是应用CM模式的关键和前提条件。

2 EPC模式

2.1 EPC模式的概念

EPC为英文Engineering-Procurement-Construction的缩写,我国有些学者将其翻译为设计—采购—建造。对此,有必要作特别说明。如果将Engineering一词简单地译为“工程”肯定不恰当,但译为“设计”也未必恰当,因为这容易使人从中文的角度理解为Design,从而将 EPC 模式与项目总承包模式相混淆。

为了弄清 EPC 模式与项目总承包模式的区别,有必要从两者英文表述词的分析入手。项目总承包模式的英文表示为 Design-Build 或 Design + Build(也可简单地表示为 D + B)。在这两种模式中,Engineering 与 Design 相对应,Build 与 Construction 相对应。

Engineering 一词的含义极其丰富,在 EPC 模式中,它不仅包括具体的设计工作(Design),而且可能包括整个建设工程内容的总体策划以及整个建设工程实施组织管理的策划和具体工作。因此,很难用一个简单的中文词来准确表达这里的 Engineering 的含义。由此可见,与 D + B 模式相比,EPC 模式将承包(或服务)范围进一步向建设工程的前期延伸,业主只要大致说明一下投资意图和要求,其余工作均由 EPC 承包单位来完成。

Build 与 Construction 两个英文词的中文含义有很多相同之处,作为英文使用时有时并没有严格区别。但是,这两个英文词还是有一些细微的区别。Build 与 Building(建筑物,通常指房屋建筑)密切相关,而 Construction 没有直接相关的工程对象词汇。D + B 模式一般不特别说明其适用的工程范围,而 EPC 模式则特别强调适用于工厂、发电厂、石油开发和基础设施(Infrastructure)等建设工程。

Procurement 译为采购是恰当的。按世界银行的定义,采购包括工程采购(通常主要是指施工招标)、服务采购和货物采购。但在 EPC 模式中,采购主要是指货物采购,即材料和工程设备的采购。虽然 D + B 模式在名称上未出现 Procurement 一词,但并不意味着在这种模式中材料和工程设备的采购完全由业主掌握。实际上,在 D + B 模式中,大多数材料和工程设备通常是由项目总承包单位采购(合同中对此亦有相应的条款),但业主可能保留对部分重要工程设备和特殊材料的采购权。EPC 模式在名称上突出了 Procurement,表明在这种模式中,材料和工程设备的采购完全由 EPC 承包单位负责。

EPC 模式于 20 世纪 80 年代首先在美国出现,得到了那些希望尽早确定造价总额和建设周期(尽管合同价格可能较高)的业主的青睐,在国际工程承包市场中的应用逐渐扩大。FIDIC 于 1999 年编制了标准的 EPC 合同条件,这有利于 EPC 模式的推广应用。

2.2 EPC 模式的特征

与建设工程组织管理的其他模式相比,EPC 模式有以下几方面基本特征。

2.2.1 承包商承担大部分风险

一般认为,在传统模式条件下,业主与承包商的风险分担大致是对等的。而在 EPC 模式条件下,由于承包商的承包范围包括设计,因而很自然地要承担设计风险。此外,在其他模式中均由业主承担的"一个有经验的承包商不可预见且无法合理防范的自然力的作用"的风险,在 EPC 模式中也由承包商承担。这是一类较为常见的风险,一旦发生,一般都会引起费用增加和工期延误。在其他模式中,承包商对此所享有的索赔权在 EPC 模式中不复存在。这无疑大大增加了承包商在工程实施过程中的风险。

另外,在 EPC 标准合同条件中还有一些条款也加大了承包商的风险。例如,EPC 合同条件第 4.10 款[现场数据]规定:承包商应负责核查和解释(业主提供的)此类数据,业主对此类数据的准确性、充分性和完整性不承担任何责任。而在其他模式中,通常是强调承包商自己对此类资料的解释负责,并不完全排除业主的责任。又如,EPC 合同条件第 4.12 款[不可预见的困难]规定:承包商被认为已取得了可能对投标文件或工程产生影响或作用的有关风险、意外事故和其他情况的全部必要的资料；在签订合同时，承包商应已经预见到了为圆满完成工程今后发生的一切困难和费用；不能因任何没有预见的困难和费用而进行合同价格的调整。而在其他模式中，通常没有后两条的规定，这意味着如果发生此类情况，承包商可以得到费用和工期方面的补偿。

2.2.2 业主或业主代表管理工程实施

在EPC模式条件下，业主不聘请工程师（即我国的监理工程师）来管理工程，而是自己或委派业主代表来管理工程。EPC合同条件第3条规定，如果委派业主代表来管理，业主代表应是业主的全权代表。如果业主想更换业主代表，只需提前14天通知承包商，不需征得承包商的同意。而在其他模式中，如果业主想更换工程师，不仅提前通知承包商的时间大大增加（如FIDIC施工合同条件规定为42天），且需得到承包商的同意。

由于承包商已承担了工程建设的大部分风险，所以与其他模式条件下工程师管理工程的情况相比，EPC模式条件下业主或业主代表管理工程显得较为宽松，不太具体和深入。例如，对承包商所应提交的文件仅仅是审阅，而在其他模式则是审阅和批准。对工程材料、工程设备的质量管理，虽然也有施工期间检验的规定，但重点是在竣工检验，必要时还可能作竣工后检验（排除了承包商不在场作竣工后检验的可能性）。

需要说明的是，虽然FIDIC在编制EPC合同条件时，其基本出发点是业主参与工程管理工作很少，对大部分施工图纸不需要经过业主审批，但在实践中，业主或业主代表参与工程管理的深度并不统一。通常，如果业主自己管理工程，其参与程度不可能太深，但是，如果委派业主代表，则不同。在有的实际工程中，业主委派某个建设项目管理公司作为其代表，从而对建设工程的实施从设计、采购到施工进行全面的严格管理。

2.2.3 总价合同

总价合同并不是EPC模式独有的，但是与其他模式条件下的总价合同相比，EPC合同更接近于固定总价合同（若法规变化仍允许调整合同价格）。通常，在国际工程承包中，固定总价合同仅用于规模小、工期短的工程。而EPC模式所适用的工程一般规模均较大、工期较长，且具有相当的技术复杂性。因此，在这类工程上采用接近固定的总价合同，也就称得上是特征了。另外，在EPC通用合同条件第13.8款[费用变化引起的调整]中，没有其他模式合同通用条件中规定的调价公式，而只是在专用条件中提到。这表明，在EPC模式条件下，业主允许承包商因费用变化而调价的情况是不多见的。而如果考虑到前述第4.12款[不可预见的困难]的有关规定，则业主根本不可能接受在专用条件中规定调价公式。这一点也是EPC模式与同样是采用总价合同的D+B模式的重要区别。

2.3 EPC模式的适用条件

由于EPC模式具有上述特征，因而应用这种模式需具备以下条件：

（1）由于承包商承担了工程建设的大部分风险，因此在招标阶段，业主应给予投标人充分的资料和时间，以使投标人能够仔细审核业主的要求（这是EPC模式条件下业主招标文件的重要内容），从而详细地了解该文件规定的工程目的、范围、设计标准和其他技术要求，在此基础上进行工程前期的规划设计、风险分析和评价以及估价等工作，向业主提交一份技术先进可靠、价格和工期合理的投标书。

另外，从工程本身的情况来看，所包含的地下隐蔽工作不能太多，承包商在投标前无法进行勘察的工作区域也不能太大。否则,承包商就无法判定具体的工程量,增加了承包商的风险,只能在报价中以估计的方法增加适当的风险费,难以保证报价的准确性和合理性,最终要么损害业主的利益,要么损害承包商的利益。

(2)虽然业主或业主代表有权监督承包商的工作,但不能过分地干预承包商的工作,也不要审批大多数的施工图纸。既然合同规定由承包商负责全部设计,并承担全部责任,只要其设计和所完成的工程符合合同中预期的工程的目的(EPC 合同条件第 4.1 款[承包商的一般义务]),就应认为承包商履行了合同中的义务。这样做有利于简化管理工作程序,保证工程按预定的时间建成。而从质量控制的角度考虑,应突出对承包商过去业绩的审查,尤其是在其他采用 EPC 模式的工程上的业绩(如果有的话),并注重对承包商投标书中技术文件的审查以及质量保证体系的审查。

(3)由于采用总价合同,因而工程的期中支付款(interim payment)应由业主直接按照合同规定支付,而不是像其他模式那样先由工程师审查工程量和承包商的结算报告,再决定和签发支付证书。在 EPC 模式中,期中支付可以按月度支付,也可以按阶段(我国所称的形象进度或里程碑事件)支付。在合同中可以规定每次支付款的具体数额,也可以规定每次支付款占合同价的百分比。

如果业主在招标时不满足上述条件或不愿接受其中某一条件,则该建设工程就不能采用 EPC 模式和 EPC 标准合同文件。在这种情况下,FIDIC 建议采用工程设备和设计——建造合同条件,即新黄皮书。

3 Partnering 模式

3.1 Partnering 模式概述

3.1.1 Partnering 的概念

Partnering 模式于 20 世纪 80 年代中期首先在美国出现,1984 年,壳牌(shell)石油公司与 SIP 工程公司签订了被美国建筑业协会(CII)认可的第一个真正的 Partnering 协议。1988 年,美国陆军工程公司(ACE)开始采用 Partnering 模式并取得成功。1992 年,美国陆军工程公司规定在其所有新的建设工程上都采用 Partnering 模式,从而大大促进了 Partnering 模式的发展。到 20 世纪 90 年代中后期,Partnering 模式的应用已逐渐扩大到英国、澳大利亚、新加坡、香港等国家和地区,越来越受到建筑工程界的重视。

Partnering 一词看似简单,但要准确地译成中文却相当困难,我国大陆有学者将其译为伙伴关系,台湾学者则将其译为合作管理。对 Partnering 一词的理解,尤其要注意其作为英文动名词的特性,翻译成中文时不能与作为英文名词的 Partner 和 Partnership 相混淆。Partner 的基本含义是伙伴、合伙人,Partnership 的基本含义是伙伴关系、合伙关系。仅从这个角度来看,相对而言,将 Partnering 翻译成"合作管理"显得较为贴切。尽管如此,在未得到我国学术界和工程界普遍认可的情况下,本书仍然宁可采用英文的原文。

对 Partnering 一词的中文翻译相当困难,对 Partnering 模式的定义也相当困难。即使在 Partnering 模式的发源地——美国,至今对 Partnering 模式也没有统一的定义。美国建筑业协会(CII)、美国陆军工程公司(ACE)、美国国民经济发展办公室(NEDO)、美国总承包商联合会(AGC)、美国土木工程师协会(ASCE)、美国仲裁协会(AAA)等机构以及一些学者都分别对 Partnering 模式下了不同的有较大差异的定义。本书不一一列举和比较这些定义，在此仅试图将这些定义共同的主要内容归纳如下：Partnering 模式意味着业主与建设工程参与各方在相互信任、资源共享的基础上达成一种短期或长期的协议；在充分考虑参与各方利益的基础上确定建设工程共同的目标；建立工作小组，及时沟通以避免争议和诉讼的产生，相互合作、共同解决建设工程实施过程中出现的问题，共同分担工程风险和有关费用，以保证参与各方目标和利益的实现。

3.1.2 Partnering 协议

Partnering 协议的英文原文为 Partnering Charter，其中 Charter 的含义有宪章、协议等，一般是由多方共同签署的文件，这是与 Agreement 的重要区别。本书虽然将 Charter 译为协议，但应注意不要将其与 Agreement 相混淆。

Partnering 协议并不仅仅是业主与施工单位双方之间的协议，而需要建设工程参与各方共同签署，包括业主、总包商或主包商、主要的分包商、设计单位、咨询单位、主要的材料设备供应单位等。对此，要注意两个问题：一是提出 Partnering 模式的时间可能与签订 Partnering 协议的时间相距甚远。由于业主在建设工程中处于主导和核心地位，所以通常是由业主提出采用 Partnering 模式的建议。业主可能在建设工程策划阶段或设计阶段开始前就提出采用 Partnering 模式，但可能到施工阶段开始前才签订 Partnering 协议。二是 Partnering 协议的参与者未必一次性全部到位，例如，最初 Partnering 协议的签署方可能不包括材料设备供应单位。

需要说明的是，一般合同（如施工合同）往往是由当事人一方（通常是业主）提出合同文本，该合同文本可以采用成熟的标准文本，也可以自行起草或委托咨询单位起草，然后经过谈判（主要是针对专用条件内容）签订。而 Partnering 协议没有确定的起草方，必须经过参与各方的充分讨论后确定该协议的内容，经参与各方一致同意后共同签署。

由于 Partnering 模式出现的时间还不长，应用范围也比较有限，因而到目前为止尚没有标准统一的 Partnering 协议的格式，其内容往往也因具体的建设工程和参与者的不同而有所不同。但是 Partnering 协议还是有许多共同点，一般都是围绕建设工程的三大目标以及工程变更管理、争议和索赔管理、安全管理、信息沟通和管理、公共关系等问题作出相应的规定，而这些规定都是有关合同中没有或无法详细规定的内容。

3.1.3 Partnering 模式的特征

（1）出于自愿。在 Partnering 模式中，参与 Partnering 模式的有关各方必须是完全自愿，而非出于任何原因的强迫。Partnering 模式的参与各方要充分认识到，这种模式的出发点是实现建设工程的共同目标以使参与各方都能获益。只有在认识上统一，才能在行动上采取合作和信任的态度，才能愿意共同分担风险和有关费用，共同解决问题和争议。在有的案例中，招标文件中写明该工程将采取 Partnering 模式，这时施工单位的参与就可能是出于非自愿。

（2）高层管理的参与。Partnering 模式的实施需要突破传统的观念和传统的组织界限，因而建设工程参与各方高层管理者的参与以及在高层管理者之间达成共识，对这种模式的顺利实施是非常重要的。由于这种模式要由参与各方共同组成工作小组，要分担风险、共享资源，甚至是公司的重要信息资源，因此高层管理者的认同、支持和决策是关键因素。

(3)Partnering 协议不是法律意义上的合同。Partnering 协议与工程合同是两个完全不同的文件。在工程合同签订后,建设工程参与各方经过讨论协商后才会签署 Partnering 协议。该协议并不改变参与各方在有关合同规定范围内的权利和义务关系,参与各方对有关合同规定的内容仍然要切实履行。Partnering 协议主要确定了参与各方在建设工程上的共同目标、任务分工和行为规范,是工作小组的纲领性文件。该协议的内容也不是一成不变的,当有新的参与者加入时,或某些参与者对协议的某些内容有意见时,都可以召开会议,经过讨论对协议内容进行修改。

(4)信息的开放性。Partnering 模式强调资源共享,信息作为一种重要的资源对于参与各方必须公开。同时,参与各方要保持及时、经常和开诚布公的沟通,在相互信任的基础上,要保证工程的设计资料、造价、进度、质量等信息能被参与各方及时、便利地获取。这不仅能保证建设工程目标得到有效的控制,而且能减少许多重复性的工作,降低成本。

3.1.4 Partnering 模式与其他模式的比较

Partnering 模式与建设工程组织管理的其他模式(主要指基本模式和 CM 模式)的比较,如表 13-1 所示。

表 13-1 Partnering 模式与其他模式的比较

项目	其他模式	Partnering 模式
目标	业主与施工单位均有三大目标,但除了质量方面双方目标一致外,在费用和进度方面双方目标可能矛盾	将建设工程参与各方的目标融为一个整体,考虑业主和参与各方利益的同时要满足甚至超越业主的预定目标,着眼于不断的提高和改进
期限	合同规定的期限	可以是一个建设工程的一次性合作,也可以是多个建设工程的长期合作
信任性	信任是建立在对完成建设工程能力的基础上,因而每个建设工程均需组织招标(包括资格预审)	信任是建立在共同的目标、不隐瞒任何事实以及相互承诺的基础上,长期合作则不再招标
回报	根据建设工程完成情况的好坏,施工单位有时可能得到一定的奖金(如提前工期奖、优质工程奖)或再接到新的工程	认为建设工程产生的结果很自然地已被彼此共享,各自都实现了自身的价值;有时可能就建设工程实施过程中产生的额外收益进行分配
合同	传统的具有法律效力的合同	传统的具有法律效力的合同加非合同性的 Partnering 协议
相互关系	强调各方的权利、义务和利益,在微观利益上相互对立	强调共同的目标和利益,强调合作精神,共同解决问题
争议与索赔	次数多、数额大,常常导致仲裁或诉讼	较少出现甚至完全避免

3.2 Partnering 模式的要素

Partnering 模式的要素,是指保证这种模式成功运作所不可缺少的重要组成元素。综合美国各有关机构和学者对 Partnering 模式要素的论述，可归纳为以下几点。

3.2.1　长期协议

虽然 Partnering 模式目前也经常被运用于单个建设工程，但从各国的实践来看，在多个建设工程上持续运用 Partnering 模式可以取得更好的效果，因而是 Partnering 模式的发展方向。通过与业主达成长期协议、进行长期合作，施工单位能够更加准确地了解业主的需求，同时能保证施工单位不断地获取工程实施任务，从而使施工单位可以将主要精力放在工程的具体实施上，充分发挥其积极性和创造性。这既对工程的造价、进度、质量控制有利，也降低了施工单位的经营成本。而业主一般只有通过与某一施工单位的成功合作才会与其达成长期协议，这样不仅可以使业主避免了在选择施工单位方面的风险，而且可以大大降低“交易成本”，缩短建设周期，取得更好的投资效益。

3.2.2　共享

共享的含义是指建设工程参与各方的资源共享、工程实施产生的效益共享，同时参与各方共同分担工程的风险和采用 Partnering 模式所产生的相应费用。在这里，资源和效益都是广义的。资源既有有形的资源，如人力、机械设备等，也有无形的资源，如信息、知识等；效益同样既有有形的效益，如费用降低、质量提高等，也有无形的效益，如避免争议和诉讼的产生、工作积极性提高、施工单位社会信誉提高等。其中，尤其要强调信息共享。在 Partnering 模式中，信息应在参与各方之间及时、准确而有效地传递、转换，才能保证及时处理和解决已经出现的争议和问题，提高整个建设工程组织的工作效率。为此，需将传统的信息传递模式转变为基于电子信息网络的现代传递模式，如图 13-4 所示。

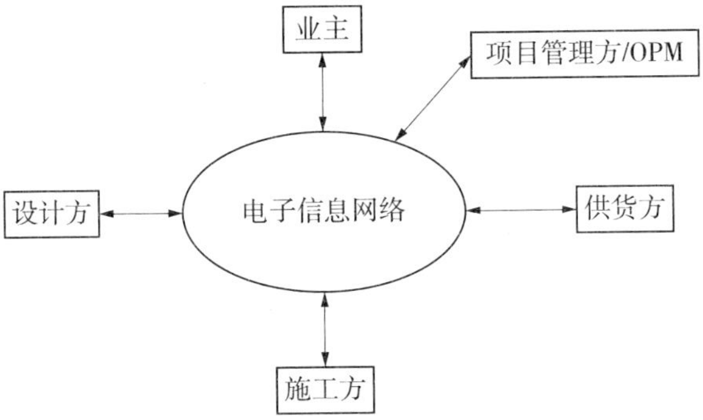

图 13-4　基于电子信息网络的信息传递模式

3.2.3　信任

相互信任是确定建设工程参与各方共同目标和建立良好合作关系的前提，是 Partnering 模式的基础和关键。只有对参与各方的目标和风险进行分析及沟通，并建立良好的关系，彼此才能更好地理解。只有相互理解才能产生信任，而只有相互信任才能产生整体性的效果。Partnering 模式所达成的长期协议本身就是相互信任的结果，其中每一方的承诺都是基于对其他参与方的信任。有了信任才能将建设工程组织管理其他模式中常见的参与各方之间相互对立的关系转化为相互合作的关系，才可能实现参与各方的资源和效益共享。因此，在采用 Partnering 模式时，在建设工程实施的各个管理层次上，包括参与各方的高层管理者、具体建设工程的主要管理人员和基层工作人员之间，都需要建立信任关系,并使之不断强化。由此可见,Partnering 模式实质上是建设工程组织管理的一种全新的理念。

3.2.4 共同的目标

在一个确定的建设工程上,参与各方都有各自不同的目标和利益,在某些方面甚至还有矛盾和冲突。尽管如此,在建设工程的实施过程中,参与各方之间还是有许多共同利益的。例如,通过设计方、施工方和业主方的配合,可以降低工程的风险,对参与各方均有利;还可以提高工程的使用功能和使用价值,不仅提高了业主的投资效益,而且提高了设计单位和施工单位的社会声誉,等等。因此,采用 Partnering 模式要使参与各方认识到,只有建设工程实施结果本身是成功的,才能实现他们各自的目标和利益,从而取得双赢和多赢的结果。为此,就需要通过分析、讨论、协调、沟通,针对特定的建设工程确定参与各方共同的目标,在充分考虑参与各方利益的基础上努力实现这些共同的目标。

3.2.5 合作

合作意味着建设工程参与各方都要有合作精神,并在相互之间建立良好的合作关系。但这只是基本原则,要做到这一点,还需要有组织保证。Partnering 模式需要突破传统的组织界限,建立一个由建设工程参与各方人员共同组成的工作小组。同时,要明确各方的职责,建立相互之间的信息流程和指令关系,并建立一套规范的操作程序。该小组围绕共同的目标展开工作,在工作过程中鼓励创新、合作的精神,对所遇到的问题要以合作的态度公开交流,协商解决,力求寻找一个使参与各方均满意或均能接受的解决方案。建设工程参与各方之间这种良好的合作关系创造出和谐、愉快的工作氛围,不仅可以大大减少争议和矛盾的产生,而且可以及时作出决策,大大提高工作效率,有利于共同目标的实现。

3.3 Partnering 模式的适用情况

Partnering 模式总是与建设工程组织管理模式中的某一种模式结合使用的,较为常见的情况是与总分包模式、项目总承包模式、CM 模式结合使用。这表明,Partnering 模式并不能作为一种独立存在的模式。从 Partnering 模式的实践情况来看,并不存在什么适用范围的限制。但是,Partnering 模式的特点决定了它特别适用于以下几种类型的建设工程。

3.3.1 业主长期有投资活动的建设工程

比较典型的有,大型房地产开发项目,商业连锁建设工程,代表政府进行基础设施建设投资的业主的建设工程等。由于长期有连续的建设工程作保证,业主与施工单位等工程参与各方的长期合作就有了基础,有利于增加业主与建设工程参与各方之间的了解和信任,从而可以签订长期的 Partnering 协议,取得比在单个建设工程上运用 Partnering 模式更好的效果。

3.3.2 不宜采用公开招标或邀请招标的建设工程

例如,军事工程、涉及国家安全或机密的工程、工期特别紧迫的工程等。在这些建设工程上,相对而言,投资一般不是主要目标,业主与施工单位较易形成共同的目标和良好的合作关系。而且,虽然没有连续的建设工程,但良好的合作关系可以保持下去,在今后新的建设工程上仍然可以再度合作。这表明,即使对于短期内一个确定的建设工程,也可以签订具有长期效力的协议(包括在新的建设工程上套用原来的 Partnering 协议)。

3.3.3 复杂的不确定因素较多的建设工程

如果建设工程的组成、技术、参与单位复杂，尤其是技术复杂、施工的不确定因素多，在采用一般模式时，往往会产生较多的合同争议和索赔，容易导致业主和施工单位产生对立情绪，相互之间的关系紧张，影响整个建设工程目标的实现，其结果可能是两败俱伤。在这类建设工程上采用 Partnering 模式，可以充分发挥其优点，能协调参与各方之间的关系，有效避免和减少合同争议，避免仲裁或诉讼，较好地解决索赔问题，从而更好地实现建设工程参与各方共同的目标。

3.3.4 国际金融组织贷款的建设工程

按贷款机构的要求，这类建设工程一般应采用国际公开招标（或称国际竞争性招标），常常有外国承包商参与，合同争议和索赔经常发生而且数额较大。另外，一些国际著名的承包商往往有 Partnering 模式的实践经验，至少对这种模式有所了解。因此，在这类建设工程上采用 Partnering 模式容易为外国承包商所接受并较为顺利地运作，从而可以有效地防范和处理合同争议和索赔，避免仲裁或诉讼，较好地控制建设工程的目标。当然，在这类建设工程上，一般是针对特定的建设工程签订 Partnering 协议而不是签订长期的 Partnering 协议。

4 Project Controlling 模式

4.1 Project Controlling 模式的概念

Project Controlling 模式于 20 世纪 90 年代中期在德国首次出现并形成相应的理论。Peter Greiner 博士首次提出了 Project Controlling 模式，并将其成功地应用于德国统一后的铁路改造和慕尼黑新国际机场等大型建设工程。我国也在 20 世纪 90 年代后期由同济大学工程管理研究所将该模式应用于厦门国际会展中心。经过近年来的理论研究和实践探索，Project Controlling 模式逐渐被建筑工程界所认识和接受，其应用范围也在逐渐扩大。

Project Controlling 可直译为“项目控制”，但这一翻译无法与 Project Control 的中文相区别。Project Controlling 是一个全新的概念，有其特定的含义。有鉴于此，我国有学者将 Project Controlling 译为“项目总控”，从而避免了与 Project Control 的中文翻译相混淆。但这一中文翻译能否被我国建筑工程界普遍接受，还有待于实践检验。在涉及 Project Controlling 的概念时，本书仍采用英文原文。

在大型建设工程的实施过程中，一方面形成工程的物质流（即生产流），另外，在建设工程参与各方之间形成信息传递关系，即形成工程的信息流。通过信息流可以反映工程物质流的状况。建设工程业主方的管理人员（尤其是高层管理人员）对工程目标的控制实际上就是通过掌握信息流来了解工程物质流的状况，从而进行多方面策划和控制决策（如设计决策、施工招标决策、施工决策等），使工程的物质流按照预定计划进展，最终实现建设工程的总体目标。而 Project Controlling 方实质上是建设工程业主的决策支持机构，其日常工作就是及时、准确地收集建设工程实施过程中产生的与工程三大目标有关的各种信息，并科学地对其进行分析和处理，最后将处理结果以多种不同的书面报告形式提供给业主管理人员，以使业主能够及时地作出正确决策。由此可见，Project Controlling 模式的核心就是以工程信息流处理的结果（或简称信息流）指导和控制工程的物质流。

Project Controlling 模式是适应大型建设工程业主高层管理人员决策需要而产生的。在大型建设工程的实施中，即使业主委托了建设项目管理咨询单位进行全过程、全方位的项目管理，但重大问题仍需业主自己决策。例如，当进度目标与造价目标发生矛盾时或质量目标与造价目标发生矛盾时，要作出正确的决策对业主来说是相当困难的。另一方面，某些大型和特大型建设工程（如我国的长江三峡工程、德国的统一铁路改造工程等）往往由多个颇具规模和复杂性的单项工程和单位工程组成，业主通常是委托多个各具专业优势的建设项目管理咨询单位分别对不同的单项工程和单位工程进行项目管理，而不可能仅仅委托一家建设项目管理咨询单位对整个建设工程进行全面的项目管理。在这种情况下，如果不同的单项工程之间出现矛盾，业主是很难作出正确决策的。要作出正确的决策，业主首先要有准确、详细的信息，使业主对工程实施情况有一个正确、清晰而全面的了解；其次，要对工程实施情况和有关矛盾及其原因有正确、客观的分析（包括偏差分析）；再次，要有多个经过技术经济分析和比较的决策方案供业主选择。而常规的建设项目管理往往难以满足业主决策的这些要求。

Project Controlling 模式是工程咨询和信息技术相结合的产物。Project Controlling 通常由两类人员组成，一类是具有丰富的建设项目管理理论知识和实践经验的人员，另一类是掌握最新信息技术且有很强的实际工作能力的人员。他们不仅能科学地分析和处理建设工程实施过程中产生的各种信息，而且能组织开发适应特定业主要求的建设工程信息系统，从而可以大大提高信息处理的效率和效果，为业主管理人员提供更好的决策支持。

Project Controlling 模式的出现反映了建设项目管理专业化发展的一种新的趋势，即专业分工的细化。建设项目管理咨询服务既可以是全过程、全方位的服务，也可以仅仅是某一阶段（如设计阶段或施工阶段）的服务或仅仅是某一方面（如质量控制或造价控制）的服务；既可以是建设工程实施过程中的实务性服务（如我国建设工程监理中所称的“旁站监理”）或综合管理服务，也可以仅仅是为业主提供决策支持服务。这样，不仅可以更好地适应业主的不同要求，而且有利于建设项目管理咨询单位发挥各自的特长和优势，有利于在建设项目管理咨询服务市场形成有序竞争的局面。

4.2 Project Controlling 模式的类型

根据建设工程的特点和业主方组织结构的具体情况，Project Controlling 模式可以分为单平面 Project Controlling 和多平面 Project Controlling 两种类型。

4.2.1 单平面 Project Controlling 模式

当业主方只有一个管理平面（指独立的功能齐全的管理机构），一般只设置1个 Project Controlling 机构，称为单平面 Project Controlling 模式，其组织结构如图13-5所示。

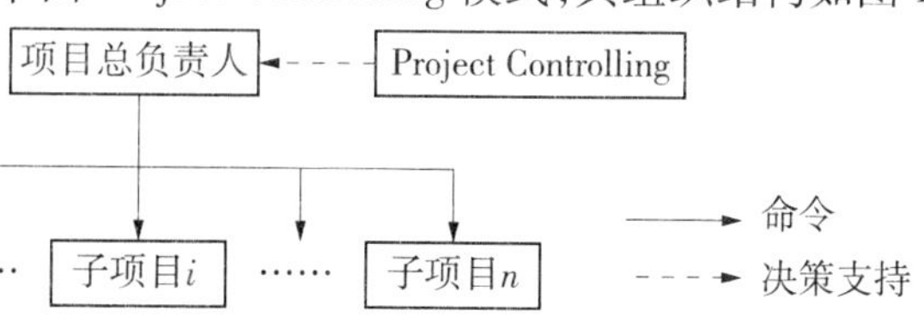

图13-5 单平面 Project Controlling 模式的组织结构

单平面 Project Controlling 模式的组织关系简单，Project Controlling 方的任务明确，仅

向项目总负责人(泛指与项目总负责人所对应的管理机构)提供决策支持服务。为此，Project Controlling 方首先要协调和确定整个项目的信息组织,并确定项目总负责人对信息的需求。在项目实施过程中,收集、分析和处理信息,并把信息处理结果提供给项目总负责人,以使其掌握项目总体进展情况和趋势,并作出正确的决策。

4.2.2　多平面 Project Controlling 模式

当项目规模大到业主方必须设置多个管理平面时,Project Controlling 方可以设置多个平面与之对应,这就是多平面 Project Controlling 模式,如图 13-6 所示。

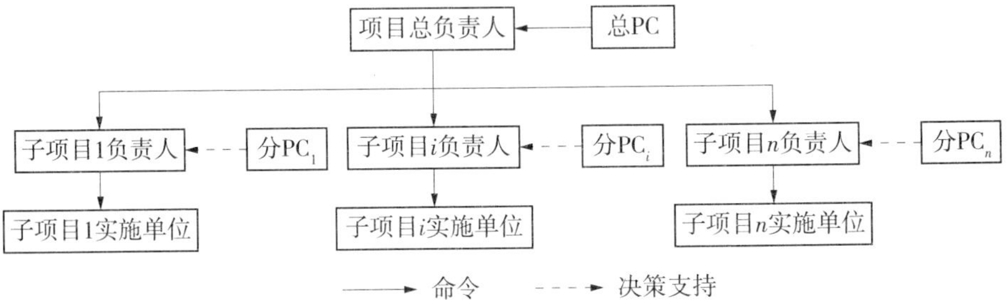

图 13-6　多平面 Project Controlling 模式的组织结构

多平面 Project Controlling 模式的组织关系较为复杂,Project Controlling 方的组织需要采用集中控制和分散控制相结合的形式,即针对业主项目总负责人(或总管理平面)设置总 Project Controlling 机构,同时针对业主各子项目负责人(或子项目管理平面)设置相应的分 Project Controlling 机构。这表明,Project Controlling 方的组织结构与业主方项目管理的组织结构有明显的一致性和对应关系。在多平面 Project Controlling 模式中,总 Project Controlling 机构对外服务于业主项目总负责人,对内则确定整个项目的信息规则,指导、规范并检查分 Project Controlling 机构的工作,同时还承担了信息集中处理者的角色。而分 Project Controlling 机构则服务于业主各子项目负责人,且必须按照总 Project Controlling 机构所确定的信息规则进行信息处理。

4.3　Project Controlling 与建设项目管理的比较

由于 Project Controlling 是由建设项目管理发展而来,是建设项目管理的一个新的专业化方向,因此 Project Controlling 与建设项目管理具有一些相同点,主要表现在:一是工作属性相同,即都属于工程咨询服务;二是控制目标相同,即都是控制项目的造价、进度和质量三大目标;三是控制原理相同,即都是采用动态控制、主动控制与被动控制相结合并尽可能采用主动控制。

Project Controlling 与建设项目管理的不同之处主要表现在以下几方面:

(1)两者的服务对象不尽相同。建设项目管理咨询单位既可以为业主服务,也可能为设计单位和施工单位服务,虽然在大多数情况下是为业主服务,且设计单位和施工单位都要自己实施相应的建设项目管理;而 Project Controlling 咨询单位只为业主服务,不存在为设计单位和施工单位服务的 Project Controlling,也无所谓设计单位和施工单位自己的 Project Controlling。

(2)两者的地位不同。在都是为业主服务的前提下,建设项目管理咨询单位是在业主或业主代表的直接领导下,具体负责项目建设过程的管理工作,业主或业主代表可在合同规定的范围内向建设项目管理咨询单位在该项目上的具体工作人员下达指令;而 Project Controlling 咨询单位直接向业主的决策层负责,相当于业主决策层的智囊,为其提供决策支持,业主不向 Project Controlling 咨询单位在该项目上的具体工作人员下达指令。

(3)两者的服务时间不尽相同。建设项目管理咨询单位可以为业主仅仅提供施工阶段的服务,也可以为业主提供实施阶段全过程乃至工程建设全过程的服务,其中以实施阶段全过程服务在国际上最为普遍;而 Project Controlling 咨询单位一般不仅仅为业主提供施工阶段的服务,而是为业主提供实施阶段全过程和工程建设全过程的服务,甚至还可能提供项目策划阶段的服务。到目前为止,Project Controlling 模式在国际上的应用尚不普遍,已有的项目实践尚不具有统计学上的意义,因而还很难说以哪一种情况为主。

(4)两者的工作内容不同。建设项目管理咨询单位围绕项目目标控制有许多具体工作,例如,设计和施工文件的审查,分部分项工程乃至工序的质量检查和验收,各施工单位施工进度的协调,工程结算和索赔报告的审查与签署,等等;而 Project Controlling 咨询单位不参与项目具体的实施过程和管理工作,其核心工作是信息处理,即收集信息、分析信息、出有关的书面报告。可以说,建设项目管理咨询单位侧重于负责组织和管理项目物质流的活动,而 Project Controlling 咨询单位只负责组织和管理项目信息流的活动。

(5)两者的权力不同。由于建设项目管理咨询单位具体负责项目建设过程的管理工作,直接面对设计单位、施工单位以及材料和设备供应单位,因而对这些单位具有相应的权力,如下达开工令、暂停施工令、工程变更令等指令权,对已实施工程的验收权、对工程结算和索赔报告的审核与签署权,对分包商的审批权等;而 Project Controlling 咨询单位不直接面对这些单位,对这些单位没有任何指令权和其他管理方面的权力。

4.4 应用 Project Controlling 模式需注意的问题

(1)Project Controlling 模式一般适用于大型和特大型建设工程。因为在这些工程中,即使委托多个项目管理咨询单位分别进行全过程、全方位的项目管理,业主仍然有数量众多、内容复杂的项目管理工作,往往涉及重大问题的决策,业主自己没有把握作出正确决策,而一般的项目管理咨询单位也不能提供这方面的服务,因而业主迫切需要高水平的 Project Controlling 咨询单位为其提供决策支持服务。而对于中小型建设工程来说,常规的建设项目管理服务已经能够满足业主的需求,不必采用 Project Controlling 模式。

(2)Project Controlling 模式不能作为一种独立存在的模式。在这一点上,Project Controlling 模式与 Partnering 模式有共同之处。但是,Project Controlling 模式与 Partnering 模式在这一点上仍然有明显的区别。由于 Project Controlling 模式一般适用于大型和特大型建设工程,而在这些建设工程中往往同时采用多种不同的组织管理模式。这表明,Project Controlling 模式往往是与建设工程组织管理模式中的多种模式同时并存,且对其他模式没有任何"选择性"和"排他性"。另外,在采用 Project Controlling 模式时,仅在业主与 Project Controlling 咨询单位之间签订有关协议,该协议不涉及建设工程的其他参与方。

(3)Project Controlling 模式不能取代建设项目管理。Project Controlling 与建设项目管理所提供的服务都是业主所需要的,在同一个建设工程上,两者是同时并存的,不存在相互替代、孰优孰劣的问题,也不存在领导与被领导的关系。实际上,应用 Project Controlling 模式能否取得预期的效果，在很大程度上取决于业主是否得到高水平的建设项目管理服务。不难理解，在特定的建设工程上，建设项目管理咨询单位的水平越高，业主自己项目管理的工作就越少，面对的决策压力就越小，从而使 Project Controlling 咨询单位的工作较为简单，效果就较好。尤其要注意的是，不能因为有了 Project Controlling 咨询单位的信息处理工作，而淡化或弱化建设项目管理咨询单位常规的信息管理工作。

(4) Project Controlling 咨询单位需要建设工程参与各方的配合。Project Controlling 咨询单位的工作与建设工程参与各方有非常密切的联系。信息是 Project Controlling 咨询单位的工作对象和基础，而建设工程的各种有关信息都来源于参与各方；另外，为了能向业主决策层提供有效的、高水平的决策支持，必须保证信息的及时性、准确性和全面性。由此可见，如果没有建设工程参与各方的积极配合，Project Controlling 模式就难以取得预期的效果。需要特别强调的是，在这一点上，所谓建设工程参与各方也包括建设项目管理咨询单位（或我国的工程监理单位）。而且，由于建设项目管理咨询单位直接面对建设工程的其他参与方，因而其与 Project Controlling 咨询单位的配合显得尤为重要。

小　　结

建设项目管理是指以现代建设项目管理理论为指导的建设项目管理活动。建设项目管理的类型可从不同的角度划分：按管理主体分，建设项目管理可以分为业主方的项目管理、设计单位的项目管理、施工单位的项目管理以及材料、设备供应单位的项目管理；按专业化建设项目管理公司的服务对象分，建设项目管理可以分为为业主服务的项目管理、为设计单位服务的项目管理和为施工单位服务的项目管理；按服务阶段分，建设项目管理可分为施工阶段的项目管理、实施阶段全过程的项目管理和工程建设全过程的项目管理。

工程咨询是指适应现代经济发展和社会进步的需要，集中专家群体或个人的智慧和经验，运用现代科学技术和工程技术以及经济、管理、法律等方面的知识，为建设工程决策和管理提供的智力服务。工程咨询的作用：为决策者提供科学合理的建议；保证工程的顺利实施；为客户提供信息和先进技术；发挥准仲裁人的作用；促进国际间工程领域的交流和合作。

工程咨询公司的业务范围很广泛，其服务对象可以是业主、承包商、国际金融机构和贷款银行，工程咨询公司也可以与承包商联合投标承包工程。工程咨询公司的服务对象不同，相应的具体服务内容也有所不同。

咨询工程师是以从事工程咨询业务为职业的工程技术人员和其他专业（如经济、管理）人员的统称。工程咨询是科学性、综合性、系统性、实践性均很强的职业，咨询工程师应具备以下素质：知识面宽；精通业务；协调、管理能力强；责任心强；不断进取，勇于开拓。

随着社会的进步，建设工程组织管理模式在不断地发展变化中，国际上出现了许多新型模式，如 CM 模式、EPC 模式、Partnering 模式和 Project Controlling 模式，这些模式具有各自的产生背景，具有不同特征和使用条件。

习　题

一、名词解释

①建设项目管理；②工程咨询；③咨询工程师；④CM 模式；⑤EPC 模式；⑥Partnering 模式；⑦Project Controlling 模式。

二、单项选择题

1. 建设项目管理(　　)可以分为业主方的项目管理、设计单位的项目管理、施工单位的项目管理以及材料、设备供应单位的项目管理。

A. 按管理主体　　B. 按服务对象　　C. 按服务阶段　　D. 按服务效益

2. (　　)是以从事工程咨询业务为职业的工程技术人员和其他专业(如经济、管理)人员的统称。

A. 监理工程师　　B. 结构工程师　　C. 咨询工程师　　D. 造价工程师

3. (　　)是指适应现代经济发展和社会进步的需要，集中专家群体或个人的智慧和经验，运用现代科学技术和工程技术以及经济、管理、法律等方面的知识，为建设工程决策和管理提供的智力服务。

A. 工程施工　　B. 工程咨询　　C. 工程设计　　D. 工程维修

4. Project Controlling 与建设项目管理的不同点是(　　)。

A. 工作属性　　B. 控制目标　　C. 控制原理　　D. 服务对象

5. 国际金融组织贷款的建设工程宜采用(　　)模式。

A. CM　　B. EPC　　C. Partnering　　D. Project Controlling

三、多项选择题

1. 工程咨询公司的服务对象可以是(　　)。

A. 业主　　B. 承包商　　C. 国际金融机构　　D. 贷款银行

E. 联合承包工程

2. 工程咨询的作用包括(　　)。

A. 为决策者提供科学合理的建议　　B. 保证工程的顺利实施

C. 为客户提供信息和先进技术　　D. 发挥准仲裁人的作用

E. 促进国际间工程领域的交流和合作

3. 建设项目管理学的主要内容包括(　　)。

A. 建设项目管理组织　　B. 投资控制

C. 进度控制　　D. 质量控制　　E. 合同管理

4. CM 模式适用于(　　)。

A. 设计变更可能性较大的建设工程　　B. 时间因素最为重要的建设工程

C. 总范围和规模不确定而无法准确定价的建设工程

D. 复杂不确定因素较多的建设工程

E. 不宜采用公开招标或邀请招标的建设工程

5. EPC 模式的特征包括(　　)。

A. 承包商承担大部分风险　　B. 业主或业主代表管理工程实施

C. 更接近于固定总价合同　　D. 出于自愿　　E. 高层管理者参与

四、简答题

1. 简述建设项目管理的类型。
2. 咨询工程师应具备哪些素质?
3. 工程咨询有何作用?
4. 简述工程咨询公司的服务对象和内容。
5. 简述 CM 模式的类型和适用情况。
6. 简述 EPC 模式的特征和适用条件。
7. 简述 Partnering 模式的特征、要素和适用情况。
8. 简述 Project Controlling 模式的类型和应用中需注意的问题。
9. 简述 Project Controlling 模式与建设项目管理的区别。

模块 14　工程建设监理案例分析

【知识要点】 工程建设监理基本知识；工程建设法律法规；工程建设监理目标控制与实践；工程建设监理文件；工程建设安全监理；工程建设合同管理与信息管理；工程建设风险分析。

【教学目标】 工程建设监理案例分析是通过对一个含有问题的具体工程实际情境和事件的描述，利用工程监理基本理论知识分析和解决该事件中的问题的一种研究方法。通过监理案例学习，巩固监理基本理论知识，培养学生灵活运用所学监理知识和相关法规解决实际问题的综合能力。

课题 14.1　施工招标监理与监理工作阶段

1　背景资料

某监理单位与某市中心医院签订了委托监理合同，承担工程项目全部工程建设的监理任务。

2　问题

(1)监理单位在施工招标阶段的建设监理工作主要内容有哪些？

(2)监理单位的监理工作内容主要涉及哪些阶段？

3　知识要点

监理单位在建设初期阶段的工作内容，监理工作的阶段。

4　案例分析

监理单位在建设初期阶段主要工作内容是协助建设单位做立项准备阶段的工程筹备工作。现代工程监理的工作不仅仅局限于施工阶段，已经贯穿整个工程建设阶段，这也是现代工程监理的发展趋势。

5　答题要点

(1)施工招标阶段建设监理工作的主要内容包括：①拟订工程建设施工招标方案并征得建设单位同意；②准备工程建设施工招标条件；③办理施工招标申请；④协助建设单位编写施工招标文件；⑤标底经建设单位认可后，报送所在地方建设主管部门审核；⑥协助建设单位组织工程建设施工招标工作；⑦组织现场勘察与答疑会，回答投标人提出的问题；⑧协助建设单位开标、评标及定标工作；⑨协助建设单位与中标单位商签施工合同。

（2）监理单位的管理工作内容主要涉及的阶段有：立项阶段；设计阶段；施工招标阶段；材料、设备采购供应阶段；施工准备阶段；施工阶段；施工验收阶段。

课题 14.2　施工过程质量控制的方法

1　背景资料

为了加强我国与国际上各国的政治、经济交往与合作，决定由政府投资在某市修建一个高标准、高质量、供国际高层人员集会活动的国际会议中心。该工程项目位于该市环境幽雅、风景优美的地区。该工程项目已通过招标确定由某承包公司 A 总承包并签订了施工合同，还与监理公司 B 签订了委托监理合同。监理机构在该工程项目实施中遇到了以下几种情况：

（1）该地区地质情况不良，且极为复杂多变，施工可能十分困难，为了保证工程质量，总承包商决定将基础工程施工发包给一个专业基础工程公司 C。

（2）整个工程质量标准要求极高，建设单位要求监理机构要把住所使用的主要材料、设备进场的质量关。

（3）建设单位还要求监理机构对于主要的工程施工，无论是钢筋混凝土主体结构，还是精美的装饰工程，都要求严格把好每一道工序施工质量关，要达到合同规定的高标准和高的质量保证率。

（4）建设单位要求必须确保所使用的混凝土拌和料、砂浆材料和钢筋混凝土承重结构及承重焊缝的强度达到质量要求的标准。

（5）在修建沟通该会议中心与该市市区和主干高速公路相衔接的高速公路支线的初期，监理工程师发现发包该路基工程的施工队填筑路基的质量没有达到规定的质量要求。监理工程师指令暂停施工，并要求返工重做。但是，承包方对此拖延，拒不进行返工，并通过有关方面“劝说”监理方同意不进行返工，双方坚持不下持续很久，影响了工程正常进展。

（6）在进行某层钢筋混凝土楼板浇筑混凝土施工过程中，土建监理工程师得悉该层楼板钢筋施工虽已经过监理工程师检查认可签证，但其中设计预埋的电气暗管却未通知电气监理工程师检查签证。此时混凝土已浇筑了全部工程量的五分之一。

2　问题

（1）监理工程师进行施工过程质量控制的手段主要有哪几方面？

（2）针对上述几种情况，你认为监理工程师应当分别运用什么手段以保证质量？请逐次作出回答。

（3）为了确保作业质量，在什么情况下总监理工程师有权行使质量控制权，下达停工令，及时进行质量控制？

3　知识要点

监理工程师进行施工过程质量控制的手段;总监理工程师行使质量控制权,下达停工令。

4　案例分析

质量控制是监理工作的重要部分之一,其手段有很多种,比如旁站、测量、试验、指令性文件、停止支付等。

5　答题要点

5.1　监理工程师施工过程质量控制的手段

监理工程师进行施工过程质量控制的手段主要有以下 5 个方面:①通过审核有关技术文件、报告或报表等手段进行控制;②通过下达指令文件和一般管理文书的手段进行控制(一般是以通知的方式下达);③通过进行现场监督和检查的手段进行控制(包括旁站监督、巡视检查和平行检验);④通过规定质量监控工作程序,要求按规定的程序工作和活动;⑤利用支付控制权的手段进行控制。

5.2　监理工程师控制施工质量的方法

针对题示所提出的 6 种情况,监理工程师应采用以下手段进行控制(逐项对应解答):

(1)首先,通过审核分包商的资质证明文件控制分包商的资质(审核文件、报告的手段),然后通过审查总包商提交的施工方案(实际为分包商提出的基础施工方案)控制基础施工技术,以保证基础施工质量。

(2)保证进场材料、设备的质量可采取的手段有:①通过审查进场材料、设备的出厂合格证、材质化验单、试验报告等文件、报表、报告进行控制;②通过平行检验方式进行现场监督检查控制。

(3)通过规定质量监控程序严把每道工序的施工质量关;通过现场巡视及旁站监督严把施工过程关。

(4)通过旁站监督和见证取样控制混凝土拌和料、砂浆及承重结构质量。

(5)通过下达暂停施工的指令中止不合格填方继续扩大;通过停止支付工程款的手段促使承包方返工。

(6)通过下达暂停施工的指令的手段,防止质量问题恶化与扩大;通过下达质量通知单进行调查、检查,提出处理意见;通过审查与批准处理方案,下达返工或整改的指令,进行质量控制。

5.3　监理工程师下达停工令的条件

在下列情况下,总监理工程师有权下达停工令,及时进行质量控制:

(1)施工中出现质量异常,承包方未能扭转异常情况者。

(2)隐蔽工程未依法检验确认合格,擅自封闭者。

(3)已发生质量问题迟迟不作处理,或如不停工,质量情况可能继续发展。

(4)未经监理工程师审查同意,擅自变更设计或修改图纸。

(5)未经合法审查或审查不合格的人员进入现场施工。

(6)使用的材料、半成品未经检查认可,或检查认为不合格的进入现场并使用。

(7)擅自使用未经监理方审查认可或资质不合格的分包单位进场施工。

课题 14.3　工程建设工期和费用索赔

1　背景资料

建设单位将一热电厂工程建设项目的土建工程和设备安装工程施工任务分别发包给某土建施工单位和某设备安装单位。经总监理工程师审核批准,土建施工单位又将桩基础施工分包给一专业基础工程公司。

建设单位与土建施工单位和设备安装单位分别签订了施工合同和设备安装合同。在工程延期方面,合同中约定,建设单位违约一天应补偿承包方 5 000 元人民币,承包方违约一天应罚款 5 000 元人民币。

该工程所用的桩是钢筋混凝土预制桩,共计 1 200 根。预制桩由建设单位供应。

按施工总进度计划的安排,规定桩基础施工应从 5 月 10 日开工至 5 月 20 日完工。但在施工过程中,由于建设单位供应预制桩不及时,使桩基础施工在 5 月 13 日才开工,5 月 13 日至 5 月 18 日基础工程公司的打桩设备出现故障不能施工,5 月 19 日至 5 月 22 日又出现了属于不可抗力的恶劣天气无法施工。

2　问题

(1)在上述工期拖延中,监理工程师应如何处理?

(2)施工单位向建设单位索赔的程序如何?

(3)设备安装单位的损失应由谁承担责任?应补偿的工期和费用是多少?

(4)土建施工单位应获得的工期补偿和费用补偿各为多少?

3　知识要点

监理工程师对工程延期和索赔事件的处理。

4　案例分析

对于工程延期的批准,首要条件是非施工单位自身原因而造成的工程延期。

5　答题要点

5.1　监理工程师处理工期拖延的方法

对于上述工程拖期,监理工程师可做出如下处理:

(1)从 5 月 10 日至 5 月 13 日共 3 天,属于建设单位原因造成的拖期,应给予施工单位工期和费用的补偿。

(2)从 5 月 13 日至 5 月 18 日共 6 天,属于施工单位原因造成的拖期,由施工单位承担发生的费用,工期不予顺延。

(3)从 5 月 19 日至 5 月 22 日共 4 天,属于不可抗力的原因造成的拖期,施工单位承担发生的费用,工期给予顺延。

5.2 施工单位向建设单位索赔的程序

施工单位可按下列程序以书面形式向建设单位索赔:

(1)索赔事件发生后 28 天内,向监理方发出索赔意向通知。

(2)发出索赔意向通知后 28 天内,向监理方提出延长工期和补偿经济损失的索赔报告及有关资料。

(3)监理方在收到施工单位送交的索赔报告和有关资料后,于 28 天内给予签复,或要求施工单位进一步补充索赔理由和证据。

(4)监理方在收到施工单位送交的索赔报告和有关资料后 25 天内未予答复或未对施工单位作进一步要求,视为该项索赔已经认可。

5.3 设备安装单位的损失赔偿

设备安装单位的损失应由建设单位负责。因为设备安装单位与建设单位有合同关系,它与土建施工单位无合同关系。设备安装单位应获工期补偿 $3+6+4=13$(天)。应获费用补偿为 $13\times5\ 000=65\ 000$(元)。

5.4 施工单位工期补偿和费用补偿

应予以补偿的具体数额为:土建施工单位应获得的工期补偿为 $3+4=7$(天)。土建施工单位应获得的费用补偿为 $3\times5\ 000-6\times5\ 000=-15\ 000$(元),即应扣款 1.5 万元。

课题 14.4 施工阶段质量控制的环节与依据

1 背景资料

工程施工是使工程设计意图最终实现并形成工程实体的阶段,也是最终形成工程产品质量和工程项目使用价值的重要阶段。因此,施工阶段的质量控制不但是施工监理重要的工作内容,也是工程项目质量控制的重点。

2 问题

(1)按工程实体质量形成过程的时间可分为哪三个施工阶段的质量控制环节?

(2)施工阶段监理工程师进行质量控制的依据有哪些?

(3)采用新工艺、新材料、新技术的工程,事先应进行试验,并由谁出具技术鉴定书?

3 知识要点

施工阶段质量控制的系统过程。

4 案例分析

施工阶段包括施工准备、施工过程、竣工验收三个阶段,工程实体就是通过这三个阶段形成的。监理工程师进行质量控制首先必须依合同办事，在遵循基本法规文件的基础上，依据“按图施工”这一原则，对工程有关质量进行检验和控制。

5　答题要点

（1）施工阶段质量控制的三个环节是：①施工准备控制；②施工过程控制；③竣工验收控制。

（2）施工阶段监理工程师进行质量控制的依据有：①工程合同文件；②设计文件；③国家及政府有关部门颁发的有关质量管理方面的法律、法规性文件；④有关质量检验与控制的专门技术法规性文件。

（3）采用新工艺、新材料、新技术的工程，应由权威性技术部门出具技术鉴定书。

课题14.5　施工技术交底

1　背景资料

某实施项目监理的工程，在钢结构工程施工前，工程设计单位将由其技术人员编制好的技术交底书提交建设单位，经建设单位工程负责人审查后，正式实施。

2　问题

（1）以上说法的不妥之处有哪些？请指出来并说出正确的做法。

（2）技术交底书要报监理工程师的工程有哪些？

3　知识要点

作业技术交底的控制。

4　案例分析

每一分项工程开始实施前均要进行技术交底。作业技术交底是施工单位对其施工组织设计或施工方案的具体化，必须由项目经理部主管技术人员编制，还需项目总工程师批准。

5　答题要点

5.1　施工技术交底

（1）不妥之处：工程设计单位的技术人员编制技术交底书。正确做法：工程项目经理部的主管技术人员编制技术交底书。

（2）不妥之处：技术交底书提交建设单位。正确做法：技术交底书应提交项目总工程师批准。

(3) 不妥之处：经建设单位工程负责人审查后实施。正确做法：经项目监理单位监理工程师审查后实施。

5.2　技术交底应提交监理工程师的条件

承包单位的技术交底书应报监理工程师的条件主要有：关键部位或技术难度大；施工复杂的检验批；分项工程施工前等。

课题 14.6　施工准备和竣工验收质量控制流程

1　背景资料

某大型剧院的工程项目已具备开工条件，开工前质量控制的流程是：开工准备→提交工程开工报审表→审查开工条件→批准开工申请。在该工程全部工程完成后，应进行竣工验收，其工作流程为：竣工验收文件资料准备→申请工程竣工验收→审核竣工验收申请→签署工程竣工验收申请→组织工程验收。

2　问题

(1) 开工前的各项流程由哪些单位进行？

(2) 竣工验收阶段的各流程由哪些单位完成？

(3) 工程开工报审表应附有哪些材料？

3　知识要点

施工准备、竣工验收阶段对工程质量的系统控制。

4　案例分析

判断工程流程由谁完成的问题，应考虑各单位的责任和义务是什么。开工报审表所附材料应该是施工准备阶段施工单位对施工组织设计、施工人员的安排、施工设备的准备、施工材料的准备等事宜的安排。

5　答题要点

(1) 开工前的各项流程的实施者：①开工准备由承包单位进行；②提交工程开工报审表由承包单位进行；③审查开工条件由监理单位完成；④批准开工申请由监理单位完成。

(2) 竣工阶段各流程的完成者是：①竣工验收文件资料准备由承包单位完成；②申请工程竣工验收由承包单位完成；③审核竣工验收申请由监理单位完成；④签署工程竣工验收申请由监理单位完成；⑤组织工程竣工验收由建设单位完成。

(3) 开工报审表应附有的材料是：①施工组织设计；②施工人员到场情况；③施工设备到场情况；④材料到场情况；⑤分包单位资质材料。

课题 14.7　监理文件与监理人员职责

1　背景资料

某工程建设单位分别与监理单位、施工单位签订了监理合同和工程承包合同。施工开始前，建设单位要求监理单位提交监理规划。但总监理工程师认为目前只有基础施工图，±0.000 以上结构部分设计单位尚未出施工图，不能进行监理规划的编写，于是拒绝建设单位要求。但建设单位急需该项目的监理规划，总监理工程师建议先用监理大纲代替，建设单位无奈同意了该做法。不久，设计单位送来 ±0.000 以上结构施工图，于是总监理工程师委托总监理工程师代表主持编写项目监理规划。开工后 1 个月，建设单位因资金紧缺，书面要求施工单位暂停施工。施工单位同意停工 1 个月，但要求建设单位赔偿因停工造成的损失，并在承包合同规定的期限内向项目监理机构提交了对建设单位的费用索赔意向通知书。

2　问题

(1) 设计图纸不全是否影响监理规划的编写？编写监理规划的依据是什么？

(2) 监理规划与监理大纲的作用有何不同？

(3) 总监理工程师是否能委托总监理工程师代表主持编写项目监理规划？总监理工程师不能将哪些工作委托总监理工程师代表？

(4) 总监理工程师与总监理工程师代表之间、总监理工程师同该项目法人之间、总监理工程师代表同该项目法人之间的责任关系如何？

(5) 监理单位是否应受理施工单位提出的索赔？写出施工单位和总监理工程师处理索赔过程中应使用的相关表式。

(6) 监理单位处理费用索赔的依据是什么？

3　知识要点

监理规划编写的依据；监理规划、监理大纲的作用；监理人员职责；总监理工程师、总监理工程师代表、项目法人之间的责任关系；监理单位对费用索赔的处理。

4　案例分析

监理规划编写的依据是：工程建设方面的法律、法规；政府批准的工程建设文件；工程建设监理合同；其他工程建设合同；监理大纲。监理大纲的作用是为了承揽监理任务。监理规划的作用是指导项目监理机构全面开展监理工作。

5　答题要点

(1) 设计图纸不影响监理规划的编写。监理规划编写的依据是：①工程建设方面的法律、法规；②政府批准的工程建设文件；③工程建设监理合同；④其他工程建设合同；

⑤监理大纲。

（2）监理大纲的作用：①承揽监理任务；②为今后开展监理工作提供方案；③为编写规划提供直接依据。监理规划的作用：①指导项目监理机构全面开展监理工作；②监理主管机构对监理单位实施监督的依据；③建设单位确认监理履行监理合同的依据；④监理单位的存档资料和内部考核的依据。

（3）总监理工程师不能将主持编写监理规划委托给总监理工程师代表。总监理工程师不能将下列工作委托给总监理工程师代表：①主持编写项目监理规划、审批项目监理实施细则；②签发工程开工/复工报审表、工程暂停令、工程款支付证书、工程竣工报验单；③审核签认竣工结算；④调解建设单位与承包单位的合同争议、处理索赔，审批工程延期；⑤根据工程项目的进展情况进行监理人员的调配，调换不称职的监理人员。

（4）总监理工程师代表对总监理工程师负责，而不直接对项目法人负责。总监理工程师对总监理工程师代表的行为负责，总监理工程师对项目法人负责。

（5）监理单位应受理施工单位提出的索赔，处理费用索赔，施工单位应使用费用索赔申请表。

（6）监理单位处理费用索赔应依据以下内容：①国家有关的法律、法规和工程项目所在地的地方法规；②本工程的施工合同文件；③国家、部门和地方有关的标准、规范和定额；④施工合同履行过程中与索赔事件有关的凭证。

课题 14.8　监理规划与监理对施工单位的管理

1　背景资料

1.1　概述

某建设单位计划将拟建的工程项目的实施阶段委托光明监理公司进行监理。监理合同签订以后，总监理工程师组织监理人员对制定的监理规划问题进行了讨论，有人提出了如下一些看法。

1.1.1　监理规划的作用与编制原则

（1）监理规划是开展监理工作的技术组织文件。

（2）监理规划的基本作用是指导施工阶段的监理工作。

（3）监理规划的编制应符合监理合同、项目特征及建设单位的要求。

（4）监理规划应一气呵成，不应分阶段编写。

（5）应符合监理大纲的有关内容。

（6）应为监理细则的编制提出明确的目标要求。

1.1.2　监理规划的基本内容

（1）工程概况。

（2）监理单位的权利和义务。

（3）监理单位的经营目标。

（4）工程项目实施的组织。

(5)监理范围内的工程总目标。

(6)项目监理组织机构。

(7)质量、投资、进度控制。

(8)合同管理。

(9)信息管理。

(10)组织协调。

1.1.3 监理规划文件编写阶段

监理规划文件分为三个阶段制定,各阶段的监理规划交入建设单位的时间安排如下:

(1)设计阶段监理规划应在设计单位开始设计前的规定时间内提交给建设单位。

(2)施工招标阶段监理规划应在招标书发出后提交给建设单位。

(3)施工阶段监理规划应在正式施工后提交给建设单位。

1.2 施工阶段监理规划内容

在施工阶段,光明监理公司的施工监理规划编制后递交给建设单位,其部分内容如下。

1.2.1 施工阶段的质量控制

质量的事前控制内容如下。

(1)掌握和熟悉质量控制的技术依据。

(2)审查施工组织设计。

(3)审查施工单位的资质:①审查总包单位的资质;②审查分包单位的资质。

(4)进场材料、设备检查验收。

(5)行使质量监督权,下达停工指令。

为了保证工程质量,出现下述情况之一者,监理工程师报请总监理工程师批准有权责令施工单位立即停工整改:①工序完成后未经检验即进行下道工序者;②工程质量下降,经指出后未采取有效措施整改,或采取措施不力、效果不好,继续作业者;③擅自使用未经监理工程师认可或批准的工程材料;④擅自变更设计图纸;⑤擅自将工程分包;⑥擅自让未经同意的分包单位进场作业;⑦没有可靠的质量保证措施而贸然施工,已出现质量下降征兆;⑧其他对质量有重大影响的情况。

1.2.2 施工阶段的投资控制

(1)建立健全监理组织,完善职责分工及有关制度,落实投资控制的责任。

(2)审核施工组织设计和施工方案,合理审核签证施工措施费,按合理工期组织施工。

(3)及时进行计划费用与实际支出费用的分析比较。

(4)准确测量实际完工工程量,并按实际完工工程量签证工程款付款凭证。

2 问题

(1)监理单位讨论中提出的监理规划的作用及基本原则是否恰当?其基本内容中你认为哪些项目不应编入监理规划?

(2)给建设单位提交监理规划文件的时间安排中,你认为哪些是合适的?哪些是不合适或不明确的？如何提出才合适？

(3)监理工程师在施工阶段应掌握和熟悉哪些质量控制的技术依据？

(4)监理规划中规定了对施工队伍的资质进行审查，请问总包单位和分包单位的资质应安排在什么时候审查？

(5)如果在施工中发现总包单位未经监理单位同意，擅自将工程分包，监理工程师应如何处置？

(6)你认为投资控制措施中第几项不完善？为什么？

3　知识要点

监理规划的作用、基本原则及内容；监理对施工单位的资格审查；监理对分包的处理。

4　案例分析

监理规划是指导项目监理机构全面开展监理工作的指导性文件。总包单位的资质审查应安排在施工招标阶段对投标单位的资格预审，对分包单位的资质审查应安排在分包合同签订前。

5　答题要点

5.1　监理规划的作用、编制原则及应编制的内容

第(1)条监理规划作用看得太轻，对监理规划重视程度不够。因为监理规划作为监理组织机构开展监理工作的纲领性文件，是开展监理工作重要的技术组织文件。

第(2)条的基本作用是不正确的，因为在背景材料中给出的条件是建设单位委托监理单位进行“实施阶段的监理”，所以监理规划就不应仅限于“是指导施工阶段的监理工作”这一作用。

第(3)条回答不够全面，监理规划的编制不但应符合监理合同、项目特征、建设单位要求等内容，还应符合国家制定的各项法律、法规、技术标准、规范等要求。

第(4)条款不妥，由于工程项目建设中，往往工期较长，所以在设计阶段不可能将施工招标、施工阶段的监理规划“一气呵成”地编就，而应分阶段进行“滚动式”编制。

其他两条原则正确。因监理大纲、监理规划、监理细则是监理单位针对工程项目编制的系列文件，具有体系上的一致性、相关性与系统性，宜由粗到细形成系列文件，监理规划应符合监理大纲的有关内容，也应为监理细则的编制提出明确的目标要求。

所讨论的监理规划内容中，第(2)条监理单位的权利和义务，第(3)条监理单位的经营目标和第(4)条工程项目实施的组织等内容一般不宜编入监理规划。

5.2　监理规划建设单位的时间

(1)设计阶段监理规划提交的时间合适。

(2)施工招标阶段提交监理规划时间不合适，应在招标开始前一定的时间内提交建设单位。

(3)施工阶段提交监理规划时间不合适，宜在第一次工地会议前一定的时间内提交建设单位。

5.3 监理工程师在监理过程中的质量控制依据

监理工程师在施工阶段应掌握和熟悉以下质量控制的技术依据：

(1)设计图纸及设计说明书。

(2)工程质量评定标准及施工验收规范。

(3)监理合同及工程承包合同。

(4)工程施工规范及有关技术规程。

(5)建设单位对工程有特殊要求时,应熟悉有关控制标准及技术指标。

5.4 施工总包单位和分包单位的资质审查

总包单位的资质审查应安排在施工招标阶段对投标单位的资格预审时,并在评标时也对其综合能力进行一定的评审。分包单位的资质审查应安排在分包合同签订前,由总承包单位将分包工程和拟选择的分包单位资质材料提交总监理工程师,经总监理工程师审核确认后,总承包单位与之签订工程分包合同。

5.5 监理工程师处理未经监理单位批准而擅自将工程分包的方法

如果监理工程师发现施工单位未经监理单位批准而擅自将工程分包,根据监理规划中质量控制的措施,监理工程师应报告总监理工程师,经总监理工程师批准或经总监理工程师授权可责令施工单位停工处理,而不能由监理工程师随意责令施工单位停工。

5.6 投资控制措施

在监理规划的投资控制四项措施中,第(4)条不够严谨。首先,施工单位“实际完工工程量”不一定是施工图纸或合同内规定的内容或监理工程师指定的工程量,即监理工程师只对图纸或合同或工程师指定的工程量给予计量。其次,“按实际完工工程量签证工程款付款凭证”应改为“按实际完工的经监理工程师检查合格认可的工程量签证工程款付款凭证”。只有合格的工程才能办理签证。

课题 14.9 隐蔽工程验收与工程延期认定

1 背景资料

某大型商业中心工程项目,建设单位 A 与某一级施工企业 B 和某甲级监理公司 C 分别签订了工程施工合同和施工阶段监理合同,工程开工后发生了下列事件。

事件 1:在修建国际商品展销中心工程的基础施工中,由于施工班组违章作业,已经过监理人员检验合格的基础钢筋出现位移质量事故,在浇筑混凝土不久后,被监理方发现及时口头指示后并书面通知承包方立即停工处理和整改。承包方整改完成后,经监理方重新检验确认合格后,指令复工,继续进行基础混凝土施工。由此造成的经济损失由承包方承担,工期拖期不予延长,监理方还将此事故及处理情况向建设单位作了报告。而建设单位代表书面提出,出现质量事故,监理公司也应负一定责任,要求扣除 1% 的监理费作为罚金。

事件 2:在地下管道施工中,管道铺设完毕后,承包方曾书面通知监理方要求检查管道铺设质量。但监理方收到质量验收通知单后,在合同约定的时间内并未前来检验,也未提出延期检查的书面要求。因此,承包方即将管沟予以回填。为此,监理方书面指令要求承包方将管沟重新挖开,以便检验管道质量。承包方按监理方要求对管沟进行剥露,经监理方检查后,确认管道铺设质量未达到设计图纸和合同要求,也不符合标准和规范要求,管道接合部位严重漏水。因此,监理方要求承包方返工。承包方按要求进行了管道的返工处理,经监理方检验质量合格予以确认后,将管沟重新回填。为此,承包方提出除管道返工费用由于是承包方原因造成的质量不合格应自己承担外,要求发包方补偿再度剥露费用(包括重新开挖、回填以及更新由于重挖造成的部分管道损坏的费用)76 000 元和工期延长 8 天。

事件 3:在修建该商业中心的东方广场和商业大厦工程中,开挖基坑时,发现大量化石和古人类文明遗址,经有关部门及专家鉴定为远古类人猿活动遗址,有重大考古价值,经国家有关部门与建设单位协商决定在该处进行发掘工作,并与承包方协商后决定由承包方抽调部分力量参与文物发掘工作。经 40 天发掘工作基本完成。为此,承包方向发包方提出要求补偿参与考古发掘工作的直接费 48 万元,由于工程暂停和延期所造成的劳力和机械设备闲置等损失 32 万元,补偿 20% 管理费和 10% 利润,并且延长工期 40 天。

2　问题

(1)你作为监理方,是否接受建设单位代表的要求?为什么?

(2)承包方在管道未经监理检查并认可其质量的情况下,能否回填和覆盖?管沟合法回填的前提条件是什么?

(3)承包方提出的发包方补偿管沟再度剥露的费用和工期延长的要求是否合理?为什么?监理方应如何处理?

(4)在施工中发现地下化石及文物后,监理单位应按照什么程序处理?

(5)承包方提出的费用补偿及延长工期的要求是否合理?为什么?

3　知识要点

质量事故的处理;隐蔽工程的验收程序;工程延期的认定和处理。

4　案例分析

隐蔽工程在隐蔽之前必须经过监理方的检查和认可,首先是施工单位自检,并在验收前 48 h 书面通知监理方检查验收。承包方发现文物、化石而发生的费用和损失以及延长工期的要求是可以接受的,一般发包方应承担由此发生的费用,延误的工期相应顺延。

5　答题要点

(1)监理方不能接受这一要求。因为承包方违章作业造成的质量事故,不是由于监理的错误指令造成的,不属于监理方责任。因而扣 1% 监理费作为罚金是不合理的,不能接受。

(2)承包方在管道铺设过程中,在未经监理方检查和认可其质量合格的情况下,可以回填和覆盖,但必须具备如下的前提条件:①承包方自检合格后,在验收前 48 h 已书面通知监理方检查验收；②监理人员没有在合同约定的时间内到场检验，而且在不能按时到场检验的情况下，又未能提前 24 h 向承包方提出书面的延期检查要求。

在一般情况下，承包方合法回填管沟的前提条件是：①自检质量合格；②要经过监理方检查并书面确认工程质量合格，符合国家或行业规范、标准以及设计文件和施工合同的要求；③在按合同约定的要求时间内，承包方已书面通知监理方检查，监理方未能按约定时间到场检查，也未能提前提示延期检查的要求。

（3）承包方向发包方提出补偿管沟剥露的费用和延长工期的要求不合理。因为通常不论隐蔽工程是否已经过验收，当监理工程师提出剥露或开孔重新检验隐蔽工程的情况下，承包方都应按监理工程师的要求进行剥露。至于因剥露而发生费用及时间的补偿，则要看检验的结果来决定，若检验合格，则发包方应承担由此发生的追加合同价款，赔偿承包方损失，并相应顺延工期；若检验不合格，则承包方应承担由此发生的全部费用，工期不予顺延。因此，监理工程师的处理应当根据《施工合同》（示范文本）第 18 条规定执行，建筑工程费用不予以补偿，工期不予顺延。

（4）施工中发现文物、化石及其他有考古、地质研究等价值的物品时，承包方应立即保护好现场，并于 4 h 内书面通知监理工程师。监理工程师应于收到书面通知后 24 h 内报告当地文物管理部门，并按有关管理部门的要求采取妥善的保护措施。必要时，可下达书面的暂停施工的指令。此外，监理方还应与承包方相配合，一方面要做好保护工作，另一方面要采取措施，设法尽量减少暂停施工给工程和承包方带来的损失。

（5）承包方向发包方提出补偿因发现文物、化石而发生的费用损失以及延长工期的要求是合理的，因为一般在发生上述情况下，发包方应承担由此发生的费用，延误的工期相应顺延。

课题 14.10　工程质量事故处理

1　背景资料

T 省 H 市一幢商住楼工程项目，建设单位 A 与施工单位 B 和监理单位 C 分别签订了施工承包合同和施工阶段委托监理合同。该工程项目的主体工程为钢筋混凝土框架式结构，设计要求混凝土抗压强度达到 C20。在主体工程施工至第三层时，钢筋混凝土柱浇筑完毕拆模后，监理工程师发现，第三层全部 80 根钢筋混凝土柱的外观质量很差，不仅蜂窝麻面严重，而且表面的混凝土质地酥松，用锤轻敲即有混凝土碎块脱落。经检查，施工单位提交的从 9 根柱施工现场取样的混凝土强度试验结果表明，混凝土抗压强度值均达到或超过了设计要求值，其中最大值达到 C30 的水平，监理工程师对施工单位提交的试验报告结果十分怀疑。

2　问题

（1）在上述情况下，作为监理工程师，你认为应当按什么步骤处理？

（2）常见的工程质量问题产生的原因主要有哪几方面？

(3)工程质量问题的处理方式有哪些？质量事故处理应遵循什么程序进行？质量事故分为几类？如有一造价 8 000 万元的高层建筑，主体工程完成封顶后，装修过程中发现建筑物整体倾斜，无法控制，最后人工控制爆破炸毁。这一质量事故属于哪一类？

(4)工程质量事故处理的依据包括哪几方面？质量事故处理方案有哪几类？事故处理的基本要求是什么？事故处理验收结论通常有哪几种？如果上述质量问题经检验证明抽验结果质量严重不合格（最高为 C18，最低仅为 C8），而且施工单位提交的试验报告结果不是根据施工现场取样，而是在实验室按设计配合比做出的试样试验结果，你认为应当如何处理？

3 知识要点

工程质量问题的处理方式、依据、程序及分类；工程质量问题常见的产生原因；一般质量事故分为四个大类。

4 案例分析

影响工程质量的因素归纳起来可以分为五个方面，即人、材、机械、方法、环境。

5 答题要点

5.1 监理工程师处理质量事故的步骤

(1)监理工程师应首先指令施工单位暂停施工。

(2)如果自己具有相应技术实力及设备，可通知施工单位，在其参加下，从已浇筑的柱体上钻孔取样进行抽样检验和试验，也可以请具有权威性的第三方检测机构进行抽检和试验。

(3)根据抽检结果判断质量问题的严重程度，必要时需通过建设单位请原设计单位及质量监督机构参加对该质量问题的分析判断。

(4)根据判断的结果及质量问题产生的原因决定处理方式或处理方案。

(5)指令施工单位进行处理，监理方应跟踪监督。

(6)处理后施工单位自检合格后，监理工程师复检合格加以确认。

(7)明确质量责任，按责任归属承担责任。

5.2 常见的工程质量问题

常见的工程质量问题可能的原因有：①违背建设程序；②违反法规行为；③地质勘查失真；④设计差错；⑤施工管理不到位；⑥使用不合格的原材料、制品及设备；⑦自然环境因素；⑧使用不当。

5.3 工程质量问题的处理方式、处理程序和质量事故分类与判断

(1)工程质量问题的处理，根据其性质及严重程度不同可有以下处理方式：①当施工引起的质量问题尚处于萌芽状态时，应及时制止，并要求施工单位立即改正；②当施工引起的质量问题已出现，立即向施工单位发出“监理通知”，要求其进行补救处理，当其采取保证质量的有效措施后，向监理单位填报“监理通知回复单”；③某工序分项工程完工后，如出现不合格项，监理工程师应填写“不合格项处置记录”，要求施工单位整改，并对其补

救方案进行确认，跟踪其处理过程，对处理结果进行验收，不合格不允许进入下道工序或分项工程施工；④在交工使用后保修期内，发现施工质量问题时，监理工程师应及时签发“监理通知”，指令施工单位进行保修（修补、加固或返工处理）。

（2）质量事故处理的一般程序是：①质量事故发生后，总监理工程师签发“工程暂停令”，暂停有关部分的工程施工，要求施工单位采取措施，防止扩大，保护现场，上报有关主管部门，并于 24 h 内写出书面报告；②监理工程师应积极协助上级有关主管部门组织成立的事故调查组工作，提供有关的证据，若监理方有责任，则应回避；③总监理工程师接到事故调查组提出的技术处理意见后，可征求建设单位意见，组织有关单位研究并委托原设计单位完成技术处理方案，予以审核签认；④处理方案核签后，监理工程师应要求施工单位制订详细施工方案，监督其实施处理；⑤施工单位处理完工自检后报验结果，组织各方检查验收，必要时进行处理鉴定。

（3）质量事故可分为以下四类：一般质量事故、严重质量事故、重大质量事故和特别重大事故。①一般质量事故——指直接经济损失在 5 000 元及其以上、不满 5 万元者，或者是影响使用功能和结构安全，造成永久质量缺陷者。②严重质量事故——指具备下述条件之一者：直接经济损失达 5 万元及其以上不满 10 万元者；严重影响使用功能或结构安全、存在重大质量隐患者；事故性质恶劣或造成 2 人以下重伤者。③重大质量事故——指具备下述条件之一者：工程倒塌或报废；造成人员死亡或重伤 3 人以上；直接经济损失 10 万元以上。重大质量事故又分为四级：死亡 30 人以上或直接经济损失 300 万元以上为一级；死亡 10 人以上、29 人以下或直接经济损失 100 万元以上（300 万元以下）为二级；死亡 3 人以上、9 人以下，或重伤 20 人以上，或经济损失 30 万元以上（不满 100 万元）为三级；死亡 2 人以下，或重伤 3 人以上、19 人以下，或经济损失 10 万元以上（不满 30 万元）为四级。④特别重大事故——一次死亡 30 人及其以上，或直接经济损失达 500 万元及其以上，或其他性质特别严重的事故。

（4）本问题中所述情况属于特别重大事故。

5.4 工程质量事故处理的依据、处理方案类型、处理的基本要求和处理验收结论

（1）工程质量事故处理的依据有四个方面：①质量事故的实况资料；②具有法律效力的工程承包合同、设计委托合同、材料或设备购销合同及监理合同、分包合同等文件；③有关的技术文件、档案；④相关的建设法规。

（2）质量事故处理方案类型有：修补处理、返工处理和不做专门处理。不做专门处理的条件是：①不影响结构安全和使用；②可以经过后续工序弥补；③经法定单位鉴定合格；④经检测鉴定达不到设计要求，但经原设计单位核算并能满足结构、安全及使用功能。

（3）事故处理的基本要求是：满足设计要求和用户期望；保证结构安全可靠；不留任何隐患；符合经济的合理原则。

（4）事故处理验收结论有：①事故已排除可继续施工；②隐患消除结构安全有保证；③修补处理后能满足使用；④基本满足使用要求，但有附加限制的使用条件；⑤对耐久性的结论；⑥外观影响的结论；⑦短期内难作结论的可提出进一步观测检验意见。

（5）根据本问题所述检验结果，应当全部返工处理。由此产生的经济损失及工期延误应由施工单位承担责任。监理工程师在对施工单位抽样检验的环节中失控，应对建设

单位承担一定的失职责任。

课题 14.11　信息管理

1　背景资料

星河大厦工程建设项目的建设单位与某监理公司和某建筑工程公司分别签订了工程建设施工阶段委托监理合同和工程建设施工合同。为了能及时掌握准确、完整的信息，以便依靠有效的信息对该工程建设的质量、进度、投资实施最佳控制，项目总监理工程师召集有关监理人员专门讨论了如何加强监理文件档案资料的管理问题，涉及有关监理文件档案资料管理的意义、内容和组织等方面的问题。

2　问题

(1)你认为对监理文件档案资料进行科学管理的意义何在？

(2)在项目监理部，对监理文件档案资料管理部门和实施人员的要求如何？

(3)监理文件档案资料管理的主要内容有哪些？

(4)施工阶段监理工作的基本表式的种类和用途如何？

(5)在监理内部和监理外部，工程建设监理文件和档案的传递流程如何？

3　知识要点

监理工作中的信息管理；监理文件管理人员的要求；监理文件档案资料管理的主要内容。监理文件档案的传递流程。

4　案例分析

信息管理；信息的收集、加工整理、传递、储备、应用等。

5　答题要点

5.1　监理文件档案资料科学管理的意义

(1)可以为监理工作的顺利开展创造良好条件。

(2)可以极大地提高监理工作效率。

(3)可以为工程建设档案的归档提供可靠保证。

5.2　监理文件档案资料管理部门和人员的要求

(1)应由项目监理部的信息管理部门专门负责工程建设项目的信息管理工作，其中包括监理文件档案资料的管理。

(2)应由信息管理部门中的资料管理人员负责文件和档案资料的管理与保存。

(3)对信息管理部门中的资料管理人员的要求是：①熟悉各项监理业务；②全面了解和掌握工程建设进展及监理工作开展的实际情况。

5.3 监理文件档案资料管理的主要内容

(1)监理文件和档案收文与登记。

(2)监理文件档案资料传阅与登记。

(3)监理文件资料发文与登记。

(4)监理文件档案资料分类存放。

(5)监理文件档案资料归档。

(6)监理文件档案资料借阅、更改与作废。

5.4 监理工作表式的种类和用途

(1)A类表共8个,为工程监理单位用表,是监理单位与承包单位之间的联系用表,监理单位填写,向承包单位发出指令或批复。

(2)B类表共14个,为施工单位报审、报验用表,是承包单位与监理单位之间的联系用表,由承包单位填写,向监理单位提交申请或批复。

(3)C类表共3个,为各方通用表,是工程监理单位、承包单位、建设单位等各有关单位之间的联系表。

5.5 监理文件和档案资料传递流程

(1)在监理内部,所有文件和档案资料都必须先送信息管理部门,进行统一整理分类,归档保存,然后由信息管理部门根据总监理工程师或其授权监理工程师指令和监理工作的需要,分别将文件和档案资料传递给有关的监理工程师。

(2)在监理外部,在发送或接收监理、建设单位、设计单位、施工单位、材料供应单位及其他单位的文件和档案资料时,也应由信息管理部门负责进行,这样只有一个进口通道,从而在组织上保证文件和档案资料的有效管理。

课题14.12 工程变更与工程暂停程序

1 背景资料

监理单位承担了某工程的施工阶段监理任务,该工程由甲施工单位总承包。甲施工单位选择了经建设单位同意并经监理单位进行资质审查合格的乙施工单位作为分包。施工过程中发生了以下事件:

事件1:专业监理工程师在熟悉图纸时发现,基础工程部分设计内容不符合国家有关工程质量标准和规范。总监理工程师随即致函设计单位要求改正并提出更改建议方案。设计单位研究后,口头同意了总监理工程师的更改方案,总监理工程师随即将更改的内容写成监理指令通知甲施工单位执行。

事件2:施工过程中,专业监理工程师发现乙施工单位施工的分包工程部分存在质量隐患。为此,总监理工程师同时向甲、乙两施工单位发出了整改通知。甲施工单位回函称,乙施工单位施工的工程是经建设单位同意进行分包的,所以本单位不承担该部分工程的质量责任。

事件3:专业监理工程师在巡视时发现,甲施工单位在施工中使用未经报验的建筑材料,若继续施工,该部位将被隐蔽。因此,立即向甲施工单位下达了暂停施工的指令(因甲施工单位的工作对乙施工单位有影响,乙施工单位也被迫停工)。同时,指示甲施工单位将该材料进行检验,并报告了总监理工程师。总监理工程师对该工序停工予以确认,并在合同约定的时间内报告了建设单位。检验报告出来后,证实材料合格,可以使用,总监理工程师随即指令施工单位恢复了正常施工。

事件4:乙施工单位就上述停工自身遭受的损失向甲施工单位提出补偿要求,而甲施工单位称:此次停工是执行监理工程师的指令,乙施工单位应向建设单位提出索赔。

事件5:对上述施工单位的索赔,建设单位称,本次停工是监理工程师失职造成的,且事先未经建设单位同意。因此,建设单位不承担任何责任,由于停工造成施工单位的损失应由监理单位承担。

2 问题

针对上述各个事件,分别提出的问题如下:

(1)请指出总监理工程师上述行为的不妥之处并说明理由。总监理工程师应如何正确处理?

(2)甲施工单位的答复是否妥当?为什么?总监理工程师签发的整改通知是否妥当?为什么?

(3)专业监理工程师是否有权签发本次暂停令?为什么?下达工程暂停令的程序有无不妥之处?请说明理由。

(4)甲施工单位的说法是否正确?为什么?乙施工单位的损失应由谁承担?

(5)建设单位的说法是否正确?为什么?

3 知识要点

工程变更的处理;工程暂停令的签发。

4 案例分析

监理工程师不能擅自进行工程变更,必须经过建设单位和设计单位的批准。工程暂停令只有总监理工程师才有权签发。

5 答题要点

针对上述5项事件的5个问题,逐个解答如下:

(1)总监理工程师不应直接致函设计单位。因为监理人员无权进行设计变更。正确处理:发现问题应向建设单位报告,由建设单位向设计单位提出变更要求。

(2)甲施工单位回函所称不妥。因为分包单位的任何违约行为导致工程损害或给建设单位造成的损失,总承包单位承担连带责任。总监理工程师签发的整改通知不妥。因为整改通知应签发给甲施工单位,因乙施工单位与建设单位没有合同关系。

(3)专业监理工程师无权签发“工程暂停令”。因为这是总监理工程师的权力。下达工程暂停令的程序有不妥之处。理由是专业监理工程师应报告总监理工程师,由总监理工程师签发工程暂停令。

(4)甲施工单位的说法不正确。因为乙施工单位与建设单位没有合同关系，乙施工单位的损失应由甲施工单位承担。

(5)建设单位的说法不正确。因为监理工程师是在合同授权内履行职责，施工单位所受的损失不应由监理单位承担。

课题 14.13　政府工程质量监督

1　背景资料

某国家机关新建一办公楼，建筑面积50 000 m^2，通过招标投标手续，确定了由某建筑公司进行施工，并及时签署了施工合同。双方签订施工合同后，该建筑公司又进行了劳务招标，最终确定江苏某劳务公司为中标单位，并与其签订了劳务分包合同，在合同中明确了双方的权利和义务。该工程由本市某监理单位实施监理任务。该建筑公司为了承揽该项施工任务，采取了低报价策略而获得中标。在施工中，为了降低成本，施工单位采用了一个小砖厂的价格便宜的砖，在砖进场前未向管理单位申报。在施工过程中，屋面带挂板大挑檐悬挑部分根部突然断裂。建设单位未按规定办理工程质量监督手续。经事故调查、原因分析，发现造成该质量事故的主要原因是施工队伍素质差，致使受力钢筋反向，构件厚度控制不严。

2　问题

(1)该建筑公司对砖的选择和进场的做法是否正确？如果不正确，施工单位应如何做？

(2)施工单位现场质量检查的内容有哪些？

(3)施工单位为了降低成本，对材料的选择应如何去做才能保证其质量？

(4)对该起质量事故，该市监理公司是否应承担责任？原因是什么？

(5)政府对工程建设质量监督的职能是什么？

3　知识要点

造成工程质量事故的原因及处理办法；政府对工程建设质量监督的职能。

4　案例分析

材料进场必须通过监理单位的检验合格方能进场。对于材料质量的保证应从厂家、使用方法、材料管理等多方面入手。

5　答题要点

(1)施工单位在砖进场前未向监理申报的做法是错误的。正确做法：施工单位运进砖前，应向项目监理机构提交“工程材料报审表”，同时附有砖的出厂合格证、技术说明书、按规定要求进行送检的检验报告，经监理工程师审查并确认其质量合格后，方准进场。

(2)施工单位现场质量检查的内容：①开工前检查；②工序交接检查；③隐蔽工程检查；④停工后复工前的检查；⑤分项分部工程完工后，应经检查认可，签署验收记录后，才允许进行下一工程项目施工；⑥成品保护检查。

(3)施工单位为了降低成本，对材料的选择应从以下措施做起才能保证质量：①掌握材料信息，优选供货厂家；②合理组织材料供应，确保施工正常进行；③合理组织材料使用，减少材料损失；④加强材料检查验收，严把材料质量关；⑤要重视材料的使用认证，以防错用或使用不合格的材料；⑥加强现场材料管理。

(4)对该起质量事故，该市监理公司应承担责任。原因是：监理单位接受了建设单位委托，并收取了监理费用，具备了承担责任的条件，而施工过程中，监理人员未能发现钢筋布置位置反向、构件厚度不严等质量问题，因此必须承担相应责任。

(5)政府质量监督的职能包括两大方面：一是监督工程建设的各方主体(包括建设单位、施工单位、材料设备供应单位、设计勘察单位和监理单位等)的质量行为是否符合国家法律法规及各项制度的规定；二是监督检查工程实体的施工质量，尤其是地基基础、主体结构、专业设备安装等涉及结构安全和使用功能的施工质量。

小　　结

工程建设监理案例分析是以解决监理人员工程管理实际问题为出发点，以具有代表性的工程建设为背景，对建设工程监理工作面临的问题，应用建设工程监理的理论、方法、程序、手段和措施等知识进行分析，力求使监理人员在监理工作中能够熟练掌握应用监理知识，提高分析问题和解决问题的能力。

工程建设监理案例分析题主要有论述题、计算题、综合分析题、简答题、判断并改错题、图表表达题等6种，在一个案例中要求所提问题之间相对独立或关联性小，不全是某一种题型。

案例分析题知识全面、逻辑性强、涉及面宽，是对全部监理知识的综合性考核。在监理理论学习过程中，必须具备在实践中分析问题解决问题的能力，回答不完整，或答非所问，是回答错误的主要原因。

解答监理案例分析题，应注意以下4点：①认真审题，题意理解透彻，明确论述的中心议题，找出有力的理论依据和事实依据；②充分利用已知条件，如果有没用上的已知条件，就要引起注意，错误可能就发生在这里；③语言表述要简洁明了、用词准确精练、观点明确、切中要害；④与教材知识保持一致，符合相关知识，不要自己另立观点，根据实际经验随意发挥。

习　　题

1. 某工程建设项目，建设单位委托某监理公司负责施工阶段监理，在工程施工过程中发生如下事件。

监理工程师在施工准备阶段组织了施工图纸的会审，施工过程中发现施工图错误造成承包商停工2天，承包商提出工期费用索赔报告。建设单位代表认为监理工程师对图纸会审监理不力，提出要扣监理费1 000元。

问题：

(1)监理工程师怎样处理索赔报告?

(2)监理工程师承担什么责任?

(3)设计院承担什么责任?

(4)承包商承担什么责任?

(5)建设单位承担什么责任?

(6)建设单位扣监理费正确吗?

2. 某商业大厦建设项目，建设单位委托红叶监理公司负责该工程施工阶段的监理工作。该监理公司的副总经理出任该建设项目的总监理工程师。

项目总监理工程师责成该监理公司的技术负责人组织技术部门人员编制该项目施工阶段的监理规划。参加编写监理规划人员根据本监理公司已有的监理规划标准范本，将投标时的监理大纲作适当改动后编制成该工程项目监理规划。该工程项目监理规划经该监理公司总经理审核签字后，报送建设单位。

在第一次工地会议上，建设单位根据监理中标通知书及监理公司报送的项目监理规划，宣布了项目总监理工程师的任命及授权范围。项目总监理工程师根据监理规划介绍了监理工作内容、项目监理机构人员岗位职责和监理设施等内容。其中：

(1)监理工作内容：①编制项目施工进度计划，报建设单位批准后下发施工单位执行；②检查现场施工质量情况并与规范标准对比，发现偏差时下达指令；③协助施工单位编制施工组织设计；④审查施工单位投标报价的组成，对工程项目造价目标进行风险性分析；⑤编制工程量计量规则，依次进行工程计量；⑥组织工程竣工验收。

(2)总监理工程师岗位职责：①审核并确认分包单位的资质；②审核签署对外报告；③复核或从施工现场直接获取工程计量的有关数据并签署原始凭证和支付证书；④签发开工令。

(3)总监理工程师代表的岗位职责：①负责日常监理工作；②审批监理实施细则；③调换不称职监理人员；④处理索赔事宜，协调各方关系。

(4)监理工程师的岗位职责：①主持建立监理信息系统，全面负责信息沟通工作；②对所负责控制目标进行规划，建立实施控制的分系统；③检查确认工序质量，进行检验；④签发停工令、复工令；⑤实施跟踪检查，发现问题及时指出并报告。

(5)监理员的职责：①进场工程材料的质量检查及签任；②隐蔽工程的检查及验收；③现场工程计量及签任。

(6)监理设施：监理工作所需的监理仪器、检验及试验设备向参加本工程项目的施工单位借用，如不能满足需要，指令施工单位提供。

问题：

(1)指出红叶监理公司编制监理规划做法的不妥之处，并写出正确的做法。

(2)指出第一次工地会议上建设单位不正确的做法。

(3)在总监理工程师介绍的监理工作内容、项目监理机构的人员岗位职责和监理设施内容中,指出不正确的内容并改正。

3. 济青南线沂源段高速公路全长120 km,该路段主要有路面工程和桥梁工程,路面工程设有12个标段,分别有12家施工单位承建,桥梁有13座,均为钢筋混凝土预应力桥梁,分别有13家施工单位建设。工程项目开工前,建设单位通过公开招标方式选择了一家监理公司——红叶监理公司监理,工程在实施阶段发生了以下事件。

事件1:5号桥梁承台浇筑后,通过留置混凝土试块和现场检测,发现混凝土强度达不到设计要求,监理工程师要求施工单位提出整改措施,施工单位负责人立即与监理工程师商议处理办法,监理工程师提出了处理意见,施工单位按照监理工程师提出的办法进行了施工。

事件2:监理工程师在监理过程中,总监发现监理工程师没有按照总监要求进行监理,于是总监专门召开监理会议,在监理会上总监要求监理工程师在监理过程中按照委托监理合同约定履行监理义务,监理中依据法律、法规、技术标准和规范对施工单位进行监理。

事件3:由于施工单位多、工程量大、监理任务重,在监理过程中监理力不从心,为了更好地实施监理,完成监理合同规定的任务,红叶监理公司委托了一家具有乙级资质的星海监理公司实施监理,星海监理公司监理了1号、2号、3号、4号、5号大桥的施工,红叶监理公司对星海监理公司实行严格监管。

问题:

请指出上述事件处理是否妥当?监理工程师应该如何处理?

附　录

建设工程监理规范（GB/T 50319—2013）

《建设工程监理规范》（GB/T 50319—2013）由中华人民共和国住房和城乡建设部主编和批准，自2014年3月1日起实施。本规范主要内容包括：总则，术语，项目监理机构及其设施，监理规划及监理实施细则，工程质量、造价、进度控制及安全生产管理的监理工作，工程变更、索赔及施工合同争议的处理，监理文件资料管理，设备采购与设备监造，相关服务等9部分，另附有施工阶段监理工作的基本表示。

1　总　则

1.0.1　为规范建设工程监理与相关服务行为，提高建设工程监理与相关服务水平，制定本规范。

1.0.2　本规范适用于新建、扩建、改建建设工程监理与相关服务活动。

1.0.3　实施建设工程监理前，建设单位应委托具有相应资质的工程监理单位，并以书面形式与工程监理单位订立建设工程监理合同，合同中应包括监理工作的范围、内容、服务期限和酬金，以及双方的义务、违约责任等相关条款。

在订立建设工程监理合同时，建设单位将勘察、设计、保修阶段等相关服务一并委托的，应在合同中明确相关服务的工作范围、内容、服务期限和酬金等相关条款。

1.0.4　工程开工前，建设单位应将工程监理单位的名称，监理的范围、内容和权限及总监理工程师的姓名书面通知施工单位。

1.0.5　在建设工程监理工作范围内，建设单位与施工单位之间涉及施工合同的联系活动，应通过工程监理单位进行。

1.0.6　实施建设工程监理应遵循下列主要依据：①法律法规及工程建设标准；②建设工程勘察设计文件；③建设工程监理合同及其他合同文件。

1.0.7　建设工程监理应实行总监理工程师负责制。

1.0.8　建设工程监理宜实施信息化管理。

1.0.9　工程监理单位应公平、独立、诚信、科学地开展建设工程监理与相关服务活动。

1.0.10　建设工程监理与相关服务活动，除应符合本规范外，尚应符合国家现行有关标准的规定。

2　术　语

2.0.1　工程监理单位：依法成立并取得建设主管部门颁发的工程监理企业资质证

书，从事建设工程监理与相关服务活动的服务机构。

2.0.2 建设工程监理：工程监理单位受建设单位委托，根据法律法规、工程建设标准、勘察设计文件及合同，在施工阶段对建设工程质量、造价、进度进行控制，对合同、信息进行管理，对工程建设相关方的关系进行协调，并履行建设工程安全生产管理法定职责的服务活动。

2.0.3 相关服务：工程监理单位受建设单位委托，按照建设工程监理合同约定，在建设工程勘察、设计、保修等阶段提供的服务活动。

2.0.4 项目监理机构：工程监理单位派驻工程负责履行建设工程监理合同的组织机构。

2.0.5 注册监理工程师：取得国务院建设主管部门颁发的《中华人民共和国注册监理工程师注册执业证书》和执业印章，从事建设工程监理与相关服务等活动的人员。

2.0.6 总监理工程师：由工程监理单位法定代表人书面任命，负责履行建设工程监理合同、主持项目监理机构工作的注册监理工程师。

2.0.7 总监理工程师代表：经工程监理单位法定代表人同意，由总监理工程师书面授权，代表总监理工程师行使其部分职责和权力，具有工程类注册执业资格或具有中级及以上专业技术职称、3 年及以上工程实践经验并经监理业务培训的人员。

2.0.8 专业监理工程师：由总监理工程师授权，负责实施某一专业或某一岗位的监理工作，有相应监理文件签发权，具有工程类注册执业资格或具有中级及以上专业技术职称、2 年及以上工程实践经验并经监理业务培训的人员。

2.0.9 监理员：从事具体监理工作，具有中专及以上学历并经过监理业务培训的人员。

2.0.10 监理规划：项目监理机构全面开展建设工程监理工作的指导性文件。

2.0.11 监理实施细则：针对某一专业或某一方面建设工程监理工作的操作性文件。

2.0.12 工程计量：根据工程设计文件及施工合同约定，项目监理机构对施工单位申报的合格工程的工程量进行的核验。

2.0.13 旁站：项目监理机构对工程的关键部位或关键工序的施工质量进行的监督活动。

2.0.14 巡视：项目监理机构对施工现场进行的定期或不定期的检查活动。

2.0.15 平行检验：项目监理机构在施工单位自检的同时，按有关规定、建设工程监理合同约定对同一检验项目进行的检测试验活动。

2.0.16 见证取样：项目监理机构对施工单位进行的涉及结构安全的试块、试件及工程材料现场取样、封样、送检工作的监督活动。

2.0.17 工程延期：由于非施工单位原因造成合同工期延长的时间。

2.0.18 工期延误：由于施工单位自身原因造成施工期延长的时间。

2.0.19 工程临时延期批准：发生非施工单位原因造成的持续性影响工期事件时所作出的临时延长合同工期的批准。

2.0.20 工程最终延期批准：发生非施工单位原因造成的持续性影响工期事件时所作出的最终延长合同工期的批准。

2.0.21　监理日志：项目监理机构每日对建设工程监理工作及施工进展情况所做的记录。

2.0.22　监理月报：项目监理机构每月向建设单位提交的建设工程监理工作及建设工程实施情况等分析总结报告。

2.0.23　设备监造：项目监理机构按照建设工程监理合同和设备采购合同约定，对设备制造过程进行的监督检查活动。

2.0.24　监理文件资料：工程监理单位在履行建设工程监理合同过程中形成或获取的，以一定形式记录、保存的文件资料。

3　项目监理机构及其设施

3.1　一般规定

3.1.1　工程监理单位实施监理时，应在施工现场派驻项目监理机构。项目监理机构的组织形式和规模，可根据建设工程监理合同约定的服务内容、服务期限，以及工程特点、规模、技术复杂程度、环境等因素确定。

3.1.2　项目监理机构的监理人员应由总监理工程师、专业监理工程师和监理员组成，且专业配套、数量应满足建设工程监理工作需要，必要时可设总监理工程师代表。

3.1.3　工程监理单位在建设工程监理合同签订后，应及时将项目监理机构的组织形式、人员构成及对总监理工程师的任命书面通知建设单位。总监理工程师任命书应按本规范表 A.0.1 的要求填写。

3.1.4　工程监理单位调换总监理工程师时，应征得建设单位书面同意；调换专业监理工程师时，总监理工程师应书面通知建设单位。

3.1.5　一名注册监理工程师可担任一项建设工程监理合同的总监理工程师。当需要同时担任多项建筑工程监理合同的总监理工程师时，应经建设单位书面同意，且最多不得超过三项。

3.1.6　施工现场监理工作全部完成或建设工程监理合同终止时，项目监理机构可撤离施工现场。

3.2　监理人员职责

3.2.1　总监理工程师应履行下列职责：①确定项目监理机构人员及其岗位职责；②组织编制监理规划，审批监理实施细则；③根据工程进展及监理工作情况调配监理人员，检查监理人员工作；④组织召开监理例会；⑤组织审核分包单位资格；⑥组织审查施工组织设计、(专项)施工方案；⑦审查工程开复工报审表，签发工程开工令、暂停令和复工令；⑧组织检查施工单位现场质量、安全生产管理体系的建立及运行情况；⑨组织审核施工单位的付款申请，签发工程款支付证书，组织审核竣工结算；⑩组织审查和处理工程变更；⑪调解建设单位与施工单位的合同争议，处理工程索赔；⑫组织验收分部工程，组织审查单位工程质量检验资料；⑬审查施工单位的竣工申请，组织工程竣工预验收，组织编写工程质量评估报告，参与工程竣工验收；⑭参与或配合工程质量安全事故的调查和处理；⑮组织编写监理月报、监理工作总结，组织整理监理文件资料。

3.2.2　总监理工程师不得将下列工作委托给总监理工程师代表：①组织编制监理规

划,审批监理实施细则;②根据工程进展及监理工作情况调配监理人员;③组织审查施工组织设计、(专项)施工方案;④签发工程开工令、暂停令和复工令;⑤签发工程款支付证书,组织审核竣工结算;⑥调解建设单位与施工单位的合同争议,处理工程索赔;⑦审查施工单位的竣工申请,组织工程竣工预验收,组织编写工程质量评估报告,参与工程竣工验收;⑧参与或配合工程质量安全事故的调查和处理。

3.2.3 专业监理工程师应履行下列职责:①参与编制监理规划,负责编制监理实施细则;②审查施工单位提交的涉及本专业的报审文件,并向总监理工程师报告;③参与审核分包单位资格;④指导、检查监理员工作,定期向总监理工程师报告本专业监理工作实施情况;⑤检查进场的工程材料、构配件、设备的质量;⑥验收检验批、隐蔽工程、分项工程,参与验收分部工程;⑦处置发现的质量问题和安全事故隐患;⑧进行工程计量;⑨参与工程变更的审查和处理;⑩组织编写监理日志,参与编写监理月报;⑪收集、汇总、参与整理监理文件资料;⑫参与工程竣工预验收和竣工验收。

3.2.4 监理员应履行下列职责:①检查施工单位投入工程的人力、主要设备的使用及运行状况;②进行见证取样;③复核工程计量有关数据;④检查工序施工结果;⑤发现施工作业中的问题,及时指出并向专业监理工程师报告。

3.3 监理设施

3.3.1 建设单位应按建设工程监理合同约定,提供监理工作需要的办公、交通、通信、生活等设施。项目监理机构宜妥善使用和保管建设单位提供的设施,并应按建设工程监理合同约定的时间移交建设单位。

3.3.2 工程监理单位宜按建设工程监理合同约定,配备满足监理工作需要的检测设备和工器具。

4 监理规划及监理实施细则

4.1 一般规定

4.1.1 监理规划应结合工程实际情况,明确项目监理机构的工作目标,确定具体的监理工作制度、内容、程序、方法和措施。

4.1.2 监理实施细则应符合监理规划的要求,并应具有可操作性。

4.2 监理规划

4.2.1 监理规划可在签订建设工程监理合同及收到工程设计文件后由总监理工程师组织编制,并应在召开第一次工地会议前报送建设单位。

4.2.2 监理规划编审应遵循下列程序:①总监理工程师组织专业监理工程师编制;②总监理工程师签字后由工程监理单位技术负责人审批。

4.2.3 监理规划应包括下列主要内容:①工程概况;②监理工作的范围、内容、目标;③监理工作依据;④监理组织形式、人员配备及进退场计划、监理人员岗位职责;⑤监理工作制度;⑥工程质量控制;⑦工程造价控制;⑧工程进度控制;⑨安全生产管理的监理工作;⑩合同与信息管理;⑪组织协调;⑫监理工作设施。

4.2.4 在实施建设工程监理过程中,实际情况或条件发生变化而需要调整监理规划时,应由总监理工程师组织专业监理工程师修改,并应经工程监理单位技术负责人批准后报建设单位。

4.3 监理实施细则

4.3.1 对专业性较强、危险性较大的分部分项工程，项目监理机构应编制监理实施细则。

4.3.2 监理实施细则应在相应工程施工开始前由专业监理工程师编制，并应报总监理工程师审批。

4.3.3 监理实施细则的编制应依据下列资料：①监理规划；②工程建设标准、工程设计文件；③施工组织设计、（专项）施工方案。

4.3.4 监理实施细则应包括下列主要内容：①专业工程特点；②监理工作流程；③监理工作要点；④监理工作方法及措施。

4.3.5 在实施建设工程监理过程中，监理实施细则可根据实际情况进行补充、修改，并应经总监理工程师批准后实施。

5 工程质量、造价、进度控制及安全生产管理的监理工作

5.1 一般规定

5.1.1 项目监理机构应根据建设工程监理合同约定，遵循动态控制原理，坚持预防为主的原则，制定和实施相应的监理措施，采用旁站、巡视和平行检验等方式对建设工程实施监理。

5.1.2 监理人员应熟悉工程设计文件，并应参加建设单位主持的图纸会审和设计交底会议，会议纪要应由总监理工程师签认。

5.1.3 工程开工前，监理人员应参加由建设单位主持召开的第一次工地会议，会议纪要应由项目监理机构负责整理，与会各方代表应会签。

5.1.4 项目监理机构应定期召开监理例会，并组织有关单位研究解决与监理相关的问题。项目监理机构可根据工程需要，主持或参加专题会议，解决监理工作范围内工程专项问题。

监理例会以及由项目监理机构主持召开的专题会议的会议纪要，应由项目监理机构负责整理，与会各方代表应会签。

5.1.5 项目监理机构应协调工程建设相关方的关系。项目监理机构与工程建设相关方之间的工作联系，除另有规定外，宜采用工作联系单形式进行。工作联系单应按本规范表 C.0.1 的要求填写。

5.1.6 项目监理机构应审查施工单位报审的施工组织设计，符合要求时，应由总监理工程师签认后报建设单位。项目监理机构应要求施工单位按已批准的施工组织设计组织施工。施工组织设计需要调整时，项目监理机构应按程序重新审查。

施工组织设计审查应包括下列基本内容：①编审程序应符合相关规定；②施工进度、施工方案及工程质量保证措施应符合施工合同要求；③资金、劳动力、材料、设备等资源供应计划应满足工程施工需要；④安全技术措施应符合工程建设强制性标准；⑤施工总平面布置应科学合理。

5.1.7 施工组织设计或（专项）施工方案报审表，应按本规范表 B.0.1 的要求填写。

5.1.8 总监理工程师应组织专业监理工程师审查施工单位报送的工程开工报审表及相关资料；同时具备下列条件时，应由总监理工程师签署审核意见，并应报建设单位批准后，总监理工程师签发工程开工令：①设计交底和图纸会审已完成；②施工组织设计已由总监理工程师签认；③施工单位现场质量、安全生产管理体系已建立，管理及施工人员已到位，施工机械具备使用条件，主要工程材料已落实；④进场道路及水、电、通信等已满足开工要求。

5.1.9 工程开工报审表应按本规范表 B.0.2 的要求填写。工程开工令应按本规范表 A.0.2 的要求填写。

5.1.10 分包工程开工前，项目监理机构应审核施工单位报送的分包单位资格报审表，专业监理工程师提出审查意见后，应由总监理工程师审核签认。

分包单位资格审核应包括下列基本内容：①营业执照、企业资质等级证书；②安全生产许可文件；③类似工程业绩；④专职管理人员和特种作业人员的资格。

5.1.11 分包单位资格报审表应按本规范表 B.0.4 的要求填写。

5.1.12 项目监理机构宜根据工程特点、施工合同、工程设计文件及经过批准的施工组织设计对工程风险进行分析，并宜提出工程质量、造价、进度目标控制及安全生产管理的防范性对策。

5.2 工程质量控制

5.2.1 工程开工前，项目监理机构应审查施工单位现场的质量管理组织机构、管理制度及专职管理人员和特种作业人员的资格。

5.2.2 总监理工程师应组织专业监理工程师审查施工单位报审的施工方案，符合要求后应予以签认。

施工方案审查应包括下列基本内容：①编审程序应符合相关规定；②工程质量保证措施应符合有关标准。

5.2.3 施工方案报审表应按本规范表 B.0.1 的要求填写。

5.2.4 专业监理工程师应审查施工单位报送的新材料、新工艺、新技术、新设备的质量认证材料和相关验收标准的适用性，必要时，应要求施工单位组织专题论证，审查合格后报总监理工程师签认。

5.2.5 专业监理工程师应检查、复核施工单位报送的施工控制测量成果及保护措施，签署意见。专业监理工程师应对施工单位在施工过程中报送的施工测量放线成果进行查验。

施工控制测量成果及保护措施的检查、复核，应包括下列内容：①施工单位测量人员的资格证书及测量设备检定证书；②施工平面控制网、高程控制网和临时水准点的测量成果及控制桩的保护措施。

5.2.6 施工控制测量成果报验表应按本规范表 B.0.5 的要求填写。

5.2.7 专业监理工程师应检查施工单位为工程提供服务的试验室。试验室的检查应包括下列内容：①试验室的资质等级及试验范围；②法定计量部门对试验设备出具的计量检定证明；③试验室管理制度；④试验人员资格证书。

5.2.8 施工单位的试验室报审表应按本规范表 B.0.7 的要求填写。

5.2.9 项目监理机构应审查施工单位报送的用于工程的材料、构配件、设备的质量证明文件，并应按有关规定、建设工程监理合同约定，对用于工程的材料进行见证取样、平行检验。项目监理机构对已进场经检验不合格的工程材料、构配件、设备，应要求施工单位限期将其撤出施工现场。工程材料、构配件、设备报审表应按本规范表 B.0.6 的要求填写。

5.2.10 专业监理工程师应审查施工单位定期提交影响工程质量的计量设备的检查和检定报告。

5.2.11 项目监理机构应根据工程特点和施工单位报送的施工组织设计，确定旁站的关键部位、关键工序，安排监理人员进行旁站，并应及时记录旁站情况。旁站记录应按本规范表 A.0.6 的要求填写。

5.2.12 项目监理机构应安排监理人员对工程施工质量进行巡视。巡视应包括下列主要内容：①施工单位是否按工程设计文件、工程建设标准和批准的施工组织设计、（专项）施工方案施工；②使用的工程材料、构配件和设备是否合格；③施工现场管理人员，特别是施工质量管理人员是否到位；④特种作业人员是否持证上岗。

5.2.13 项目监理机构应根据工程特点、专业要求，以及建设工程监理合同约定，对施工质量进行平行检验。

5.2.14 项目监理机构应对施工单位报验的隐蔽工程、检验批、分项工程和分部工程进行验收，对验收合格的应给予签认；对验收不合格的应拒绝签认，同时应要求施工单位在指定的时间内整改并重新报验。对已同意覆盖的工程隐蔽部位质量有疑问的，或发现施工单位私自覆盖工程隐蔽部位的，项目监理机构应要求施工单位对该隐蔽部位进行钻孔探测、剥离或其他方法进行重新检验。隐蔽工程、检验批、分项工程报验表应按本规范表 B.0.7 的要求填写。分部工程报验表应按本规范表 B.0.8 的要求填写。

5.2.15 项目监理机构发现施工存在质量问题的，或施工单位采用不适当的施工工艺，或施工不当，造成工程质量不合格的，应及时签发监理通知单，要求施工单位整改。整改完毕后，项目监理机构应根据施工单位报送的监理通知回复单对整改情况进行复查，提出复查意见。监理通知单应按本规范表 A.0.3 的要求填写，监理通知回复单应按本规范表 B.0.9 的要求填写。

5.2.16 对需要返工处理或加固补强的质量缺陷，项目监理机构应要求施工单位报送经设计等相关单位认可的处理方案，并应对质量缺陷的处理过程进行跟踪检查，同时应对处理结果进行验收。

5.2.17 对需要返工处理或加固补强的质量事故，项目监理机构应要求施工单位报送质量事故调查报告和经设计等相关单位认可的处理方案，并应对质量事故的处理过程进行跟踪检查，同时应对处理结果进行验收。

项目监理机构应及时向建设单位提交质量事故书面报告，并应将完整的质量事故处理记录整理归档。

5.2.18 项目监理机构应审查施工单位提交的单位工程竣工验收报审表及竣工资料，组织工程竣工预验收。存在问题的，应要求施工单位及时整改；合格的，总监理工程师应签认单位工程竣工验收报审表。单位工程竣工验收报审表应按本规范表 B.0.10 的要求填写。

5.2.19　工程竣工预验收合格后，项目监理机构应编写工程质量评估报告，并应经总监理工程师和工程监理单位技术负责人审核签字后报建设单位。

5.2.20　项目监理机构应参加由建设单位组织的竣工验收，对验收中提出的整改问题，应督促施工单位及时整改。工程质量符合要求的，总监理工程师应在工程竣工验收报告中签署意见。

5.3　工程造价控制

5.3.1　项目监理机构应按下列程序进行工程计量和付款签证：①专业监理工程师对施工单位在工程款支付报审表中提交的工程量和支付金额进行复核，确定实际完成的工程量，提出到期应支付给施工单位的金额，并提出相应的支持性材料；②总监理工程师对专业监理工程师的审查意见进行审核，签认后报建设单位审批；③总监理工程师根据建设单位的审批意见，向施工单位签发工程款支付证书。

5.3.2　工程款支付报审表应按本规范表B.0.11的要求填写，工程款支付证书应按本规范表A.0.8的要求填写。

5.3.3　项目监理机构应编制月完成工程量统计表，对实际完成量与计划完成量进行比较分析，发现偏差的，应提出调整建议，并应在监理月报中向建设单位报告。

5.3.4　项目监理机构应按下列程序进行竣工结算款审核：①专业监理工程师审查施工单位提交的竣工结算款支付申请，提出审查意见；②总监理工程师对专业监理工程师的审查意见进行审核，签认后报建设单位审批，同时抄送施工单位，并就工程竣工结算事宜与建设单位、施工单位协商；达成一致意见的，根据建设单位审批意见向施工单位签发竣工结算款支付证书；不能达成一致意见的，应按施工合同约定处理。

5.3.5　工程竣工结算款支付报审表应按本规范表B.0.11的要求填写，竣工结算款支付证书应按本规范表A.0.8的要求填写。

5.4　工程进度控制

5.4.1　项目监理机构应审查施工单位报审的施工总进度计划和阶段性施工进度计划，提出审查意见，并应由总监理工程师审核后报建设单位。

施工进度计划审查应包括下列基本内容：①施工进度计划应符合施工合同中工期的约定；②施工进度计划中主要工程项目无遗漏，应满足分批投入试运、分批动用的需要，阶段性施工进度计划应满足总进度控制目标的要求；③施工顺序的安排应符合施工工艺要求；④施工人员、工程材料、施工机械等资源供应计划应满足施工进度计划的需要；⑤施工进度计划应符合建设单位提供的资金、施工图纸、施工场地、物资等施工条件。

5.4.2　施工进度计划报审表应按本规范表B.0.12的要求填写。

5.4.3　项目监理机构应检查施工进度计划的实施情况，发现实际进度严重滞后于计划进度且影响合同工期时，应签发监理通知单，要求施工单位采取调整措施加快施工进度。总监理工程师应向建设单位报告工期延误风险。

5.4.4　项目监理机构应比较分析工程施工实际进度与计划进度，预测实际进度对工程总工期的影响，并应在监理月报中向建设单位报告工程实际进展情况。

5.5 安全生产管理的监理工作

5.5.1 项目监理机构应根据法律法规、工程建设强制性标准,履行建设工程安全生产管理的监理职责,并应将安全生产管理的监理工作内容、方法和措施纳入监理规划及监理实施细则。

5.5.2 项目监理机构应审查施工单位现场安全生产规章制度的建立和实施情况,并应审查施工单位安全生产许可证及施工单位项目经理、专职安全生产管理人员和特种作业人员的资格,同时应核查施工机械和设施的安全许可验收手续。

5.5.3 项目监理机构应审查施工单位报审的专项施工方案,符合要求的,应由总监理工程师签认后报建设单位。超过一定规模的危险性较大的分部分项工程的专项施工方案,应检查施工单位组织专家进行论证、审查的情况,以及是否附具安全验算结果。项目监理机构应要求施工单位按已批准的专项施工方案组织施工。专项施工方案需要调整时,施工单位应按程序重新提交项目监理机构审查。

专项施工方案审查应包括下列基本内容:①编审程序应符合相关规定;②安全技术措施应符合工程建设强制性标准。

5.5.4 专项施工方案报审表应按本规范表 B.0.1 的要求填写。

5.5.5 项目监理机构应巡视检查危险性较大的分部分项工程专项施工方案实施情况。发现未按专项施工方案实施时,应签发监理通知单,要求施工单位按专项施工方案实施。

5.5.6 项目监理机构在实施监理过程中,发现工程存在安全事故隐患时,应签发监理通知单,要求施工单位整改;情况严重时,应签发工程暂停令,并应及时报告建设单位。施工单位拒不整改或不停止施工时,项目监理机构应及时向有关主管部门报送监理报告。监理报告应按本规范表 A.0.4 的要求填写。

6 工程变更、索赔及施工合同争议处理

6.1 一般规定

6.1.1 项目监理机构应依据建设工程监理合同约定进行施工合同管理,处理工程暂停及复工、工程变更、索赔及施工合同争议、解除等事宜。

6.1.2 施工合同终止时,项目监理机构应协助建设单位按施工合同约定处理施工合同终止的有关事宜。

6.2 工程暂停及复工

6.2.1 总监理工程师在签发工程暂停令时,可根据停工原因的影响范围和影响程度,确定停工范围,并应按施工合同和建设工程监理合同的约定签发工程暂停令。

6.2.2 项目监理机构发现下列情况之一时,总监理工程师应及时签发工程暂停令:①建设单位要求暂停施工且工程需要暂停施工的;②施工单位未经批准擅自施工或拒绝项目监理机构管理的;③施工单位未按审查通过的工程设计文件施工的;④施工单位违反工程建设强制性标准的;⑤施工存在重大质量、安全事故隐患或发生质量、安全事故的。

6.2.3 总监理工程师签发工程暂停令应事先征得建设单位同意,在紧急情况下未能事先报告时,应在事后及时向建设单位作出书面报告。工程暂停令应按本规范表 A.0.5

的要求填写。

6.2.4 暂停施工事件发生时,项目监理机构应如实记录所发生的情况。

6.2.5 总监理工程师应会同有关各方按施工合同约定,处理因工程暂停引起的与工期、费用有关的问题。

6.2.6 因施工单位原因暂停施工时,项目监理机构应检查、验收施工单位的停工整改过程、结果。

6.2.7 当暂停施工原因消失、具备复工条件时,施工单位提出复工申请的,项目监理机构应审查施工单位报送的工程复工报审表及有关材料,符合要求后,总监理工程师应及时签署审查意见,并应报建设单位批准后签发工程复工令;施工单位未提出复工申请的,总监理工程师应根据工程实际情况指令施工单位恢复施工。工程复工报审表应按本规范表 B.0.3 的要求填写,工程复工令应按本规范表 A.0.7 的要求填写。

6.3 工程变更

6.3.1 项目监理机构可按下列程序处理施工单位提出的工程变更:①总监理工程师组织专业监理工程师审查施工单位提出的工程变更申请,提出审查意见。对涉及工程设计文件修改的工程变更,应由建设单位转交原设计单位修改工程设计文件。必要时,项目监理机构应建议建设单位组织设计、施工等单位召开论证工程设计文件的修改方案的专题会议。②总监理工程师组织专业监理工程师对工程变更费用及工期影响作出评估。③总监理工程师组织建设单位、施工单位等共同协商确定工程变更费用及工期变化,会签工程变更单。④项目监理机构根据批准的工程变更文件监督施工单位实施工程变更。

6.3.2 工程变更单应按本规范表 C.0.2 的要求填写。

6.3.3 项目监理机构可在工程变更实施前与建设单位、施工单位等协商确定工程变更的计价原则、计价方法或价款。

6.3.4 建设单位与施工单位未能就工程变更费用达成协议时,项目监理机构可提出一个暂定价格并经建设单位同意,作为临时支付工程款的依据。工程变更款项最终结算时,应以建设单位与施工单位达成的协议为依据。

6.3.5 项目监理机构可对建设单位要求的工程变更提出评估意见,并应督促施工单位按会签后的工程变更单组织施工。

6.4 费用索赔

6.4.1 项目监理机构应及时收集、整理有关工程费用的原始资料,为处理费用索赔提供证据。

6.4.2 项目监理机构处理费用索赔的主要依据应包括下列内容:①法律法规;②勘察设计文件、施工合同文件;③工程建设标准;④索赔事件的证据。

6.4.3 项目监理机构可按下列程序处理施工单位提出的费用索赔:①受理施工单位在施工合同约定的期限内提交的费用索赔意向通知书;②收集与索赔有关的资料;③受理施工单位在施工合同约定的期限内提交的费用索赔报审表;④审查费用索赔报审表。需要施工单位进一步提交详细资料时,应在施工合同约定的期限内发出通知;⑤与建设单位和施工单位协商一致后,在施工合同约定的期限内签发费用索赔报审表,并报建设单位。

6.4.4 费用索赔意向通知书应按本规范表 C.0.3 的要求填写;费用索赔报审表应按

本规范表 B.0.13 的要求填写。

6.4.5　项目监理机构批准施工单位费用索赔应同时满足下列条件：①施工单位在施工合同约定的期限内提出费用索赔；②索赔事件是因非施工单位原因造成，且符合施工合同约定；③索赔事件造成施工单位直接经济损失。

6.4.6　当施工单位的费用索赔要求与工程延期要求相关联时，项目监理机构可提出费用索赔和工程延期的综合处理意见，并应与建设单位和施工单位协商。

6.4.7　因施工单位原因造成建设单位损失，建设单位提出索赔时，项目监理机构应与建设单位和施工单位协商处理。

6.5　工程延期及工期延误

6.5.1　施工单位提出工程延期要求符合施工合同约定时，项目监理机构应予以受理。

6.5.2　当影响工期事件具有持续性时，项目监理机构应对施工单位提交的阶段性工程临时延期报审表进行审查，并应签署工程临时延期审核意见后报建设单位。当影响工期事件结束后，项目监理机构应对施工单位提交的工程最终延期报审表进行审查，并应签署工程最终延期审核意见后报建设单位。工程临时延期报审表和工程最终延期报审表应按本规范表 B.0.14 的要求填写。

6.5.3　项目监理机构在批准工程临时延期、工程最终延期前，均应与建设单位和施工单位协商。

6.5.4　项目监理机构批准工程延期应同时满足下列条件：①施工单位在施工合同约定的期限内提出工程延期；②因非施工单位原因造成施工进度滞后；③施工进度滞后影响到施工合同约定的工期。

6.5.5　施工单位因工程延期提出费用索赔时，项目监理机构可按施工合同约定进行处理。

6.5.6　发生工期延误时，项目监理机构应按施工合同约定进行处理。

6.6　施工合同争议

6.6.1　项目监理机构处理施工合同争议时应进行下列工作：①了解合同争议情况；②及时与合同争议双方进行磋商；③提出处理方案后，由总监理工程师进行协调；④当双方未能达成一致时，总监理工程师应提出处理合同争议的意见。

6.6.2　项目监理机构在施工合同争议处理过程中，对未达到施工合同约定的暂停履行合同条件的，应要求施工合同双方继续履行合同。

6.6.3　在施工合同争议的仲裁或诉讼过程中，项目监理机构应按仲裁机关或法院要求提供与争议有关的证据。

6.7　施工合同解除

6.7.1　因建设单位原因导致施工合同解除时，项目监理机构应按施工合同约定与建设单位和施工单位按下列款项协商确定施工单位应得款项，并应签发工程款支付证书：①施工单位按施工合同约定已完成的工作应得款项；②施工单位按批准的采购计划订购工程材料、构配件、设备的款项；③施工单位撤离施工设备至原基地或其他目的地的合理费用；④施工单位人员的合理遣返费用；⑤施工单位合理的利润补偿；⑥施工合同约定的建设单位应支付的违约金。

6.7.2　因施工单位原因导致施工合同解除时,项目监理机构应按施工合同约定,从下列款项中确定施工单位应得款项或偿还建设单位的款项,并应与建设单位和施工单位协商后,书面提交施工单位应得款项或偿还建设单位款项的证明:①施工单位已按施工合同约定实际完成的工作应得款项和已给付的款项;②施工单位已提供的材料、构配件、设备和临时工程等的价值;③对已完工程进行检查和验收、移交工程资料、修复已完工程质量缺陷等所需的费用;④施工合同约定的施工单位应支付的违约金。

6.7.3　因非建设单位、施工单位原因导致施工合同解除时,项目监理机构应按施工合同约定处理合同解除后的有关事宜。

7　监理文件资料管理

7.1　一般规定

7.1.1　项目监理机构应建立完善监理文件资料管理制度,宜设专人管理监理文件资料。

7.1.2　项目监理机构应及时、准确、完整地收集、整理、编制、传递监理文件资料。

7.1.3　项目监理机构宜采用信息技术进行监理文件资料管理。

7.2　监理文件资料内容

7.2.1　监理文件资料应包括下列主要内容:①勘察设计文件、建设工程监理合同及其他合同文件;②监理规划、监理实施细则;③设计交底和图纸会审会议纪要;④施工组织设计、(专项)施工方案、施工进度计划报审文件资料;⑤分包单位资格报审文件资料;⑥施工控制测量成果报验文件资料;⑦总监理工程师任命书,开工令、暂停令、复工令,工程开工或复工报审文件资料;⑧工程材料、构配件、设备报验文件资料;⑨见证取样和平行检验文件资料;⑩工程质量检查报验资料及工程有关验收资料;⑪工程变更、费用索赔及工程延期文件资料;⑫ 工程计量、工程款支付文件资料;⑬监理通知单、工作联系单与监理报告;⑭第一次工地会议、监理例会、专题会议等会议纪要;⑮监理月报、监理日志、旁站记录;⑯工程质量或生产安全事故处理文件资料;⑰工程质量评估报告及竣工验收监理文件资料;⑱监理工作总结。

7.2.2　监理日志应包括下列主要内容:①天气和施工环境情况;②当日施工进展情况;③当日监理工作情况,包括旁站、巡视、见证取样、平行检验等情况;④当日存在的问题及处理情况;⑤其他有关事项。

7.2.3　监理月报应包括下列主要内容:①本月工程实施情况;②本月监理工作情况;③本月施工中存在的问题及处理情况;④下月监理工作重点。

7.2.4　监理工作总结应包括下列主要内容:①工程概况;②项目监理机构;③建设工程监理合同履行情况;④监理工作成效;⑤监理工作中发现的问题及其处理情况;⑥说明和建议。

7.3　监理文件资料归档

7.3.1　项目监理机构应及时整理、分类汇总监理文件资料,并应按规定组卷,形成监理档案。

7.3.2　工程监理单位应根据工程特点和有关规定，保存监理档案，并应向有关单位、部门移交需要存档的监理文件资料。

8　设备采购与设备监造

8.1　一般规定

8.1.1　项目监理机构应根据建设工程监理合同约定的设备采购与设备监造工作内容配备监理人员，并明确岗位职责。

8.1.2　项目监理机构应编制设备采购与设备监造工作计划，并应协助建设单位编制设备采购与设备监造方案。

8.2　设备采购

8.2.1　采用招标方式进行设备采购时，项目监理机构应协助建设单位按有关规定组织设备采购招标。采用其他方式进行设备采购时，项目监理机构应协助建设单位进行询价。

8.2.2　项目监理机构应协助建设单位进行设备采购合同谈判，并应协助签订设备采购合同。

8.2.3　设备采购文件资料应包括下列主要内容：①建设工程监理合同及设备采购合同；②设备采购招投标文件；③工程设计文件和图纸；④市场调查、考察报告；⑤设备采购方案；⑥设备采购工作总结。

8.3　设备监造

8.3.1　项目监理机构应检查设备制造单位的质量管理体系，并应审查设备制造单位报送的设备制造生产计划和工艺方案。

8.3.2　项目监理机构应审查设备制造的检验计划和检验要求，并应确认各阶段的检验时间、内容、方法、标准，以及检测手段、检测设备和仪器。

8.3.3　专业监理工程师应审查设备制造的原材料、外购配套件、元器件、标准件，以及坯料的质量证明文件及检验报告，并应审查设备制造单位提交的报验资料，符合规定时应予以签认。

8.3.4　项目监理机构应对设备制造过程进行监督和检查，对主要及关键零部件的制造工序应进行抽检。

8.3.5　项目监理机构应要求设备制造单位按批准的检验计划和检验要求进行设备制造过程的检验工作，并应做好检验记录。项目监理机构应对检验结果进行审核，认为不符合质量要求时，应要求设备制造单位进行整改、返修或返工。当发生质量失控或重大质量事故时，应由总监理工程师签发暂停令，提出处理意见，并应及时报告建设单位。

8.3.6　项目监理机构应检查和监督设备的装配过程。

8.3.7　在设备制造过程中如需要对设备的原设计进行变更时，项目监理机构应审查设计变更，并应协调处理因变更引起的费用和工期调整，同时应报建设单位批准。

8.3.8　项目监理机构应参加设备整机性能检测、调试和出厂验收，符合要求后应予以签认。

8.3.9　在设备运往现场前，项目监理机构应检查设备制造单位对待运设备采取的防护和包装措施，并应检查是否符合运输、装卸、储存、安装的要求，以及随机文件、装箱单和附件是否齐全。

8.3.10　设备运到现场后，项目监理机构应参加设备制造单位按合同约定与接收单位的交接工作。

8.3.11　专业监理工程师应按设备制造合同的约定审查设备制造单位提交的付款申请单，提出审查意见，并应由总监理工程师审核后签发支付证书。

8.3.12　专业监理工程师应审查设备制造单位提出的索赔文件，提出意见后报总监理工程师，并应由总监理工程师与建设单位、设备制造单位协商一致后签署意见。

8.3.13　专业监理工程师应审查设备制造单位报送的设备制造结算文件，提出审查意见，并应由总监理工程师签署意见后报建设单位。

8.3.14　设备监造文件资料应包括下列主要内容：①建设工程监理合同及设备采购合同；②设备监造工作计划；③设备制造工艺方案报审资料；④设备制造的检验计划和检验要求；⑤分包单位资格报审资料；⑥原材料、零配件的检验报告；⑦工程暂停令、开工或复工报审资料；⑧检验记录及试验报告；⑨变更资料；⑩会议纪要；⑪来往函件；⑫监理通知单与工作联系单；⑬监理日志；⑭监理月报；⑮质量事故处理文件；⑯索赔文件；⑰设备验收文件；⑱设备交接文件；⑲支付证书和设备制造结算审核文件；⑳设备监造工作总结。

9　相关服务

9.1　一般规定

9.1.1　工程监理单位应根据建设工程监理合同约定的相关服务范围，开展相关服务工作，编制相关服务工作计划。

9.1.2　工程监理单位应按规定汇总整理、分类归档相关服务工作的文件资料。

9.2　工程勘察设计阶段服务

9.2.1　工程监理单位应协助建设单位编制工程勘察设计任务书和选择工程勘察设计单位，并应协助签订工程勘察设计合同。

9.2.2　工程监理单位应审查勘察单位提交的勘察方案，提出审查意见，并应报建设单位。变更勘察方案时，应按原程序重新审查。勘察方案报审表可按本规范表 B.0.1 的要求填写。

9.2.3　工程监理单位应检查勘察现场及室内试验主要岗位操作人员的资格、所使用设备、仪器计量的检定情况。

9.2.4　工程监理单位应检查勘察进度执行情况、督促勘察单位完成勘察合同约定的工作内容、审查勘察单位提交的勘察费用支付申请表，以及签发勘察费用支付证书，并应报建设单位。

工程勘察阶段的监理通知单可按本规范表 A.0.3 的要求填写；监理通知回复单可按本规范表 B.0.9 的要求填写；勘察费用支付申请表可按本规范表 B.0.11 的要求填写；勘察费用支付证书可按本规范表 A.0.8 的要求填写。

9.2.5　工程监理单位应检查勘察单位执行勘察方案的情况，对重要点位的勘探与测试应进行现场检查。

9.2.6　工程监理单位应审查勘察单位提交的勘察成果报告，并应向建设单位提交勘察成果评估报告，同时应参与勘察成果验收。

勘察成果评估报告应包括下列内容：①勘察工作概况；②勘察报告编制深度、与勘察标准的符合情况；③勘察任务书的完成情况；④存在问题及建议；⑤评估结论。

9.2.7　勘察成果报审表可按本规范表 B.0.7 的要求填写。

9.2.8　工程监理单位应依据设计合同及项目总体计划要求审查设计各专业、各阶段设计进度计划。

9.2.9　工程监理单位应检查设计进度计划执行情况、督促设计单位完成设计合同约定的工作内容、审核设计单位提交的设计费用支付申请表，以及签认设计费用支付证书，并应报建设单位。工程设计阶段的监理通知单可按本规范表 A.0.3 的要求填写；监理通知回复单可按本规范表 B.0.9 的要求填写；设计费用支付申请表可按本规范表 B.0.11 的要求填写；设计费用支付证书可按本规范表 A.0.8 的要求填写。

9.2.10　工程监理单位应审查设计单位提交的设计成果，并应提出评估报告。评估报告应包括下列主要内容：①设计工作概况；②设计深度、与设计标准的符合情况；③设计任务书的完成情况；④有关部门审查意见的落实情况；⑤存在的问题及建议。

9.2.11　设计阶段成果报审表可按本规范表 B.0.7 的要求填写。

9.2.12　工程监理单位应审查设计单位提出的新材料、新工艺、新技术、新设备在相关部门的备案情况。必要时应协助建设单位组织专家评审。

9.2.13　工程监理单位应审查设计单位提出的设计概算、施工图预算，提出审查意见，并应报建设单位。

9.2.14　工程监理单位应分析可能发生索赔的原因，并应制定防范对策。

9.2.15　工程监理单位应协助建设单位组织专家对设计成果进行评审。

9.2.16　工程监理单位可协助建设单位向政府有关部门报审有关工程设计文件，并应根据审批意见，督促设计单位予以完善。

9.2.17　工程监理单位应根据勘察设计合同，协调处理勘察设计延期、费用索赔等事宜。

勘察设计延期报审表可按本规范表 B.0.14 的要求填写；勘察设计费用索赔报审表可按本规范表 B.0.13 的要求填写。

9.3　工程保修阶段服务

9.3.1　承担工程保修阶段的服务工作时，工程监理单位应定期回访。

9.3.2　对建设单位或使用单位提出的工程质量缺陷，工程监理单位应安排监理人员进行检查和记录，并应要求施工单位予以修复，同时应监督实施，合格后应予以签认。

9.3.3　工程监理单位应对工程质量缺陷原因进行调查，并应与建设单位、施工单位协商确定责任归属。对非施工单位原因造成的工程质量缺陷，应核实施工单位申报的修复工程费用，并应签认工程款支付证书，同时应报建设单位。

工程监理工作基本表格分类

A 类表(工程监理单位用表)	B 类表(施工单位报审、报验用表)	C 类表(通用表)
表 A.0.1 总监理工程师任命书 表 A.0.2 工程开工令 表 A.0.3 监理通知单 表 A.0.4 监理报告 表 A.0.5 工程暂停令 表 A.0.6 旁站记录 表 A.0.7 工程复工令 表 A.0.8 工程款支付证书	表 B.0.1 施工组织设计/(专项)施工方案报审表 表 B.0.2 工程开工报审表 表 B.0.3 工程复工报审表 表 B.0.4 分包单位资格报审表 表 B.0.5 施工控制测量成果报验表 表 B.0.6 工程材料、构配件、设备报审表 表 B.0.7 报审、报验表 表 B.0.8 分部工程报验表 表 B.0.9 监理通知回复单 表 B.0.10 单位工程竣工验收报审表 表 B.0.11 工程款支付报审表 表 B.0.12 施工进度计划报审表 表 B.0.13 费用索赔报审表 表 B.0.14 工程临时/最终延期报审表	表 C.0.1 工作联系单 表 C.0.2 工程变更单 表 C.0.3 索赔意向通知书

表 A.0.1　总监理工程师任命书

工程名称：　　　　　　　　　　　　　　　　　　　　　　　　编号：

致：____________________（建设单位） 　　兹任命____________（注册监理工程师注册号：____________）为我单位项目总监理工程师。负责履行建设工程监理合同、主持项目监理机构工作。 工程监理单位（盖章） 法定代表人（签字） 年　　月　　日

注：本表一式三份，项目监理机构、建设单位、施工单位各一份。

表 A.0.2　工程开工令

工程名称：　　　　　　　　　　　　　　　　　　　　　　　　编号：

致：____________________（施工单位） 　　经审查，本工程已具备施工合同约定的开工条件，现同意你方开始施工，开工日期为：________年______月______日。 　　附件：工程开工报审表 项目监理机构（盖章） 总监理工程师（签字、加盖执业印章） 年　　月　　日

注：本表一式三份，项目监理机构、建设单位、施工单位各一份。

表 A.0.3 监理通知单

工程名称： 编号：

致：____________________（施工项目经理部）

事由：____

____

____

____

内容：____

____

____

____

项目监理机构（盖章）

总/专业监理工程师（签字）

年　月　日

注：本表一式三份，项目监理机构、建设单位、施工单位各一份。

表 A.0.4 监理报告

工程名称： 编号：

致：____________________（主管部门）

由______________（施工单位）施工的______________（工程部位），存在安全事故隐患。我方已于________年______月______日发出编号为______________的《监理通知单》/《工程暂停令》，但施工单位未整改/停工。

特此报告。

附件：□监理通知单

□工程暂停令

□其他

项目监理机构（盖章）

总监理工程师（签字）

年　月　日

注：本表一式四份，主管部门、建设单位、工程监理单位、项目监理机构各一份。

表 A.0.5　工程暂停令

工程名称：　　　　　　　　　　　　　　　　　　　　　　　　编号：

致：________________（施工项目经理部） 　　由于____原因，现通知你方于______年___月___日___时起，暂停_____部位（工序）施工，并按下述要求做好后续工作。 　　要求： 项目监理机构（盖章） 总监理工程师（签字、加盖执业印章） 年　　月　　日

注：本表一式三份，项目监理机构、建设单位、施工单位各一份。

表 A.0.6　旁站记录

工程名称：　　　　　　　　　　　　　　　　　　　　　　　　编号：

旁站的关键部位、关键工序		施工单位	
旁站开始时间	年　月　日　时　分	旁站结束时间	年　月　日　时　分
旁站的关键部位、关键工序施工情况：			
发现的问题及处理情况： 旁站监理人员（签字） 年　　月　　日			

注：本表一式一份，项目监理机构留存。

表 A.0.7　工程复工令

工程名称：　　　　　　　　　　　　　　　　　　　　　　　　　　编号：

致：____________________（施工项目经理部） 　　我方发出的编号为________________的《工程暂停令》，要求暂停施工的__________部位（工序），经查已具备复工条件。经建设单位同意，现通知你方于________年____月____日____时起恢复施工。 　　附件：工程复工报审表 项目监理机构（盖章） 总监理工程师（签字、加盖执业印章） 年　　月　　日

注：本表一式三份，项目监理机构、建设单位、施工单位各一份。

表 A.0.8　工程款支付证书

工程名称：　　　　　　　　　　　　　　　　　　　　　　　　　　编号：

致：____________________（施工单位） 　　根据施工合同约定，经审核编号为________工程款支付报审表，扣除有关款项后，同意支付工程款共计（大写）__________________（小写：________）。 　　其中： 　　1. 施工单位申报款为： 　　2. 经审核施工单位应得款为： 　　3. 本期应扣款为： 　　4. 本期应付款为： 　　附件：工程款支付报审表及附件 项目监理机构（盖章） 总监理工程师（签字、加盖执业印章） 年　　月　　日

注：本表一式三份，项目监理机构、建设单位、施工单位各一份。

表 B.0.1　施工组织设计/（专项）施工方案报审表

工程名称：　　　　　　　　　　　　　　　　　　　　　　　　编号：

致：____________________（项目监理机构） 　　我方已完成______________工程施工组织设计/（专项）施工方案的编制和审批，请予以审查。 　　附件：□施工组织设计 　　　　　□专项施工方案 　　　　　□施工方案 施工项目经理部（盖章） 项目经理（签字） 年　　月　　日
审查意见： 专业监理工程师（签字） 年　　月　　日
审核意见： 项目监理机构（盖章） 总监理工程师（签字、加盖执业印章） 年　　月　　日
审批意见（仅对超过一定规模的危险性较大的分部分项工程专项施工方案）： 建设单位（盖章） 建设单位代表（签字） 年　　月　　日

注：本表一式三份，项目监理机构、建设单位、施工单位各一份。

表 B.0.2　工程开工报审表

工程名称：　　　　　　　　　　　　　　　　　　　　　　　　　　编号：

<table>
<tr><td>致：____________________（建设单位）
____________________（项目监理机构）
我方承担的____________________工程，已完成相关准备工作，具备开工条件，申请于________年____月____日开工，请予以审批。
附件：证明文件资料

施工单位（盖章）
项目经理（签字）
年　　月　　日</td></tr>
<tr><td>审核意见：

项目监理机构（盖章）
总监理工程师（签字、加盖执业印章）
年　　月　　日</td></tr>
<tr><td>审批意见：

建设单位（盖章）
建设单位代表（签字）
年　　月　　日</td></tr>
</table>

注：本表一式三份，项目监理机构、建设单位、施工单位各一份。

表 B.0.3　工程复工报审表

工程名称：　　　　　　　　　　　　　　　　　　　　　　　　　　　　　　编号：

致：____________________（项目监理机构） 编号为____________《工程暂停令》所停工的____________部位（工序）已满足复工条件，我方申请于________年____月____日复工，请予以审批。 附件：证明文件资料 施工项目经理（盖章） 项目经理（签字） 年　月　日
审核意见： 项目监理机构（盖章） 总监理工程师（签字） 年　月　日
审核意见： 建设单位（盖章） 建设单位代表（签字） 年　月　日

注：本表一式三份，项目监理机构、建设单位、施工单位各一份。

表 B.0.4　分包单位资格报审表

工程名称：　　　　　　　　　　　　　　　　　　　　　　　　　　　　编号：

致：____________________（项目监理机构）

经考察，我方认为拟选择的____________________（分包单位）具有承担下列工程的施工或安装资质和能力，可以保证本工程按施工合同第____条款的约定进行施工或安装。请予以审查。

分包工程名称（部位）	分包工程量	分包工程合同额
合计		

附件：1. 分包单位资质材料
2. 分包单位业绩材料
3. 分包单位专职管理人员和特种作业人员的资格证书
4. 施工单位对分包单位的管理制度

施工项目经理部（盖章）
项目经理（签字）
年　　月　　日

审查意见：

专业监理工程师（签字）
年　　月　　日

审核意见：

项目监理机构（盖章）
总监理工程师（签字）
年　　月　　日

注：本表一式三份，项目监理机构、建设单位、施工单位各一份。

表 B.0.5　施工控制测量成果报验表

工程名称：　　　　　　　　　　　　　　　　　　　　　　　　　　　　编号：

致：____________________（项目监理机构） 　　我方已完成____________________的施工控制测量，经自检合格，请予以查验。 　　附件：1. 施工控制测量依据资料 　　　　　2. 施工控制测量成果表 施工项目经理部（盖章） 项目技术负责人（签字） 年　　月　　日
审查意见： 项目监理机构（盖章） 专业监理工程师（签字） 年　　月　　日

注：本表一式三份，项目监理机构、建设单位、施工单位各一份。

表 B.0.6　工程材料、构配件、设备报审表

工程名称：　　　　　　　　　　　　　　　　　　　　　　　　　　　　编号：

致：____________________（项目监理机构） 　　于________年____月____日进场的拟用于工程__________部位的__________，经我方检验合格，现将相关资料报上，请予以审查。 　　附件：1. 工程材料、构配件或设备清单 　　　　　2. 质量证明文件 　　　　　3. 自检结果 施工项目经理部（盖章） 项目经理（签字） 年　　月　　日
审查意见： 项目监理机构（盖章） 专业监理工程师（签字） 年　　月　　日

注：本表一式三份，项目监理机构、建设单位、施工单位各一份。

表 B.0.7 ____________________报审、报验表

工程名称： 编号：

致：____________________（项目监理机构） 我方已完成____________________工作，经自检合格，请予以审查或验收。 附件：□隐蔽工程质量检验资料 □检验批质量检验资料 □分项工程质量检验资料 □施工试验室证明资料 □其他 施工项目经理部（盖章） 项目经理或技术负责人（签字） 年 月 日
审查或验收意见： 项目监理机构（盖章） 专业监理工程师（签字） 年 月 日

注：本表一式二份，项目监理机构、施工单位各一份。

表 B.0.8 分部工程报验表

工程名称： 编号：

致：____________________（项目监理机构） 我方已完成____________________（分部工程），经自检合格，请予以验收。 附件：分部工程质量资料 施工项目经理部（盖章） 项目技术负责人（签字） 年 月 日
验收意见： 专业监理工程师（签字） 年 月 日
验收意见： 项目监理机构（盖章） 总监理工程师（签字） 年 月 日

注：本表一式三份，项目监理机构、建设单位、施工单位各一份。

表 B.0.9 监理通知回复单

工程名称： 编号：

致：__________________(项目监理机构) 我方接到编号为__________________的监理通知单后，已按要求完成相关工作，请予以复查。 附件：需要说明的情况 施工项目经理部(盖章) 项目经理(签字) 年　月　日
复查意见： 项目监理机构(盖章) 总监理工程师/专业监理工程师(签字) 年　月　日

注：本表一式三份，项目监理机构、建设单位、施工单位各一份。

表 B.0.10 单位工程竣工验收报审表

工程名称： 编号：

致：__________________(项目监理机构) 我方已按施工合同要求完成__________________工程，经自检合格，现将有关资料报上，请予以验收。 附件：1. 工程质量验收报告 2. 工程功能检验资料 施工单位(盖章) 项目经理(签字) 年　月　日
验收意见： 经预验收，该工程合格/不合格，可以/不可以组织正式验收。 项目监理机构(盖章) 总监理工程师(签字、加盖执业印章) 年　月　日

注：本表一式三份，项目监理机构、建设单位、施工单位各一份。

表 B.0.11 工程款支付报审表

工程名称： 编号：

致：____________________（项目监理机构） 根据施工合同约定，我方已完成________________工作，建设单位应在________年____月____日前支付工程款共计（大写）__________（小写：__________），请予以审核。 附件：□已完成工程量报表 □工程竣工结算证明材料 □相应支持性证明文件 施工项目经理部（盖章） 项目经理（签字） 年 月 日
审查意见： 1. 施工单位应得款为： 2. 本期应扣款为： 3. 本期应付款为： 附件：相应支持性材料 专业监理工程师（签字） 年 月 日
审核意见： 项目监理机构（盖章） 总监理工程师（签字、加盖执业印章） 年 月 日
审批意见： 建设单位（盖章） 建设单位代表（签字） 年 月 日

注：本表一式三份，项目监理机构、建设单位、施工单位各一份；工程竣工结算报审时本表一式四份，项目监理机构、建设单位各一份，施工单位二份。

表 B.0.12　施工进度计划报审表

工程名称：　　　　　　　　　　　　　　　　　　　　　　　　　　编号：

致：____________________（项目监理机构） 　　根据施工合同约定，我方已完成____________________工程施工进度计划的编制和批准，请予以审查。 　　附件：□施工总进度计划 　　　　　□阶段性进度计划 施工项目经理部（盖章） 项目经理（签字） 年　　月　　日
审查意见： 专业监理工程师（签字） 年　　月　　日
审核意见： 项目监理机构（盖章） 总监理工程师（签字） 年　　月　　日

注：本表一式三份，项目监理机构、建设单位、施工单位各一份。

表 B.0.13 费用索赔报审表

工程名称： 编号：

致：__________（项目监理机构） 根据施工合同__________条款，由于__________的原因，我方申请索赔金额（大写）__________，请予批准。 索赔理由：__________ 附件：□索赔金额计算 □证明材料 施工项目经理部（盖章） 项目经理（签字） 年 月 日
审核意见： □不同意此项索赔。 □同意此项索赔，索赔金额为（大写）__________。 同意/不同意索赔的理由：__________ 附件：□索赔审查报告 项目监理机构（盖章） 总监理工程师（签字、加盖执业印章） 年 月 日
审批意见： 建设单位（盖章） 建设单位代表工程师（签字） 年 月 日

注：本表一式三份，项目监理机构、建设单位、施工单位各一份。

表 B.0.14　工程临时/最终延期报审表

工程名称：　　　　　　　　　　　　　　　　　　　　　　　　编号：

致：____________________（项目监理机构） 根据施工合同__________（条款），由于____________________原因，我方申请工程临时/最终延期______（日历天），请予批准。 附件：1. 工程延期依据及工期计算 2. 证明材料 施工项目经理部（盖章） 项目经理（签字） 年　月　日
审核意见： ☐同意工程临时/最终延期______（日历天）。工程竣工日期从施工合同约定的________年____月____日延迟到________年____月____日。 ☐不同意延期，请按约定竣工日期组织施工。 项目监理机构（盖章） 总监理工程师（签字、加盖执业印章） 年　月　日
审批意见： 建设单位（盖章） 建设单位代表（签字） 年　月　日

注：本表一式三份，项目监理机构、建设单位、施工单位各一份。

表 C.0.1　工作联系单

工程名称：　　　　　　　　　　　　　　　　　　　　　　　　编号：

致：____________________ 发文单位 负责人（签字） 年　月　日

表 C.0.2 工程变更单

工程名称：　　　　　　　　　　　　　　　　　　　　　　　　　　编号：

<table>
<tr><td colspan="3">致：____________________
由于____________________原因，兹提出____________________工程变更，请予以审批。
附件：
□变更内容
□变更设计图
□相关会议纪要
□其他

变更提出单位：
负责人：
年　　月　　日</td></tr>
<tr><td>工程量增/减</td><td colspan="2"></td></tr>
<tr><td>费用增/减</td><td colspan="2"></td></tr>
<tr><td>工期变化</td><td colspan="2"></td></tr>
<tr><td colspan="2">施工项目经理部（盖章）
项目经理（签字）</td><td>设计单位（盖章）
设计负责人（签字）</td></tr>
<tr><td colspan="2">项目监理机构（盖章）
总监理工程师（签字）</td><td>建设单位（盖章）
负责人（签字）</td></tr>
</table>

注：本表一式四份，建设单位、项目监理机构、设计单位、施工单位各一份。

表 C.0.3 索赔意向通知书

工程名称：　　　　　　　　　　　　　　　　　　　　　　　　　　编号：

<table>
<tr><td>致：____________________
根据施工合同__________（条款）约定，由于发生了____________________事件，且该事件的发生非我方原因所致。为此，我方向____________________（单位）提出索赔要求。
附件：索赔事件资料

提出单位（盖章）
负责人（签字）
年　　月　　日</td></tr>
</table>

参 考 文 献

[1] 李念国,陈健玲,王廷栋. 工程建设监理概论[M]. 郑州:黄河水利出版社,2010.
[2] 中华人民共和国住房和城乡建设部. GB/T 50319—2013 建设工程监理规范[S]. 北京:中国建筑工业出版社,2013.
[3] 中国建设监理协会. 建设工程监理概论[M]. 北京:中国建筑工业出版社,2014.
[4] 中国建设监理协会. 建设工程投资控制[M]. 北京:中国建筑工业出版社,2014.
[5] 中国建设监理协会. 建设工程进度控制[M]. 北京:中国建筑工业出版社,2014.
[6] 中国建设监理协会. 建设工程质量控制[M]. 北京:中国建筑工业出版社,2014.
[7] 中国建设监理协会. 建设工程合同管理[M]. 北京:中国建筑工业出版社,2014.
[8] 中国建设监理协会. 建设工程信息管理[M]. 北京:中国建筑工业出版社,2014.
[9] 李清立,田杰芳. 建设工程监理:项目总监理工程师管理实务[M]. 北京:清华大学出版社,北方交通大学出版社,2003.
[10] 曹力. 建筑工程现场监理工程师手册[M]. 北京:中国计划出版社,2005.
[11] 杜逸玲. 监理工程师手册[M]. 太原:山西科学技术出版社,2006.
[12] 武树春,石川. 建设与监理单位安全资料编制范例[M]. 北京:中国建筑工业出版社,2007.